UKRAINA

PRZEWODNIK KRYTYKI POLITYCZNEJ

z Jarosławem Hrycakiem rozmawia Iza Chruślińska
wstęp Adam Michnik

SPIS RZECZY

Podziękowania — 5

Adam Michnik — 8
„Szcze ne wmerła Ukrajina..."

I. Historyk i jego biografia — 13

II. *Nowhere Men czy Men of the Universe?* — 42

III. Ukraina, rezultat awansu Zachodu — 60

IV. Galicja, kuźnia tożsamości — 108

V. Symboliczne znaczenie Lwowa — 154

VI. Polska-Ukraina, razem czy osobno? — 166

VII. Ukraina-Rosja: trudne związki — 197

VIII. Ukraińcy i Żydzi — 226

IX. Skazani na powolność? — 264

Krytyka Polityczna — 331

Seria Przewodniki Krytyki Politycznej — 335

Dedykuję moim ukraińskim
przyjaciołom z Polski i z Ukrainy

PODZIĘKOWANIA

Specjalne podziękowania należą się Jarosławowi Hrycakowi za to, że zechciał mi zaufać, wyrażając zgodę na wspólną pracę nad tą książką, a także za to, że dzięki rozmowom z nim oraz lekturze jego publikacji mogłam lepiej zrozumieć Ukrainę.

Chciałabym wyrazić też wdzięczność osobom, które na różnych etapach mojej pracy zechciały mnie wesprzeć. Dziękuję panu prof. Andrzejowi Mencwelowi za życzliwe zainteresowanie oraz istotne uwagi, podobnie za życzliwe wsparcie dziękuję panu Redaktorowi Adamowi Michnikowi. Bardzo dziękuję Wojciechowi Dudzie, redaktorowi naczelnemu „Przeglądu Politycznego", za wspieranie mnie radą oraz życzliwym słowem przez cały okres powstawania książki.

Słowa wdzięczności kieruję również do Mirosława Czecha i pana Tomasza Stryjka za cenne uwagi do przypisów oraz tekstu.

Osobne podziękowania należą się grupie moich przyjaciół: Basi Żukowskiej, Iwonie Moskalik, Martynie Michalik oraz Piotrowi Tymie za pomoc przy pierwszej redakcji tekstu, kiedy nie mogłam sama pracować na komputerze. Piotrowi Tymie ponadto za ogromne wsparcie, pomoc w dotarciu do wielu materiałów, za rozmowy i istotne uwagi, bez których ta książka byłaby uboższa.

Dziękuję Lewkowi Zacharczyszynowi za pomoc logistyczną w moich podróżach do Lwowa podczas pracy nad książką.

Wspólnie z Jarosławem Hrycakiem dziękujemy panu Maćkowi Kropiwnickiemu oraz całej ekipie Wydawnictwa Krytyki Politycznej za współpracę i zaangażowanie podczas przygotowania książki do publikacji.

Iza Chruślińska

WSTĘP

Adam Michnik

„SZCZE NE WMERŁA UKRAJINA..."

Słowa hymnu ukraińskiego i polskiego są podobne. W obu tych hymnach tkwi upór narodu, który decyduje się przetrwać jako naród wbrew wszystkim okolicznościom; wbrew zaborcom, okupantom i wrogom.

Ten upór mimo niedoli czyni nasze narody podobnymi mentalnie.

Wiele lat temu opowiadał mi Jerzy Giedroyć, że – szukając środków na publikację w języku ukraińskim antologii *Rozstrzelane Odrodzenie* – spotkał się z przedstawicielem ważnej fundacji amerykańskiej. Amerykański rozmówca odmówił wsparcia finansowego i zapytał półżartem: ile pan chce pieniędzy, by tej książki nie wydawać?

Amerykanin gotów był wspierać publikację polskich autorów w emigracyjnym wydawnictwie; także węgierskich bądź czeskich, ale Ukraina była obszarem sowieckim. Na Ukrainie amerykańskie fundacje miały nie ingerować w czasach pokojowej koegzystencji.

Przypomniałem sobie tę rozmowę, czytając fascynujący wywiad-rzekę Izy Chruślińskiej z Jarosławem Hrycakiem. Iza Chruślińska jest autorką wielce zasłużoną dla dialogu polsko--ukraińskiego, zaś Jarosław Hrycak, znakomity historyk ukraiński, nie jest dla polskiego czytelnika osobą nieznaną. Jego eseje często były publikowane, podobnie jak rozmowy z nim. Niedawno ukazał się w Polsce tom esejów Jarosława Hrycaka *Nowa Ukra-*

ina. Nowe interpretacje (Kolegium Europy Wschodniej), a przed laty ukazała się jego *Historia Ukrainy XIX i XX wieku*. Tym razem rozpoznajemy Hrycaka, autora pasjonujących szkiców o węzłowych problemach historii i polityki ukraińskiej, gdy opowiada Izie Chruślińskiej o sobie i swoim widzeniu świata.

Wołodymyr Wynnyczenko, ukraiński pisarz i polityk, miał twierdzić, że „do czytania historii Ukrainy niezbędny jest brom", gdyż „jej historia to nieprzerwany ciąg nieustannych powstań, wojen, pożogi, głodu, najazdów, przewrotów wojskowych, intryg, kłótni, spisków".

Przyznam, że podobnie myślałem o historii Ukrainy, gdy trzydzieści kilka lat temu napisałem, że Ukraińcy to najbardziej nieszczęśliwy naród Europy. Jarosław Hrycak nie podziela tego poglądu. Pisząc swoją historię Ukrainy, zaczął od deklaracji, że będzie to „historia bez bromu".

„Podstawowa teza książki – mówił Jarosław Hrycak Izie Chruślińskiej – opierała się na założeniu normalności historii Ukrainy. Uważam, że ukraińska historia nie jest ani lepsza, ani gorsza niż dzieje innych narodów. Oczywiście, ma swoją specyfikę, ale nie jest wyjątkowa. Można ją spokojnie czytać, poznawać i uczyć jej. Mnie się wydaje, że ta potrzeba bromu wynika z poczucia niedowartościowania Ukraińców, przekonania, że jesteśmy gorsi od innych, gdyż nie mieliśmy własnego państwa i byliśmy ofiarami cudzych rządów. Nie sądzę, abyśmy musieli czuć się z tego powodu gorsi, czy potrzebowali powoływać się na naszą historię, aby takie poczucie usprawiedliwiać. Wystarczy spojrzeć na historiografię polską, białoruską, litewską, ormiańską czy żydowską, aby znaleźć tam podobną tendencję. Nawet Austriacy stworzyli bardzo wygodny mit «Austrii, pierwszej ofiary niemieckiego nazizmu».

Każdy z tych narodów przekonany jest o tym, że jego historia jest bardziej tragiczna niż innych. Nie widzę sensu w pisaniu historii Ukrainy, zwłaszcza po 1991 r., jaka by szła w takim właśnie kierunku, akcentowania tragizmu i złożoności ukraińskiej historii".

Czytam te słowa ukraińskiego historyka z podziwem. Hrycak w swej praktyce pisarskiej wierny jest swoim deklaracjom. Zastanawiając się nad świadomością historyczną współczesnej Ukrainy, zauważył: „Młodsze pokolenie Ukraińców raczej nie jest zainteresowane radykalną rewizją historii swego narodu. Ukraińcy raczej nie będą w stanie w prosty sposób uporać się z własną historią. Sądzę także, że w przypadku Ukrainy sama rewizja historii nie rozwiązałaby problemu, dekonstrukcja bez zaproponowania nowej konstrukcji graniczyłaby z brakiem odpowiedzialności. Ludzie potrzebują identyfikować siebie z historią własnego narodu, ponadto w sytuacji braku zbiorowej pamięci tracą podstawy swojej tożsamości. Dlatego z historią należy obchodzić się bardzo ostrożnie i odpowiedzialnie".

Hrycak tak właśnie obchodzi się z historią. Pisze bez osłonek o czarnych plamach historii własnego narodu, o strasznym dramacie zabijania Polaków na Wołyniu, o udziale w Zagładzie Żydów. Objaśnia okoliczności, wskazuje na kontekst dziejowy, ale nie relatywizuje win i zbrodnię nazywa zbrodnią. Taka postawa godna jest najwyższego szacunku.

Ale taka postawa wzbudza też zaciekawienie, kim jest ten człowiek, który w sposób nowy, odważny i odkrywczy pochyla się nad dziejami i kondycją własnego narodu? I oto poznajemy tego człowieka, a wraz z nim poznajemy nowy sposób widzenia Ukrainy. Poznajemy umysł Hrycaka, umysł wolny od zaślepienia doktryną bolszewicką czy etnicznym nacjonalizmem; umysł trzeźwy i dociekliwy. Poznajemy też zarazem złożone losy ukraińskiego narodu, jego fascynującą walkę o przetrwanie i odrodzenie.

Hrycak jest znakomicie obeznany z najlepszą historiografią ukraińską; prowadzi dialog ze światem współczesnej nauki z elegancją profesora z Bostonu. Imponuje erudycją. W rozmowie z Chruślińską nie jeden raz pada nazwisko Jerzego Giedroycia. I chyba to nie jest przypadkowe. Wydaje się bowiem, że Hrycak należy przez swą wrażliwość i mentalność do tej samej szkoły myślowej, co redaktor paryskiej „Kultury". Tak jak Giedroyć myślał o Polsce, która przełamie tradycyjne schematy myślenia i okaże się gotowa do pojednania z Niemcami i Litwinami, z Ukraińcami i Rosjanami, tak Hrycak kreśli wizerunek Ukrainy wolnej i niepodległej, demokratycznej i europejskiej, tolerancyjnej i wolnej od strachu przed prawdą o własnej historii. W ten sposób poznajemy historię Ukrainy niejako od wewnątrz ukraińskich sporów o Ukrainę. Poznajemy innego Bohdana Chmielnickiego i innego Mazepę. Lepiej rozumiemy fenomen Petlury i Machno, Doncowa i Bandery, UPA i ruchu dysydenckiego. Poznajemy wreszcie Ukrainę w tragicznych kleszczach między Hitlerem a Stalinem.

Hrycak mówi wszystko, co najważniejsze, o złożonych i wieloaspektowych relacjach polsko-ukraińskich, rosyjsko-ukraińskich, ukraińsko-żydowskich. Podzielamy radość Hrycaka, gdy pisze, że „biorąc pod uwagę wydarzenia, jakie miały miejsce w relacjach polsko-ukraińskich w latach 1939–1947, ilość przelanej krwi, tragedii i ofiar, to, co stało się po 1989 r. w naszych relacjach, można by nazwać prawdziwą pokojową rewolucją".

Żałuję, że tych słów nie mogą przeczytać ci z Polaków, którzy tak wiele uczynili dla dialogu polsko-ukraińskiego: Jerzy Giedroyć i Jacek Kuroń, Jan Józef Lipski i Paweł Jasienica. Myślę, że ze względu na tych ludzi Jarosław Hrycak jest dyskretnym polonofilem, co polskiemu czytelnikowi sprawia radość, a jednak nie rzutuje na jasność i precyzję jego historycznych wywodów. Także o Rosji mówi nasz autor kompetentnie i subtelnie.

„Stosunek do Rosji był przyczyną powstania dosyć silnego zróżnicowania w łonie ukraińskiego ruchu. I tak w Kijowie, aż do

1914 r., ukraiński ruch narodowy pozostaje pozytywnie nastawiony, nie tyle do imperium rosyjskiego, ile do Rosji. Panowało bowiem przekonanie, że w przyszłości można będzie zmienić Rosję w demokratyczny kraj, w którym Ukraińcy i Rosjanie będą żyć razem. W Galicji na odwrót, panowało silne przekonanie, że Ukraińcy nigdy nie będą w stanie żyć razem z Rosjanami, gdyż chodzi nie tylko o różnicę między dwoma odrębnymi narodami, ale o różnicę między odmiennymi cywilizacjami. Nawet Taras Szweczenko, mimo tworzenia wierszy o antyrosyjskiej wymowie, uważał, że Ukraina i Rosja są sobie bliskie, podobnie inni działacze z centralnej Ukrainy. Takiego przekonania byli Mychajło Drahomanow, Wołodymyr Antonowycz, Mychajło Hruszewśkyj. Dla nich wszystkich nie ulegało wątpliwości, że Ukraina w przyszłości miała być związana z Rosją. Dla galicyjskich Ukraińców natomiast ten typ myślenia był nie do przyjęcia. Różnice w podejściu do Rosji doprowadziły później, podczas rewolucji ukraińskiej w 1917–1918 r., do poważnych kłótni w łonie ukraińskiego ruchu narodowego. Wówczas wielu działaczy z Galicji znalazło się w Kijowie, aby tam kontynuować walkę, ale ich antyrosyjskie nastawienie często było niezrozumiałe dla Ukraińców z Kijowa".

Inaczej mówiąc – niełatwo zrozumieć Polakom złożone dzieje narodu ukraińskiego, gdyż ten naród miał w swojej historii problem ze zrozumieniem siebie.

Jarosław Hrycak jest Ukraińcem ze Lwowa; Galicjaninem. Galicjanin to taki szczególny rodzaj Ukraińca, który uważa się za Europejczyka, w odróżnieniu od tych z Doniecka. Ale prawdziwe marzenie Hrycaka Galicjanina to Ukraina w Europie z Lwowem, Kijowem i Donieckiem.

Chcecie zrozumieć taką Ukrainę? Czytajcie znakomitą rozmowę Izy Chruślińskiej z Jarosławem Hrycakiem.

I

HISTORYK I JEGO BIOGRAFIA

„Biografia historyka narzuca mu sposób, w jaki pisze o historii..."

Rozmawiamy o Ukrainie, historia będzie nam nieustannie towarzyszyć. Trudno wyobrazić sobie tę rozmowę bez zrozumienia, co ciebie, jako człowieka i historyka, ukształtowało. Czy historyk musi posiadać silnie rozwinięty „węch" czasów, w których żyje?
Pytanie z pozoru wydaje się łatwe, ale odpowiedź na nie nie jest prosta. Wielu historyków zastanawia się nad tym, jaka powinna być rola subiektywnego czynnika w pisaniu historii. Z jednej strony, są tacy, którzy uważają, że historycy nie mają, tak naprawdę, życia osobistego, gdyż głównymi faktami ich życia stają się wydane przez nich publikacje. Trochę jak w słowach znanej piosenki Johna Lennona: „Życie jest tym, co dzieje się z tobą, kiedy ty zajmujesz się innymi sprawami" (*Life is what happens to you while you're busy making other plans*). Znowu inni mówią, że historia jest nauką skrajnie subiektywną, dlatego biografia historyka narzuca mu to, co pisze, a szczególnie – sposób, w jaki pisze o historii. Ciekawie tę myśl sformułował Norman Davies, pisząc, że „dobrzy historycy powinni przyznawać się do swoich ograniczeń. Naj-

gorsi historycy to ci, którzy wyobrażają sobie, że są wolni od jakichkolwiek uprzedzeń"[1].

Mógłbym uciec od twojego pytania, odpowiadając, że z natury jestem dość eklektyczny, a poza tym staram się zajmować pozycję „gdzieś" pośrodku. Ale nie byłoby to uczciwe z mojej strony, gdyż problem pozostawałby nadal nierozwiązany. Prawdą jest, że każdy historyk, nawet jeśli tematem jego prac są antyczni bohaterowie, pisze – na swój sposób – o sobie i czasach, w jakich przyszło mu żyć. Moje doświadczenie podpowiada mi, że największym wyzwaniem dla historyka jest umiejętność wyjścia, na tyle, na ile możliwe, poza granice swoich czasów i własnych poglądów, podjęcie próby zrozumienia innego okresu historycznego w kategoriach właściwych tamtemu czasowi, a nie czasom nam współczesnym. Innymi słowy, cenię bardzo, kiedy np. marksistowski historyk jest w stanie krytycznie ocenić zbrodnie dokonane przez komunizm, historyk o poglądach syjonistycznych umie krytycznie spojrzeć na doświadczenie historyczne Izraela, a historyk wierzący ma odwagę podważyć historyczną wiarygodność poszczególnych opowieści biblijnych.

Mnie samemu udało się uporać ze spadkiem marksizmu, co nie było zbyt trudne, oraz z dziedzictwem ukraińskiego nacjonalizmu, co było relatywnie trudne. Ale pragnę zaznaczyć, że używając określenia nacjonalizm, nie mam na myśli skrajnego ksenofobicznego ruchu, a używam tego pojęcia w znaczeniu pewnego systemu poglądów, według których w centrum współczesnego świata znajduje się naród. Istnieje jednak jeszcze większe wyzwanie, na jakie udaje się odpowiedzieć jedynie historykom, którzy

---

[1] Norman Davies, wstęp do angielskiego wydania: *The Misunderstood Victory in Europe*, „New York Review of Books" 1995, s. 10. W polskim tłumaczeniu: Norman Davies, *Boże igrzysko*, nie ma przedruku wstępu z angielskiego wydania. Przypisy opracowali: Iza Chruślińska, Jarosław Hrycak.

są prawdziwymi geniuszami. Ma to miejsce wówczas, kiedy potrafią oni wyjść nie tylko poza granice kontekstu czasów, w jakich żyją, ale kiedy ich pisma zaczynają tworzyć nowe społeczno-kulturalne konteksty. Kiedy wywołują istotne dyskusje, bulwersują, w odpowiedzialny sposób, opinię publiczną, artykułują stanowisko pokolenia, do którego należy historyk, itd.

Dlaczego zostałeś historykiem, co cię ukształtowało? Okres twoich studiów we Lwowie przypada na przełom lat 70. i 80. Jaka atmosfera panowała w tamtym okresie w środowisku akademickim na zachodniej Ukrainie?

Prawie każdy z nas jest, umownie mówiąc, człowiekiem jednej przeczytanej w dzieciństwie książki, takiej, która nas ukształtowała, a bywa, że wpłynęła na wybór dalszej drogi życiowej. Tak było ze mną. Kiedy miałem 12 lat, do moich rąk trafiła, bardzo popularna w moim pokoleniu, książka *Siedem cudów świata*, napisana przez czeskiego historyka, Zamarowskiego, poświęcona historii świata starożytnego. Tak mnie zafascynowała, że po jej lekturze chciałem zostać egiptologiem. Wiem, że np. Jurij Andruchowycz[2] też czytał Zamarowskiego jako chłopiec, tak samo zareagował, choć on egiptologiem nie został. Zainteresowałem się historią Egiptu, uważałem Egipt za fascynującą cywilizację, zapragnąłem ją poznać. Aby zostać specjalistą od Egiptu, trzeba było skończyć wcześniej historię lub archeologię. Wybrałem historię. Pod koniec lat 70., w 1977 r., kiedy miałem zdawać na

---

[2] Jurij Andruchowycz (ur. 1960), ukraiński prozaik i eseista, tłumacz. *Moskowiada. Powist' żachw* (wyd. pol.: *Moscoviada. Powieść grozy*, 2000 i 2004). *Perwerzija* (polski tytuł: *Perwersja*, 2004), *Dwanadciat' obrucziw* (polski tytuł: *Dwanaście kręgów*, 2005). Po polsku ukazały się dwa tomy jego esejów: *Erz-herz-perz* (1996) i *Ostatnie terytorium. Eseje o Ukrainie* (2002) oraz napisana wspólnie z Andrzejem Stasiukiem *Moja Europa. Dwa eseje o Europie zwanej Środkową* (2000, 2001).

wydział historii na Uniwersytecie Lwowskim, bardzo trudno było się tam dostać, zwłaszcza miejscowej młodzieży ze Lwowa i Galicji. W 1972 r. wyrzucono z Uniwersytetu kilku dobrych studentów lwowskich za tzw. nacjonalizm[3], w rzeczywistości za to, że czytali zabronione przez system sowiecki książki, jak choćby publikacje Mychajły Hruszewśkiego[4] oraz za wydanie w „samwydawie"[5] almanachu „Skrynia". Władze sowieckie podjęły wówczas decyzję o radykalnym ograniczeniu liczby przyjmowanych miejscowych studentów. Ja pochodziłem z Galicji, byłem przez władze uznawany za „miejscowego", nie miałem więc zbyt dużych szans na dostanie się na historię, chociaż miałem bardzo dobre wyniki, sam nauczyłem się języka angielskiego i łaciny. Na szczęście, a mówię to z ironią, w Związku Sowieckim był silnie rozpowszechniony system łapówek, za łapówkę można było załatwić prawie wszystko. Mój ojciec pochodził ze wsi Dołhe, pod Stryjem, a pracował jako krojczy w Stryju. Tam znali się wszyscy,

---

[3] Na początku 1972 r. rozpoczęła się na Ukrainie fala represji wobec inteligencji, we Lwowie aresztowano Irynę i Ihora Kałynców; w Kijowie m.in. Wasyla Stusa, Iwana Switlycznego, na tej fali aresztowań zatrzymano, a następnie usunięto ze studiów pod pretekstem wydania w drugim obiegu almanachu „Skrynia": Wiktora Morozowa, Oleha Łyszechę. Roman Kiś, który ukończył już wówczas studia, aby uniknąć prześladowań, spędził kilka lat na Czukotce na ekspedycjach etnograficznych. Patrz więcej: Bogumiła Berdychowska i Ola Hnatiuk, *Bunt pokolenia. Rozmowy z intelektualistami ukraińskimi*, Lublin 2000, s. 219–220.

[4] Mychajło Hruszewśkyj (1866–1934), wybitny ukraiński historyk i mąż stanu. W latach 1917–1918 stał na czele Centralnej Rady. Wyemigrował w 1919 r., powrócił na Ukrainę w 1924; autor monumentalnej historii Ukrainy *Istoria Ukrajiny-Rusy*; zajmował się także historią literatury, był krytykiem literackim, znawcą folkloru. Był długoletnim prezesem Naukowego Towarzystwa im. Szewczenki we Lwowie (1897–1913), redaktorem „Zapisków Naukowego Towarzystwa im. Szewczenki" oraz „Literaturo-Naukowego Wistnyka".

[5] Potoczne określenie drugiego obiegu na Ukrainie w czasach Związku Sowieckiego.

ojciec skorzystał ze swoich skromnych kontaktów, prosił o pomoc kogoś, kto miał znajomego na wydziale historii we Lwowie, ta interwencja pomogła. Usłyszał wtedy następujące słowa: „Na wydział historii trafia się jak do teatru, w którym wszystkie bilety są już wykupione. Musisz także kupić taki bilet dla syna". Ojciec „kupił" dla mnie bilet, dał łapówkę. Kiedy już skończyłem uniwersytet, w rozmowie z kolegami dowiedziałem się, że oni również dostali się na studia po zapłaceniu łapówki.

Na pierwszym roku studiów szybko zrozumiałem, że muszę zapomnieć o egiptologii. Z jednej strony na studiach historycznych panował sowiecki system nauczania, poddany silnej kontroli ideologicznej. Historycy byli przez ten system podejrzewani o chęć tworzenia wrogich systemowi komunistycznemu interpretacji. Z drugiej strony był to wydział, tak wtedy myślałem, dość prowincjonalny, o niezbyt wysokim poziomie. Choć dzisiaj uważam, że wtedy się myliłem, niektórzy profesorowie reprezentowali dość wysoki poziom naukowy.

Kogo spośród nich masz na myśli...?
Kilku. Dziś sądzę, że wszyscy oni byli ludźmi nieprzeciętnymi. Jednym z nich był prof. Jurij Grossman, miał wykłady z historii starożytnej, choć potem okazało się, że nigdy nie specjalizował się w tej dziedzinie, a zajmował się Galicją i stosunkami agrarnymi w XVI–XVII wieku. Był bardzo inteligentny i miał dużą wiedzę. Drugim był, wówczas jeszcze młody, profesor Ihor Lisowyj, który wykładał historię Grecji. Po upadku Związku Sowieckiego Grossman wyjechał do Ameryki, napisał potem wspomnienia o swoim lwowskim okresie. Lisowyj także wyjechał i jest dziś profesorem w liceum w Czechach. Do grupy ważnych dla mnie wykładowców zaliczyłbym też Mykołę Krykuna, dziś mojego kolegę z Uniwersytetu, oraz profesora Jurija Szendryka,

który wykładał etykę marksistowską, co dziś dość dziwnie brzmi, w praktyce mówił nam jednak o moralności, etyce i filozofii. Ponadto odważył się mówić krytycznie o systemie sowieckim, nie bezpośrednio, to byłoby niemożliwe, wyleciałby z pracy, ale każdy student o przeciętnej inteligencji świetnie rozumiał antysowiecki podtekst w jego wykładach. Jego los okazał się tragiczny, popełnił kilka lat temu samobójstwo przez samospalenie, protestując w ten sposób przeciw nadużyciom lwowskich władz, ale już postsowieckich.

Pośród moich wykładowców był także, wówczas jeszcze bardzo młody, znany dzisiaj historyk, Leonid Zaszkilniak. On wspólnie z Mykołą Krykunem napisali pierwszą na Ukrainie *Historię Polski*[6]. Dobrze wspominam też Natalię Czernisz, socjologa.

Jak mówiłem, bardzo szybko zrozumiałem, że nie mam szans stać się egiptologiem. W związku z tym, że od szkolnych lat lubiłem matematykę, a potem na studiach dalej się nią interesowałem, przez jakiś czas sądziłem, że będę zajmował się kliometrią, modnym wówczas kierunkiem badań historycznych, który wykorzystywał matematykę. Nauka ta rozwinęła się dość dobrze w Moskwie i przyjęła na Ukrainie, gdzie istniała cała jej szkoła w Dniepropietrowsku, tam Uniwersytet miał bezpośrednie kontakty z Moskwą. Zwróciłem się do Instytutu w Moskwie z prośbą o przyjęcie, ale odmówiono mi. Potem, po latach, dowiedziałem się od moich kolegów, że w Moskwie była podobna sytuacja jak we Lwowie, nie przyjmowano tam bez rekomendacji i łapówek, a studiowały głównie dzieci profesorów akademickich lub członków partyjnego establishmentu. Potem znowu myślałem, że będę zajmował się rewolucją francuską. Nie chciałem badać historii Ukrainy!

---

[6] L. Zaszkilniak, M. Krykun, *Istorjia Polszczi. Wid najdawniszych czasiw do naszych dniw*, Lviv 2002.

Ciekawe, że mówi to jeden z najlepszych historyków specjalizujących się właśnie w historii Ukrainy...

Miałem wielkie ambicje (śmiech), a historia Ukrainy wydawała mi się zbyt prosta, mało ciekawa, prowincjonalna. W okresie, kiedy studiowałem i robiłem doktorat, istniało niebezpieczeństwo, że będę musiał zająć się historią partii komunistycznej, gdyż takie były wówczas oczekiwania władz sowieckich. Nawet specjalizowanie się w historii Ukrainy groziło ograniczeniem się do wąskiej dziedziny, gdyż o wpisaniu ukraińskiej historii w szerszy europejski kontekst nie można było wówczas marzyć.

Pod koniec studiów wiedziałem już, że chcę robić studia doktoranckie, ale znowu, z tych samych powodów co przy wstępie na studia, czekały mnie poważne trudności. Pomógł szczęśliwy przypadek. Był rok 1982. Brałem udział w ekspedycji archeologicznej w miejscowości Kryłos, wcześniej noszącej nazwę Halicz, dawnej stolicy Galicji. Szefem tej ekspedycji był lwowski archeolog, Witold Aulich, Polak, syn przedwojennego profesora Politechniki Lwowskiej, bardzo inteligentny i sympatyczny człowiek. Cała jego rodzina po wojnie wyjechała ze Lwowa, on ożenił się z Ukrainką i został. Nawiasem mówiąc, podczas tych praktyk spotkałem moją przyszłą żonę, Olenę. Aulich zaopiekował się nami. Był ciekaw, co zamierzam robić po studiach. Powiedziałem mu o planach dotyczących studiów doktoranckich i moich obawach, że bez kontaktów i poparcia, mimo dobrych wyników, będę miał minimalne szanse na przyjęcie, w związku z czym pewno czeka mnie praca w szkole, gdzieś na głębokiej prowincji. Wtedy Aulich zaproponował, że sprawdzi w Instytucie Nauk Społecznych, z którym był związany, czy tam nie przyjęliby mnie na studia doktoranckie. Ten Instytut tworzył wówczas pewną wysepkę wolnej myśli, dlatego że umieszczano tam wszystkich tych, których nie przyjęto do pracy na wydział historii na Uniwersytecie, podejrzewając ich o skłonności do nielojalności wobec systemu sowieckiego. Płacono niewiele, ale zespół był bardzo dobry, znalazło tam schronienie sporo przedstawicieli starej inteligencji ukraińskiej, próbowali również przyciągnąć do siebie młodzież. Aulich, po powrocie z praktyk, rzeczywiście rozmawiał w mojej sprawie z dyrekcją Instytutu. Zostałem przyjęty. Dopomogła mi też seria szczęśliwych przypadków oraz, jak potem śmiano się ze mnie, fakt, że uznano moje nazwisko – „Hrycak", za brzmiące podobnie do nazwiska Omeliana Pricaka[7], który był wybitnym historykiem diaspory w Harvardzie.

Jednak mój projekt pracy doktorskiej dotyczącej rewolucji francuskiej wywołał śmiech. Zasugerowano mi, abym zajął się czymś konkretnym, np. historią ruchu robotniczego. Wtedy jeszcze nie rozumiałem dobrze, jaka była sytuacja placówek naukowych w Związku Sowieckim. Instytut Nauk Społecznych podlegał Obwodowemu Komitetowi Partii Komunistycznej (Obłasnyj Komitet Kompartii), jego głównym zadaniem było przygotowywanie odpowiednich memoriałów lub opracowań przydatnych Komitetowi w codziennej pracy. Oczywiście była to z założenia praca bezużyteczna, nikt tych opracowań nie czytał. Ale to oznaczało, że cała struktura Instytutu pracowała w oparciu o wybrane aspekty historii Związku Sowieckiego, wśród których historia do roku 1917 stanowiła margines badań naukowych. Temat pracy doktorskiej musiał mieścić się w narzuconym odgórnie zakresie tematycznym.

Z tematów związanych z XIX wiekiem możliwe były do wyboru tylko dwa, pierwszy – dotyczący ruchu tzw. rewolucyjnych

---

[7] Omelian Pricak (1919–2006), historyk ukraiński, orientalista; 1957–1961 profesor Uniwersytetu w Hamburgu, od 1964 na Uniwersytecie w Harvardzie w USA w latach 1957–1961 w założyciel i pierwszy dyrektor Harvard Ukrainian Research Institute w Cambridge, od 1990 dyrektor Instytutu Orientalistyki Narodowej Akademii Nauk Ukrainy w Kijowie.

demokratów, marksistów oraz drugi – dotyczący historii ruchu robotniczego. Wszystkie inne tematy były zabronione, uznawano je za związane z kapitalizmem lub, co gorsza, z ukraińskim nacjonalizmem. Usłyszałem więc słowa: „Czeka na ciebie temat robotników w Borysławiu". Choć uważałem ten temat za nudny, a nawet, że to poniżające dla mnie, abym zajmował się czymś tak mało ważnym, nie mając wyboru, zacząłem jednak nad nim pracować. Potem dzięki pracy nad tym tematem zrozumiałem, do jakiego stopnia historia Galicji została cynicznie sfabrykowana w sowieckiej historiografii. Np. przyjęto z góry tezę, że wszystkie wydarzenia, jakie miały miejsce na terenie Galicji do roku 1917, miały doprowadzić do wybuchu rewolucji socjalistycznej. Obowiązkową pozycję wśród lektur na ten temat stanowiło opracowanie utrzymane w takim właśnie duchu *Klasa robotnicza w Galicji – na drodze do Wielkiego Października*. W książce tej udowadniano, że gdyby nie Polska, nie zwrot historii w 1920 r., rewolucja październikowa objęłaby także Galicję, gdyż wszystkie wcześniejsze wydarzenia w XIX w. do niej zmierzały. Borysław przedstawiano w sowieckiej historiografii jako największe centrum ówczesnego ruchu robotniczego w Galicji. Korzystając obficie z archiwów, szybko zorientowałem się, że w Borysławiu nie było nawet jednego strajku z tych, o których pisano w sowieckiej historiografii, a według niej w regionie Borysławia była ich cała fala. W rzeczywistości miały tam miejsce zamieszki, podpalenia, pogromy antysemickie, ale wszystkie te wydarzenia przedstawiano jako strajki robotnicze. Napisałem o tym w swoim doktoracie. No i miałem w związku z tym wielkie nieprzyjemności. Ówczesny rektor Uniwersytetu Lwowskiego, Wołodymyr Czugajow, który w jakimś momencie pracował jako rzecznik konsulatu ZSRR w Warszawie, notabene wyjątkowo nieprzyjemny typ, lubił zwracać się do wszystkich „dietoczka", po zapoznaniu się z pracą powiedział do mnie: – To co, dziecko, jedną swoją pracą zlikwidowałeś cały ruch robotniczy w Borysławiu. Uznał tym samym, że wykonałem bardzo złą robotę. Choć dopuszczono mnie do obrony, stała się ona „puszczaniem mi krwi", tak silnie mnie atakowano. Potem ktoś mi mówił, że obronę mojego doktoratu służby bezpieczeństwa zarejestrowały na taśmie.

Nie stanowiłem wprawdzie zagrożenia dla reżimu sowieckiego, ale KGB pilnował wszystkich, którzy choć trochę „odstawali" od sowieckiej normy. Na szczęście dla mnie był to już rok 1987, u władzy był Gorbaczow i w Związku Sowieckim zaczęły się zmiany. Nieraz zastanawiałem się nad tym, co by się ze mną stało, gdybym utrafił w inny czas...

O jakich problemach związanych z dopuszczeniem do obrony doktoratu mówisz? Sądzę, że mogą one dobrze pokazać „kulisy" funkcjonowania systemu sowieckiego w środowiskach naukowych.

Napisałem mój doktorat dość szybko, a spieszyłem się, gdyż chciałem zająć się czymś innym, ciekawszym. Byłem gotowy z pracą doktorską w 1985 r., ale zatrzymano ją na prawie dwa lata. Istniał wtedy taki obowiązkowy schemat, aby na pierwszej stronie pracy doktorskiej umieścić trzy cytaty: z Marksa, z Lenina i z ostatniego zjazdu Komunistycznej Partii Związku Radzieckiego, nawet kolejność tych cytatów nie mogła ulec zmianie. Kiedy ukończyłem swoją pracę, okazało się, że kilka miesięcy później, w lutym 1986 r., miał odbyć się następny zjazd partii. Powiedziano mi, abym zaczekał do zjazdu, by wykorzystać „aktualne" cytaty, potem jednak trzeba było jeszcze czekać kilka miesięcy, aż ukaże się ich oficjalna publikacja. Ponadto nie byłem członkiem Partii Komunistycznej, co stanowiło poważną przeszkodę w dopuszczeniu do obrony doktoratu. W Związku Sowieckim nie można było bronić pracy doktorskiej, nie będąc członkiem partii. Na szczęście wymóg ten stosował się do mnie jedynie w 50 procentach, byłem jeszcze w wieku komsomolskim, miałem mniej niż 28 lat, przyjęte było jednak uważać, że komsomoł to prawie jak partia.

Wcześniej w podobnej sytuacji znalazł się inny historyk, Jarosław Isajewycz[8]. Był on swego czasu najmłodszym kandydatem nauk historycznych, obronił doktorat mając 24 lata, był tylko w komsomole, potem już nie został członkiem partii, gdyż miał problemy polityczne z powodu pochodzenia, jego ojciec pracował w rządzie Mychajły Hruszewśkiego w czasach rewolucji ukraińskiej lat 1917–1920.

W okresie przed obroną pracy – w 1987 roku – zaczęto mnie wzywać do sekretarza komórki partyjnej, który naciskał, abym wstąpił do partii. Bałem się tych nacisków, do partii nie chciałem wstąpić. System komunistyczny był mi całkiem obcy – wyrosłem w innej kulturze, słuchałem Pink Floydów, czytałem egzystencjalistów, uważałem, że uczciwy człowiek nie może być komunistą. Ja i moi rówieśnicy już wówczas przeczuwaliśmy, że ten system długo nie wytrzyma. Kiedy w 1982 r. kończyliśmy studia, dyskutowaliśmy o tym, kiedy nastąpi jego krach, czy nie będziemy wtedy za starzy. Chcieliśmy zmian, ale i baliśmy się

[8] Jarosław Isajewycz (ur. 1936), pochodzi z rodziny działacza Ukraińskiej Centralnej Rady, dyplomaty Ukraińskiej Republiki Ludowej, Dmytra Isajewycza. Ukończył historię na Uniwersytecie Lwowskim; profesor, doktor historii, członek Akademii Nauk Ukrainy, dyrektor Instytutu Ukrainoznawstwa im. Iwana Krypiakewycza. Zajmuje się historią Europy Środkowo-Wschodniej, historią Ukrainy, historią myśli politycznej. Współpracował z wieloma zagranicznymi placówkami naukowymi, m.in. w latach 1988–1990 był *visiting professor* w Harvard Ukrainian Reserch Institut. W latach 1995–2001 był moderatorem z ukraińskiej strony międzynarodowych seminariów „Polska Ukraina: Trudne pytania".

ich zarazem. Baliśmy się, że upadek komunizmu będzie związany z jakąś krwawą rebelią czy wojną, sytuacja wtedy nie wydawała się nam całkiem jasna.

Ale, jak powiedziałem, w 1987 roku zaczęto na mnie naciskać, abym wstąpił do partii. U nas w Instytucie Nauk Społecznych istniały dwie grupy, jedna – "twardogłowa", była związana z władzami komunistycznymi, drugą stanowiła ta stara inteligencja, o której już wspominałem. Ta druga grupa prowadziła dyskretne "uświadamianie" nas, młodych, prowadzono nas na spacery na Wysoki Zamek, tam toczyliśmy rozmowy, tak aby nikt nie słyszał. Między innymi rozmawiano ze mną, na kogo z Instytutu powinienem uważać, z kim nie powinienem szczerze rozmawiać o moich poglądach, kto pracuje dla KGB. Kiedy więc naciski na mnie się wzmogły, przestraszyłem się, że nie uda mi się przed nimi obronić, poszedłem do Oleha Kupczyńskiego. Miałem do niego zaufanie, poprosiłem, aby mi doradził, jak uniknąć wstąpienia do partii, ale doktorat obronić. Podpowiedział mi, abym przekonywał ich, że jeszcze nie dorosłem do tego, by być świadomym członkiem partii, że nie czuję się jeszcze dojrzały. Tak zrobiłem. Odczepili się od mnie. W tym samym czasie próbowano mnie także zwerbować do KGB poprzez propozycję pracy dla "Towarzystwa Ukraina", instytucji, która zajmowała się zagranicznymi turystami przyjeżdżającymi do Związku Sowieckiego. Na szczęście dla mnie, po pierwszej rozmowie i mojej odmowie, więcej mnie nie wzywano i nie namawiano do współpracy. Jestem przekonany, że w obu tych wypadkach "dopomogły" mi czasy, w jakich żyłem, był to jednak schyłek sowieckiego systemu. Jeszcze 10 lat wcześniej nie udałoby mi się tak łatwo...

Na ile ty i twoi najbliżsi koledzy byliście w tym okresie przełomu lat 70. i 80. świadomi takich zjawisk jak ruch "szestyde-

siatnyków"⁹ czy działań ukraińskich dysydentów? Jaka była twoja intelektualna biografia?

Podobnie jak większość moich kolegów, słyszałem o „szestydesiatnykach", ale bardzo niewiele. Wiedziałem o roli Iwana Dziuby[10] w tym ruchu i jego przełomowym tekście *Internacjonalizm czy rusyfikacja*, wydanym w 1966 r. – ale nikt z nas tego nie czytał, nie mieliśmy do tekstów tego typu żadnego dostępu. Znaliśmy nazwiska lwowskich dysydentów – Wiaczesława Czornowoła i Mychajła Horynia[11]. Jeszcze w okresie, kiedy robiłem doktorat, usłyszałem o parze innych dysydentów lwowskich, Irynie i Ihorze Kałyńciach[12], dla mnie w tamtych czasach posta-

---

[9] Ruch szestydesiatnyków: w latach 60. i na początku lat 70. XX wieku w ukraińskim ruchu dysydenckim dominował nurt narodowo-kulturalny. Ukraińskie „pokolenie lat 60." to ruch inteligencji twórczej (przede wszystkim humanistycznej), ukierunkowany głównie na walkę z rusyfikacją i odrodzenie kultury narodowej. Nurt, którego centrum znajdowało się w Kijowie, rozprzestrzenił się na całą Ukrainę. Główni przedstawiciele to: Iwan Dziuba, Jewhen Swerstiuk, Mychajło Horyń, Mychajłyna Kociubińska, Anna Horska, Iwan Switlycznyj, Wasyl Stus.

[10] Iwan Dziuba (ur. 1931), literaturoznawca, pisarz, krytyk literacki; w 1962 r. zwolniony za błędy ideologiczne z pracy w czasopiśmie „Witczyzna", w latach 60. zwalniany z pracy za protesty przeciwko aresztowaniom inteligencji. Jego praca *Internacjonalizm czy rusyfikacja*, wydana na Zachodzie, opisująca rzeczywisty stan języka i kultury ukraińskiej w ZSRR, uznana została za manifest ruchu szestydesiatnyków; w 1972 r. wyrzucony ze Związku Pisarzy Ukrainy, aresztowany i skazany na 5 lat, po napisaniu „pokajania" ułaskawiony; w latach 1992–94 minister kultury Ukrainy, aktywna działalność w nawiązaniu dialogu ukraińsko-żydowskiego.

[11] Wiaczesław Czornowił (1937–1999), dziennikarz, publicysta, związany z ruchem dysydenckim na Ukrainie, wielokrotnie więziony w ZSRR; w 1991 r. kandydat na prezydenta, lider „Ruchu", zginął tragicznie w wypadku samochodowym. Mychajło Horyń, (ur. 1936), psycholog, działacz społeczno-polityczny, jeden z czołowych dysydentów ukraińskich, organizator samwydawu; kilkakrotnie aresztowany, więzień łagrów, członek Ukraińskiej Grupy Helsińskiej, współtwórca Ukraińskiego Związku Helsińskiego i Narodowego Ruchu Ukraina.

[12] Ihor Kałyneć (ur. 1939), poeta pokolenia lat 60. Debiutował w 1966 r., jego wiersze publikowano głównie w wydawnictwach emigracyjnych oraz w sam-

ciach legendarnych, czy Jarosławie Daszkewyczu[13], niepokornym historyku, również otoczonym legendą, objętym zakazem pracy. Jeśli chodzi o małżeństwo Kałynców, po ich powrocie z łagrów do Lwowa na początku lat 80. władze skierowały Ihora do pracy w bibliotece, reżim uważał, że ten typ stanowisk należy do najmniej prestiżowych. Właśnie w bibliotece ktoś pokazał mi Ihora Kałyncia. Słyszałem o Wasylu Symonence[14], najpopularniejszym poecie dysydenckim lat 60., czytałem trochę jego wierszy. Pamiętam, że ktoś podsunął mi poezje jednego z „szestydesiatnyków", który wcześnie zmarł, Łeonida Kisielowa[15], poety, który początkowo pisał w języku rosyjskim, a potem w ukraińskim, ale zawsze w duchu bardzo ukraińskim i tak naprawdę dysydenckim. Ale, powtarzam, trudno było do tych utworów dotrzeć. We Lwowie była grupa galicyjskiej starej inteligencji, raczej jej „niedobitki", oni mieli kontakty z Kijowem, ale dostęp do nich był bardzo utrudniony, to była hermetyczna, zamknięta grupa. Zrozumiałe dlaczego – bano się prowokacji, że ktoś nowy, młody

---

wydawie. W 1972 r. aresztowany i skazany na 9 lat pozbawienia wolności, do Lwowa powrócił w 1981 r. W drugiej połowie lat 80. animator ruchu odrodzenia narodowego. Iryna Kałyneć (ur. 1940), poetka, dysydent; aresztowana i więzień łagrów; od 1987 r. animatorka niezależnego życia społeczno-politycznego w Towarzystwie Łewa, Memoriale, Narodowym Ruchu Ukraina.

[13] Jarosław Daszkewycz (ur. 1926), ukraiński historyk mediewista; w latach 1949–56 więzień polityczny; aresztowany ponownie w 1972 r., wypuszczony z braku dowodów; wielokrotnie zwalniany z pracy za nieprawomyślność i polityczną przeszłość rodziców (ojciec – generał armii Ukraińskiej Republiki, matka – oficer w Ukraińskiej Galicyjskiej Armii); związany z Uniwersytetem Lwowskim; ostatnio wydał: *Postati. Narysy pro dijacziw istorji, polityki, kultury*, Lviv 2006.

[14] Wasyl Symonenko (1935–1963), poeta; jego debiutancki tom *Tysza i hrim* (1962) oraz wydane pośmiertnie poezje *Zemne tiażynnia* (1964) razem z fragmentami dzienników wywarły ogromny wpływ na pokolenie lat 60. na Ukrainie.

[15] Łeonid Kisielow (1946–1968), poeta rosyjski i ukraiński; debiutował w 1963 r., w połowie lat 60. pojawia się w jego twórczości tematyka ukraińska.

może być wtyczką KGB. My szukaliśmy zakazanych książek, ale już samo przekazywanie tych książek podpadało pod odpowiedni artykuł i było karalne. W mojej wsi pod Stryjem mieszkało dwóch więźniów politycznych, żona jednego z nich, Myrosława Mełenia[16], była nauczycielką w mojej szkole. Kiedy Mełeń wrócił z łagrów, odwiedził nas w domu, byłem już na studiach, zainteresował się mną, zaproponował lekturę kilku książek, dzięki niemu przeczytałem jedną z prac Mychajła Hruszewskiego, na którego publikacje był całkowity zapis. Ponieważ egzemplarz książki był jednak niedostępny, Mełeń przekazał mi jedynie sfotografowany jej tekst. Ja sam natomiast wyniosłem z Biblioteki Uniwersyteckiej mikrofilm z tekstem Marksa w języku angielskim, *Secret diplomacy of the XVIII century*, w którym Marks bardzo mocno krytykował carską Rosję. Ten tekst był zabroniony! Nawet zrobiłem kopię i komuś ją dawałem, choć, jak mówiłem, było to niebezpieczne.

Funkcjonowało wtedy takie powiedzenie, że jak w Moskwie obcinają za jakieś przewinienie paznokcie, to w Kijowie obcinają palce, a we Lwowie całą rękę. Ono dobrze oddaje ducha tamtych czasów i pokazuje, jakiego typu politykę reżim sowiecki prowadził wobec Ukrainy. Sam o słuszności tego powiedzenia przekonałem się dość wcześnie, kiedy w 1980 r. podczas studiów pojechałem do Moskwy pracować w bibliotece naukowej. Mogłem tam bez żadnych problemów czytać ukraińskie publikacje wydane w diasporze, a we Lwowie w tym samym czasie nawet nie można było o nich wspominać. W Moskwie można było czytać książki Mychajła Hruszewskiego, na Zachodniej Ukrainie nie

---

[16] Myrosław Mełeń (ur. 1929), dysydent, więzień łagrów, członek junactwa OUN, uczestnik powstania więźniów w łagrze w Norylsku, pisarz, działacz społeczno-polityczny.

wolno było pisać o nim krytycznie, uznano by to bowiem za jego kryptoreklamę. Kiedy na przełomie lat 70. i 80., wyszła książka Wolodymyra Wujcyka z historii architektury cerkiewnej, *Ansambli Ruskoji wulyci* („Zespoły architektoniczne ulicy Ruskiej"), cały nakład poszedł od razu na przemiał. Okazało się bowiem, że na jednej z zamieszczonych tam fotografii witraża znajdującego się w Ruskiej Cerkwi we Lwowie znalazł się napis: „Dar Naukowego Towarzystwa im. Tarasa Szewczenki". Kiedy cenzura to zobaczyła, oskarżono Wujcyka o propagandę ukraińskiego nacjonalizmu, gdyż po 1945 r. działalność Towarzystwa[17] została w Związku Sowieckim zabroniona, funkcjonowało ono tylko w diasporze.

W społeczeństwie sowieckim istniała kultura oficjalna i nieoficjalna, nieformalna. Każde środowisko było świadome tego, jakie książki należące do tej nieformalnej kultury trzeba przeczytać. Mnie ktoś dał *Mistrza i Małgorzatę* Bułhakowa, a tej książki, choć oficjalnie nie była zabroniona, nie można było kupić czy znaleźć w bibliotece. Nie pamiętam już, kto udostępnił mi opowiadanie Sołżenicyna *Jeden dzień Iwana Denisowicza*, wydrukowane w 1962 r. w piśmie „Nowyj Mir", zachowała się jego bardzo zła kopia, którą przekazywano sobie z rąk do rąk.

W tym czasie interesowałem się bardzo filozofią, przeżywałem fascynację francuskim egzystencjalizmem, szczególnie Albertem Camusem. Czytałem go w języku polskim, w księgarniach lwowskich można było kupić polską literaturę, m.in. kupowałem tam

---

[17] Towarzystwo Naukowe im. Szewczenki, najstarsza ukraińska instytucja naukowa. Powstało w 1873 we Lwowie z inicjatywy przedstawicieli ukraińskiej naddnieprzańskiej i galicyjskiej inteligencji, pełniło nieformalnie funkcję pierwszej ukraińskiej Akademii Nauk. Miało poważne osiągnięcia, szczególnie w humanistyce, za prezesury Mychajły Hruszewskiego. Towarzystwo zostało zlikwidowane przez władze sowieckie w 1940 roku, ponownie odtworzone w 1947 w Europie Zachodniej i Ameryce, na Ukrainę powróciło w 1989.

wydania „Literatury na Świecie", w jednym z nich znalazłem i po raz pierwszy przeczytałem teksty Camusa.

Muzyka rockowa była dla mnie prawie wszystkim. Ja i moi koledzy słuchaliśmy wciąż muzyki, przede wszystkim grupy Pink Floyd, głównie zresztą w polskim radiu. Chyba jako pierwszy we Lwowie miałem płytę Pink Floydów. Kiedy sowieckie wojska weszły do Afganistanu, polskie radio nadawało piosenki z ich płyty *The Wall*, to była antymilitarna płyta, album mówił o runięciu muru, uznano, że berlińskiego. Mieszkałem wówczas w akademiku z dwoma Grekami, komunistami, oni przywieźli mi tę płytę z Grecji. Usiłowaliśmy słuchać, kiedy się dawało, radia BBC, Radia Swoboda, Głosu Ameryki. Dla mojego pokolenia to wszystko było jak krople deszczu trafiające do celi więziennej.

Jaki był Lwów przełomu lat 70. i 80.? Jakim go zapamiętałeś?
Muszę się przyznać, że kiedy pierwszy raz przyjechałem do Lwowa w 1977 r., znienawidziłem to miasto od pierwszego wejrzenia. Było szare i potwornie zaniedbane, a dla mnie jeszcze dodatkowo stanowiło symbol cywilizacyjnej zapaści, z akcentem na pierwsze słowo, gdyż wówczas w ogóle odczuwałem niechęć do każdej cywilizacji. Po lekturze egzystencjalistów i fascynacją ruchem hipisów bardzo przejąłem się problemem alienacji ludzkiej osoby. Według tych teorii człowiek mógł być samym sobą, jedynie żyjąc wśród przyrody, a cywilizacja, szczególnie miasta, tę przyrodę niszczyła. Kiedy o tym mówię teraz, brzmi to śmiesznie, ale wtedy teorie tego typu traktowałem bardzo poważnie. Nienawiść do Lwowa przeszła mi dość szybko, kiedy zaprzyjaźniłem się z ludźmi stąd pochodzącymi. Pierwszą taką przyjaźń nawiązałem z Ihorem Pidkową, który do dziś jest moim najbliższym przyjacielem. Ihor znał te same płyty zespołu Deep Purple, a to wzbudziło we mnie instynktowne zaufanie do niego (śmiech). Pidkowa urodził się we

Lwowie, uczył się w jednej z najlepszych lwowskich szkół, do jakiej chodziła głównie ukraińska młodzież, szybko wprowadził mnie w krąg swoich znajomych, z którymi dobrze się czułem. Dzięki temu poznałem całkiem inny, niekomunistyczny, niesowiecki Lwów, w jakim się zakochałem. Potem poznałem, Olenę, moją przyszłą żonę. Ona z kolei pochodziła z bardzo skromnej rodziny, przesiedleńców z Donbasu, których los rzucił do Lwowa w 1940 r., razem z przyjściem pierwszych Sowietów do Galicji. Olenka chodziła do szkoły rosyjskojęzycznej, poznałem jej środowisko, dość kosmopolityczne, w którym panował także duch nonkonformizmu i zafascynowania kulturą zachodnią.

Wówczas nie nazwałbym tego środowiska wielokulturowym, nawet nie znałem takiego określenia, ale teraz powiedziałbym, że Lwów ówczesny zafascynował mnie właśnie swoją wielokulturowością, ułamkami starej, przedwojennej kultury, jaka tu przetrwała. A co najważniejsze, ta wielokulturowość przeplatała się w naturalny sposób z ukraińskością i nowoczesnością. Uważało się w tamtych latach, że w Związku Sowieckim były tylko trzy miasta o takim charakterze: Tallin, Wilno i właśnie Lwów. Pamiętam, jak zimą 1980 r. wróciłem do Lwowa po miesięcznym pobycie w Moskwie i stałem późnym wieczorem na przystanku na ulicy Podwalnej naprzeciwko Ruskiej Cerkwi. Patrzyłem na ten miejski, zimowy krajobraz i nagle poczułem tak silny przypływ radości, że mieszkam w tym mieście.

Rok po rozpoczęciu studiów doktoranckich ożeniłem się, urodziło nam się dwóch synów. Żyliśmy bardzo skromnie, ale mieszkaliśmy w centrum miasta, co nas cieszyło. Do tego oboje z Oleną pracowaliśmy w Instytucie Nauk Społecznych, wśród wspaniałych ludzi, mieliśmy szczęście ich poznać, tych nielicznych przedstawicieli starej lwowskiej inteligencji. Powtarzam się, ale trudno nam sobie dziś wyobrazić, jak potoczyłyby się nasze losy, gdyby do władzy nie doszedł Gorbaczow i Związek Sowiecki się nie rozpadł.

Zrobiłeś doktorat wtedy, gdy zaczął się już okres gorbaczowowskiej *głasnosti*, dni Związku Sowieckiego były policzone. Był to okres pełen wydarzeń, na Ukrainie – czas "burz i naporów", odradzały się dawne ukraińskie instytucje, jak Towarzystwo Naukowe im. Szewczenki, Towarzystwo Łewa[18]. W 1988 roku zaczął się tworzyć Narodowy Ruch Ukrainy[19], zainicjowany przez intelektualistów i dysydentów. Jak wspominasz tamten okres zmian we Lwowie?

W tym czasie, w latach 1987–88, nasz Instytut zaczął pełnić rolę trochę podobną do roli Instytutu Smolnego za czasów rewolucji rosyjskiej w 1917 r. – przynajmniej tak wtedy, pół żartem, pół serio, mówiono. Kiedy rozpoczęły się zmiany polityczne, pierwsze, co zrobiliśmy, to doprowadziliśmy do zmiany dyrektora naszego Instytutu, poprzedni był mocno partyjny, zbuntowaliśmy się przeciw niemu. Dyrektorem Instytutu miał być, według nas, pracownik naukowy z prawdziwego zdarzenia, a nie

---

[18] Towarzystwo Łewa, niezależna organizacja powstała w październiku 1987 r. we Lwowie. W latach pierestrojki organizacja stawiała sobie za cel odrodzenie tradycji i kultury ukraińskiej. Pod koniec lat 80. Towarzystwo stało się jednym z motorów procesów odrodzenia narodowego na Ukrainie, przeszło od akcji kulturologicznych do zaangażowania w wybory do Rady Najwyższej ZSRR. Z tego środowiska wywodziło się kilku deputowanych ukraińskiego parlamentu (I. Hryniw, I. Koliuszko, T. Stećkiw), znanych dziennikarzy (O. Krywenko, W. Pawliw), politologów (I. Markow). Towarzystwo działa do dnia dzisiejszego.

[19] Ludowy Ruch Ukrainy na Rzecz Przebudowy (zwany również Narodowym Ruchem Ukrainy na Rzecz Przebudowy, lub krótko „Ruchem"), ukraińska organizacja społeczna. Powstał w 1989 r., od 1990 był wpływową siłą polityczną, w 1992 przekształcony w partię Ludowy Ruch Ukrainy. Przewodniczącym „Ruchu" był poeta Iwan Dracz.

działacz partyjny. Bardzo chcieliśmy, aby został nim Jarosław Isajewycz błyskotliwy historyk, którego nazwisko było znane nawet w Harvardzie. Myśleliśmy, że kiedy on zostanie dyrektorem, zaczniemy realizować prawdziwe projekty naukowe, że będzie można uczciwie pisać i do tego na tematy ciekawe dla nas, a nie narzucone. Udało się, Jarosław Isajewycz został nowym dyrektorem, było to nasze pierwsze wielkie zwycięstwo. Potem przy naszym Instytucie powstał lwowski oddział Towarzystwa Memoriał[20], a także pierwszy lwowski oddział Ruchu. Istniał już w tym czasie Ukraiński Związek Helsiński[21], który robił ważniejsze rzeczy niż my, ale my byliśmy chyba jedyną oficjalną strukturą, która aktywnie w tych zmianach systemowych uczestniczyła. Kiedy w 1987 r., na fali zmian, utworzono we Lwowie Towarzystwo Łewa, jeden z moich znajomych i współpracowników Instytutu, Ihor Markow, powiedział mi, że Towarzystwo będzie zajmować się także historią, poszedłem więc do nich. Pomysł był taki, że będziemy zajmować się dziedzictwem historycznym, choć oficjalnie linia działalności miała odpowiadać linii komunistycznej, tak zostało to zapisane w protokole, ale rzeczywistość wyglądała inaczej. We Lwowie w tym czasie bardzo aktywni byli Wiaczesław Czornowił, Ihor Kałynec, rola intelektualistów i dysydentów była

---

[20] Organizacja Memoriał powstała pod koniec lat 80. Jej pierwszym przewodniczącym był Andriej Sacharow, radziecki dysydent i laureat Pokojowej Nagrody Nobla. Członkowie Memoriału zebrali w bazie danych nazwiska ponad dwóch i pół miliona osób – ofiar represji okresu sowieckiego. Z inicjatywy Memoriału w 1991 r. została przyjęta ustawa o rehabilitacji ofiar represji politycznych. W 1989 r. została utworzona z inicjatywy dysydentów i ludzi kultury ukraińska filia organizacji, która w nazwie nosiła dodatek: im. W. Stusa. Następne filie organizacji powstały w różnych częściach Ukrainy.

[21] Ukraiński Związek Helsiński (UHS), ukraińska organizacja antykomunistyczna i niepodległościowa. Powstała w marcu 1988. Była następczynią Ukraińskiej Grupy Helsińskiej.

wówczas ogromna, to, co pisali, mówili w końcu lat 80., a zwłaszcza w 1991 r., pozostaje ważne do dzisiaj. W Polsce był Michnik i Kuroń, u nas Czornowił i Mychajło Horyń. Może to nie najlepsze porównanie, ale Polska nie była nigdy tak izolowana jak sowiecka Ukraina, nie była taką prowincją. Kiedyś ktoś napisał, że czytając teksty niektórych ukraińskich dysydentów, nie można było pozbyć się wrażenia, że są one napisane jak przez „Robinsona Crusoe na wyspie" – o tak wielu rzeczach autorzy nie wiedzieli.

W okresie przełomu, pod koniec lat 80., zaczęli pojawiać się na Ukrainie naukowcy z diaspory, te kontakty były dla nas bardzo ważne. Pierwszy przyjechał z Kanady, gdzieś w 1988 r., historyk Stepan Wełyczenko. W czasie jego wizyty u nas, w Instytucie, zorganizowaliśmy, trochę nielegalnie, koncert Wiktora Morozowa, który był jednym z tych studentów wyrzuconych z Uniwersytetu w 1972 r., wspominałem o tym wcześniej. Morozow założył w latach 80., wraz z kolegami, teatr „Ne żurys" (Nie martw się), zaczęto ich zapraszać na nielegalne koncerty. Zabrałem na ten koncert Stepana Wełyczenko, a on, o czym nie wiedziałem, przyszedł z magnetofonem w kieszeni i nagrał go. Potem przewiózł nagranie na Zachód. Po koncercie od razu ktoś doniósł, że na sali był Kanadyjczyk, dowiedziano się, że ja go zaprosiłem, również do siebie, do domu. Na szczęście nie wyciągnięto wobec mnie konsekwencji. Znowu miałem szczęście.

Potem przyjechała do Lwowa grupa naukowców z diaspory, John Paul Himka, Omelian Pricak, Hryhorij Hrabowycz, poznałem się z nimi. Historia tworzyła się wokół nas. Pamiętam, odprowadzałem ich do hotelu „Dniestr", gdzie mieszkali, przechodziliśmy koło pomnika Iwana Franka, a tam odbywała się pierwsza demonstracja Towarzystwa Języka Ukraińskiego im. T. Szewczenki we Lwowie, prowadzili ją Iryna Kałyneć i Ihor Melnyk. Od niej rozpoczęła się fala masowych demonstracji we Lwowie latem 1988 r.

Przyjazdy ukraińskich naukowców z diaspory były dla nas ważne nie tylko ze względu na możliwość osobistych kontaktów, od których byliśmy przez te wszystkie lata odcięci, ale także dlatego, że przywozili oni ze sobą książki wydawane na Zachodzie, niedostępne u nas, m.in. z dziedziny historii, socjologii. W taki sposób dotarło do mnie wydanie pism Iwana Łysiaka-Rudnyćkiego[22], które okazały się dla mnie przełomowe: lektura jego esejów z historii Ukrainy była jak grom z jasnego nieba. Pierwszy raz zetknąłem się z błyskotliwą analizą i interpretacją dziejów Ukrainy, pokazanych na tle historii europejskiej.

W 1989 r. powstało we Lwowie pierwsze niezależne pismo, „Postup"[23]. Ołeksandr Krywenko[24], jego założyciel, twierdził, że ty zaproponowałeś tę nazwę, i zdaje się, tam właśnie pierwszy raz pisałeś o Iwanie Łysiaku-Rudnyćkym...
Poznałem Oleksandra Krywenkę jeszcze na początku lat 80., przyjeżdżał na wykopaliska do Kryłowa, poznał mnie z nim Ihor Markow. Potem spotkałem się z nim w Towarzystwie Lewa. Kiedy

---

[22] Iwan Łysiak-Rudnyćkyj (1919–1984), wybitny ukraiński historyk i pedagog o liberalno-konserwatywnych poglądach; autor ponad 200 prac z najnowszej historii Ukrainy, aktywny publicysta ukraińskich wydawnictw emigracyjnych. Wykładał historię na uniwersytetach USA i Kanady.

[23] „Postup", niezależna gazeta, powstała w czasach pierestrojki we Lwowie (drukowana w Wilnie) z inicjatywy liderów Towarzystwa „Lewa". „Postup" był jednym z ciekawszych tytułów ukraińskiej prasy niezależnej. Z gazetą związana była cała plejada znakomitych ukraińskich dziennikarzy i polityków, m.in. O. Krywenko, I. Hryniw, T. Stećkiw.

[24] Ołeksandr Krywenko, filolog, wybitny dziennikarz, lider organizacji pozarządowych, w czasach ZSRR inicjator niezależnej gazety „Postup", w czasach niepodległości Ukrainy redaktor naczelny gazety „Post-Postup", założyciel „Hromadskoho radio". Zginął tragicznie w wypadku w 2003 r. Więcej o postaci O. Krywenki i latach przełomu 80. i 90. patrz: *Pryvit Saczko! Spohady pro Saszka Kryvenka*, Lviv 2007.

rozpoczęły się rozmowy o tworzeniu niezależnego pisma, zaproponowałem, aby nadać mu nazwę „Postup", gdyż odwoływała się ona do pomysłu Iwana Franko[25], który w XIX w. chciał wydawać gazetę pod takim tytułem. Proponowałem również, aby w podtytule użyć hasła stworzonego przez Iwana Franko „Więcej potu, mniej krwi" („Bilsze potu – mensze krowi"), co także zaakceptowano. Pozwolę sobie tu na małą dygresję. W tym samym mniej więcej czasie zaczęła wychodzić młodzieżowa satyryczna gazeta „Grundig", w której wyśmiewano całą otaczającą nas rzeczywistość, nie tylko komunistyczną, i która tworzyła swoją własną kulturę studencką. Redakcja tej gazety podchwyciła nasz podtytuł i przekręciła go w zabawny sposób: „Mniej piany – więcej piwa". Mówię o tym, gdyż to zjawisko dobrze oddaje specyfikę Lwowa, gdzie ukraińska kultura była na tyle mocna, że potrafiono śmiać się z niej. W Kijowie, gdzie ukraińskojęzyczna kultura nie dominowała, takie zjawisko nie byłoby możliwe, gdyż ukraińscy patrioci uważaliby je za obrazę uczuć narodowych, narodowej godności.

Kiedy „Postup" już powstał, zacząłem publikować tam teksty pod pseudonimem. W pewnym momencie padł pomysł wydawania przez „Postup" książek poświęconych historii Ukrainy. Pierwsza wydana książka zawierała teksty Iwana Krypiakewy-

---

[25] Iwan Franko (1856–1916), ukraiński pisarz, publicysta, działacz społ.; 1890 jeden z założycieli Ukr.-Rus. Partii Radykalnej; propagator marksizmu, którego syntetyczne ujęcie zawarł w *Katechizmie socjalistycznym*; współorganizator ruchu ludowego w Galicji; w późniejszym okresie I.F. rozstał się z marksizmem i wyraźnie poparł ukraiński program narodowościowy. Autor liryków refleksyjnych (zbiory wierszy, m.in. *Z werszyn i nyzyn* 1887, *Ziwjałe łystia* 1899, *Semper tiro* 1906), powieści (*Zachar Berkut* 1883), opowiadań (*Lasy i pastwiska* 1883) przedstawiających życie robotników i ludu galicyjskiego oraz poematów (m.in. *Mojżesz* 1905), autor prac z dziedziny etnografii, folkloru i języka ukraińskiego, teorii i historii literatury ukraińskiej.

cza[26], następna – Iwana Łysiaka-Rudnyćkiego. Zależało mi na tym, aby jego pisma stały się ogólnie dostępne na Ukrainie, jego myśli wydawały mi się skarbami, które Ukraińcy powinni koniecznie poznać.

Mniej więcej w tym samym czasie pomysł wydania prac Łysiaka-Rudnyćkiego w języku ukraińskim miał również Frank Sysyn, ówczesny dyrektor Instytutu im. Petro Jacyka przy kanadyjskim Instytucie Studiów Ukraińskich w Edmonton, który bardzo aktywnie angażował się w działania na rzecz Ukrainy. Spotkaliśmy się podczas pierwszego Kongresu Stowarzyszenia Ukrainistów w Kijowie latem 1990 r., przyjechało wówczas bardzo dużo osób z diaspory, także Frank Sysyn. Jednak na wydanie pism Łysiaka-Rudnyćkiego na Ukrainie trzeba było poczekać kilka lat, wyszły w 1994 r.[27], byłem ich redaktorem i jednym z tłumaczy. Uważam, że to jedna z najważniejszych rzeczy, jakie zrobiłem. Prof. Roman Szporluk[28] twierdzi, że za każdym razem, kiedy ma się jakiś cie-

---

[26] Iwan Krypiakewycz (1886–1967), ukraiński historyk, badacz historii Ukrainy okresu średniowiecza; zakończył fakultet filozoficzny na Uniwersytecie Lwowskim; redagował w latach 1911–34 wiele naukowych publikacji, jak *Dzwinok*, *Istorycznyj wistnyk*; po II wojnie światowej nadal związany z Uniwersytetem Lwowskim, w latach 1952–62 dyrektor Instytutu Nauk Społecznych we Lwowie, autor wielu publikacji i opracowań.

[27] Iwan Łysiak-Rudnyćkyj, *Istoryczni ese*, Kyjiw 1994.

[28] Roman Szporluk (ur. 1933), socjolog ukraińskiego pochodzenia, studia prawnicze na Uniwersytecie im. Marii Curie-Skłodowskiej. Po trzech latach asystentury na UMCS wyjechał w 1958 r. na Zachód. Dalsze badania nad historią myśli politycznej prowadził w Oksfordzie – pod opieką naukową sir Isaiaha Berlina i Johna Plamenatza, a następnie w Stanfordzie. W latach 1965–91 zatrudniony na Uniwersytecie Michigan w Ann Arbor, od 1991 profesor historii na Uniwersytecie Harvarda; do 2005 r. dyrektor Harvard Ukrainian Research Institute. Jego pozycję jako jednego z najwybitniejszych we współczesnej nauce znawców koncepcji nacjonalizmu oraz nowoczesnych ruchów narodowych na terenie byłego ZSRR i Europy Wschodniej potwierdzają m.in. następujące publikacje: *The Political*

kawy pomysł, najpierw trzeba sięgnąć do tekstów Łysiaka-Rudnyćkiego i sprawdzić, czy on już tego nie napisał. Drugim moim ojcem duchowym był właśnie sam Roman Szporluk. Wczesną wiosną 1990 r. przyjechał po raz pierwszy do Lwowa razem z grupą profesorów i studentów z Uniwersytetu w Michigan. Różnił się niesłychanie od innych, nie był tylko ukrainoznawcą, zajmował się wieloma tematami z historii Rosji, Polski i Czech, co nadawało jego myśleniu o Ukrainie szeroki kontekst, a ponadto zwracał bardzo uwagę na metodologię i teorię.

W 1990 r. byłem dość mocno zaangażowany w odrodzenie Naukowego Towarzystwa im. T. Szewczenki, a Ołeh Kupczyńskyj i naukowy prezydent Towarzystwa, Ołeh Romaniw, pokładali we mnie wielkie nadzieje. Przywieźli mnie do Kijowa na wspomniany Kongres Ukrainistów z nadzieją, że uda się mnie „sprzedać", a ci z Zachodu zainteresują się mną, dzięki czemu będę mógł wyjechać na stypendium. Po wysłuchaniu referatów wszystkich profesorów z diaspory zdecydowali, że będą mnie „sprzedawać" Romanowi Szporlukowi. Udało się (śmiech), Szporluk rzeczywiście pomógł, na pierwsze stypendia naukowe pojechaliśmy we dwóch, najpierw Mykoła Riabczuk[29], a kilka miesięcy później ja.

Thought of Thomas G. Masaryk, Boulder 1981, *Communism & Nationalism. Karl Marx versus Friedrich List*, Oksford 1988, *Russia, Ukraine, and the Breakup of the Soviet Union*, Stanford 2000, publikacje w j. polskim: *Imperium, komunizm i narody*, 2003; *Zachodni wymiar kształtowania się współczesnej Ukrainy*, 2004.

[29] Mykoła Riabczuk (ur. 1953), ukraiński krytyk literacki, eseista i publicysta, politolog, poeta. Tłumaczył klasyków polskich, a w „Krytyce" zamieszczał przegląd paryskiej „Kultury". W Polsce teksty Riabczuka były publikowane m.in. na łamach „Więzi", „Tygodnika Powszechnego", „Krasnogrudy", „Czasu Kultury", „Akcentu", „Dekady Literackiej". W 1999 otrzymał nagrodę POLKUL Fundation za działanie na rzecz dobrych stosunków ukraińsko-polskich, a w 2002 został laureatem polsko-ukraińskiej Nagrody Pojednania. Publikacje w j. polskim: *Od Małorosji do Ukrainy*, 2000, *Dylematy ukraińskiego Fausta*, 2000, *Dwie Ukrainy*, 2003.

Byłem wtedy jakiś czas w Stanach Zjednoczonych, potem w Kanadzie, aby pracować w archiwum Iwana Łysiaka-Rudnyćkiego, spędziłem w sumie pół roku za granicą. Ten wyjazd dał mi możliwość kontaktu z ludźmi i książkami, o dostępie do których nawet marzyć wcześniej nie mogłem.

Początek lat 90. jest okresem zmian także na Lwowskim Uniwersytecie, te zmiany spowodowały, że mając niewiele ponad 30 lat, zostałeś dyrektorem nowo stworzonego Instytutu Badań Historycznych...

W czasie rewolucji, a taki był wówczas okres, do władzy przychodzą ludzie młodzi. W 1990 r. zmienił się na Uniwersytecie Lwowskim rektor, nowym został porządny człowiek i naukowiec z prawdziwego zdarzenia, Iwan Wakarczuk. Fizyk, wychowanek Ihora Juchnowśkiego, który wsparł jego kandydaturę. Wybrano go też z Galicji do Werchownej Rady, dzięki temu mógł więcej zrobić, należał do tzw. grupy Sacharowa. Wakarczuk miał bardzo rozumny i ambitny plan, nie chciał robić rewolucji na Uniwersytecie, chciał przeprowadzić zmiany, ale za pomocą małych kroków, poprzez tworzenie nowych struktur wewnątrz uniwersytetu, mieli nimi kierować nowi ludzie. Była to taka metoda „wpuszczania" na Uniwersytet koni trojańskich. Ci nowi ludzie, jak się okazało w przyszłości, doprowadzili do całkowitej reformy na Uniwersytecie Lwowskim. Tu we Lwowie, w końcu lat 80., była rzeczywiście ekipa „twardogłowych", partyjna, a nie naukowa, a wydział historii był jednym z najbardziej skostniałych. Wakarczuk postanowił, że nie rozwiąże wydziału historycznego, lecz stworzy nowy Instytut Badań Historycznych, który będzie stanowił konkurencję dla wydziału poprzez wprowadzanie nowoczesnej siatki zajęć i sposobu wykładania. Był rok 1992. Zwrócił się z tym do mnie, długo się wahałem, byłem młody.

W końcu zgodziłem się, tworzyliśmy Instytut we trójkę, razem z Olehem Turijem, późniejszym dyrektorem Instytutu Historii Cerkwi na Ukraińskim Uniwersytecie Katolickim i Wiktorem Susakiem, który wówczas był jednym z pierwszych badaczy na Ukrainie zajmujących się historią ustną. Udało nam się chyba stworzyć dość dobrą atmosferę. Mieliśmy też dobre kontakty ze środowiskami naukowymi w Stanach Zjednoczonych i Kanadzie, dość szybko okazało się, że odnieśliśmy sukces, przyciągnęliśmy do siebie młodzież. W 1994 r. dziekanem na Uniwersytecie został Roman Szust, mój rówieśnik, który dał nam duże wsparcie. W latach 90. musiałem dużo jeździć za granicę, m.in., aby dopomóc w kontaktach Instytutowi i umocnić go. Jakiś czas byłem również w Budapeszcie, gdzie na początku lat 90. powstawał Uniwersytet Środkowoeuropejski, CEU (Central European University), z którym jestem związany od 1996 r., a gdzie trafiłem z rekomendacji Romana Szporluka i Zenona Kohuta, dyrektora Kanadyjskiego Instytutu Studiów Ukrainistycznych.

W latach 90. związałeś się również z nowo wówczas stworzonym we Lwowie Ukraińskim Uniwersytetem Katolickim. Jak do tego doszło?
Tak naprawdę moja współpraca z UKU zaczęła się jeszcze wtedy, kiedy on nie istniał (śmiech). Latem 1991 r., kiedy byłem na stypendium w USA i Kanadzie, spotkałem w Harvardzie Borysa Hudziaka[30], dzisiaj rektora UKU. Siedzieliśmy w kawiarni na

---

[30] Borys Hudziak (ur. 1960 r. w USA), absolwent Uniwersytetu Harvarda (Cambridge) oraz Papieskiego Instytutu Wschodniego (Rzym); autor i współautor prawie setki artykułów na temat historii kościołów wschodnich, głównie w odniesieniu do wieków XVI–XVII oraz XX. Wraz z ponowną legalizacją kościoła greckokatolickiego na Ukrainie od 1993 roku autor przebywa na stałe we Lwowie, gdzie aktualnie pełni funkcję rektora Ukraińskiego Uniwersytetu Katolickiego. W latach

Cambridge Square i rozmawialiśmy o perspektywach rozwoju dla Lwowa. Borys wtedy nie był jeszcze księdzem, zrobił właśnie doktorat i zdecydował się wyjechać na Ukrainę. Ojciec Borys Hudziak pochodzi z galicyjskiej rodziny, która po II wojnie światowej znalazła się na Zachodzie. Kiedy spotkaliśmy się w Harvardzie, byłem już od kilku miesięcy poza Lwowem, gdzie zostawiłem żonę i małych synów, bardzo tęskniłem i za nimi, i za miastem. Dlatego bardzo go namawiałem, aby wybrał za miejsce osiedlenia na Ukrainie właśnie Lwów. W następnym roku ojciec Borys rzeczywiście przyjechał do Lwowa, na czym miasto i my wszyscy tylko zyskaliśmy. On wyszedł ze wspaniałej akademickiej szkoły z Harvardu, wniósł nową jakość myślenia i energię w lwowską rzeczywistość. Kiedy w 1996 r. rozpoczęto tworzenie nowych wydziałów w greckokatolickiej Bohosłowskiej Akademii, z której wyrósł Ukraiński Uniwersytet Katolicki, miał wśród nich powstać także wydział historyczny, zaproponowano mi współpracę, która trwa do dziś.

Dla mojej formacji jako człowieka wiara stanowi podstawę. Moja rodzina była religijna, chodziłem do cerkwi, ale potem na wiele lat odszedłem od niej, zbuntowałem się, tęsknota jednak pozostała. Dopiero kiedy w 1991 r. byłem w Harvardzie i spotkałem ojca Borysa Hudziaka, odkryłem nowy świat intelektualnego katolicyzmu, o istnieniu którego nie wiedziałem.

Jak byś podsumował tamten okres lat 80. i 90.?
W moim życiu trafił się szczęśliwy zbieg trzech czynników, które mi dopomogły: czasu historycznego, ambicji i okoliczności. Wolę

---

90. był współodnowicielem Lwowskiej Akademii Teologicznej oraz założycielem Instytutu Historii Religii. Święcenia kapłańskie dla archidiecezji lwowskiej przyjął w 1998 roku.

nie myśleć, co by ze mną było, gdybym urodził się dziesięć czy nawet pięć lat wcześniej. W sowieckich czasach nasze pokolenie czuło straszliwy krzyk duszy, tęsknoty za wolnością, za duchową przestrzenią. Stąd brało się czytanie Alberta Camusa, słuchanie muzyki Pink Floydów, stanowiło to pewną formę odpowiedzi na ten krzyk. Kiedy zacząłem pisać o historii, w jakimś sensie pisanie miało także odpowiadać na ten krzyk duszy. Staram się tak pisać, aby jeśli kiedyś jakiś piętnastoletni chłopiec przeczyta moją książkę, zechciał może sam zostać historykiem, albo chociaż aby historię traktował poważnie.

II

NOWHERE MEN CZY MEN OF THE UNIVERSE?

> „My, ukraińscy historycy, nie jesteśmy już *Nowhere Men*, ludźmi znikąd – stajemy się po trochu *Men of the Universe*, ludźmi świata".

Czy można mówić o specyfice ukraińskiej historiografii? Jakie zjawiska są ważne dla jej zrozumienia?

Nie można chyba zrozumieć specyfiki ukraińskiej historiografii bez przypomnienia kontekstu tworzenia się współczesnej historiografii w ogóle. Współczesna historiografia jest zjawiskiem dość młodym, XIX-wiecznym, właśnie wtedy powstały pierwsze katedry historii. Historia miała być taką samą nauką, jak chemia, fizyka czy matematyka, miała funkcjonować dzięki pewnym wzorom, regułom. Twórcą tej historiografii był Niemiec, Leopold Ranke[31]. On był autorem słów, „pisać, jak naprawdę było", niczego nie wymyślać, nie fantazjować. Według tej szkoły należało korzystać z archiwów, opisywać procesy historyczne jak

---

[31] Leopold von Ranke vel Rung (1795–1886), niemiecki historyk, wraz z Wilhelmem von Humboldtem jest twórcą standardów naukowego obiektywizmu w historiografii. Stworzył własną szkołę historyczną, która dominowała w niemieckiej historiografii I połowy XIX wieku, autor m.in. *Dziejów papiestwa w XVI–XIX w.* wydanych w j. polskim.

w matematyce. W tym samym czasie powstaje sposób myślenia o historii nazywany narodowym paradygmatem. Odnośnikiem dla tego typu myślenia był zawsze naród, a naród rozumiano jako „państwo", wówczas synonim „państwa narodowego". Podstawowym sposobem pisania o historii było dziejopisarstwo odrębnych państw narodowych, właśnie Ranke był autorem m.in. historii Niemiec i Anglii.

W tej sytuacji pojawił się problem, jak tę normę paradygmatu narodowego dostosować do historii Europy Wschodniej, w której istniały tylko imperia, a nie było państw narodowych. Według obowiązujących wówczas kanonów interpretacji historii, aż do wybuchu I wojny światowej, nie było do końca wiadomo, który z zamieszkujących te tereny ludów jest narodem, a więc który zasługuje na to, aby mieć własną historię. Dotyczyło to nie tylko Polaków, Czechów czy Ukraińców, ale także miejscowych Żydów. W tej części Europy brakowało ciągłości państwowej. Nie było w tym regionie takiego państwa, które by w swej historii nie przeżyło klęski, niektóre wręcz nie zniknęły z mapy świata: Ruś Kijowska upadła po najeździe Mongołów, Polska zniknęła w czasie rozbiorów, Bałkany i Węgry znalazły się pod panowaniem imperium osmańskiego itd. Jak wobec tego należało podejść do historii tych narodów, które istniały, ale nie miały albo traciły własne państwa?

Jeśli chodzi o Ukrainę, w końcu XVIII w. istniała jeszcze świeża pamięć o kozactwie i jego państwie. Dlatego kiedy w końcu XVIII w. powstał w Anglii projekt napisania historii Europy, jeden z tomów mógł być poświęcony Ukrainie. Wtedy właśnie wiedeński historyk Engel napisał *Historię zaporoskich Kozaków*. Ale kiedy w XIX w. pojawiła się filozofia Hegla, który zaproponował podział na narody państwowe i niepaństwowe, historyczne i niehistoryczne, wówczas tamten tradycyjny sposób podejścia do historii stracił rację bytu. Według koncepcji XIX-wiecznych, tylko te narody zasługiwały na miano narodów, które miały swoje własne państwo. Ukraińcy nie odpowiadali temu kryterium, wtedy już pamięć o kozackim państwie wygasła. Kiedy w połowie XIX w. powstawał projekt wydania historii krajów europejskich, historia Ukrainy w tym projekcie nie istniała, uznano, że nie ma o czym pisać, gdyż nie istniało państwo ukraińskie. Ukraińska historia stała się częścią historii polskiej albo rosyjskiej. Rosyjscy historycy, odpowiadając na wyzwanie paradygmatu narodowego, próbowali udowodnić, że historia imperium rosyjskiego była tożsama z historią narodową. Oznaczało to, że historię imperium rosyjskiego pisało się jak historię Rosjan, wykreślając historię wszystkich innych żyjących tam narodów, gdyż w takim ujęciu nie mogło być dla nich miejsca. W takiej wersji historii Ukraińcy stawali się automatycznie Rosjanami. Zresztą tak samo jak Białorusini. Pisano, że naród rosyjski składa się z trzech grup narodowych, jakie różnią się tylko dialektem – „Wielkorusów" (Rosjan), „Małorusów" (Ukraińców) i „Białorusów" (Białorusinów). W tym kierunku sprawy szły do końca XIX w., wyglądało na to, że Ukraina całkowicie zniknie z mapy historii narodów Europy.

Oczywiście ukraińskim historykom okresu budzenia się nacjonalizmów w XIX w. ten typ podejścia do ich rodzimej historii nie odpowiadał, zaczęli głośno mówić o tym, że Ukraina ma prawo do swojej historii. Pierwsza taka poważna próba miała miejsce podczas Wiosny Ludów w 1848 r., kiedy Austriacy, walcząc z Polakami w Galicji, zaczęli wspierać Ukraińców. Ale by ich wspierać, należało ogłosić, że Ukraińcy istnieją jako równoprawny naród. Wówczas namiestnik austriacki w Galicji, Franciszek Stadion, postawił Ukraińcom pytanie: „Czy wy – Ukraińcy – macie swoją historię?".

W XIX w., historia stała się bardzo ważnym elementem walki politycznej. Istnieją ciekawe wspomnienia Wołodymyra Starosolśkiego[32], znanego ukraińskiego adwokata i marksisty, w których przytacza on pewne zdarzenie, jakie dobrze pokazuje obowiązujący w XIX w. typ myślenia. Starosolśkyj podczas studiów na jednym z niemieckich uniwersytetów przekonywał wraz z grupą swoich przyjaciół profesora historii, aby do wykładów z historii Europy Wschodniej włączył także historię Ukrainy. Profesor odpowiedział pogardliwie, że nie zna takiego narodu, gdyż nikt nie napisał historii Ukrainy. Kilka lat później, kiedy ukazało się wydanie niemieckiego przekładu *Historii Ukrainy-Rusi*, Mychajły Hruszewśkiego, przyniesiono ją temu profesorowi do przeczytania, i dopiero wtedy uznał on, że Ukraińcy są narodem.

Wielka zasługa Hruszewśkiego polegała na tym, że jako pierwszy stworzył narodowy paradygmat ukraińskiej historii. Moim zdaniem, jego najbardziej rewolucyjne dzieło to nie wielotomowa *Historia Ukrainy-Rusi*, a niewielki artykuł, który opublikował w 1904 r., zatytułowany *Zwyczajna schema „Ruśkoji istoriji" i sprawa racjalnoho układu istoriji schidnioho słowianstwa* (O przyjętym modelu ruskiej historii i sprawie racjonalnego układu historii wschodnich Słowian). W artykule tym, liczącym parę stron, odniósł się krytycznie do sposobu pisania historii Europy Wschodniej jako historii rosyjskiej. Hruszewśkyj twierdził, że dopiero wtedy, gdy zostanie napisana historia samej Ukrainy i innych narodów, ergo – dzieje narodów ukraińskiego, białoruskiego i innych, akcenty w historii Europy Wschodniej będą prawidłowo rozłożone.

---

[32] Wołodymyr Starosolśkyj (1878–1942 w obozie w Marijsku), ukraiński działacz społeczny i polityczny, adwokat, socjolog. Główne publikacje: *Nacionalnyj i socjalnyj moment w ukrainskoij istorij*, Wien 1915, *Teoria nacji*, Wien 1922.

Co także ważne, Hruszewśkyj miał lewicowe poglądy. Ta jego lewicowość daje się bardzo mocno odczytać w zaproponowanym przez niego schemacie historiografii. Można powiedzieć, że w jakimś sensie Hruszewśkyj doprowadził do kopernikańskiej rewolucji w historiografii Europy Wschodniej, wprowadzając nowy, inny paradygmat interpretacji dziejów ojczystych. Najważniejsza rola w konstrukcji dziejów narodowych przypadała, w jego koncepcji, nie państwu-bytowi politycznemu, a czynnikowi ludowemu, etnicznemu. Dla niego głównym punktem odniesienia stawał się „lud", gdyż to on tworzył prawdziwy „naród", w odróżnieniu od elit, lud nigdy nie poddał się asymilacji, zachował ukraińską tożsamość. Właśnie ta etniczność i kształtująca się na jej podstawie kultura narodowa zapewniały, w koncepcji Hruszewśkiego, historyczną ciągłość narodowych dziejów.

Nieco upraszczając, można powiedzieć, że historiografię XIX w., w tym Hruszewśkiego, zaklasyfikowano do tzw. szkoły „narodnyćkiej" (ludowej). Znaczna część ukraińskiej historiografii XX w. powstawała w diasporze, tam rozwinęła się szkoła nazywana „derżawnyćka" (państwowa), pozostająca w dużej mierze w opozycji do Hruszewśkiego. Na czym polegały różnice w sposobie myślenia przedstawicieli obu tych szkół i ich argumentacja?

Jeszcze w latach 1917–1920, kiedy Hruszewśkyj znalazł się na czele rządu państwa ukraińskiego, które doznało porażki i nie przetrwało, pojawiły się pierwsze zarzuty pod adresem koncepcji zaproponowanej przez niego. Uznano, że sprowadzając historię narodową tylko do jądra etnicznego, do ukraińskich patriotów i ukraińskich chłopów, Hruszewśkyj wyłączał inne grupy zamieszkujące Ukrainę, które miały swoje elity i które były potrzebne, aby zbudować silne państwo ukraińskie, gdyż nie można było go budować jedynie w oparciu o chłopstwo. Wykluczenie odbierało innym grupom narodowościowym i społecznym możliwość utożsamienia się z państwem ukraińskim. Jak napisał jeden z krytyków Hruszewśkiego, Ołeksandr Ohłobłyn: „Hruszewśkyj całą szeroką i pełną wody rzekę procesu historycznego zwiódł do wąskiego, chociaż wartkiego, potoczku walk narodowych",[33] wyłączając z opisu, z analizy inne ważne procesy, które pozwalałyby zrozumieć specyfikę Ukrainy. Największa całościowa krytyka historiografii stworzonej przez Hruszewśkiego wyszła od Wacława Lipińskiego, czyli Wiaczesława Łypyńśkiego[34], który nie był zawodowym historykiem. Był polskim szlachcicem pochodzącym z Centralnej Ukrainy, który świadomie nawrócił się na ukraińskość, brał udział w rewolucji ukraińskiej, po jej upadku osiadł na emigracji. Łypyńśkyj jest jednym z głównych założycieli szkoły *derżawnyckiej*. Jako pierwszy uznał, że koncepcja Hruszewśkiego jest nieprawidłowa. Fundamentem myślenia Łypyńśkiego była polityczna koncepcja narodu, a nie etniczna, jak u Hruszewśkiego. Dla Łypyńśkiego istotne było pojęcie nie ludu, a państwa, uwypuklało ono problem struktur władzy. Wybór tego rodzaju perspektywy spowodował, że głównym obiektem zainteresowania Łypyńśkiego jako historyka stały się elity i organizacje polityczne, traktowane jako ukraińskie bez względu na ich charak-

---

[33] Ołeksandr Ohłobłyn, *Problemy schemy istorii Ukrajiny XIX–XX stolitia, do 1917 roku*, „Ukrajinskyj istoryk", 1/2 (29/30), 1971, s. 5.

[34] Wiaczesław Łypyńśkyj (1882–1931), politolog, socjolog, badacz ukraińskiej historii, działacz ukraińskiego ruchu narodowego; pochodził z polskiego rodu szlacheckiego, po upadku hetmanatu na emigracji w Austrii. W 1920 r. wydał monografię *Ukrajina na perełomi. 1857–59*, która zapoczątkowała nowy kierunek w historiografii nazywany państwowym; 1920–1925 redagował periodyk „Chliborobśka Ukrajina", tam drukował ważny tekst *Łysty do bratiw chliborobiw* w 1926 r., ukazały się one w jednym tomie (Wiedeń, 1926), pracą tą stworzył podstawy ideologii ukraińskiego konserwatyzmu; opracował własną koncepcję państwa-narodu, zawierającą wizję odrodzenia niezależnej państwowości ukraińskiej.

ter etniczny czy kulturowy. Łypyńśkyj uważał, że nacisk kładziony na używanie języka ukraińskiego, afirmacja elementów etnicznych odtrącały od ukraińskiego ruchu patriotycznie nastawiony element pochodzenia nieukraińskiego – administrację, oficerów, arystokrację, przedsiębiorców i wszystkich tych, bez których nie może istnieć żaden organizm państwowy. Dzięki tej koncepcji Łypyńśkyj dokonał nowego wielkiego przewrotu w ukraińskiej historiografii. Ponadto, co ważne, był aktywnym propagatorem idei politycznego pluralizmu w kontekście ukraińskim, który stanowi podstawowy element liberalnej demokracji.

Łypyńśkyj zmarł w latach 30., w wieku zaledwie 49 lat, nie zostawiając po sobie żadnej formalnej szkoły, nie był przecież historykiem zawodowym, a pisał jako pasjonat historii. Ale jego wpływ na rozwój historiografii był bardzo istotny. Łypyńśkyj miał szczególny wpływ na tę część pokolenia Ukraińców, które dojrzewało w latach 30., dla nich stał się on prawdziwym autorytetem. Znaczna część tego pokolenia znalazła się po II wojnie światowej na emigracji. W przeciwieństwie do tych przedstawicieli szkoły Hruszewśkiego, którzy wyjechali na emigrację i tworzyli izolowane ośrodki ukraińskiego życia w diasporze, duchowi uczniowie Łypyńśkiego trafiali na światowe uniwersytety. Jednym z nich był Omelian Pricak. On jeden z pierwszych uważnie przeczytał prace Łypyńśkiego, pierwszy dobrze je zrozumiał i zaczął propagować jego idee. Pricak założył i był potem wieloletnim dyrektorem Harvardzkiego Instytutu Studiów Ukraińskich, stworzył wokół siebie całą szkołę historiografii w diasporze. Stał się bardzo ważną postacią nie tylko życia ukraińskiej diaspory, ale był znany i ceniony również w międzynarodowym świecie naukowym. Za swoją zasługę uważał to, że pisał historię Ukrainy, nie według szkoły Hruszewśkiego, a zgodnie z koncepcją Łypyńśkiego. Iwan Łysiak-Rudnyćkyj był drugim, obok Pricaka, propagatorem myśli Łypyńśkiego. Istnieje anegdota o tym, jak podczas jednej z konferencji obaj panowie zaciekle spierali się o to, który z nich pierwszy przeczytał Łypyńskiego. Ustalenie tego faktu nie powiodło się, gdyż obaj byli rówieśnikami i razem studiowali na Lwowskim Uniwersytecie w latach 30.

Pod silnym wpływem myśli Łypyńskiego w okresie międzywojennym pozostawali także historycy, którzy pochodzili z Galicji, tacy jak: Iwan Krypiakewycz czy Stepan Tomasziwśkyj[35] – błyskotliwy historyk cerkwi, Miron Korduba[36], bliski szkole Oskara Haleckiego[37]. Choć wyrośli w tradycji Hruszewśkiego, potem jednak w wielkim stopniu zbuntowali się przeciw niej, przeciw świadomemu ignorowaniu roli elit i państwa, jaka w tej koncepcji była mocno zakorzeniona. Niektórzy z uczniów tej szkoły historiografii państwowej, jak Krypiakewycz, który po 1945 r. pozostał w sowieckiej Galicji, usiłowali kontynuować swoją działalność naukową w Związku Radzieckim.

Na ile dla tych historyków ukraińskiej diaspory, o których mówisz, ważne okazały się nurty światowego czy europejskiego myślenia o historii?

---

[35] Stepan Tomasziwśkyj (1875–1930), ukraiński historyk, publicysta, działacz polityczny, autor wielu publikacji z historii Ukrainy.

[36] Miron Korduba (1876–1947), historyk ukraiński, w latach 1929–39 profesor Uniwersytetu Warszawskiego; na jego seminarium z historii Ukrainy uczęszczał Jerzy Giedroyc (patrz: *Autobiografia na cztery ręce*, Warszawa 1994, s. 22–23).

[37] Oskar Halecki (1891–1973), historyk polski, profesor Uniwersytetu Warszawskiego i uczelni zagranicznych, członek PAU, działacz emigracyjny; od wybuchu II wojny światowej poza Polską, głównie w USA, w latach 1944–1961 kierował Katedrą Europy Wschodniej na Fordham University w Nowym Jorku. Był współzałożycielem, wieloletnim dyrektorem, a następnie prezesem Polskiego Instytutu Naukowego w Nowym Jorku; zajmował się historią średniowieczną Litwy i Rusi, historią cesarstwa bizantyjskiego, historią średniowieczną Polski, historią najnowszą, a także naukami pomocniczymi historii oraz metodologią historii.

Istotnym aspektem myślenia tej grupy historyków było dostrzeganie roli kontekstu europejskiego dla rozumienia ukraińskiej historii. Uważali oni, że historię Ukrainy należy postrzegać jako pączek na europejskiej gałęzi, a nie jako część historii Rosji. Szkoła, do której należeli Łypyńśkyj, Pricak, Łysiak-Rudnyćkyj, skłaniała się do uznania znaczącej roli okcydentalizacji dla rozwoju ukraińskiej tożsamości. Chociaż warto dodać, że Pricak był przede wszystkim orientalistą i bardzo starał się o wprowadzenie do historii ukraińskiej wschodnich, szczególnie tureckich źródeł. Wśród historyków diaspory powstał jeszcze inny, ważny nurt. Powstał on jako rezultat zintegrowania ukraińskiej krytycznej myśli z prądami, jakie dominowały na amerykańskich uniwersytetach w latach 60. i 70. Chodzi przede wszystkim o modną wówczas teorię modernizacji. Według niej, powstanie narodów i ruchów narodowych było rezultatem modernizacji. Ale to nie znaczyło, że wszystkie te ruchy skazane były na sukces. Prawo do istnienia w przyszłości mają jedynie te narody, w których łonie zachodzą silne procesy modernizacyjne, takie jak rozwój przemysłu, masowe wydawnictwo książek, rozwój kultury masowej itd. Najwybitniejszymi przedstawicielami tej teorii byli Karl Deutsch i Ernest Gellner – ostatniego uważano nawet za największego myśliciela XX w. W kontekście ukraińskim najwybitniejszym zwolennikiem tej teorii był prof. Roman Szporluk, on też wychował kilku ciekawych historyków, m.in. Johna-Paula Himkę.

Pricak i Łysiak-Rudnyćkyj rpoczęli proces, który sami nazwali „przemyśleniem ukraińskiej historii". Pod koniec lat 70. zorganizowali nawet konferencję tak właśnie zatytułowaną: „Rethinking the Ukrainian history"[38].

---

[38] *Rethinking the Ukrainian history*, red. Ivan Łysiak-Rudnytsky, Edmonton, 1981.

Do jakiej tradycji historiograficznej ty sam nawiązujesz, w jakim nurcie siebie sytuujesz?

Przełomem dla mnie okazała się myśl Iwana Łysiaka-Rudnyćkiego. On otworzył mi oczy na sprawy, jakich wcześniej nie dostrzegałem. Według mnie jest on najwybitniejszym historykiem ukraińskim XX w., choć nigdy nie odniósł wielkiego sukcesu, nie zrobił kariery naukowej, pisał głównie artykuły, nie udało mu się wydać książek. Jego prace przyczyniły się, w największym stopniu, do zrozumienia przeze mnie procesów historycznych. Łysiak-Rudnyćkyj przestudiował dogłębnie to, co napisał Łypyńśkyj, i zaczął wykorzystywać jego schemat w swoich pracach, także w odniesieniu do myślenia o sowieckiej Ukrainie. Uważał on, że nowa Ukraina może powstać tylko z ewolucji Związku Sowieckiego, że nie ma innej alternatywy, nie ma co liczyć na kolejną narodową rewolucję, jak czynili to np. niektórzy członkowie OUN, np. Stepan Bandera[39].

Łysiak-Rudnyćkyj i Pricak nazywali siebie „realistami". W podobny sposób myśleli też niektórzy publicyści i ukraińscy działacze w diasporze, tacy jak znany dobrze w Polsce Bohdan Osadczuk[40]. Było to pokolenie ludzi, którzy po II wojnie światowej znaleźli się

---

[39] Stepan Bandera (1909–1959), polityk, ideolog nacjonalistyczny; członek OUN, 1934 współorganizator zamachu na Bronisława Pierackiego, ministra spraw wewnętrznych II RP; 1934–39 więziony, 1940 przewodniczący rewolucyjnej frakcji OUN; inicjator Aktu Odnowienia Państwowości Ukraińskiej w czerwcu 1941; aresztowany i więziony w obozie w Sachsenhausen; po wojnie na emigracji, zabity przez agenta KGB.

[40] Bohdan Osadczuk (ur. 1920), ukraiński publicysta, dziennikarz i historyk dziejów najnowszych Europy Wschodniej; profesor na Wolnym Uniwersytecie w Berlinie; od 1950 do 2000 r. stały współpracownik „Kultury"; w latach 80. był wydawcą pisma niezależnych intelektualistów ukraińskich na emigracji „Widnowa". Odznaczony m.in. Orderem Orła Białego, Krzyżem Komandorskim Orderu Zasługi Rzeczypospolitej Polskiej; w 2007 otrzymał Nagrodę im. Jerzego Giedroycia.

na Zachodzie i weszli w struktury tamtejszych instytucji, na uniwersytety, do gazet itd., nie pozostali w ukraińskich gettowych strukturach diaspory.

W pewnym sensie przewidzieli oni także, że kiedy powstanie nowe państwo ukraińskie, będzie obarczone właśnie słabościami odziedziczonymi po systemie komunistycznym, a tak rzeczywiście dzieje się na Ukrainie po 1991 r. W związku z tego typu podejściem do Związku Sowieckiego, ta grupa w diasporze uważnie śledziła, co się dzieje na sowieckiej Ukrainie. Podobnie jak robił to, w polskim kontekście, Jerzy Giedroyc, uważając, że skoro odrodzone polskie państwo powstanie z PRL-u na drodze rozpadu systemu komunistycznego, należy bacznie przyglądać się wszystkim zachodzącym tam zmianom.

Na szczęście dla nas, dla mojego pokolenia historyków z Ukrainy, kiedy rozpadł się Związek Sowiecki, mogliśmy nawiązać kontakt i czerpać z myśli historyków ukraińskiej diaspory.

Kiedy przygotowywaliśmy tom poświęcony porównaniu historiografii w krajach postkomunistycznych, okazało się, że tylko w przypadku dwóch krajów – Ukrainy i Armenii – istniał tak silny wpływ historyków diaspory na historiografię w kraju. Na Ukrainie było może dziesiątki tysięcy historyków, ale wszyscy oni razem wzięci nie mieli takiego znaczenia jak kilkunastu historyków pracujących na Zachodzie.

Jakie było miejsce Ukrainy w sowieckim modelu historiografii, jaki obowiązywał przez wiele dekad kilka pokoleń ukraińskich historyków w Związku Sowieckim?

Początkowo, w latach 20., podjęto pierwsze próby opracowania ukraińskiej historiografii według schematu marksistowskiego. Jednym z wybitniejszych przedstawicieli tej szkoły był historyk Matwij Jaworśkyj, pochodził z Galicji, ale mieszkał na sowieckiej Ukrainie, został zamordowany w okresie terroru lat 30. Ten marksistowski model historiografii rozkwitł w latach 20, podczas okresu ukrainizacji[41], jaka miała miejsce wówczas w Związku Sowieckim. Ukraińscy historycy będący przedstawicielami tej szkoły starali się uzupełnić tradycyjny schemat ukraińskiej historiografii narodowej historią społeczną i ekonomiczną. Jednak próby te, niezależnie od wszystkich słabości, nie zostały nigdy doprowadzone do końca, gdyż większość historyków tego pokolenia, podobnie jak Jaworśkyj, padła w latach 30. ofiarą masowych represji. Jedynym ukraińskim historykiem, który stosował podejście zgodne z klasycznym podejściem marksistowskim, był Roman Rozdolśkyj[42]. On jednak pisał i pracował poza Związkiem Sowieckim, w okresie międzywojennym w Galicji i w Austrii, a po II wojnie światowej w USA. Był historykiem-marksistą światowej klasy, znanym przede wszystkim za prace poświęcone interpretacji myśli młodego Marksa. Niestety Rozdolśkyj i jego prace pozostają do dzisiaj prawie nieznane na samej Ukrainie. Sytuacja ta dość dobrze pokazuje smutny los ukraińskiego marksizmu, przez

---

[41] Ukrainizacja – bolszewicka polityka prowadzona w latach 20. XX w. na Ukrainie w ramach tzw. korenizacji, która miała na celu nadanie sowieckiej władzy w republikach etnicznie nierosyjskich charakteru nierosyjskiego, a więc „коріннного". Przede wszystkim oznaczała promowanie osób pochodzenia nierosyjskiego na wysokie stanowiska partyjne i urzędnicze, ale także rozwój narodowego szkolnictwa, kultury, nauki, itd. Polityka ta została zarzucona na początku lat 30., wraz z powrotem władz sowieckich do linii rosyjskiego nacjonalizmu. Towarzyszyły temu masowe aresztowania i terror skierowane przeciw narodowym elitom politycznym i intelektualnym.

[42] Roman Rozdolśkyj (1898–1967); główne prace: *Stosunki poddańcze w dawnej Galicji*. Tom 1–2. Warszawa 1962: *Die Bauernabgeordneten Im Konstituierenden osterreichischen Reichstag 1848–1849* (1976); tenże, *The Making of Marx's „Capital"*. Vol. 1–2 (1977), tenże, *Zur Nationalen Frage: Friedrich Engels Und Das Problem Der geschichtslosen Volker* (1979) – angielskie tłumaczenie: *Engels and the nonhistoric Peoples: The National Question in the Revolution of 1848* (1986).

co także ucierpiała ukraińska historiografia. Gdyż niedogmatyczna, nieradziecka wersja marksizmu okazała się niezwykle płodna dla pojawienia się nowych nurtów w historiografii na Zachodzie, szczególnie tzw. historii społecznej (*social history*). Współczesną zachodnią historiografię trudno sobie wyobrazić bez wpływu marksizmu, tymczasem na sowieckiej Ukrainie takich wpływów, poczynając od 1930 r., nie było.

Sowiecka historiografia była mieszanką internacjonalistycznego marksizmu z wielkomocarstwowym rosyjskim nacjonalizmem. W takim ujęciu historia Ukrainy była traktowana jako regionalna odmiana historii rosyjskiej. Głównym tematem sowieckiej historiografii było pokazywanie „odwiecznego" dążenia Ukraińców do zjednoczenia z „wielkim narodem rosyjskim". Schemat sowiecki uważał tradycyjną ukraińską historiografię za „burżuazyjną" i „nacjonalistyczną". Prace wszystkich historyków ukraińskich, jakie ukazały się przed 1939 r., włącznie z pracami Matwija Jaworskiego, były w Związku Sowieckim zabronione. W sowieckiej historiografii wszystkie wydarzenia i postaci z historii Ukrainy, które nie wpisywały się w ten schemat, zostały bezlitośnie potępione, jak np. Mazepa, albo całkowicie przemilczane.

Jednak za czasów Związku Sowieckiego, i we Lwowie, i w Kijowie, a jakiś czas także w Dniepropietrowsku, istniały nieliczne grupy uczciwych historyków, którzy mimo tych wszystkich zakazów próbowali pisać historię taką, „jaka była w rzeczywistości". Po upadku Związku Sowieckiego i powstaniu niezależnej Ukrainy sytuacja tak się ukształtowała, że to właśnie ci historycy uzyskali z czasem decydujący głos.

W okresie istnienia Związku Sowieckiego bardzo ważny był dla Ukrainy fakt sąsiadowania z Polską. W moim głębokim przekonaniu w bloku komunistycznym polska historiografia była najciekawsza: otwarta, o podejściu albo niemarksistowskim, albo, jeśli marksistowskim, to w naukowy, a nie ideologiczny, jak w Związku Sowieckim, sposób. Fernand Braudel[43], jeden z największych historyków XX w., miał zwyczaj mówić, że na świecie jest tylko jeden rozumniejszy od niego człowiek – prof. Witold Kula[44]. Na Ukrainie wszyscy ci, którzy nie znali zachodnich języków, mogli obcować z polską historiografią. Zaraz po upadku muru berlińskiego rozpoczęły się z polskiej strony inicjatywy organizowania seminariów, konferencji, projektów wydawniczych, włączających historyków ukraińskich. Zapraszano nas na staże i wykłady. Lata 90. były okresem bardzo intensywnych kontaktów pomiędzy ukraińskimi i polskimi historykami.

Jak wygląda sytuacja ukraińskiej historiografii w niezależnej Ukrainie, zwłaszcza w porównaniu rozwoju historiografii z innymi dziedzinami nauk humanistycznych?[45].

W mojej ocenie, stan dzisiejszej historiografii ukraińskiej, biorąc pod uwagę punkt wyjścia, w jakim znajdowała się ona w 1991 r.,

---

[43] Fernand Braudel (1902–1985), francuski historyk czasów nowożytnych, przedstawiciel szkoły Annales; często nazywany był „księciem historyków". Wybrane prace: *La Méditerranée et le Monde Méditerranéen a l'époque de Philippe II*, 1949 (*Morze Śródziemne i świat śródziemnomorski w epoce Filipa II*, 1976–1977), *Ecrits sur l'Histoire*, 1969 (*Historia i trwanie*, 1971), *Grammaire des civilisations*, 1987 (*Gramatyka cywilizacji*, 2006).

[44] Witold Kula (1916–1988), historyk polski, profesor Uniwersytetu Warszawskiego; członek Polskiej Akademii Nauk. Zajmował się badaniem dziejów gospodarczo-społecznych Polski oraz metrologią historii pojmowaną jako oddzielna dziedzina nauki. Autor prac, m.in.: *Rozważania o historii* (1958), *Teoria ekonomiczna ustroju feudalnego. Próba modelu* (1962), *Problemy i metody historii gospodarczej* (1963), *Wokół historii* (1988).

[45] Istotną publikacją wydaną w Polsce, zawierającą opis najważniejszych dyskusji i kierunków we współczesnej historiografii ukraińskiej jest praca Tomasza Stryjka, *Jakiej przyszłości potrzebuje przyszłość? Interpretacje dziejów narodowych w historiografii i debacie publicznej na Ukrainie 1991–2004*, Warszawa 2007.

jest naprawdę dobry. Co ciekawe, inne dziedziny nie poszły drogą tak aktywnego rozwoju jak historiografia. Ukraińska filologia pozostaje nadal dość prowincjonalna, znajduje się prawie w takim samym stanie, w jakim istniała 100 lat temu. Pojawiły się pewne jaskółki w literaturoznawstwie czy filozofii, ale nie jest to tak masowe zjawisko, jak w naukach historycznych. My, historycy, sporo publikujemy, organizujemy seminaria magisterskie, doktoranckie i dzięki temu „idzie" za nami wiele osób z młodego pokolenia. Ukraińska historiografia rozwija się obecnie bardzo dynamicznie, mimo że sytuacja ekonomiczna nie sprzyja temu, ale polityczne otwarcie, otwarcie granic, wolność słowa, okazały się o wiele ważniejsze dla jej rozwoju niż braki, na jakie cierpi Ukraina – niższe standardy życia czy brak finansowania ze strony państwa. Chociaż pewna grupa historyków wyraziła akceptację dla kompromisów, proponując taką interpretację historii, jaka odpowiadała na zapotrzebowanie władzy, uzyskali oni dostęp do najwyższych stanowisk, w tym także państwowych. Takim przykładem jest Dmytro Tabacznyk, były przewodniczący administracji Leonida Kuczmy, Mykoła Lytwyn, przewodniczący ukraińskiego parlamentu, czy przewodniczący archiwów SBU, Wołodymyr Wiatrowycz. Moim zdaniem, ten, kto idzie do władzy, przestaje być dobrym historykiem, bo traci niezależność myślenia.

Na Ukrainie rozwija się nadal historiografia narodowa, formalnie można ją uznać za prawnuczkę myśli Hruszewskiego. Nadal też pracują historycy, którzy za czasów sowieckich walczyli z Hruszewskim, a teraz piszą dokładnie według jego modelu. Oni muszą mieć zawsze dyktat państwa, nie umieją uwolnić się od myślenia, że państwo ma narzucać schemat czy model historiografii. O ile za czasów sowieckich posługiwali się w historiografii paradygmatem klasowym, o tyle teraz zamienili go na paradygmat narodowy, ale podchodzą do niego tak samo bezkrytycznie. Dla mnie ważnym czynnikiem dla oceny historiografii są te wszystkie rewizjonistyczne prądy zapoczątkowane w diasporze w latach 70. jako *rethinking the Ukrainian history*. Gdyż one pozwalają na dalsze przewartościowania ukraińskiej historii narodowej. W tych procesach widzę wielki znak nadziei dla ukraińskiej historiografii. Dobrze, że obecnie na Ukrainie jest sporo historyków, którzy chcą myśleć o ukraińskiej historii inaczej, chcą ją wpisywać w szeroki kontekst europejski.

Kogo byś wymienił?
Przede wszystkim Natalię Jakowenko, Heorhija Kasjanowa, Oleksija Tołoczka z Kijowa, Leonida Zaszkilniaka ze Lwowa, Wołodymyra Krawczenkę z Charkowa. Także Ihora Iliuszyna – specjalistę od relacji polsko-ukraińskich. Miał on spore nieprzyjemności ze względu na sposób, w jaki pisał w 2003 r. o wydarzeniach na Wołyniu w związku z 60. ich rocznicą[46]. Tacy historycy jak on mieli wówczas śmiałość iść pod prąd. Co ważne, wszyscy oni mają mocne zaplecze, w rodzaju uniwersyteckich katedr czy wydziałów Akademii Nauk, mają swoich studentów, wychowują następne pokolenia historyków. Ukraińska historia pozostaje w chwili obecnej polem „wojny" kulturowej, ale wojny, która ma dosyć pozytywny wydźwięk. Na tym polu pojawiają się ciekawe

---

[46] I. Iljuszyn wydał książkę: *Wołyńska trahedia 1943–1944*, Kyjiv 2003; problematyce relacji polsko-ukraińskich ww. autor poświęcił wiele artykułów m.in. I. Iliuszun, *Stawłennia polśkoho emihrantśkoho uriadu i polśkoho pidpilla do ukrainśkoho pytannia w 1939–1941 rr*, *Ukrajina a Polszcza – partnerstwo stratehiczne na złami tysiaczilitt*, Kyjiv 2001 oraz I. Iliuszin, G. Mazur, *Działalność czekistowskich grup operacyjnych NKWD w zachodnich obwodach Ukrainy w latach 1939–1940*, Zeszyty Historyczne 2001; *Ukrajinśka powstańska armia i Armia Krajowa w Zachidnij Ukrajani. 1939–1945*, Kyjiv 2009, w Polsce ukazała się jej skrócona wersja: *1939–1945 UPA i AK, konflikt zbrojny w Zachodniej Ukrainie*, Warszawa 2009.

zjawiska. Za szczególnie ważne uważam powstanie i funkcjonowanie tych instytucji, które postawiły sobie za główny cel rewizję historii, wyjątkową rolę pełni tu „Krytyka" – kijowski periodyk i wydawnictwo, oraz periodyki: „Ukraińsky Humanitarnyj Ohlad" i „Ukraina Moderna".

Mówiliśmy o ukraińskiej historiografii w diasporze i na Ukrainie. Jak oceniasz rozwój historiografii, która dotyczy Ukrainy, a rozwija się poza ukraińskim terytorium i diasporą?
Wcześniej historię Ukrainy pisali przede wszystkim sami Ukraińcy, obecnie coraz częściej zajmują się Ukrainą nie Ukraińcy, a historycy niemieccy, polscy, amerykańscy, a nawet Japończycy. Za jednego z najciekawszych uważam Andreasa Kappelera, Szwajcara piszącego o Rosji i Ukrainie, który wcześniej pracował na uniwersytetach w Niemczech, a teraz jest profesorem w Wiedniu. Podobnie jak Roman Szporluk w Stanach Zjednoczonych, Kappeler wychował całe grono młodych historyków – takich jak Anna Veronika Wendland, która napisała bardzo ciekawą książkę o rusofilstwie w Galicji, czy Rikarda Vulpius, autorka, która dokonała przewrotu w naszym sposobie rozumienia, jakie miejsce zajmowała cerkiew prawosławna w ruchu narodowym.

Ważnym zjawiskiem jest fakt, że w Polsce pojawiło się całe młodsze pokolenie historyków piszących o historii Ukrainy, takich jak Włodzimierz Mędrzecki, Grzegorz Motyka, Tomasz Stryjek. Piszą bardzo dobrze i w taki sposób, z jakiego my, ukraińscy historycy, możemy korzystać, czerpać. W Rosji nad tematami ukraińskimi ciekawe badania prowadzą Aleksjej Miller i Leonid Gorizontow. Warto też zwrócić uwagę na ciekawe zjawisko: często jeśli czyta się prace dotyczące ukraińskiej historii, a nie wiadomo, w jakim oryginalnie języku zostały napisane, trudno zgadnąć, czy napisał je historyk ukraiński, czy spoza Ukrainy. Są one na podobnym poziomie interpretacji. Wielu przedstawicieli ukraińskiej młodzieży akademickiej bardzo interesuje się nowymi teoriami i prądami w historiografii zachodniej, takimi jak: *spatial turn i entangled history*, próbują nawet pisać prace doktorskie według tego typu metodologii. Uważam również za znaczący fakt, że katedrę w Harvardzie objął historyk z Dniepropietrowska, Serhij Płochij. Uważam, że być dziś historykiem na Ukrainie jest zajęciem pasjonującym. Historia to nie tylko sama wiedza, nie tylko metodyka, historia to także doświadczenie wynikające z życia. Historycy dorastają i nabierają mocy z wiekiem i doświadczeniem. Braudel powiedział, że historyk, który ma mniej niż 60 lat, nie może być dobrym historykiem. Bardzo ważne dla mojego pokolenia historyków na Ukrainie jest to, że przeżyliśmy dwie wielkie rewolucje: upadek Związku Sowieckiego i pomarańczową rewolucję w 2004 r. Dzięki temu mamy szczególne doświadczenie historyczne, silniej odczuwamy wpływ historii na nasze życie.

Pisząc teraz nową historię Ukrainy, zaczynam ją takim obrazem, powołuję się na piosenkę Beatlesów *Nowhere Man* – o człowieku, który siedzi nigdzie i pisze książki dla nikogo. Uważam, że taka była sytuacja historyków ukraińskich przed 1991 r. – też siedzieli nie wiadomo gdzie i pisali nie wiadomo dla kogo. Obecnie ta sytuacja już się kończy, ukraińska historiografia staje się coraz ciekawsza, piszą ją i czytają w całym świecie. Nie jesteśmy już – ludźmi znikąd, *Nowhere Men* – a stajemy się po trochu *Men of the Universe*, ludźmi świata.

III

UKRAINA, REZULTAT AWANSU ZACHODU

„Ukraina powstała jako rezultat awansu, awansu Zachodu, a w jej wyniku procesów okcydentalizacji..."

Wołodymyr Wynnyczenko, ukraiński pisarz i działacz polityczny, twierdził, że „do czytania historii Ukrainy niezbędny jest brom (...). A jej historia to nieprzerwany ciąg nieustannych powstań, wojen, pożogi, głodu, najazdów, przewrotów wojskowych, intryg, kłótni, spisków"[47]. Kiedy w latach 90. pisałeś *Historię Ukrainy*[48], zacząłeś ją od słów, że jest to „historia bez bromu". Co miałeś na myśli?

---

[47] Wołodymyr Wynnyczenko (1880–1951), ukraiński polityk i pisarz; w 1917 jeden z organizatorów Centralnej Rady, pierwszy przewodniczący Sekretariatu Generalnego, rządu ukraińskiego, jeden z organizatorów powstania przeciw hetmanowi P. Skoropadśkiemu; 1918–19 przewodniczący Dyrektoriatu URL; w 1919 przeszedł na pozycje narodowo-komunistyczne, w Austrii organizował grupę zagraniczną Ukraińskiej Partii Komunistycznej, w 1920 wrócił na sowiecką Ukrainę, próbował współpracować z bolszewikami; rozczarowany wyjechał na emigrację; chodzi tu o: „Szczodennyk", 9 (1990), Kyjiv, s. 122.

[48] Jarosław Hrycak, *Narys istoriji Ukrajiny. Formuwannia modernoji ukrajinskoji naciji XIX–XX st.*, Kyjiv 1996; wydanie skróconego przekładu polskiego: Jarosław Hrycak, *Historia Ukrainy. 1772–1999. Narodziny nowoczesnego narodu* (Lublin 2000).

Podstawowa teza książki opierała się na założeniu normalności historii Ukrainy. Uważam, że ukraińska historia nie jest ani lepsza, ani gorsza niż dzieje innych narodów. Oczywiście, ma swoją specyfikę, swoje właściwości, ale nie jest wyjątkowa. Można ją spokojnie czytać, poznawać i uczyć jej. Mnie się wydaje, że ta potrzeba bromu wynika z poczucia niedowartościowania Ukraińców, przekonania, że jesteśmy gorsi od innych, gdyż nie mieliśmy własnego państwa i byliśmy ofiarami cudzych rządów. Nie sądzę, abyśmy musieli czuć się z tego powodu gorsi, czy potrzebowali powoływać się na naszą historię, aby takie poczucie usprawiedliwiać. Wystarczy spojrzeć na historiografię polską, białoruską, litewską, ormiańską czy żydowską, aby odnaleźć tam podobną tendencję. Nawet Austriacy stworzyli bardzo wygodny mit „Austrii, pierwszej ofiary niemieckiego nazizmu".

Każdy z tych narodów przekonany jest o tym, że jego historia jest bardziej tragiczna niż innych. Nie widzę sensu w pisaniu historii Ukrainy, zwłaszcza po 1991 r., jaka by szła w takim właśnie kierunku, akcentowania tragizmu i złożoności ukraińskiej historii.

Rozmawiamy o *Historii Ukrainy*, nad którą pracowałeś w pierwszej połowie lat 90. Idea napisania tej, wówczas nowej, interpretacji historii Ukrainy zrodziła się w Polsce. Jak do tego doszło?

Gdzieś w 1991–1992 r. prof. Jerzy Kłoczowski zainicjował na KUL-u projekt skierowany do młodych historyków z Polski, Ukrainy, Białorusi i Litwy, krajów, które wchodziły w przeszłości w skład Rzeczpospolitej. Był to projekt, którego idea zrodziła się podczas spotkań ukraińskich i zachodnich historyków w Rzymie pod koniec lat 80. Chodziło o to, aby każdy z historyków opisał na nowo dzieje swego kraju, gdyż kraje te, poza Polską, nie miały wówczas dobrej, nowocześnie napisanej historii. Mieli ją napisać młodzi historycy, nieobciążeni bagażem starego sowieckiego systemu historiografii, starsi profesorowie, z większym bagażem naukowym, mieli pełnić rolę doradców i konsultantów. Na Litwie był to Juozas Tumelis, jeden z pierwszych doradców Sajudisu, w Polsce prof. Jerzy Kłoczowski i Andrzej Sulima Kamiński z Waszyngtonu, na Białorusi – prof. Anatol Hrynkiewicz, a na Ukrainie – prof. Jarosław Isajewycz. Isajewycz, któremu wiele zawdzięczam, zaproponował mnie i Natalię Jakowenko jako autorów nowej historii Ukrainy, Natalia miała zająć się okresem do końca XVIII w.[49], a ja – historią współczesną.

Napisanie tej książki zajęło mi około czterech lat, ale był to dla mnie bardzo ważny okres w życiu. Zrozumiałem wówczas, że tak naprawdę nie znam historii Ukrainy, musiałem bardzo dużo czytać, wiele nauczyć się na nowo. Uważam ten czas studiów nad historią Ukrainy za swój drugi uniwersytet.

W związku z tym, że nawet kiedy upadł system sowiecki, patrzono na Ukrainę i historię Ukrainy przez okulary Rosji, trzeba było pokazać, że Ukraina to nie Rosja, że jest to kraj, który miał inne dzieje, przeszedł swoją własną drogę. W tym kontekście ważna była dla mnie myśl Iwana Łysiaka-Rudnyćkiego, ponieważ łączyła dwie tradycje myślenia historycznego.

Łysiak-Rudnyćkyj nawiązywał do koncepcji Mychajła Drahomanowa[50], wybitnego ukraińskiego działacza, twórcy nowatorskiej, lewicowej, a nawet anarchistycznej koncepcji liberalizmu, opartej na przekonaniu o potrzebie samoorganizacji społeczeństwa

---

[49] Natalia Jakowenko, *Historia Ukrainy do końca XVIII w.*, Lublin 2000.

[50] Mychajło Drahomanow (1841–1895), ukraiński myśliciel socjalistyczny, historyk, publicysta, działacz społeczny; 1876 wyemigrował do Szwajcarii, tam stworzył wolną drukarnię ukraińską, w której wydawał czasopismo „Hromada"; 1889 profesor uniwersytetu w Sofii, propagował idee federalizmu i socjalizmu, miał duży wpływ na Iwana Franko i ruch socjalistyczny w Galicji.

„oddolnie". Ale Łysiak-Rudnyćkyj nawiązywał również do koncepcji Wiaczesława Łypyńśkiego, który był zwolennikiem konserwatywnego liberalizmu oraz anglosaskiego modelu narodu, opartego na lojalności politycznej, a nie etnicznej. Niezależnie od istotnych różnic pomiędzy oboma myślicielami Drahomanow miał poglądy lewicowe, a Łypyńśkyj prawicowe, obaj zgadzali się w ocenie, że różnice między Rosją a Ukrainą polegają nie tyle na fakcie istnienia odrębnego języka czy kultury ludowej, ile na odmienności kultur politycznych, jakie się w obu narodach rozwijały, na innych relacjach pomiędzy władzą a społeczeństwem. Źródło tej różnicy postrzegali oni w tym, że Ukraina, zanim została zaanektowana przez Rosję, przez kilka wieków miała bezpośredni kontakt z Europą, przede wszystkim za pośrednictwem Rzeczpospolitej. Dla mnie ważny był fakt, że typ syntezy zaproponowany przez Łysiaka-Rudnyćkiego wyprowadzał ukraińską historię z jej wyłącznie narodowego kontekstu i wpisywał, przekonująco i naturalnie, w ogólny nurt europejskiego i światowego procesu historycznego.

Drugą istotną postacią okazał się dla mnie prof. Roman Szporluk. Jego siła, jako analityka, polegała na tym, że nie był on wyłącznie ukrainistą, zajmował się także historią czeską, polską i rosyjską, pisał o Pokrowskim[51], o Masaryku, a jego profesorem był słynny Isaiah Berlin. Zaletą Szporluka i Łysiaka-Rudnyćkiego było to, że patrzyli na Ukrainę jednocześnie z zewnątrz i od wewnątrz. Wychodząc z szerszego, światowego kontekstu, przechodzili do historii Ukrainy. W ukraińskiej sowieckiej historiografii takie podejście było nie do pomyślenia. To było myślenie bliskie raczej

---

[51] Michaił Nikołajewicz Pokrowskij (1868–1932), rosyjski historyk marksista, działacz państwowy. Kierował archiwami sowieckimi, szef wielu utworzonych po 1917 r. uczelni; autor podstawowych dla historiografii marksistowskiej dzieł na temat Rosji, jego podręczniki obowiązywały w ZSRR do połowy lat 30.

polskiej szkole Oskara Haleckiego, która również postrzegała Polskę i Europę Wschodnią z perspektywy historii światowej.
Prof. Jerzy Kłoczowski i Andrzej Sulima Kamiński zwrócili naszą uwagę na fakt, że społeczeństwo ukraińskie, szczególnie na zachodniej Ukrainie, było bardzo dobrze zorganizowane. Choć Ukraińcy nie mieli swojego państwa, umieli stworzyć, posługując się dzisiejszymi kategoriami, społeczeństwo obywatelskie. W ich przekonaniu to zjawisko miało swoje korzenie w spadku po Rzeczpospolitej, która oddziaływała na Ukrainę, Litwę i Białoruś. Te odmienności pomiędzy Rosją i Ukrainą dostrzegali także niektórzy rosyjscy liberalni intelektualiści. Pamiętam, jak w połowie lat 90., moskiewski historyk Dmytrij Furman napisał artykuł na temat politycznych zmian w postkomunistycznej Rosji i Ukrainie. Zwracał w nim uwagę na fakt, że w 1994 r., podczas najsilniejszego kryzysu politycznego i ekonomicznego, Ukraina zdobyła się na pokojową i demokratyczną zmianę władzy, podczas gdy w Rosji, w czasie kryzysu 1993 r., Borys Jelcyn ostrzelał parlament z czołgów. Furman widział w tym dowód, że Ukraina zdała egzamin z demokracji, a Rosja nie, co miało być dowodem, że Rosja i Ukraina wstąpiły na odmienne drogi rozwoju.[52]
To była niesłychanie ważna teza, z jaką wiele osób mogłoby się nie zgodzić, gdyż w tym czasie, kiedy pisałem *Historię Ukrainy*, sytuacja w moim kraju skłaniała nas raczej do stawiania bardziej pesymistycznej prognozy. Wydawało się wtedy, że Ukraina stoi na progu rozpadu lub przyłączenia się do Rosji.

Podczas pisania *Historii Ukrainy* drugą tezę oparłeś na stwierdzeniu, że była ona historią tworzenia się narodu, nadałeś jej

---

[52] Dmytryj Furman, *Ukraina i my. Nacjonalnoje samosoznannie politiczeskoje razwitije*, „Swobodnaja mysl", 1, 1995, s. 70.

nawet podtytuł „Narodziny nowoczesnego narodu". Jakie znaczenie miało właśnie takie rozstawienie akcentów?

W połowie lat 90. tak właśnie postrzegałem historię Ukrainy. W tej szkole historycznej, w której się wychowałem, szczególnie u Iwana Łysiaka-Rudnyćkiego, takie podejście do historii Ukrainy dominowało. Uważał on, że główny problem ukraińskiej historii to problem tworzenia się narodu. Według tej koncepcji, aby zrozumieć ukraińską historię, trzeba było przyjrzeć się temu, jak tworzył się ukraiński naród. Ta koncepcja była bliska także Romanowi Szporlukowi, który miał duży wpływ na mnie. Podpowiedział mi wówczas wiele lektur, przede wszystkim publikacje Ernesta Gellnera[53], teoretyka nacjonalizmu, uważanego dziś już za klasyka. Przynależność narodowa stanowiła, według niego, najważniejsze kryterium tożsamości nowoczesnego człowieka. Natomiast nacjonalizm, pojmowany bardzo szeroko, jako ruch polityczny, który domagał się konwergencji państwa i narodu, miał być głównym czynnikiem, który doprowadził do powstania nowoczesności. Biorąc pod uwagę koncepcję Iwana Łysiaka-Rudnyćkiego oraz teorię nacjonalizmu Gellnera, uznałem wtedy, że sprawa tworzenia się nowoczesnego narodu ukraińskiego była w XIX i XX w. najważniejsza.

Chodziło również o to, że bez pokazania procesu tworzenia się narodu musimy borykać się z wieloma nieprawdziwymi teoriami, jak choćby ta, że nasz naród ma kilka tysięcy lat. Wiktor Juszczenko często powtarza, że naród ukraiński wywodzi się z pradawnej kultury trypilskiej, a to nonsens. Z punktu widzenia nauki wszystkie narody są młode, nie należy rozdzierać szat nad tym, że nasz sformował się z dużym opóźnieniem. Spójrzmy na Rosję. Przed I wojną światową prawie połowa dzieci zamieszkujących

---

[53] Ernest Gellner, *Narody i nacjonalizm*, Warszawa 1991, 2009.

w Moskwie nie wiedziała, w jakim kraju żyje. Na pytanie, gdzie mieszkają, odpowiadały, że mieszkają na takiej a takiej ulicy. Nie istniały w tym okresie znaczące różnice między dziećmi z Moskwy a np. w galicyjskim Borysławiu.

Te tezy pomogły mi stworzyć pewien typ narracji. Pokazywałem, że tworzenie się narodu ukraińskiego jest relatywnie niedawnym procesem, wpisanym w procesy modernizacji. A Ukraińcy, z tego punktu widzenia, przypominają inne narody, gdyż one przeżywały podobne procesy w tym samym mniej więcej czasie. Co więcej, patrząc na to, z jakimi trudnościami borykali się Ukraińcy – brak państwa, presja asymilacyjna, silne podziały regionalne i geopolityczna wrażliwość, trzeba przyznać, że tworzenie narodu ukraińskiego okazało się procesem relatywnie skutecznym.

Na początku lat 90. takie podejście do historii Ukrainy odpowiadało potrzebom młodszego pokolenia Ukraińców – to byli wówczas moi rówieśnicy – pokolenia, które chciało czuć się nowoczesne, bez kompleksu niższości i prowincjonalizmu.

Pracując nad tą książką, odpowiadałeś, w pewnej mierze, na tzw. zapotrzebowanie społeczne?

Uważam, że historyk nie pisze na temat historii *per se*, a odpowiada na pytania, które są ważne dla społeczeństwa w danym momencie. Nie można napisać jedynej historii, raz na zawsze. Każde pokolenie ma swoje doświadczenia i stoi przed własnymi wyzwaniami. Historyk, pisząc, zwraca się do pokolenia obdarzonego takim a nie innym doświadczeniem, jakie stoi przed takimi a nie innymi wyzwaniami. Okazało się, że oboje z Natalią Jakowenko utrafiliśmy w taki ton, jaki był w tym czasie potrzebny: czytelnik otrzymał inną alternatywę ukraińskiej historii, odmienną, z jednej strony, od sowieckiej, i z drugiej strony – od ukraińskiej historiografii *narodnyćkiej*. Zaproponowaliśmy interpretację historii, która pozwalała Ukraińcom czuć się normalnie w kontekście historii Europy. Później, kiedy książka już wyszła, zacząłem rozumieć, że teza o centralnej roli narodu nie jest jednak do końca przekonująca, nawet jeśli traktujemy naród jak nowoczesną konstrukcję polityczną, a nie wspólnotę etniczną, czyli stosujemy definicję maksymalnie szeroką. Z kolei podważenie tezy o kluczowej roli narodu uwypukla problematyczność perspektywy europocentrycznej: wydaje się, że jest ona prawdziwa dla Europy Zachodniej. Pozostaje jednak pytanie, co się z nią dzieje, kiedy przenosimy się z Zachodu na Wschód.

Jakie nowe elementy wpłynęły na zmianę w twoim sposobie myślenia o ukraińskiej historii?
Wymyśliłem w latach 90. projekt badawczy, polegający na porównaniu Lwowa i Doniecka[54], ale na tle całej Ukrainy. Pierwsze badania przeprowadziliśmy w 1994 r. w czasie trwania drugich wyborów prezydenckich. Wydawało się wówczas, że Ukrainie grozi rozpad, CIA opublikowała tego typu prognozy. Antagonizm między Leonidem Krawczukiem i Leonidem Kuczmą dzielił wtedy kraj wyraźnie na dwie części, ukraińskojęzyczną i rosyjskojęzyczną. W oparciu o otrzymane wyniki stworzyliśmy tabele, które pokazywały, w jaki sposób ludzie w różnych częściach Ukrainy myślą o sobie. Kiedy spojrzałem na te tablice, doznałem pewnego rodzaju olśnienia. Uderzył mnie bowiem fakt, że na wschodzie Ukrainy ludzie w zdecydowanej większości nie myśleli o sobie w kategoriach narodowych, a w kategoriach społecznych, a więc różnic płci, wieku, zawodu, itd., lub w kategoriach różnic regionalnych.

---

[54] Rezultaty tych badań zostały opublikowane w specjalnym wydaniu pisma: „Ukrajina Moderna" – *Lviv-Doneck: socjalni identycznosti w suczasnij Ukrajini*, red. Jarosław Hrycak, Andrij Portnow, Wiktor Susak, Kyjiv-Lviv 2008.

Zrozumiałem wtedy, że dla zdecydowanej większości mieszkańców wielu regionów, także zindustrializowanych, jak Donbas, kategoria tożsamości narodowej nie jest najważniejsza, choć się pojawia. Dla nas, Ukraińców z Galicji, podobnie jak dla Polaków, takie zjawisko jest mało zrozumiałe. Nasz i wasz świat kręci się wokół narodowości, kultury narodowej, dlatego że wywodzimy się z jednego pnia, z jednej zachodnioeuropejskiej kultury.

Zarówno ja sam, jak i wiele innych osób, obawialiśmy się, że po upadku Związku Sowieckiego Ukrainie zagrozi silny rosyjski nacjonalizm i doprowadzi do rozpadu kraju. Ale kiedy popatrzyłem na tabele z wynikami naszych badań, zrozumiałem, że rosyjski nacjonalizm nie ma szans, że chociaż ludność zamieszkująca znaczną część Ukrainy, szczególnie wschód i południe, mówi i myśli w języku rosyjskim, nie ma jednak poczucia wyraźnej rosyjskiej tożsamości narodowej. Zresztą wiele osób nie ma także poczucia wyraźnej ukraińskiej tożsamości. Jednak kryzys rosyjskiej tożsamości na Ukrainie jest znacznie silniejszy niż kryzys tożsamości ukraińskiej. Badania pokazały, że dla mieszkańców wschodniej Ukrainy największe znaczenie ma to, do jakiej kategorii zawodowej czy społecznej należą, czy są np. robotnikami, nauczycielami, czy emerytami, bardzo silnie też zwracają uwagę na czynnik różnicy płci. Potem zobaczyłem rezultaty szerszych badań, obejmujących także, oprócz Ukrainy, Litwę i Rosję. Pokazały one, że ten, umownie mówiąc, „polski" czy „galicyjski" sposób myślenia w kategoriach tożsamości narodowej nie jest normą w przestrzeni byłego Związku Sowieckiego, a raczej odchyleniem. Ten sposób myślenia dominuje jedynie na Litwie i Zachodniej Ukrainie. Ludność zamieszkująca współczesną Rosję i większość Ukrainy nie myśli w tych kategoriach.

Kiedy zrozumiałem, że schemat, jaki przyjąłem podczas pisania mojego pierwszego opracowania historii Ukrainy, nie był właściwy, zacząłem myśleć o napisaniu jej nowej wersji. Nawet zacząłem to robić, gdyż mniej więcej w 1998 r. otrzymałem propozycję jej napisania w języku angielskim. Szybko jednak zrozumiałem, że nie jestem jeszcze gotowy, że nadal odtwarzam ten sam schemat, nie umiem od niego odejść. Dałem więc sobie czas, w tym czasie pracowałem nad książką poświęconą Iwanowi Franko, robiłem inne projekty. Ta praca pomogła mi w znalezieniu nowego podejścia.

Spróbujmy odtworzyć kolejne etapy powstawania twojego tworzenia interpretacji historii Ukrainy opartej na nowych przesłankach...

Uważam siebie, jako historyka, za rzemieślnika, który aby mógł zrobić coś wartościowego, musi codziennie ćwiczyć. Takim ćwiczeniem są lektury. Próbowałem, poprzez lektury i przemyślenia, zrozumieć, jakie przyczyny wpływają na to, że istnieją strefy, regiony, w których kwestie tożsamości narodowej odgrywają decydującą rolę, a jakie na fakt, że w innych strefach te kwestie nie istnieją lub są marginalne. Lektury pomogły mi wiele zrozumieć. Roman Szporluk podpowiedział mi, niestety prawie nieznaną ani na Ukrainie, ani w Polsce, książkę Adriana Hastingsa, *The Construction of Nationhood. Ethnicity, Religion, and Nationalism*[55]. Siłą Hastingsa okazało się to, że był teologiem, a nie historykiem. W tej książce postawił on dość prostą tezę, że nacjonalizm nie jest zjawiskiem uniwersalnym, że mógł pojawić się tylko w świecie tradycji judeochrześcijańskiej, gdyż jego korzenie wyrastają z idei chrześcijaństwa.

Główna teza nacjonalizmu opiera się bowiem na twierdzeniu, że skoro przynależność jednostki do danego narodu jest nieodzow-

---

[55] Adrian Hastings, *The Construction of Nationhood. Ethnicity, Religion, and Nationalism*, Cambridge, New York 1997.

nym warunkiem jej rozwoju, to interes narodowy jest celem wszelkich działań politycznych, co oznacza konieczność budowy przez każdy naród własnego państwa. Według Hastingsa, jeśli się dobrze wczytać w tekst Biblii, przekonanie to jest zawarte w ideach Starego Testamentu, w idei Izraela. Wychodząc od tej tezy, Hastings pokazuje, że po raz pierwszy myślenie w kategoriach przyszłego nacjonalizmu pojawiło się już w XI w. w Anglii. Widział on związek pomiędzy tym zjawiskiem a pierwszym przekładem Biblii na język narodowy, język, jakim posługiwała się większość ludności. Dzięki temu, że istniał przekład Biblii, księża w Anglii podczas kazania cytowali obszerne fragmenty Starego i Nowego Testamentu, popularyzując je w ten sposób wśród ludu.

Podobna teoria pojawiła się w innej książce, Liah Greenfield, *Nationalism: Five Roads to Modernity*[56]. Ona także zwracała uwagę na fakt, że nacjonalizm pojawił się najpierw w Anglii, a dopiero stąd zaczął się rozprzestrzeniać na cały świat. Było to spowodowane tym, że Anglię uważano za mocarstwo, które odnosiło sukcesy w wielu dziedzinach, starano się wobec tego ją naśladować, tak aby być konkurencyjnym w stosunku do niej. Oboje, Greenfield i Hastings, zakwestionowali twierdzenie, że nacjonalizm jest koncepcją uniwersalną. Różnica między nimi polegała na tym, że Greenfield widzi narodziny nacjonalizmu w XVIII w., jako zjawiska związanego z tworzeniem się nowoczesnej Anglii, podczas gdy Hastings przesuwa jego początki na czasy Anglii wczesnośredniowiecznej.

Mnie ten sposób myślenia wydał się przekonujący, gdyż dość dobrze wyjaśniał fakt istnienia stref myślenia w kategoriach tożsamości narodowych i ich braku. Moim zdaniem, Hastings nie

---

[56] Liah Greenfield, *Nationalism: Five Roads to Modernity*, Cambridge, MA 1992.

bierze jednak pod uwagę różnicy między wschodnim a zachodnim chrześcijaństwem. A są one bardzo istotne. Mają znaczenie choćby dla okresu tłumaczenia Biblii na języki mówione, narodowe, dla poziomu wydawania książek, gdyż one z kolei miały istotne znaczenie dla tworzenia się wyobraźni narodowej. Od czasu pojawienia się czcionki drukarskiej aż do końca XVI w. w zachodniej Europie wydano więcej niż 20 mln książek, w tym czasie we wschodniej prawosławnej Europie maksymalnie około 40–60 tysięcy. Ta różnica stanowi miarę przepaści między obiema cywilizacjami: wschodnią i zachodnią. Katolicyzm, a jeszcze bardziej protestantyzm, wpływał intensywnie na rozwój oświaty i kultury. Warto zadać sobie pytanie, dlaczego w katolickim świecie bardzo wcześnie pojawiły się uniwersytety, już w XI w., a we wschodniochrześcijańskim dopiero w XVII–XIX w. Otóż w prawosławnym świecie brakowało pewnych struktur kognitywnych i społecznych, pewnych mechanizmów potrzebnych do tego, aby rozpoczęły się procesy powstawania świadomości narodowej, jakie w zachodnim świecie pojawiły się dużo wcześniej.

W tym kontekście ciekawa była też praca Ihora Szewczenki, historyka i bizantologa ukraińskiego pochodzenia, wykładającego na Harvardzie. W swoich esejach *Ukraina między Wschodem i Zachodem*[57] zaprezentował on tę tezę w inny sposób. Według niego, kultura Zachodu przychodziła na Ukrainę „w polskim kontuszu", obejmując z różną intensywnością etnicznie ukraińskie ziemie, które wchodziły w skład Rzeczpospolitej. Te wpływy dają się odczytać do dzisiaj, siła poczucia ukraińskiej tożsamości narodowej w niezależnej Ukrainie jest wprost proporcjonalna do czasu oddziaływania polskiego dziedzictwa: od Galicji, gdzie obecność polska trwała ponad 600 lat, poprzez centralną Ukrainę aż do

---

[57] Ihor Szewczenko, *Ukraina między Wschodem a Zachodem*, Warszawa 1996.

południa i wschodu Ukrainy, terenu byłych „dzikich pól", gdzie polska obecność była dość ulotna, efemeryczna.

Nowa interpretacja historii Ukrainy, nad jaką obecnie pracuję, przygotowując publikację dla brytyjskiego wydawnictwa Blackwell, bierze pod uwagę rolę oddziaływania na terenach dzisiejszej Ukrainy dwóch światów, wschodniochrześcijańskiego i zachodniochrześcijańskiego. Uważam, że właśnie wpływy bizantyjskiej tradycji chrześcijańskiej w Europie Wschodniej naznaczyły w znacznej mierze specyfikę rozwoju tego regionu.

Wspomniałeś, że pracujesz obecnie nad nową wersją historii Ukrainy. Udało ci się więc, po ponad dziesięciu latach od zakończenia pracy nad poprzednią jej wersją, znaleźć nowe podejście. Za punkt wyjścia, datę przełomową dla historii Ukrainy, uznałeś rok 1492, odkrycie Ameryki przez Krzysztofa Kolumba. Dlaczego, twoim zdaniem, data ta stanowi tak bardzo istotną cezurę w historii Ukrainy?

Wraz z odkryciem Ameryki następuje istotna zmiana w historii naszej cywilizacji, zmiana dominacji z linii: Północ–Południe, na Wschód–Zachód. Awans Zachodu, jego dominacja nad całym światem zaczyna się dopiero po odkryciu Ameryki. U schyłku XV w. Europa i cywilizacja chrześcijańska, jeszcze nie dominują. Z wyjątkiem miast północnej Italii dominuje Wschód i Południe, a w naszej części świata – „step", ordy tatarskie, Turcy, imperium osmańskie. Symbolem tej dominacji stało się zdobycie Konstantynopola przez Turków w 1453 r., wówczas miasto będące kolebką chrześcijańskiej cywilizacji stało się muzułmańskie. Od tego czasu, aż do końca XVII w., dla Europy Wschodniej i Środkowej istnieje zagrożenie islamskim panowaniem. Jednak 40 lat później, właśnie w 1492 r., w innym końcu Europy równowaga zaczyna się przechylać się w stronę dominacji kultury zachodniej.

Monarchia hiszpańska zwycięsko kończy rekonkwistę, wypędza Arabów z Półwyspu Iberyjskiego. I tak, podczas gdy wschodniochrześcijańska Europa walczy z zagrożeniem dominacją islamską, zachodniochrześcijańska rośnie w siłę, niosąc temu zagrożeniu koniec. Dla „wyniesienia" zachodniochrześcijańskiej Europy decydujące znaczenie ma właśnie odkrycie Ameryki przez Kolumba w tym samym roku – 1492. Warto pamiętać, że jeszcze przed tym wydarzeniem chrześcijańska Europa miała technologiczną przewagę nad resztą świata. Jak napisał jeden z historyków, w momencie kiedy Kolumb odpływał na swoją wyprawę, Europa była jedynym kontynentem, który znał okulary[58]. Wygląda na to, że nowoczesność jako taka, z jej nieustannym dążeniem do odkryć naukowych i technologicznych wynalazków, mogła powstać jedynie w tradycji zachodniochrześcijańskiej. Przewaga technologiczna nie oznaczała przewagi militarnej. W świecie, w którym potęga była jeszcze mierzona dosłownie ilością pogłowia żywych koni, a nie jak obecnie koni mechanicznych, większa liczba koni przypadająca na głowę mieszkańca stanowiła istotny warunek sukcesów militarnych. Innymi słowy, narody prowadzące koczowniczy tryb życia miały przewagę nad narodami prowadzącymi osiadły tryb życia.

Odkrycie Ameryki umożliwiło przepływ wielkich bogactw, złota do Europy Zachodniej, która dzięki temu zaczyna się szybko rozwijać. Teraz do jej przewagi technologicznej dochodzi także przewaga militarna, gdyż za złoto można tworzyć i zbroić wielkie armie, które mogły, znacznie skuteczniej, przeciwstawić się „stepowi", a nawet wyruszyć na podboje nowych terytoriów.

[58] Jest to teza bardzo ciekawej, choć kontrowersyjnej książki: Rodney Stark, *The Victory of Reason, How Christianity Led to Freedom, Capitalism, and Western Societes*, Random House, New York 2005. J.H. cytuje w tekście porównanie na temat Kolumba i okularów za R. Starkiem.

W relatywnie krótkim czasie Europa Zachodnia zaczyna promieniować na resztę świata, wywołując, *nolens volens,* procesy okcydentalizacji. Oznaczały one przejmowanie przez inne narody i kraje zachodnioeuropejskich modeli politycznych, społecznych i kulturowych, włącznie z nowymi prądami, „-izmami", takimi jak ideologia nacjonalizmu.

Moja teza jest taka, że Ukraina powstała jako rezultat awansu, awansu Zachodu, a w jego wyniku, także procesów okcydentalizacji. Bez tego wyniesienia Zachodu nie byłoby Ukrainy. Okcydentalizacja na większości terytorium ukraińskiego trwała aż do wybuchu I wojny światowej, a w zachodniej części – do wybuchu II wojny światowej, do momentu, kiedy całe ukraińskie terytorium zostaje włączone do Związku Sowieckiego. Można umownie uznać, że gdyby nie odkrycie Kolumba, dziś na terenach Ukrainy, Rosji, Białorusi istniałaby stara, konserwatywna wielka „Święta Ruś", pozbawiona jasno zdefiniowanych tożsamości narodowych. Tworzenie się Ukrainy oznaczało niszczenie Rusi, rozbicie prawosławnej cywilizacji.

Dla mnie Ukraina stanowi najbardziej zokcydentalizowaną strefę prawosławnego świata.

Nawiasem mówiąc, w Rosji również miały miejsce procesy okcydentalizacji, w jej wyniku, pod koniec XIX w., Rosja wytworzyła wspaniałą kulturę typu zachodniego, która do dziś oddziałuje na wielu ludzi Zachodu, czym w znacznej części można wyjaśnić popularność prorosyjskich nastrojów w zachodnim świecie. Ale przez długi czas procesy te obejmowały w imperium rosyjskim jedynie elity, tam okcydentalizacja nie doszła do szerszych mas. Tradycja, jaka wytworzyła się w Rosji, uniemożliwiała przeorientowanie się różnych grup ludności. Dlatego potrzebna była cała sieć szkół, uniwersytetów, tworzenie bractw religijnych, a także niezależnej cerkwi, czego w Rosji nie było. Natomiast na Ukrainie, gdzie prawosławie „konkurowało" z katolicyzmem, cerkiew ukraińska, aby przetrwać, musiała poddać się procesom reformacji, zmieniać się. W rezultacie, podobnie jak kościół katolicki, zaczynała tworzyć lokalną wysoką kulturę za zachodnimi wzorcami, zakładać uniwersytety, szkoły, wydawać książki, itd. Sama też stała się w XVIII w. czynnikiem okcydentalizacji dla Rosji, na którą promieniowała.

Czy mógłbyś wyjaśnić, w jaki sposób odkrycie Ameryki wpłynęło na zmianę linii podziału wpływów z Północ–Południe na Zachód–Wschód?
– Trzeba wrócić do analogii stepu i lasu. Gdzieś do połowy XV w., w tej wielkiej euroazjatyckiej przestrzeni, od Węgier do Chin, politycznie i militarnie dominuje „step", Zachód zajmuje pozycję obronną, jego pozycja kulturowa jest jeszcze słaba. Z punktu widzenia Chin czy Bizancjum Europa stanowiła obszar barbarzyństwa, chociaż zachodziło tam wiele ważnych zjawisk, m.in. pojawiła się idea nowego typu oświaty, powstawały uniwersytety, tworzyły się podstawy nauki. Były to zjawiska ważne, ale działy się w małej skali, ich promieniowanie jeszcze się nie rozpoczęło. Wtedy jeszcze nic nie wskazywało, że niebawem sytuacja ulegnie całkowitej zmianie, a Europa zacznie dominować, stanie się tym, czym jest do dziś, wielkim centrum, które rodzi nowe prądy, zjawiska, wartości.
Spójrzmy, kiedy staje się to możliwe. Początki wielkości Europy przypadają na czas, gdy zaczyna ona czerpać z wielkich zasobów naturalnych, a otrzymuje dostęp do nich w momencie, kiedy Kolumb płynie na Zachód, odkrywa Amerykę. Do tego momentu Europa nie ma wielkich bogactw, symbolem bogactwa dla Europy są Indie, a umownie mówiąc Wschód, tam bowiem znajdowały się wszystkie, uznawane wówczas za najcenniejsze,

zasoby naturalne. Pamiętajmy, Kolumb nie płynie, aby odkryć nowy kontynent, ma znaleźć krótszą drogę do Indii, Amerykę odkrywa przypadkiem. Ale od tego właśnie momentu Europa nagle zaczyna stawać się wielką potęgą, gdyż dostaje w swoje posiadanie wielkie zasoby naturalne i ludzkie. Gdzieś na przełomie XVIII i XIX w. w Europie dokonuje się wielka rewolucja demograficzna, populacja zaczyna w gwałtownym tempie wzrastać. Wcześniej, aby podwoić liczbę ludności, Europa potrzebowała dwóch wieków, procesy te zachodziły gdzieś od 1650 do 1850 r., następne podwojenie miało miejsce już w ciągu stu lat, do 1950, ale kolejne już tylko lat pięćdziesiąt, do 2000 r. Obecnie nastąpi to w ciągu około dwudziestu pięciu lat. Demografia w znacznej mierze odzwierciedla formułę modernizacji: „coraz więcej i więcej, coraz szybciej i szybciej". Przyczyny tego zjawiska były różne: wyższy poziom medycyny i bardziej powszechny dostęp do niej, szczepienia przeciwko chorobom, które wywoływały kiedyś zastraszające zmniejszanie się populacji, itd. Jednak przypuszcza się, że decydującym powodem, który zapoczątkował w XVII w. to zjawisko, było pojawienie się na wielką skalę w Europie uprawy ziemniaka. Jego uprawa, w przeciwieństwie do upraw zbóż, była prosta, nie wymagała specjalnych warunków, nie zależała od warunków klimatycznych, a nieurodzaj zbóż był regularny i prowokował wielkie katastrofy, w tym również demograficzne. Ziemniaki stały się w krótkim czasie podstawą wyżywienia dla prostych ludzi. Pojawienie się ziemniaka spowodowało, że po raz pierwszy w Europie ogromna rzesza ludzi mogła się najeść do syta. Co z kolei oznaczało, że stawali się silniejsi, bardziej odporni na choroby. Ziemniak nie pojawiłby się w Europie, gdyby Kolumb przez pomyłkę nie odkrył Ameryki.

W wyniku odkrycia Ameryki, a następnie odkryć Vasco da Gamy, w XVI i XVII w. pojawiają się w Europie nowe wielkie mocarstwa, których potęga wspiera się na zamorskich podbojach – Portugalia, Hiszpania, Anglia. Eksploatacja bogactw pochodzących z nowych kolonii doprowadza do tego, że Europa staje się bogatsza, przeżywa rewolucję cen, zaczyna w związku z tym dbać i myśleć o rzeczach nie tylko pierwszego użytku. Dobrym przykładem jest rewolucja, którą wywołała uprawa tulipana w Holandii: choć sam tulipan nie ma materialnej wartości, poszerzenie jego uprawy doprowadziło do wzbogacenia się wielu warstw ludności w Holandii, co zaowocowało „złotym wiekiem" holenderskiej sztuki i malarstwa. W Europie wraz z poprawą sytuacji materialnej zaczyna kwitnąć sztuka, nauka, pojawiają się nowe prądy. A w którymś momencie symbolem nowoczesnego sukcesu staje się Wielka Brytania. Dzięki umiejętnemu połączeniu nowych wynalazków technologicznych i ducha przedsiębiorczości z wojennymi zwycięstwami odniesionymi na morzu kraj ten bierze w swoje władanie prawie czwartą część kuli ziemskiej.

Jak wygląda w tym okresie sytuacja na wschodzie Europy? Co dzieje się na ziemiach ukraińskich w 1492 r., w momencie kiedy Kolumb odkrywa Amerykę?
Zachód i Wschód stanowiły wtedy dwa różne światy, które żyły w całkiem innych przestrzeniach, a nawet według odmiennych kalendarzy. Według katolickiego kalendarza, liczonego od narodzin Chrystusa, był wówczas rok 1492, według prawosławnego był równo rok 7000, gdyż lata liczono nie od narodzin Chrystusa, a od domniemanej daty stworzenia świata. Rok 7000 stanowił wielkie wyzwanie dla świata. Po pierwsze, milenijne daty zawsze wywoływały w ludziach niepokój i strach. W dacie 7000 tkwił strach szczególny: Bóg stworzył ziemię w ciągu 7 dni, jeden dzień u Boga liczono wówczas jak ludzkie tysiąc lat, siódmego dnia Bóg odpoczywał, tak więc siódme tysiąclecie na ziemi należało nie do

Boga, a do diabła, rządy diabła dobiegały właśnie końca. Wszystkie oznaki na to wskazywały: w 1453 r. upadł Konstantynopol, kolebka chrześcijaństwa, zdobyta przez niewiernych, „antychrystów", oni także splądrowali świętą prawosławną Ruś, pojawiły się różne znaki na niebie zwiastujące koniec świata. W świecie prawosławnym ludzie czekają na Apokalipsę, są o tym przekonani do tego stopnia, że kalendarze cerkiewne nie pokazują dalszych lat niż rok 7000. Potem świat miał przestać istnieć.

Gdy na Wschodzie wszyscy oczekują końca starego świata, na Zachodzie tworzy się nowy świat, świat współczesny. Aby te dwa światy – wschodni i zachodni, stary i nowy – zeszły się, zaczęły liczyć lata tak samo, potrzebny był długi wielowiekowy proces. Zachód i Wschód były wówczas nie tylko dwiema różnymi częściami Europy, ale także dwiema różnymi cywilizacjami, jeżeli za podstawę cywilizacji uznać religię. O ile kraje należące do świata katolickiego Zachodu różniły się między sobą, o tyle prawosławny Wschód wyglądał jak całość. Dla pokazania tego zjawiska można by użyć następującej metafory. Gdyby w tamtym czasie jakiś podróżnik rozpoczął podróż gdzieś na Bałkanach (na ziemiach dzisiejszej Bułgarii) i jechałby dalej na północ i wschód, przejeżdżając przez Galicję, Kijów, Moskwę na Ural, gdyby znał którykolwiek ze słowiańskich języków, tłumacz nie byłby mu potrzebny. Mógłby dość łatwo porozumieć się z innymi, a także zrozumieć, co dzieje się w tej części świata. Taka podróż bez przewodnika i tłumacza nie powiodłaby się w zachodniej części Europy, chociażby ze względu na bardzo silne odmienności językowe, istniejące nie tylko w językach narodowych, ale także w obrębie jednego języka, np. w niemieckim, z jego różnorodnymi dialektami, jak choćby bawarski, czy we francuskim – dialekty bretoński czy prowansalski itd. Na zachodzie Europy istniało wprawdzie poczucie wspólnoty oparte na zachodniochrześcijańskich wartościach, ale ta wspólnota nie była jednorodna. Dość szybko pojawiły się silne różnice religijne, podział na protestantyzm i katolicyzm, powstawały kościoły narodowe, arianie itd. Na wschodzie w tym czasie cały świat jest prawosławny, można było na ogromnych przestrzeniach wędrować od jednej cerkwi do drugiej, wszędzie obowiązywał język starosłowiański i bizantyjska liturgia. Na całym tym wielkim terytorium panowało, w mniejszym czy większym stopniu, poczucie więzi z Kijowem, jako kolebką prawosławnej cywilizacji, dlatego Kijów stał się Jerozolimą dla prawosławnych. To dawało prawosławnemu światu silne poczucie wspólnej przestrzeni.

Czy takie poczucie wspólnoty istniało także w Moskwie, mówimy o przełomie XV i XVI w.?
Są historycy, którzy twierdzą, że jeszcze do połowy XVII w. Moskwa o Kijowie nie myślała w ogóle. Wiedziano tam, że Kijów istnieje, ale poczucie wspólnoty pojawiło się trochę później, na przełomie XVII i XVIII w., jako rezultat poszerzenia odnowionego chrześcijaństwa, nowej kultury, która przyszła z Kijowa, z ukraińskich ziem i zakorzeniła się w Moskwie. Ówczesne poczucie więzi, jedności między Kijowem a Moskwą, pojawiło się jednak najpierw nie w Moskwie, a w Kijowie. Do Moskwy wożono książki wydawane w Kijowie, do Moskwy przeniosła się wtedy pierwsza liczna fala zakonników i prawosławnych intelektualistów. Dopiero wtedy Moskwa zaczyna mieć poczucie więzi z Kijowem. Wtedy rodzi się wielka wspólna przestrzeń, z poczuciem wspólnej kultury, z podobnym językiem, wspólną wiarą, a także, co nie jest tak wyraźne, ale da się wyodrębnić, wspólną pamięcią zbiorową. Istniała pamięć o tym, że wszyscy tutejsi „wywodzą się", oczywiście symbolicznie, z Kijowa, funkcjonował mit apostoła Andrzeja, który na te ziemie kiedyś dotarł. Wspólnota ta

nie oznaczała jednorodności etnicznej, wiedziano, że były różne grupy, które czasem walczyły ze sobą, a czasem żyły w pokoju, ale te odmienności schodziły na dalszy plan wobec poczucia więzi ze wspólnotą, jaką była Ruś.

Jednak ta wspólnota religijna nie tworzyła jednego narodu, także nie wyodrębniły się z niej różne narody, na kształt tego, co stało się w tym samym czasie w zachodniej Europie. Ta przestrzeń na Wschodzie, o jakiej mówimy, tworzyła wschodniochrześcijańską cywilizację, która została tu przeniesiona z Bizancjum. Włodzimierz Wielki[59] przyjął chrześcijaństwo z Bizancjum, to wyznaczyło na długo los tej części Europy. Choć byli i są ukraińscy historycy, którzy uważają ten fakt za fatalną pomyłkę, gdyż chrześcijaństwo przyjęte z Rzymu sprawiłoby, iż ukraińska historia potoczyłaby się inaczej. Jednak ten typ myślenia jest ahistoryczny, gdyż w rzeczywistości Włodzimierz Wielki mógł dokonać tylko takiego wyboru. Wówczas Południe było osnową cywilizacji i jedynej kultury, jaka promieniowała na tę część Europy, pochodziła ona właśnie z Bizancjum. Ruś Kijowska stanowiła przecież pogranicze z bizantyjskim imperium, dlatego Włodzimierz Wielki nie musiał tak naprawdę dokonywać wyboru, decyzja przyjęcia chrztu z Bizancjum była naturalna.

Jakie konsekwencje wynikały dla Ukrainy z faktu, że Ruś przyjęła chrześcijaństwo z Bizancjum, a nie z Rzymu?
Poprzez przyjęcie chrztu Rusi z Bizancjum dokonało się zetknięcie dwóch całkiem różnych światów, świata w tamtym okresie

---

[59] Włodzimierz Wielki, święty (ok. 958–1015), wielki książę kijowski od ok. 980 stał się samodzielnym władcą Rusi Kijowskiej. Chcąc trwale zjednoczyć kraj, wprowadził w 988 r. chrześcijaństwo jako religię państwową. Poślubił Annę, siostrę cesarza bizantyjskiego Bazylego II Bułgarobójcy. Umocnił pozycję Rusi wśród państw europejskich.

uznawanego za najbardziej cywilizowany, który rozwinął kulturę na najwyższym poziomie, i świata będącego uosobieniem barbarzyństwa. Między tymi światami istniała przepaść. Ponadto świat wschodniosłowiański, choć przyjął chrześcijaństwo z Bizancjum, nie przyjął języka greckiego, językiem liturgii, a więc i kultury, był starosłowiański. Tak się nie stało na Zachodzie, gdzie językiem wspólnym w liturgii i dla kultury przez długie wieki była dla wszystkich narodów łacina. Taki wybór powodował, że świat wschodniosłowiański, rozwój jego kultury, zależał od tego, które teksty zostały przełożone na język starosłowiański. Kijów stał się częścią wschodniosłowiańskiej cywilizacji, ale jego stosunek do Konstantynopola nie był stosunkiem partnerskim, a stosunkiem prowincji do centrum kulturowego, choćby z tej przyczyny, że posługiwano się różnymi językami. Nie był to typ stosunków, który pozwalałby np. na tworzenie centrów uniwersyteckich, takich jakie tworzono w Paryżu czy Oksfordzie, choć dla Rzymu oba te miasta były, geograficznie rzecz biorąc, peryferiami. Właśnie z tego powodu w dużej mierze kultura, która tworzyła się w Kijowie, umiała jedynie kopiować, nie tworząc nic oryginalnego, była kulturą z „drugiej ręki".

Z jednej strony, ułatwiało to życie, gdyż język starosłowiański był zrozumiały w dużej mierze dla całej ludności zamieszkującej Ruś Kijowską, w przeciwieństwie do łaciny, będącej dla większości populacji, które przyjęły katolicyzm, językiem obcym. Z drugiej jednak strony poziom znajomości literatury, jaka dochodziła na Ruś, zależał od tego, jaki procent ludzi znał grekę, gdyż tylko oni mogli dokonywać nowych przekładów. Takich osób było bardzo niewiele. To oznaczało, że znajomość bizantyjskiej kultury, do której Ruś zaczęła należeć po przyjęciu chrztu, była bardzo nieznaczna. Zarówno ten fakt, jak i silne odczuwanie wielkości kultury bizantyjskiej, jakie przytłaczało narody wschodniosłowiańskie, zrodziło u nich silny kompleks niższości. W rezultacie wschodniosłowiańska cywilizacja była w niewolniczy sposób zależna od oryginalnej kultury bizantyjskiej.

Kilka lat temu pojawiła się książka jednego z naukowców zachodnich, Francisa J. Thomsona, *The Reception of Byzantine Culture in Medieval Russia*[60], w której udowadnia on, że od przyjęcia chrztu przez Ruś do śmierci Piotra Wielkiego liczba przetłumaczonych na język starosłowiański książek dorównuje jedynie zawartości jednej biblioteki przeciętnego bizantyjskiego monastyru. Co do miary znajomości greckiej kultury i języka, pewne pojęcie o niej daje świadomość, że do końca XVI w. nie dokonano pełnego przekładu Biblii na język starosłowiański, przełożono tylko te fragmenty, które wykorzystywano w liturgii, Nowy Testament i listy apostołów. Jeszcze mniej było dzieł oryginalnych, tu stworzonych. W rezultacie w XVI w. ci, którzy umieli czytać, czytali mniej więcej to samo, co ich przodkowie w XIII w.

Powstawanie narodu, powstawanie tożsamości narodowej jest zawsze wielkim projektem kulturowym, w pierwszym rzędzie powiązanym z pojawieniem się książek w językach narodowych, ich bardziej masowym dostępem. We wschodniosłowiańskim chrześcijańskim świecie to zjawisko bardzo długo albo nie istniało wcale, albo nie istniało na wielką skalę.

Uważam, że gdyby nie doszło do procesów okcydentalizacji, a umownie rzecz biorąc, gdyby nie było Kolumba i odkrycia Ameryki, na terenach Europy Wschodniej pozostałaby mało wyraźna cywilizacja Rusi, nie byłoby zróżnicowania na Rosjan, Ukraińców Białorusinów, może powstałyby narody regionalne, „Podolacy", „Galicjanie", „Moskowici", ale bez wyraźnie ukształtowanych

---

[60] Francis J. Thomson, *The Reception of Byzantine Culture in Medieval Russia*, Aldershot, Singapore, Sydney 1999.

tożsamości narodowych. Dopiero przyjście na to terytorium świata zachodniego, jego sposobu myślenia, doprowadziło do rewolucji kulturowej, w której rezultacie dalsze istnienie wysokiej kultury wyłącznie w formie kopii bizantyjskich wzorców stawało się niemożliwe.

Ten proces był, jak rozumiem, rozciągnięty w czasie. Jakie były jego główne etapy?
Przede wszystkim trzeba przyjąć za istotną tezę, że Rzeczpospolita była państwem wyjątkowym, z tego względu, że w żadnym innym miejscu zachodnie i wschodnie chrześcijaństwo nie współistniało tak blisko siebie i tak intensywnie na siebie nie oddziaływało w codziennym życiu.

W XVI w. następuje podział zachodniego chrześcijaństwa na protestantyzm i katolicyzm, pojawia się ruch kontrreformacji jako reakcja na reformację protestancką. Protestantyzm stał się bardzo popularny na ziemiach ruskich (prawosławnych), istniała nawet możliwość, że w XVI w. Ukraińcy i Białorusini staną się protestantami. Dlatego także kontrreformacja przyszła na te tereny. A kiedy rozprawiła się z protestantami, przyszła kolej na porachunki z prawosławiem. W retoryce jezuitów zawarte były pod adresem kościoła prawosławnego zarzuty, że skoro nie dysponuje on przekładami Pisma Świętego, nie jest cerkwią z prawdziwego zdarzenia. Jezuici powątpiewali, czy prawosławni zakonnicy mogą udzielać sakramentów, chrztu, ślubów, skoro nie byli wykształceni, nie mieli tradycji teologicznej.

Cerkiew prawosławna pod każdym względem bardzo odstawała od poziomu kościoła katolickiego: wykształceniem zakonników, poziomem myśli teologicznej, ilością wydawanych publikacji itd. Ziemie ruskie były ziemiami pogranicza, nawet nie etnicznego czy językowego, a przede wszystkim religijnego, czy wręcz cywilizacyjnego. W kontekście powstania nowych tożsamości tereny pogranicza są uprzywilejowane w porównaniu z centrum. Stanowiły bowiem konfliktogenną strefę styku różnych elementów, dzięki temu jednak wszystkie procesy zachodziły tu szybciej i głębiej. Pogranicze przypomina „kuchnię z palnikami", na których panuje wyższa temperatura, a ogień płonie jaskrawiej, dlatego w tych miejscowych kotłach woda szybciej zaczyna wrzeć. W rezultacie przez cały czas bardzo intensywnie „warzą się" nowe, nieznane gdzie indziej, strawy; były nimi zjawiska, o których mówimy.

Z tego punktu widzenia Lwów w pewnym okresie był znacznie ważniejszy niż Kijów. Właśnie dlatego, że znajdował się bliżej tej strefy styku wyznań i narodów, a tym samym styku konfliktów, Lwów pełnił rolę centrum pogranicza, w nim rozpoczynały się procesy, które potem docierały do Kijowa.

Jakie były główne czynniki, które wymusiły reformy w cerkwi, o których wspomniałeś? W jakim kierunku one poszły?
W tym czasie cerkiew nie tworzyła własnych szkół, zakonnicy i księża w większości byli mało wykształceni, albo często nawet nie posiadali żadnego wykształcenia. Jednym słowem cerkiew była słaba, nie mogła stawić czoła ani kościołowi katolickiemu, ani protestantyzmowi, który niebawem tu się pojawił. Wiele osób odchodziło od prawosławia, przechodziło na katolicyzm, zachodnie chrześcijaństwo przyciągało w tym czasie nie tyle wyznawanymi dogmatami, ile stylem życia. Nie bez przyczyny w dość krótkim czasie arystokracja wyznająca prawosławie masowo przechodziła na katolicyzm, posyłając dzieci do jezuickich szkół. Częste było wówczas następujące zjawisko: w jednym pokoleniu byli oni jeszcze wyznawcami prawosławia, w drugim pokoleniu – już katolicyzmu, a w trzecim stawali się Polakami.

Cerkiew prawosławna zrozumiała, że aby stawić czoło katolicyzmowi, musi przeprowadzić istotne zmiany. Warto pamiętać, co było ważne dla ludzi XVI wieku, nie język, nie polityka, nie oświata, a sprawy zbawienia i religii. Dlatego dla wielu osób wyznania prawosławnego przejście na katolicyzm oznaczało skazanie własnej duszy na wieczne potępienie, zresztą podobnie jak dla katolików przejście na prawosławie. Uznano, że trzeba ratować własną duszę poprzez ratowanie prawosławnej cerkwi. Wówczas część przedstawicieli wyższych warstw społeczeństwa oraz hierarchii prawosławnej zaczyna walczyć z katolicyzmem jego bronią. Skoro katolicy twierdzili, że wyznawcy prawosławia nie mają własnych poprawnych przekładów Biblii, nie znają słowa Bożego, zaczęto przekładać Biblię. Skoro mówili, że nie ma wystarczającej liczby ludzi wykształconych, którzy umieliby czytać w języku greckim, na przełomie XVI i XVII w. zaczęto otwierać szkoły, powstała Akademia Kijowsko-Mohylańska[61]. Skoro katolicy wydawali dużo książek, także na Rusi zaczęto zakładać własne wydawnictwa.

W rezultacie tych działań, które mają miejsce w XVII w., mamy do czynienia z tym, co Mychajło Hruszewśkyj nazywa pierwszym kulturalnym odrodzeniem narodowym na Ukrainie. Dochodzi do niespodziewanego rozkwitu życia kulturalnego, w krótkim czasie pojawia się dynamiczna cerkiew, przy czym pojawiają się w niej dwa kierunki. Jeden tworzą ci, którzy widząc kryzys cerkwi prawosławnej, myślą, że odpowiedzią będzie poddanie się papieżo-

---

[61] Akademia Kijowsko-Mohylańska, pierwsza ukraińska uczelnia wyższa, utworzona w 1658 w Kijowie. Została tak nazwana na cześć prawosławnego metropolity kijowskiego – Piotra Mohyły. Poprzedniczką Akademii było Kolegium Kijowsko-Mohylańskie, któremu nadano status akademii dzięki ugodzie hadziackiej. W Akademii Mohylańskiej kształciła się cała polityczna i duchowna elita ukraińska. Autorytet i poziom kształcenia ściągał do uczelni także wielu cudzoziemców.

wi i Watykanowi, ale zachowanie własnego obrządku, własnej tożsamości – oni stworzą kościół unicki, greckokatolicki. Drudzy mówią: wzmocnijmy cerkiew prawosławną, wzorując się na mechanizmach i działaniach kościoła katolickiego! To oni tworzą szkoły dla zakonników, uniwersytety, wydają książki, reformują prawosławie.

Mamy wówczas na Ukrainie do czynienia z dwoma centrami religijnymi, grekokatolickim i prawosławnym. Jak dobrze pokazała Natalia Jakowenko w swoich badaniach nad ukraińską szlachtą, w rzeczywistości odbywała się nie tyle kolonizacja Rusi przez Rzeczpospolitą, ile jej asymilacja. Jej ofiarami stały się możne rody, jak Potockich czy Wiśniowieckich, które szybko się polonizowały. Dlatego powstanie Chmielnickiego[62] było nie tylko wojną narodową, ale także wojną domową, w trakcie której toczyła się również walka między różnymi odmianami ruskości: pomiędzy tymi, którzy się spolonizowali, przeszli na grekokatolicyzm, a ich adwersarzami, którzy pozostali przy wierze ruskiej, prawosławnej.

Która odmiana ruskości, jak mówisz, miała wówczas większe znaczenie i dlaczego?

W tym jednak okresie dla tożsamości ukraińskiej o wiele ważniejszy był ten odłam prawosławny niż greckokatolicki, którego czas przyjdzie dopiero w XIX w. W XVII w. ważniejsze było to, co działo się w Kijowie, a nie Lwowie. Ciekawie pisał o tym ukraiński

---

[62] Bohdan Chmielnicki (ok. 1595–1657); hetman kozacki; wzniecił w 1948 r. powstanie, pobił wojska Rzeczpospolitej, dotarł pod Lwów i Zamość; po klęsce poniesionej pod Beresteczkiem (1651) zawarł umowę z Polską w Białej Cerkwi; w 1653 r. zerwał sojusz z Turcją i przyjął protekcję Moskwy w 1654 r. w ramach ugody perejasławskiej. W czasie „potopu" szwedzkiego działał wspólnie z Moskwą, Rakoczym Jerzym II i Karolem X Gustawem przeciw Rzeczpospolitej.

historyk, Serhij Płochij w książce *Nalewajkowa wira*[63], pokazując procesy, które doprowadzają do tego, że Kozacy zaczynają uważać się za obrońców prawosławia.

Gdy Chmielnicki rozpoczynał powstanie, nie bronił Rusi ani wiary prawosławnej, prowadził walkę o zrównanie statusu Kozaków ze statusem polskiej szlachty. W ówczesnym świecie najważniejsze były prawa i przywileje stanowe, one wyznaczały status społeczny, ale wraz z nim także długość życia i jego warunki. Chłop żył w biedzie, ciężko pracował, szlachcic, mając wszystkie przywileje i władzę, żył dostatnio. Dlatego początkowo Chmielnicki chce tylko wywalczyć te same prawa dla kozactwa i ruskiej szlachty, jakimi cieszyła się polska szlachta. Ale sukcesy odniesione przez oddziały Chmielnickiego w pierwszych miesiącach powstania, zdobycie bez większego trudu wielkich terytoriów i niespodziewana słabość Rzeczpospolitej, uświadomiły Chmielnickiemu potrzebę wsparcia walki ideologią. Staje przed pytaniem, jak zdyskontować te zwycięstwa, te wielkie terytorialne zdobycze. W tym momencie włącza się do gry hierarchia cerkiewna z Kijowa, podpowiadając mu, że nadrzędną ideą dla Kozaków ma być obrona świętej Rusi i prawosławnej wiary. Chmielnicki szybko podchwytuje tę ideę, już podczas zwycięskiego wjazdu do Kijowa głosi, że walczy o świętą Ruś. W dość krótkim czasie widać ewolucję jego sposobu myślenia. Od tego momentu kozactwo samo utożsamia się z walką o wiarę prawosławną, ale także staje się symbolem walki w jej obronie.

Pierwszy symboliczny akt połączenia się tych dwóch nurtów – kozackiego i prawosławnego – miał miejsce w okresie hetmana-

---

[63] Serhij Płochij, *Nalewajkowa wira: Kozactwo ta relihia w ranniomoderniji Ukrajini*, Kyjiv 2005.

tu Piotra Sahajdacznego[64]. Sahajdaczny wpisał się wraz z całym wojskiem zaporoskim w szeregi kijowskiego bractwa przy cerkwi Bohojawleńskiej. Był to pierwszy wyraźny sygnał sojuszu między kozactwem a nowym odrodzonym kijowskim prawosławiem[65]. Do tego momentu prawosławie nie miało wsparcia ze strony żadnej ważnej siły politycznej, a tworzyło jedynie siłę kulturową. W sytuacji poważnego zagrożenia, jakie niosła katolicka ekspansja, cerkiew potrzebowała wsparcia politycznego. Gdy wybuchło powstanie Chmielnickiego, naturalnym oparciem cerkwi stało się kozactwo.

Na ile powstanie Chmielnickiego można uznać za powstanie narodowe?

Naprawdę wybuch Ukrainy następuje dopiero podczas powstania Chmielnickiego. My nie wiemy, czy Chmielnicki myślał w kategoriach ukraińtwa, dlatego że cała nasza wiedza o Chmielnickim i jego sposobie myślenia pochodzi z późniejszych czasów, późniejszych kronik. Wiemy jednak, że w kozackich kronikach, jakie powstały kilkadziesiąt lat po powstaniu Chmielnickiego, używa się już sformułowania „Ukraina", w sensie *Patria*, ojczy-

---

[64] Piotr Konaszewycz-Sahajdaczny (?–1622), hetman kozacki 1615–16, uczestnik wypraw Kozaków nad Morze Czarne; 1618 brał udział w walkach z Moskwą, 1621 przyprowadził posiłki kozackie pod Chocim; lojalny wobec Polski mimo dążeń do zwiększenia autonomii Kozaków.

[65] Sahajdaczny w swojej działalności nie ograniczał się do spraw czysto wojskowych, włączając się aktywnie do trwającej wówczas walki religijnej po stronie przeciwników cerkiewnej unii brzeskiej, których głównymi bastionami w tym czasie stały się Ławra Kijowsko-Peczerska i kijowskie bractwo przy cerkwi Bohojawleńskiej, założone w 1615 r. Znakiem kozackiej opieki nad tym właśnie bractwem było wpisanie się w jego szeregi hetmana wraz z całym wojskiem zaporoskim. Kozackie poparcie umożliwiło także wyświęcenie w Kijowie w październiku 1620 r. przez patriarchę jerozolimskiego prawosławnego metropolity kijowskiego i biskupów, co oznaczało odnowienie hierarchii, którą cerkiew prawosławna Ukrainy i Białorusi utraciła w 1596 r.

zna, jako symbol największej lojalności – i to nie tylko w sensie lojalności wobec władzy czy terytorium, ale także wobec mieszkańców, którzy je zamieszkują[66]. Kroniki na tyle wyraźnie używają tej formy – Patria – że można jej nadać kategorię narodową. Jest jeszcze jeden argument, który przemawiałby na korzyść teorii wpływów polskich: w kronikach kozackich używa się terminu Ukraina – Patria w takim samym kontekście, w jakim polski szlachcic mówił o swojej ojczyźnie, Rzeczpospolitej. Co ciekawe, ten „wybuch" kozackiej Ukrainy następuje mniej więcej 100–150 lat po tym, jak Kolumb odkrył Amerykę.

Czyli wiążesz obie te sprawy. Na czym polegają, według ciebie, te związki?
Uważam, że nie jest to zjawisko przypadkowe, co nie oznacza, że tak musiało się stać, ale te różne zjawiska i wydarzenia splotły się, przynosząc taki rezultat. W tym samym roku, kiedy Kolumb podejmuje decyzję o wyruszeniu na Zachód, pojawia się pierwsza informacja o Kozakach zaporoskich. Uważam, że te dwa wydarzenia są ze sobą związane symbolicznie. Kiedy w XIX w. rodzi się nowoczesny ukraiński ruch narodowy, istnieje już prawie gotowa formuła, która wywodzi się z czasów Chmielnickiego i z kozackich kronik z XVII w. Ukraiński ruch narodowy w XIX w. rozpoczyna się od tego, że nawiązuje do istniejącego już, rozbudowanego wcześniej, kozackiego mitu. Pierwszy utwór w języku ukraińskim *Eneida* Iwana Kotlarewskiego[67] jest próbą przekładu *Eneidy* Wergiliusza na świat kozackiego ładu, wszyscy bohaterowie jego *Eneidy*, włącznie z Zeusem, chodzą w szarawarach i noszą osełedce. Widać na przy-

---

[66] Patrz: Frank Sysyn, *Otczyzna w ukrajinskij politycznij kulturi poczatku XVIII st.*, „Ukrajina Moderna", 10 (2006).
[67] I. Kotlarewśkyj, *Eneida*, cz. 1 wydana w 1798, całość w 1842.

kładzie tego utworu, jak dobrze kozacki mit integruje się z mitem ojczyzny, padają tam słowa: *"...de obszczeje dobro w upadku, zabut' otca, zabut' matku, bizy otczyznu wyzwalat'"* (gdzie niszczeje dobro w upadku, zapomnij o ojcu, o matce, biegnij wyzwalać ojczyznę). W tych słowach jest już wpisana pewna forma nacjonalizmu, jest mowa o ojczyźnie, jasne, jakiej – kozackiej. To będzie przez dziesiątki lat jeden z najważniejszych elementów tworzących podwaliny pod ukraiński mit narodowy.

Często mówimy o XIX w. jako o wieku, który rozpoczyna nową erę, ze względu na wybuch rewolucji francuskiej, wojny Napoleona, hasła romantyzmu, demokracji. Kiedy jednak zmienimy optykę, zobaczymy, że XVIII i XIX wiek odwołują się do wielu zjawisk, które miały miejsce już wcześniej – w XVII w. I tak, bez tego wybuchu chmielnicczyzny w XVII w., bez powstań kozackich, nie można sobie wyobrazić pojawienia się ukraińskiego ruchu narodowego XIX w. Tak jak w Czechosłowacji Tomasz Masaryk odwoływał się do wojen husyckich jak centralnego elementu czeskiej tożsamości, tak samo kozacki mit jest centralnym mitem nowoczesnej tożsamości ukraińskiej. W Rosji też mogło zaistnieć podobne zjawisko, kiedy po cerkiewnej reformie przeprowadzonej przez ojca Nikona starowiercy wyemigrowali na kresy kraju, szczególnie na terytorium Kozaków dońskich. Ale, nieszczęśliwie dla Rosji, nie doszło wówczas do syntezy tego typu, jak w wypadku ukraińskim.

Kozactwo było zjawiskiem nie tylko ukraińskim, także rosyjskim, były grupy Kozaków uralskich czy dońskich, ale nigdzie indziej nie stali się oni symbolem tożsamości narodowej, tylko na Ukrainie. Jeśli tak się stało, to dlatego, że ukraiński mit kozacki ma silne zachodnie korzenie.

Co masz na myśli, mówiąc o Kozakach jako zjawisku, które pojawiło się w rezultacie okcydentalizacji?

Mówiąc o związku pomiędzy odkryciem Ameryki przez Kolumba a pojawieniem się Kozaków, nie mam oczywiście na myśli bezpośredniego związku. Chodzi mi o pewien ważny proces, gdyż wraz z odkryciem Ameryki, a w jego rezultacie awansu Europy Zachodniej, zrodziło się zjawisko okcydentalizacji, a z nią, niedługo potem, formuła nacjonalizmu. Według niej, państwo miało być państwem wyznaniowo, a później i kulturowo, jednolitym, podobnie jak Izrael w Starym Testamencie.

Spójrzmy na to zjawisko w następujący sposób: proces, o którym mówimy, zapoczątkował, umownie, Kolumb, rozpoczynając trwające kilka wieków procesy historyczne, które doprowadziły do rozwoju okcydentalizacji, a w jej ramach – pojawienia się nacjonalizmu. A w kontekście ukraińskim, w kategoriach symbolicznych, można by powiedzieć, że Kolumb wysiadł na brzegach Dniepru, aby uczynić w przyszłości z Kozaków bohaterów narodowych.

Ta teza opiera się na następującym toku myślenia: Europa staje się silna i wreszcie staje się symbolem do naśladowania, przedtem nikt nie chciał jej naśladować, naśladowano Bizancjum, a teraz następuje kolosalna zmiana. Odkrycie Kolumba wywołało to zjawisko. Następstwem tego dążenia do naśladowania za wszelką cenę jest wynikanie kolejnych konfliktów. Co stało się w tym samym czasie, kiedy Kolumb płynął do Ameryki? W tym samym roku Filip i Izabela wyganiają z Hiszpanii Żydów i Arabów, tworzy się koncepcja „czystego" państwa. Pierwszy raz w historii Europy państwo jest jednorodne religijnie, w tym wypadku – katolickie, ale państwo katolickie stawało się równocześnie symbolem państwa hiszpańskiego. Nowy model „czystego" religijnie (etnicznie) państwa był dość niezwykłą ideą dla Europy, gdzie ludność była wielonarodowa, a także wielowyznaniowa. Choć ten model najpierw pojawił się w Hiszpanii, najpełniej rozwinął się w Anglii, która bardzo szybko przejęła i rozwinęła to, co zapoczątkowała Hiszpania. Anglia zaczyna stawać się symbolem nowoczesności, sukcesu i bogactwa. Jednocześnie jest państwem jednonarodowym.

Jak mówiłem wcześniej, w świetle pewnych nowych publikacji, nacjonalizm nie jest uniwersalnym zjawiskiem, lecz zjawiskiem związanym z chrześcijaństwem, a jeszcze bardziej z historią Anglii. Ta koncepcja opiera się także na tezie, że skoro Anglię uważano w XVII, XVIII w. za symbol państwa-potęgi, na jakim należało się wzorować, aby osiągnąć sukces, uznawano także, iż należy również kopiować jej model państwowy. W potocznej interpretacji oznaczało to też myślenie, że aby państwo stało się potężne, powinno być krajem narodowym.

W Europie Wschodniej pojawia się także przekonanie, że Wschód ma dogonić Zachód, a nawet przegonić go w rozwoju potęgi. W praktyce hasło „dogonić Anglię" oznaczało, że wiązano osiągnięcie potęgi ekonomicznej i politycznej z faktem, iż Anglia była państwem narodowym. Ta idea zapładnia i mobilizuje w XIX w. wielu ukraińskich działaczy narodowych. Procesy okcydentalizacji, jakie wówczas się tu dokonują, tworzą wzorce, uzasadnienie dla rozwoju nacjonalizmu. Wzmacniają go dodatkowo idee romantyzmu, które też przychodzą na Wschód z Zachodu, co jest w tym kontekście istotne.

Które z procesów zachodzących do końca XVIII w. wpłynęły na to, że projekt ukraiński mógł pojawić się w XIX w.?
Pierwszym decydującym wydarzeniem był fakt, że Kijów przyjął chrześcijaństwo z Bizancjum, a nie z Rzymu. Drugim była chmielnicczyzna, która miała miejsce 600 lat później. Wówczas nastąpiło, wspomniane już wcześniej, zjawisko połączenia prób emancypacji narodowej Kozaków z obroną wiary prawosławnej. Jednak fakt, że w XVII w. nastąpił wybuch kozacki, nie oznaczał

automatycznie, że w XIX wieku pojawi się nowoczesna tożsamość ukraińska. Tamte wypadki tylko odkryły jedną z możliwości rozwoju wydarzeń. Istniały różne projekty. Mógł wygrać ten, który był związany z jeszcze inną orientacją w ruchu cerkiewnym, orientacją, która postawiła na Moskwę. Pewna część hierarchii cerkiewnej wybrała Moskwę, uznając, że stoi ona na znacznie niższym poziomie rozwoju kultury, zatem nie stanowi zagrożenia i musi czerpać z Kijowa, ale może dać oparcie polityczne właśnie w zamian za pomoc w rozwoju kulturowym. Stąd brał się plan pewnych środowisk cerkiewnych związania się z Moskwą. Oba te zjawiska, szukanie przez pewne środowiska cerkiewne oparcia w Kozakach, a przez inne – w Moskwie, mają miejsce w tym samym czasie.

W obrębie pierwszej orientacji pojawia się ten kozacki topos, który mówi o Ukrainie, używając już takiej laickiej interpretacji, w kategoriach, w jakich istniała Polska czy Francja, w znaczeniu *Patria*. Natomiast na potrzeby tej drugiej orientacji powstaje anonimowy *Synopsis* wydany w drukarni Ławry Kijowsko-Peczerskiej w 1674 r., który aż do początków XIX w. pełnił funkcję obowiązkowego podręcznika historii dla wschodnich Słowian, miał ponad trzydzieści wydań do końca XVIII w. Wyłożona w *Synopsisie* koncepcja przeszłości przedstawiała Ukrainę w roli biernej ofiary „złych Lachów", uwolnionej i szczęśliwej dzięki „zjednoczeniu" z carem-współwyznawcą. W tym schemacie nie było już miejsca dla praw zdobytych kozacką szablą w ogniu chmielnicczyzny i w okresie Ruiny, w latach 1658–1686[68]. W tym

---

[68] Ruina, termin stosowany w ukraińskich badaniach historycznych na określenie okresu w historii Ukrainy, datowanego od śmierci Bohdana Chmielnickiego w 1657 do wyboru hetmana Iwana Mazepy w 1687. Okres ten charakteryzował się postępującym upadkiem państwa, wojną domową oraz interwencjami państw sąsiednich. Podsumowuje go ludowe powiedzenie: *Wid Bohdana do Iwana ne buło hetmana* („od Bohdana do Iwana nie było hetmana").

schemacie chrześcijaństwo przemieszcza się z Carogrodu do Kijowa, a potem z Kijowa do Moskwy, Moskwa staje się bezpośrednim przedłużeniem Kijowa.

Synopsis tworzył koncepcję właśnie nie ukraińskiego, a słowiańsko-ruskiego narodu. Zarówno *Synopsis* jak i inne księgi podtrzymujące tę teorię były przywożone z Kijowa do Moskwy w dużej liczbie, wpływając zapładniająco na ideę, według której Moskwa i Kijów tworzą tę samą przestrzeń, dając tym samym podwaliny dla pojawienia się idei rosyjskiej. Jeden z carskich ministrów, hrabia Kankrin, powiedział w XIX w., że Rosja, jako w rzeczywistości twór Piotra Wielkiego, powinna była nazwać się Petrowią, a nie Rosją. Działania Piotra Wielkiego w znacznej mierze stanowiły odpowiedź na wyzwania Zachodu, któremu trzeba było się przeciwstawiać. Rosja szykowała się do wojen, w tym ze Szwecją, aby wygrać te wojny, trzeba było "dorównać" wrogim państwom, dlatego Piotr I przeprowadza proces szybkiej modernizacji. Puszkin napisał, że to Piotr Wielki otworzył Rosji okno do Europy przez zapoczątkowanie reform. Ale – jak lubią mówić ukraińscy historycy – w tym samym czasie Ukraina nie musiała otwierać żadnych okien, ponieważ proces okcydentalizacji zaczął wchodzić na Ukrainę przez "drzwi" Rzeczpospolitej. Ponadto na Ukrainie okcydentalizacja była o wiele głębsza, była codziennym procesem, poprzez obecność państwa, katolicyzmu i odnowionego prawosławia. W tym kontekście Ukraina odegrała bardzo ważną dla modernizacji Rosji rolę. Głównymi pomocnikami w tworzeniu programu reform Piotra I byli oświeceni Małorusini, absolwenci Akademii Kijowsko-Mohylańskiej, którzy pojawili się w Moskwie, jak np. Teofan Prokopowicz. Jeśli patrzeć na statystykę, wpływ małoruskich intelektualistów na rozwój rosyjskiej kultury, a także na procesy okcydentalizacji Rosji, był zjawiskiem masowym.

Rosyjska cerkiew prawosławna, pod wpływem prądów idących z Kijowa, staje się świadoma swego zapóźnienia i zaściankowości. W efekcie w 1676 r. pojawia się potrzeba przeprowadzenia reformy cerkiewnej, również w samej Rosji. Reforma rozpoczyna się poprzez odwołanie i naprawienie starych pomyłek, m.in. wprowadza się znak krzyża świętego wykonywany trzema palcami zamiast dwoma. Te reformy grożą podziałem podobnym do tego, jaki dokonał się w zachodniochrześcijańskim kościele, pojawia się odstępczy ruch, podobny do protestantyzmu, tylko że w prawosławiu jest on regresywny. Tym ruchem był ruch starowierców, oni protestują przeciw reformom. Mimo tych problemów proces modernizacji dokonuje się także w Rosji, z tą różnicą w stosunku do Ukrainy, że w Rosji te procesy objęły głównie elity, wyższe warstwy, doprowadzając m.in. do rozwoju wysokiego poziomu kultury, która w krótkim czasie nabiera charakteru silnie zachodniego. Ale procesy modernizacyjne nie objęły dołów społecznych. Natomiast na Ukrainie, jak już wspomniałem, ta modernizacja objęła wszystkie grupy społeczne. Te różnice w specyfice procesów modernizacyjnych między Ukrainą a Rosją były rezultatem odmiennych uwarunkowań historycznych i geopolitycznych. W związku z tym nie należy tych warunków absolutyzować, uważając np., że Ukraińcy byli bardziej zdolni niż Rosjanie.

Jak ukraińska historiografia postrzega czołowe postaci związane z kozactwem, takie jak Bohdan Chmielnicki czy Iwan Mazepa[69], jak są odbierane dzisiaj przez Ukraińców?

[69] Iwan Mazepa (ok. 1639–1709), hetman Ukrainy Lewobrzeżnej w latach 1687–1709. Kształcił się w Akademii Kijowsko-Mohylańskiej, następnie na uniwersytetach Europy Zachodniej. Jako hetman dążył bezskutecznie do zjednoczenia podzielonych ziem kozackich – Lewobrzeża, Prawobrzeża, Zaporoża i Ukrainy Słobodskiej – i stworzenia na tym terytorium nowoczesnego państwa na wzór

Ukraińska historiografia gloryfikuje Chmielnickiego, ale przyczyny tego zjawiska są dość zróżnicowane. Dla historyków, którym bliska jest *narodnyćka* szkoła myślenia o historii, jest on wielkim bohaterem powstania ludowego, tj. Kozaków i chłopów. Natomiast w historiografii państwowej przedstawia się go jako twórcę ukraińskiego państwa.

Jeśli chodzi o historiografię sowiecką i rosyjską, Chmielnicki był przez nie oceniany jako postać pozytywna, przedstawiano go jako bojownika o sojusz Ukrainy z Rosją. Mazepa natomiast był postrzegany przez te historiografie jako postać jednoznacznie negatywna, dla Rosjan był antybohaterem, zdrajcą. Natomiast historiografia ukraińska gloryfikowała Mazepę, przedstawiając go jako postać dążącą do stworzenia państwa. Historiografia *narodnyćka* była nastawiona do Mazepy sceptycznie, a czasami nawet negatywnie. I tak autor pierwszej monografii o Mazepie i były przyjaciel Tarasa Szewczenki, Mykoła Kostomarow[70], krytykował Mazepę za to, że ignorował on interesy prostego ludu. Obie postaci odgrywały istotną rolę dla ukraińskiego ruchu narodowego. Z czasem pojawił się podział na tzw. *bohdaniwciw* i *mazepynciw* – tych, którzy odwoływali się do Chmielnickiego i dążyli do sojuszu z Moskwą,

---

monarchii zachodnioeuropejskich. Chcąc zyskać przychylność ówczesnego cara Piotra I, zgodził się na udział oddziałów kozackich po stronie Rosji w wyprawach przeciwko Turcji; nie protestował również przeciw wprowadzeniu wojsk rosyjskich na terytorium Hetmanatu po rozpoczęciu wojny ze Szwecją; w 1705, wobec planów Piotra I likwidacji Hetmanatu, Mazepa zaczął prowadzić tajne rozmowy z Rzecząpospolitą i Szwecją, które doprowadziły do zawarcia umowy między Mazepą i Stanisławem Leszczyńskim; po ujawnieniu porozumienia wojska Piotra I spaliły stolicę Lewobrzeża – Baturyn i wymordowały jego mieszkańców, oznaczało to koniec rządów hetmana Mazepy, który zmarł w tym samym roku na wychodźstwie w Mołdawii; Rosyjska Cerkiew Prawosławna obłożyła Mazepę klątwą.

[70] Mykoła Kostomarow (1817–1885), ukraiński historyk, pisarz i etnograf oraz jeden z pierwszych krytyków literatury ukraińskiej.

oraz na tych, którzy będąc zdecydowanymi przeciwnikami tego sojuszu, powoływali się na postać Mazepy.

W rzeczywistości większość tych podziałów trzeba uznać za ahistoryczne. Nie biorą one bowiem pod uwagę prawdziwych realiów politycznych czasów, w jakich żyli Chmielnicki i Mazepa, ani prawdziwych motywacji obu postaci historycznych. Ani Chmielnickiemu, ani Mazepie nie chodziło o zbudowanie ukraińskiego państwa w tym sensie, w jakim przyjęto definiować pojęcie państwa dzisiaj. W XVII w. ten typ myślenia byłby niezgodny z duchem czasu, mógł pojawić się dopiero w XIX wieku. Często patrzymy na naszą historię przez okulary XIX w. – gdyż właśnie wtedy powstały narodowe historiografie, z ich narodowym paradygmatem i zbiorem najważniejszych mitów narodowych. Chmielnicki nie dążył do tego, aby stworzyć niezależne samodzielne państwo ukraińskie. Nie dlatego, że go nie chciał, a dlatego, że było to poza granicami jego myślenia. Przecież państwa były wtedy monarchiami, a monarchia była jedynym sposobem politycznej legitymacji. Chmielnicki musiałby stać się ukraińskim kozackim monarchą, a nie mógł nim być, nie należał do żadnej dynastii, nie miał królewskiej krwi. To, co pozostawało Chmielnickiemu, to szukać sojuszników, szukać „opiekuna", a więc monarchy, który przyjąłby kozacką Ukrainę pod swoją opiekę. W rzeczywistości walka Chmielnickiego była próbą wytargowania, czy to mieczem, czy umowami, lepszych warunków dla Kozaków, znalezienia lepszego protektora dla nich. Dlatego Chmielnicki zwracał się najpierw do polskiego, potem szwedzkiego króla, do sułtana, a na koniec do cara rosyjskiego.

Ważne natomiast jest to, że dla Chmielnickiego sojusz z Rosją nie oznaczał narodowego związku z nią, dla niego był to nie sojusz z narodem rosyjskim czy Rosją, a z moskiewskim carem. W przekonaniu i Chmielnickiego, i Mazepy, Kozacy, jako wasale moskiewskiego cara, tak długo pozostawali lojalni wobec niego, jak długo car jako suzeren wykonywał swoje obowiązki wobec nich. Wasal miał prawo szukać sobie innego „opiekuna", jeśli pierwszy nie wypełniał ich dobrze. Tak właśnie stało się z Mazepą: do 1708 r. pozostawał wyjątkowo lojalny w stosunku do cara Piotra I, wspomagając go militarnie w wojnach, jakie ten prowadził. Na decyzję Mazepy o przeciwstawieniu się Piotrowi I wpłynął fakt, że car zgodził się oddać centralną Ukrainę Polakom. Tym samym, w rozumieniu Mazepy, wypowiedział umowę z Kozakami, nie dotrzymując jej warunków. Odbierał bowiem Mazepie, jako hetmanowi, władzę nad tym terytorium. Ponieważ to car złamał umowę, Mazepa poczuł się z niej zwolniony i rozpoczął poszukiwania innego suzerena. Ale, jak i Chmielnickiemu, Mazepie nie chodziło o stworzenie własnego państwa, a o znalezienie innego, lepszego protektora, jakim w jego mniemaniu miał być król szwedzki. Innymi słowy, Chmielnicki nie był Mychajłą Hruszewśkim, a Mazepa nie był Symonem Petlurą. Wiek XVII nie był wiekiem XIX ani XX, o czym często dziś zapominamy.

Chmielnicki pozostaje jednak najbardziej popularną postacią w ukraińskiej historii, także poprzez swoją niejednoznaczność. Dla jednych jest on ważny dlatego, że uważają go za budowniczego państwa ukraińskiego, a dla innych dlatego, że przyczynił się do zjednoczenia Ukrainy z Rosją. W rezultacie jest popularny wśród wszystkich Ukraińców.

Prof. Natalia Jakowenko powiedziała, że mit kozacki jest najsilniej oddziałującym i mającym dziś największy zasięg na Ukrainie[71]. **Zwłaszcza kozactwa w jego późnej postaci, czasów Chmielnickiego i jego następców...**

---

[71] Patrz w: *Wiele twarzy Ukrainy*, Lublin 2005, s. 17–32.

Ukraina, rezultat awansu Zachodu

Całkowicie się z nią zgadzam. Powstanie i funkcjonowanie mitu kozackiego jest nierozdzielnie związane z procesami narodotwórczymi na Ukrainie. Mogę przedstawić długi spis ukraińskich symboli i instytucji, jakie odwołują się do kozackich czasów. Od *Eneidy*, Kotlarewskiego i *Kobzara* Tarasa Szewczenki, poprzez towarzystwa „Siczy" w Wiedniu i Galicji, hymn *„Szcze ne wmerła Ukrajina"*, uniwersały Centralnej Rady w 1917 r., reżim Skoropadśkiego w 1919 r., po Karpacką Sicz w 1938 r. Nawet samo określenie „Ukraina" jest wyraźnie kozackiego pochodzenia, gdyż najczęściej oznaczał terytorium zamieszkiwane przez Kozaków. Mit jest nieodzowną częścią tworzenia tożsamości narodowej. XIX wiek, kiedy Ukraińcy stworzyli mit kozacki, jak już mówiliśmy, był wiekiem powstawania nowoczesnych nacjonalizmów i wykuwania się nowoczesnych tożsamości narodowych. Za wykreowanie mitu kozackiej Ukrainy jest odpowiedzialny Taras Szewczenko – mitu wolnej ziemi bez pana, bez obcych: katolika, Żyda. Był to przede wszystkim mit religijny, kreujący Kozaków na obrońców wiary prawosławnej, a także antypański, co w XIX w. oznaczało antypolski, gdyż dla Ukraińców Polacy byli katolikami i panami. Ten obraz oddziaływał na wyobraźnię także galicyjskich Ukraińców, inteligencji i chłopów. Pokolenie Ukraińców urodzone zaraz po rewolucji 1848 r. miało jedno wspólne przeżycie – lekturę Szewczenki. Można to doświadczenie porównać z rewolucją światopoglądową i nawróceniem religijnym. Pod wpływem utworów Szewczenki młodzież w Galicji porzuciła język polski. Czytelników Szewczenki można było rozpoznać na ulicy: podobnie jak tamto pokolenie Polaków nosiło konfederatki jako symbol polskiego patriotyzmu, tak nowe pokolenie Ukraińców zakładało kozackie czapki na znak swojej ukraińskości. Ironia historii polegała na tym, że tak naprawdę Galicja nie była nigdy terytorium kozackim. Ale właśnie Galicja jest tym terytorium, gdzie mit kozacki zakorzenił się najbardziej, właśnie jako mit narodowy.

Jakie miejsce w tym micie przypada Polsce?
Dla pierwszych pokoleń ukraińskich patriotów sposób myślenia o Kozakach czy Ukrainie wywodzi się z polskiej szkoły poetyckiej związanej z Ukrainą, ze Słowackiego, Malczewskiego, Goszczyńskiego. *Księgi bycia narodu ukraińskiego* (*Knyhy buttia ukrajinskoho narodu*)[72] Mykoły Kostomarowa napisane są na wzór *Ksiąg pielgrzymstwa polskiego* Adama Mickiewicza itd. Jest to część szerszego zjawiska – wpływu romantyzmu na powstanie kultury narodowej. Romantyzm był bardzo ciekawym typem konserwatywnego modernizmu: z jednej strony był, jako zjawisko kulturowe, modernistyczny, z drugiej odwoływał się do wartości konserwatywnych, tradycyjnych. Romantyzm głosił, że współczesny świat jest zepsuty, pozbawiony wartości, a wszystko, co dobre, wartościowe, znajduje się w stepie, w lasach, na wsi, wśród ludu. Stanowiło to w rzeczywistości coś na kształt rewolucji w sposobie myślenia: do tego czasu wszystko, co było związane z prostym ludem, zasługiwało jedynie na pogardę.

Herder, jeden z głównych ideologów romantyzmu, był chyba pierwszym zachodnim intelektualistą, który prorokował Ukrainie wielką przyszłość. Pisał, że będzie ona jak nowo odrodzona Grecja. Uważano wówczas, że właśnie w kulturach ludowych przetrwała niezepsuta dusza. Najbardziej niezepsuta przetrwała tam, gdzie ten świat pozostawał najbardziej oddalony od zachodniej cywilizacji, a więc w świecie słowiańskim. Masowa tradycja romantyczna żywi się przede wszystkim tematami słowiańskimi. Mazepa w Rosji jest przeklęty, ciąży na nim anatema – a zachodni romantyzm kocha się w tej postaci, jest on bohaterem nie tyl-

---

[72] Dokument programowy tajnej organizacji ukraińskiej Bractwo Cyryla i Metodego, powstałej w Kijowie na przełomie 1845 i 1846 r.; za jego autora uważa sie Mykołę Kostomarowa, dokument kładzie nacisk na konieczność wcielenia w życie chrześcijańskich idei sprawiedliwości, wolności i równości.

ko Słowackiego, ale Byrona i innych zachodnich romantyków. Jest to chyba jeszcze jeden przykład, jak wielką rolę zachodnie „-izmy", za pośrednictwem kultury polskiej, odegrały w pojawieniu się ukraińskiego nacjonalizmu.

Jakie jeszcze inne zjawiska w XVII i XVIII w., poza religią, wpłynęły na to, że ukraiński projekt narodowy mógł się powieść w XIX w.?
W XVII w. powstały podwaliny pod przyszły ukraiński wybór. Jeśli przyjrzeć się na przestrzeni tych dwu wieków, XVII i XVIII, procesowi przetwarzania się wielkiej Rusi w tę formę, która na tych terenach powstała później, Ukraina istniała długo jako koncepcja marginalna. Stało się tak, że w tych kozackich kronikach z XVII w. utworzono to nowe pojęcie Ukrainy – *Patrii*. Ponieważ oświata była dość rozpowszechniona, można się domyślać, że w tych właśnie kategoriach myślała o Ukrainie nie tylko kozacka elita, ale i część niższych warstw. Idea Rusi istniała nadal, ale – uciekając się do metafory – w tej idei zalągł się robak, była nią idea Ukrainy, ten robak będzie ją powoli drążył.
Zapoczątkowany został również proces rozbicia Rusi na różne części. Po pierwsze, na części ziem Rzeczpospolitej, które należą dziś do Białorusi i Ukrainy, zamieszkiwała ludność wyznania prawosławnego i greckokatolickiego, obie grupy myślały o sobie w kategoriach narodu ruskiego. Można sobie dziś wyobrazić, że gdyby nie pewne późniejsze procesy, na tym terytorium mógł powstać taki, nazwijmy go, zachodnioruski naród. Co więcej, kiedy w XIX w. pierwsze ukraińskie Hromady zaczęły wydawać książki w języku ruskim (ukraińskim), mówiono, że jest to język, jakim rozmawiają Białorusini i Ukraińcy, ale nie Rosjanie. Ale najsilniej Ukrainę od reszty terytorium ruskiego odróżniał właśnie ten kozacki komponent. Ta Ruś kozacka potem weszła do sche-

matu mitotwórczego tożsamości ukraińskiej, doprowadzając do wykształcenia się Ukraińców.

Druga część Rusi ciążyła ku Moskwie, nawiązując do koncepcji „świętej" Rusi. Co ciekawe, ta koncepcja przetrwała w różnych wariantach aż do wybuchu II wojny światowej. Mimo wytworzenia się w XIX i pierwszej połowie XX w. w tej części Europy silnych narodowych projektów i nacjonalizmów, część działaczy i myślicieli ukraińskich i rosyjskich nadal uznawała swoją duchową przynależność do Rusi, nie uważali siebie ani za Rosjan, ani za Ukraińców czy Białorusinów, a za naród ruski. Dla mnie ciekawym odkryciem stała się informacja, że w części ulotek kolportowanych podczas buntów przeciw kolektywizacji w latach 20. w Związku Sowieckim użyto nazwy „ludzie ruscy", „ruska wiara". To były odpryski tej ruskiej koncepcji, Atlantydy, która jeszcze nie w pełni zatonęła. Istnieją raporty nazistowskie i sowieckie o nastrojach społecznych, jakie panowały na terenach Związku Sowieckiego podczas okupacji niemieckiej. Pokazują one bardzo wyraźnie, że część ludności myślała jeszcze wówczas w kategoriach ruskości, a nie rosyjskości, dla nich ukraińscy Galicjanie byli bardziej obcy niż „nasi" ruscy, a „nasi" ruscy mogło oznaczać i Białorusinów, i Rosjan.

Co więcej, uważam, że Związek Sowiecki tę koncepcję ruskości świadomie podtrzymywał, władzom sowieckim była ona na rękę, jako jeszcze jeden element dla uzasadnienia mitu założycielskiego Związku Sowieckiego. Dzięki tej koncepcji Związek Sowiecki stawał się wspólnotą, która miała tysiącletnie korzenie, a stanowiła je ruska cywilizacja wywodząca się z Rusi Kijowskiej. Według tej koncepcji Ruś Kijowska płynnie przechodziła w Rosję, a ta z kolei w Związek Sowiecki. Pamiętajmy, że pierwszy hymn Związku Sowieckiego, stworzony podczas wojny i zatwierdzony przez Stalina, zawierał następujące sformułowanie: *„Sojuz nieru-*

szymyj respublik swobodych splotila na wieki Velikaja Rus". Można tak to ująć: do rewolucji październikowej funkcjonowało w Rosji przekonanie, że nawiązuje ona do tradycji Rusi, po 1917 r. przerodziło się ono w ideę sowieckości, która odpowiadała, w pewnych aspektach, koncepcji wielkiej ruskiej wspólnoty, utworzonej w wiekach wcześniejszych.

Jak wyglądał na tych terenach problem zróżnicowania narodowościowego?

Jeden z najważniejszych problemów tworzenia się tożsamości narodowych w tym regionie wynikał właśnie z faktu, że nie można było zniszczyć tej ruskiej cywilizacji, ona, w jakiejś formie, wciąż istniała. W tym kontekście ten problem dość dobrze odzwierciedla sam język rosyjski. Określenie „rosyjski" jest pojęciem przede wszystkim polityczno-państwowym, a „ruski" jest pojęciem etniczno-religijnym. I tak Czeczeniec może być Rosjaninem, ale nigdy ruskim, podobnie – Żyd, także nie może być ruskim, może być rosyjski Żyd. Ani Czeczeniec, ani Żyd nie jest prawosławny, chyba że zmieni wiarę, ale i wtedy nie będzie tak naprawdę „ruski". W tym określeniu „ruski" zawierają się bowiem dwa komponenty: przynależność etniczna do wschodnich Słowian i przynależność religijna do prawosławia. Pojęcie ruskości miało bowiem przez cały czas bardzo silne zabarwienie religijne. Gari Kasparow, przeciwnik polityczny Putina, kandydat na prezydenta w wyborach 2008 r., nie miał szans na wygraną, chociażby dlatego, że wprawdzie jest Rosjaninem, ale z pochodzenia – Ormianinem, a więc nie jest „ruskim". Na te sprawy także i w dzisiejszej Rosji zwraca się dużą uwagę. Rosyjska idea nigdy nie zrezygnowała z odwoływania się do idei ruskiej, nadal jest ona silna, gdyż dzięki jej istnieniu brak jest jasnych kryteriów, gdzie jest Ruś, a gdzie zaczyna się Rosja. W związku z tym, że nie istnieje koncepcja jasno zdefiniowanej „rosyjskości", ruskość może oznaczać wszystko, w zależności od koniunktury i potrzeb politycznych. Dzięki temu Rosja mogła iść i na Kijów, i na Mińsk, i na Lwów, twierdząc, że to Ruś.

Początki rosyjskiego nacjonalizmu wiąże się z koncepcją Uwarowa[73], który zaproponował jej trzy składowe: prawosławie, samowładztwo i ludowość. Ta definicja wyrasta właśnie z tamtej tradycyjnej definicji ruskości, w jakiej prawosławie łączy się z narodowością.

Stąd biorą się m.in. problemy Białorusinów z tożsamością narodową. Nie istnieje wyraźny wyznacznik, który by ich odróżniał od Rosjan. Na Białorusi istnieje pewna koncepcja narodowa, pewne wyobrażenie o narodzie, ale białoruskość w zestawieniu z rosyjskością nie zwycięża.

Mój kolega, rosyjski historyk Dmitrij Furman, użył ciekawego porównania, mówiąc, że ta cywilizacja Rusi przypomina obraz bardzo sympatycznego, miękkiego zwierzątka, które jednak nie posiada kręgosłupa, można je ściskać, przyciskać, bić, robić z nim, co się chce, a ono nie stawia oporu. Jeśli tylko ktoś gwizdnie, ono zaraz przybiegnie służyć, łatwo nim kierować, właśnie dlatego, że nie ma kręgosłupa. Brak kręgosłupa powoduje, że nie ma jasno wyodrębnionych tożsamości narodowych.

Jakie zagrożenia dla wschodu Europy niosła ze sobą okcydentalizacja?

Europa i okcydentalizacja same w sobie tworzą dziwną, dość problematyczną koncepcję. Dziś przywykliśmy myśleć o Europie

---

[73] Siergiej Siemionowicz Uwarow (1786–1855), rosyjski pisarz i mąż stanu. Autor szeregu prac z historii literatury starogreckiej i archeologii, działacz oświatowy. 1833–1849 minister oświaty, założył ponad 700 szkół i uniwersytet w Kijowie. Twórca tzw. trójjedynej formuły: „prawosławie, samowładztwo, ludowość".

prawie wyłącznie w pozytywnych kategoriach, jak o demokracji, społeczeństwie obywatelskim, wolnym rynku, itd. Zapominamy, że Europa oznaczała w przeszłości także agresję, grabieże, wojny religijne, nietolerancję, gdyż wszystkie te zjawiska miały tu także miejsce, nie wspominając o dwóch strasznych wojnach światowych. Mark Mazower napisał historię Europy, którą zatytułował *Czarny kontynent*[74], by poprzez ten tytuł podkreślić, ile „czarnego", ile zła się działo w Europie. Zwłaszcza w XX wieku – nazizm nie narodził się w świecie muzułmańskim ani w prawosławnym, tymczasem Europa Zachodnia bardzo szybko zachwyciła się ideami faszyzmu. Mamy tendencję myślenia o zachodniej Europie wyłącznie przez pryzmat ostatnich 50 lat.

Okcydentalizacja Rusi była w rzeczywistości formułą dość problematyczną, stąd właśnie biorą się problemy z ukraińską tożsamością narodową. Przeniesiono bowiem na grunt ukraiński, wschodniochrześcijański, formułę, jaka zrodziła się w innym kontekście i warunkach. Ona na tym innym gruncie funkcjonuje, ale to nie jest jej naturalny grunt. Poza tym ta formuła oznaczała nie tylko pozytywne zjawiska, ale miała wpisaną także konfliktogenność. Mamy różne strefy, które są sobie wrogie i walczą między sobą, ponieważ były okcydentalizowane i modernizowane według odmiennych schematów. Pewne regiony podlegały okcydentalizacji, jeśli można tak powiedzieć, według polskiego modelu, a inne według rosyjskiego. Rosja nie przeszła tak wielkiej zmiany modernizacyjnej i światopoglądowej jak Polska, a przy niej Ukraina, dlatego tam nie wykształcił się wyraźny rosyjski naród.

Roman Szporluk kiedyś napisał, że w walce między polskim nacjonalizmem a rosyjskim państwem mamy do czynienia z walką nacjonalizmu bez państwa i państwa bez narodu. Rosja była

---

[74] Mark Mazower, *Dark Continent. Europe's Twentieth Century*, New York 1998.

imperium, a imperium zjadało narodowe jądro Rosji, Rosjanie nie postrzegali siebie w związku z tym jako naród, a jako imperium, dlatego ich tożsamość narodowa była jeszcze bardziej problematyczna niż ukraińska. Dlatego chociaż Rosja rusyfikowała Ukraińców, nie czyniła z nich masowo (były pojedyncze wypadki) Rosjan, ona ich rusyfikowała, tłamsiła ich ukraińską tożsamość, ale nie tworzyła w zamian wyraźnej rosyjskiej, a raczej pewnego typu mieszankę. Odmiennie niż w przypadku rusyfikacji Ukraińców, spolonizowani Ukraińcy przyjmowali wyraźną polską tożsamość.

Istnieje jeszcze inny, istotny wymiar tego problemu. Brytyjska formuła modernizacji, która odniosła sukces, polegała na przyjęciu politycznego schematu, który łączył procesy industrializacji z demokracją. Imperium rosyjskie weszło na drogę przyspieszonej industrializacji dosyć późno, pod wpływem porażki odniesionej w wojnie krymskiej lat 1853–1956, kiedy uznano, że trzeba dorównać militarnej potędze Zachodu. Warto przypomnieć, że rosyjskie imperium w ostatnich latach swego istnienia uzyskało w niektórych swoich regionach, jak np. na wschodniej Ukrainie, dość znaczny sukces w tworzeniu nowoczesnego przemysłu. Główny problem polegał jednak na tym, że ekonomiczna modernizacja nie została wzmocniona procesami modernizacji politycznej, które doprowadziłyby do przyjęcia społeczno-politycznego ładu opartego na konstytucji, likwidacji wielu ograniczeń praw politycznych jednostki czy rozwoju organizacji i instytucji obywatelskich. Generalnie rzecz biorąc, wszędzie poza Wielką Brytanią, kolebką historyczną formuły opartej na zasadzie „rynek plus demokracja", miał miejsce konflikt między modernizacją polityczną a ekonomiczną. Ale jedynie w Rosji nabrał on tak silnych, grożących wybuchem społecznym, form, co, w znacznej mierze, wyjaśnia tragedię rosyjskiej rewolucji lutowej i dojście do władzy bolszewików[75]. Na tych ziemiach ukraińskich, które pozostawały poza wpływami rosyjskiej, a później sowieckiej władzy, do 1914 r. i do 1939 r., nie miały miejsca tak silne procesy industrializacji, ale za to spore postępy odnosiła modernizacja polityczna. Ten fakt także, na swój sposób, wpłynął na rozejście się dróg politycznego rozwoju Ukrainy i Rosji w XX w.

---

[75] Stanowi to główną tezę książki: T.H. Friedguta, *Iuzovka and Revolution*. Vol. 1. *Life and Work in Russia's Donbass, 1869–1924*, Princeton 1989.

IV

GALICJA, KUŹNIA TOŻSAMOŚCI

„Tkwiły tu zalążki wirusów, które potem będą pożerały ciało największych imperiów istniejących w centralnej i wschodniej części Europy w XIX wieku..."

Kiedy mówimy o procesach narodotwórczych, o tworzeniu się nowoczesnej tożsamości ukraińskiej, nie możemy uciec od tematu Galicji. Była ona kolebką nacjonalizmów, stanowiąc swoiste laboratorium. Była regionem, który odegrał decydującą rolę w tworzeniu nowoczesnych tożsamości narodowych Polaków, Ukraińców, także Żydów[76]. Spróbujmy prześledzić, co się tam działo...

Nie znam innego regionu, na temat którego tyle by napisano, zwłaszcza w ciągu ostatnich 20 lat, i do tego dobrze. Rzeczywiście przykład Galicji jest bardzo ciekawy, bowiem na skromnym terytorium zachodziły bardzo ważne procesy, które zmieniły mapę Europy Wschodniej. W tym regionie tkwiły zalążki wirusów, które potem będą pożerały ciało największych imperiów istniejących w tej części kontynentu.

---

[76] Istotną publikacją na temat Galicji, procesów narodowotwórczych oraz konfliktów narodowych jest *Inna Galicja* Danuty Sosnowskiej, Warszawa 2008.

Krótko mówiąc, Galicja stała się kolebką nowej wschodniej Europy XX w. To, że stała się tak ważna dla Polaków, Ukraińców i Żydów, było efektem wydarzeń, jakie miały miejsce w ciągu zaledwie kilkudziesięciu lat, mniej więcej od połowy XIX w. do wybuchu I wojny światowej.

Dziś zapominamy, że pojęcie Galicji w ogóle nie istniało aż do XVIII wieku. Galicję stworzyli Habsburgowie, jest to stosunkowo nowe pojęcie o charakterze kulturowym i historyczno-administracyjnym. Królestwo Galicji i Lodomerii, utworzone z ziem zagarniętych przez Habsburgów podczas pierwszego rozbioru Rzeczpospolitej, było największą prowincją imperium austriackiego. Oficjalna nazwa prowincji „Królestwo Galicji i Lodomerii" to łaciński wariant Księstwa Halicko-Wołyńskiego, średniowiecznego państwa istniejącego od XII do XIV w., które powstało ze zjednoczenia zachodnich i południowych ziem Rusi Kijowskiej. Ale ziemie tego księstwa stanowiły zaledwie wschodnią połowę austriackiej Galicji. Zachodnia część została utworzona z Małopolski, jądra Królestwa Polskiego, które formalnie nigdy nie wchodziło w skład Księstwa Halicko-Wołyńskiego. W przeszłości różne części prowincji znane były pod wieloma nazwami: „Ruś Czerwona", „Roksolania", województwo ruskie, „Ruś", „Małopolska". W pierwszych dziesięcioleciach po przyłączeniu Galicji do monarchii habsburskiej łączono ją nawet pół żartem, pół serio z nowotestamentową Galileą.

W XIX wieku Galicja miała bardzo złą renomę, funkcjonowały wówczas przede wszystkim negatywne pojęcia, takie jak „galicyjski hrabia", oznaczające tytuł hrabiego samozwańca, czy „galicyjskie wybory", jako symbol nieuczciwych skorumpowanych wyborów. Określenie *ein typischer Galizianer* stanowiło jedną z mocniejszych obelg, jakie zachodni Żyd mógł rzucić w twarz Żydowi wschodnioeuropejskiemu, gdyż ten drugi, według wyobrażeń pierwszego, był biedny, niewykształcony i brudny. Podobnie ubóstwo i prostotę uważano za cechy galicyjskich Rusinów (późniejszych Ukraińców). Na mapie Europy Wschodniej Galicja zajmowała wówczas szczególne miejsce: była uważana za archetyp zacofanego społeczeństwa agrarnego, była najbiedniejszą prowincją Austro-Węgier. Określenie „nędza galicyjska" stanowiło „markę", po której rozpoznawano Galicję w całej Europie[77]. W rzeczywistości „nędza" nie była zjawiskiem wyłącznie galicyjskim, a raczej opisem stanu przedindustrialnych społeczeństw Europy Środkowo-Wschodniej, a w szerszym rozumieniu także wszystkich europejskich peryferii, łącznie z Bałkanami, południem Półwyspu Apenińskiego czy Iberyjskiego. A jednak w żadnym innym regionie nie doszło do tak silnego i głębokiego zderzenia modernizacji z siłą tradycji.

W następstwie jakich procesów dochodzi do modernizacji Galicji, która rozpoczyna „złoty wiek" Galicji?
Galicja w rękach Habsburgów była jak biała karta, którą można było zapełnić lub przetworzyć. Austria właściwie nigdy nie zdołała ostatecznie „przełknąć" tego kąska, jakim była Galicja. Dla wielu austriackich urzędników i oficerów służba w Galicji była równoznaczna z karą. Dla nich był to dziki kraj, nazywany „Bärenland", krainą niedźwiedzi, albo „Halb-Asien", pół-Azją. Bezpośrednio po przyłączeniu tej prowincji społeczeństwo galicyjskie wywarło na austriackich urzędnikach jak najgorsze wrażenie. Zastali tu anarchię i przemoc ze strony rządzącej polskiej szlachty oraz skrajne ubóstwo prostego ludu. Za najważniejsze

---

[77] W Polsce znana była publikacja Stefana Szczepanowskiego *Nędza Galicji w cyfrach i program energicznego rozwoju gospodarstwa krajowego*, wydana w 1888 r.

rząd austriacki uznał zaprowadzenie porządku i dyscypliny społecznej w Galicji. W związku z tym, że odpowiedzialnością za zacofanie cywilizacyjne władze austriackie obarczały głównie polską szlachtę, uznały za swoją misję „wychowanie – jak mówili – tych sarmackich bestii na prawdziwe istoty ludzkie". Określenie „sarmackie bestie" oznaczało przede wszystkim szlachtę.

Austriacka cesarzowa Maria Teresa i jej syn Józef II prowadzili modną wówczas wśród europejskich monarchów politykę oświeconą, której podstawową zasadą było uzależnianie siły państwa od upowszechnienia oświaty oraz swobód poddanych. Habsburgowie zapoczątkowali zmiany, sprawiając, że Galicja jest jednym z pierwszych przykładów modernizacji w tym regionie, przy czym modernizacji *sui generis*. To była tzw. modernizacja poprzez biurokrację, gdzie głównym motorem zmian nie był przedsiębiorca czy bankier, gdyż nie było tu wielkiego przemysłu, ale urzędnicy państwowi. Ich „misją" było cywilizowanie tego kraju na modłę niemiecką – *Ordnung muss sein*. O sukcesach tej modernizacji świadczyła przede wszystkim dobra jakość dróg, poczucie bezpieczeństwa i rządy prawa. I tak o niemieckim wyglądzie Lwowa decydował jego układ przestrzenny, czystość ulic i – co nie było bez znaczenia – elegancja miejscowych kawiarni, które pod tym względem przewyższały kawiarnie innych dużych niemieckich miast. Ta polityka przyniosła swoje owoce. Do połowy XIX w. Austriakom udało się na tyle zmienić sytuację w Galicji, że podróżnicy, którzy przejeżdżali przez ten region, a wcześniej jechali przez tereny imperium rosyjskiego, oddychali tu z ulgą, uważając, że nareszcie znaleźli się w Europie. Na habsburskich reformach najbardziej skorzystały te grupy i instytucje, które były najbardziej upośledzone pod rządami polskiej szlachty: kościół unicki, czyli greckokatolicki, miejscowi ukraińscy i polscy chłopi oraz Żydzi galicyjscy.

Dla polityki Habsburgów najmniej pożądane było pojawienie się jakichkolwiek ideologii, „-izmów", a zwłaszcza nacjonalizmów. Groziło to zachwianiem wewnętrzną potęgą imperium. Ironią historii jest fakt, że właśnie poprzez wprowadzenie reform, ale wbrew intencji władzy, Wiedeń stworzył idealne pole dla wyrastania nacjonalizmów. Nacjonalizm bowiem rósł najszybciej tam, gdzie społeczeństwo cieszyło się już pewnymi prawami obywatelskimi, pewnym zakresem swobód, gdzie była dobrze rozwinięta sieć takich instytucji jak gazety, teatry, stowarzyszenia, gdzie istniało w miarę świadome chłopstwo itd.

Pierwszy impuls przyszedł z zewnątrz. Prawdziwie radykalne zmiany zaczynają się po rewolucji Wiosny Ludów w 1848 r., która właśnie była wybuchem ruchów narodowych na całym kontynencie europejskim. W wypadku Habsburgów zagrożenie rewolucyjną irredentą przyszło przede wszystkim z ziem węgierskich i polskich. Po Wiośnie Ludów uznano, że skoro imperium Habsburgów nie może spokojnie utrzymać tych ziem, gdyż bez przerwy miały tu miejsce jakieś „ruchawki", powstania, to lepiej oddelegować władzę z centrum imperium i nadać tym ziemiom autonomię. Autonomia miała nosić polskie oblicze o tyle, o ile przedstawiciele arystokracji i szlachty w Galicji byli Polakami. Te reformy i zmiany przyciągnęły wielu wychodźców z Królestwa Polskiego, a także działaczy rodzącego się ruchu ukraińskiego, gdyż oba ruchy, polski i ukraiński, były wówczas poddane na terenie imperium rosyjskiego silnym represjom. Szczególną rolę zaczyna wówczas odgrywać Lwów, jako stolica Galicji. Warszawa nosiła silne piętno carskiej polityki, Kraków i Wilno, chociaż były ważne, nie mogły wytrzymać porównania ze Lwowem jako metropolią. Kijów, który nosił wcześniej silnie polski charakter, staje się wówczas rosyjski, ale wszelkie oznaki ukraińskości są tam tępione. W rezultacie Lwów jawi się jak oaza, wszystkie drogi kierują się do Lwowa i Galicji. Gdyby wówczas nagle ktoś przyłączył Lwów do Rosji, gdzieś w latach 70. – 80. XIX w., Lwów stałby się z pewnością trzecim największym miastem tego imperium, po Petersburgu i Warszawie. Jeśli chodzi o ilość wydawanych pism, gazet i książek na osobę, nawet Moskwa, w porównaniu ze Lwowem, przegrywała. To dobrze ilustruje, jak w krótkim czasie wzrosła rola tego terytorium.

Habsburgowie również podjęli wówczas próbę stworzenia „galicyjskiego narodu". O ile modernizacja okazała się skuteczna, o tyle próby stworzenia takiego odrębnego narodu zakończyły się fiaskiem. Jakie były przyczyny tego niepowodzenia?
Galicja nie wpisywała się w niemieckie terytorium ani według starych zasad monarchicznych – nie stanowiła bowiem nigdy części Świętego Imperium Rzymskiego, którego Habsburgowie byli spadkobiercami – ani według logiki nowoczesnego nacjonalizmu. Niemcy stanowili tam zaledwie 1–2 procent całej populacji. Habsburgowie zamierzali „germanizować" Galicję nie językowo, lecz cywilizacyjnie. Koncepcja „narodu galicyjskiego" zakładała, że będzie to naród lingwistycznie i etnicznie niejednorodny. Pod tym względem miał on odzwierciedlać wielonarodowy charakter samego imperium, a jego naturalne i kulturowe zróżnicowanie miało podkreślać jedność kraju, podobnie jak historia każdej grupy etnicznej miała wpisywać się w szeroki nurt monarchii habsburskiej. Naród galicyjski miał składać się głównie z warstwy średniej, nie szlacheckiej, miał być oświecony, każdy mógłby mówić w swoim języku, polskim, ukraińskim czy jidysz. Wszystkich łączyłby jednak język niemiecki, którego każdy używałby w życiu publicznym, co miało oznaczać lojalność galicyjskiego społeczeństwa w stosunku do Habsburgów. Ale nie udało się.

Może gdyby Galicja była zamkniętym terytorium, ten projekt by się powiódł, ale znajdowała się na skrzyżowaniu różnych europejskich prądów. Galicja reagowała bardzo silnie na każde ważne wydarzenie w Europie, a zwłaszcza na dążenia rewolucyjne, co było widać i w 1830 r., i w latach 1846–1848.

Wiosna Ludów w 1848 r. przyniosła na to terytorium pierwsze nacjonalizmy, złamała dotychczasowy schemat myślenia, że uda się stworzyć jeden galicyjski naród. Stało się jasne, że w Galicji będzie kilka narodów, a nie naród galicyjski: Polacy, Ukraińcy, Żydzi, Niemcy – a może nawet Rosjanie. Lubię używać takiego porównania: na tym terytorium wcześniej zniesiono dużo jaj, z których mogły narodzić się różne stworzenia, różne narody. Kiedy powiał ciepły wiatr nacjonalizmu, nie wiadomo było jeszcze, jakie stworzenia-narody wyklują się z jaj. Było wiadomo, że będą Polacy, ale kto inny jeszcze – trudno było przewidzieć. Istniała również możliwość, że będą Polacy i Rosjanie, nie byłoby wówczas Ukraińców. Żydzi mogli stać się Niemcami albo też Polakami, obie kultury były dla nich bardzo atrakcyjne.

Tak więc habsburski projekt stworzenia „galicyjskiego narodu" nie udał się, założone w nim cele natrafiły na niewłaściwy okres historyczny. W dobie powstawania nacjonalizmów było to już niemożliwe. Każdy musiał mieć własną narodowość. Habsburgowie, w przeciwieństwie do Romanowów, nie przeszkadzali w tym procesie. Skoro tak ma być, mówili, to wykorzystajmy te procesy narodowotwórcze na naszą korzyść. Dajmy wszystkim równe prawa, może wówczas nie będą się buntować. „Niech tworzy się autonomia narodowa, dajmy pieniądze na tworzenie narodowych instytucji, każdy będzie rozwijać swoją kulturę, teatr". Wśród historyków toczą się spory, na ile ta polityka była skuteczna. Prawdą jest, że w imperium Habsburgów roiło się od ruchów narodowych. Ale, z drugiej strony, wątpię, czy te ruchy były aż tak silne, aby centrum upadło samo z siebie. Aby tak się stało, kryzys musiał powstać w samym centrum. Moim zdaniem, gdyby nie wojna 1914 r., która ostatecznie doprowadziła do jego zniszczenia, może powstałoby tu państwo wielonarodowe.

Ciekawe, że Habsburgowie zapoczątkowali pomysł stworzenia państwa wielokulturowego, jaki potem częściowo usiłował zrealizować Związek Sowiecki w latach 20. podczas tzw. korenizacji[78], ale tam proces ten trwał bardzo krótko. Taką ideę proponowała Wielka Brytania w Indiach oraz Kanada na swoim terytorium. Ale ta habsburska idea wielokulturowości oznaczała, że miało istnieć wiele kultur, które miały być mniej więcej sobie równe, nie byłyby sobie wrogie, a żadna z nich nie mogła dominować nad innymi. W Galicji nie było to możliwe, przede wszystkim dlatego, że dla zdecydowanej większości Polaków ta idea była nie do przyjęcia, polski nacjonalizm był tu bardzo silny, najsilniejszy w tym regionie. Polacy silnie odczuwali swoją odrębność, wykorzystali więc ideę autonomii, która została wprowadzona przez Habsburgów po 1863 r., ale nie jako autonomię galicyjską, tylko polską. Doprowadziło to do szybkiej polonizacji tych terenów. O ile do 1848 r. językiem oficjalnym, językiem w teatrach, restauracjach i nawet na ulicach, był niemiecki, w krótkim czasie sytuacja zmieniła się tak, że język polski dominował w życiu publicznym i stał się językiem kultury.

Rozwój nacjonalizmów spowodował, że stworzenia, jakie się narodziły z jaj, były nowoczesnymi narodami, polskim i ukraińskim, ale ich nacjonalizmy były bardzo agresywne, oba narody walczyły między sobą o Galicję jak o terytorium własnego Pie-

---

[78] „Korenizacja" – „ukrainizacja", patrz przypis 41 w rozdziale.

montu. Powstania, represje wprowadzone w Rosji, zarówno wobec Polaków jak i Ukraińców, oraz pozytywne reformy zaproponowane przez Habsburgów spowodowały przemieszczenie się centrum obu ruchów narodowych, polskiego i ukraińskiego, właśnie tu, do Galicji. Dlatego, choć było kilka prób tworzenia przymierza polsko-ukraińskiego (ostatnie miało miejsce przed wybuchem wojny 1914 r.), konflikt polsko-ukraiński był wówczas już nieunikniony. Oba te nacjonalizmy były wtedy już zbyt silne.

Jak wyglądały początki tworzenia ukraińskiego ruchu narodowego w Galicji?

Pierwsze pokolenie działaczy ukraińskiego „przebudzenia" narodowego w Galicji pojawiło się jako rezultat polityki „oświeconego absolutyzmu" Habsburgów. W chwili włączenia Galicji do imperium austriackiego Kościół greckokatolicki znajdował się w stanie głębokiego kryzysu. Polskie władze traktowały grekokatolików jak poddanych drugiej kategorii. Położenie Kościoła greckokatolickiego uległo gruntownej zmianie po aneksji Galicji przez Austrię. Kościół podporządkowano państwu, księża zostali zrównani statusem z urzędnikami państwowymi. Podjęto działania zmierzające do podniesienia poziomu wykształcenia duchowieństwa greckokatolickiego. Założono seminarium dla ruskiego duchowieństwa, w latach 1784–1805 przy Uniwersytecie Lwowskim działał Instytut Ruski. Centrum pierwszej fali ukraińskiego odrodzenia narodowego znalazło się w Przemyślu, przy miejscowej hierarchii cerkiewnej tworzono szkoły elementarne dla ludności rusińskiej. W latach 20.–30. XIX w. pojawiły się pierwsze egzemplarze gramatyki języka ruskiego. Na początku lat 30. wkroczyło w życie narodowe nowe pokolenie inteligencji ukraińskiej, wychowankowie Seminarium Lwowskiego.

To oni utworzyli „Ruską Trójcę"[79], chcieli wprowadzić do ówczesnej literatury język ludu. Doprowadzili do wydania w 1837 r. zbiorku *Rusałka Dniestrowa*, który co prawda nie odznaczał się najwyższym poziomem literackim, ale był rewolucyjny w swojej wymowie. Wprowadził do literatury ludowy język galicyjskich Rusinów, pokazując tym samym, że między ich językiem a językiem Ukraińców z imperium rosyjskiego nie ma istotnych różnic, że stanowią ten sam naród.

Kiedy w czasie Wiosny Ludów ujawnił się konflikt między ukraińskim a polskim ruchem narodowym, wówczas po raz pierwszy sformułowano żądanie, które potem stanowiło minimalny program galicyjskich Ukraińców. Było to żądanie podziału Galicji i utworzenia z ziem ukraińskich odrębnej prowincji w Austrii. Doprowadzono również do utworzenia na Uniwersytecie Lwowskim katedry języka i literatury ukraińskiej.

W jakich okolicznościach do istniejącego w Galicji ruchu narodowego dołączają działacze ukraińscy z imperium rosyjskiego? Jakie konsekwencje wiązały się z przeniesieniem centrum debaty o ukraińskiej tożsamości narodowej z rosyjskiego terytorium do Galicji?

Po krótkim okresie liberalizacji reżimu w imperium rosyjskim w latach 50. XIX w., który ukraiński ruch narodowy wykorzystał dla swego wzmocnienia, powstała w tym czasie m.in. sieć Hromad[80] i szkół niedzielnych, stosunek władz carskich do ukra-

---

[79] „Ruska Trójca", nazwa przywódców ukraińskiego ruchu narodowego w latach 30. XIX w.; byli to trzej młodzi wychowankowie greckokatolickiego Seminarium we Lwowie: Markijan Szaszkewycz, Jakiw Hołowaćkyj, Iwan Wahyłewycz.

[80] Hromady, pierwsze narodowe instytucje w rosyjskiej części Ukrainy, założone w latach 60. XIX w. przez przedstawicieli ukraińskiej inteligencji w celu szerzenia oświaty i popularnych wydawnictw dla ludu.

ińskiego ruchu uległ radykalnej zmianie. Stało się to po upadku polskiego powstania styczniowego, które co prawda nie spotkało się z żadnym odzewem ze strony ukraińskiego chłopstwa czy inteligencji, ale pod wpływem powstania rząd carski zaczął traktować ruch ukraiński jako polską intrygę. Likwidowano Hromady, zamykano szkoły niedzielne, zaczęły się aresztowania. Największy cios zadano ruchowi wydaniem w 1863 r. edyktu wałujewskiego[81], który zakazał drukowania w języku ukraińskim wydawnictw szkolnych i religijnych, aby uniemożliwić rozpowszechnianie tego typu wydawnictw wśród chłopów i prostego ludu. W 1876 r. ukaz emski Aleksandra II zakazał nie tylko drukowania ukraińskich książek w imperium rosyjskim, ale także przywożenia ich z zagranicy. Każde działanie na rzecz ukraińskości miało napotykać prześladowania, włącznie z osadzeniem w więzieniu czy wywózką na Sybir.

W takiej sytuacji ukraińscy działacze zaczynają szukać miejsca, gdzie mogliby swoją działalność prowadzić dalej. Podobnie jak polscy działacze wybierają emigrację. Mychajło Drahomanow, w tym okresie czołowy działacz polityczny i publicysta, jedzie najpierw do Wiednia, potem do Genewy. Ale na emigracji okazuje się, że adresatem działań narodowych mogą być jedynie niewielkie grupy emigrantów czy inteligencji, działano w oderwaniu od własnego społeczeństwa, narodu. Tymczasem w Galicji naród był, Rusini stanowili tam ponad połowę ludności, trzeba było ich tylko narodowo obudzić, przekonać do ukraińskości. Istniały też środowiska galicyjskich działaczy ruchu narodowego, o których wspomniałem wcześniej. Liderzy ukraińskiego ruchu z terenów

---

[81] Piotr Wałujew, minister spraw wewnętrznych Rosji, głosił, że odrębnego *małorosijskogo jazyka ne buło, niet i byt' ne możet* (języka małorosyjskiego nie było, nie ma i nie będzie).

imperium rosyjskiego uznali, że w Galicji istnieje najbardziej sprzyjający grunt. Pod berłem Habsburgów reżim był względnie liberalny, można tam zrobić o wiele więcej niż w Rosji. Centrum ruchu narodowego przenosi się z Kijowa do Lwowa i Galicji. Galicja w bardzo krótkim czasie, pod koniec XIX i na początku XX wieku, staje się symbolem nowoczesnej, dynamicznie rozwijającej się ukraińskiej tożsamości. Tu przyjeżdżają Mychajło Drahomanow, potem Mychajło Hruszewśkyj, tu żyje Iwan Franko, przywódcy ukraińskiego ruchu narodowego tego czasu. W Galicji grunt przyjął działaniom narodowym również dlatego, że galicyjska inteligencja ukraińska reprezentowała inny typ ukraińtwa niż w Rosji. Galicyjski Ukrainiec nie miał kompleksu niższości wobec Rosji. W Kijowie działacze ukraińscy musieli oglądać się bez przerwy na Petersburg i Moskwę, a słabo rozwinięta ukraińska kultura cierpiała od dominacji rosyjskiej. W Galicji sytuacja wyglądała inaczej. Trzeba było co prawda oglądać się na Polaków i Niemców, ale nie trzeba było mieć kompleksów wobec Rosji.

Większość zjawisk, jakie wówczas miały miejsce w Galicji, rodziło się w bólach, z problemami, tak odmienne były doświadczenia tych dwóch Ukrain, galicyjskiej i rosyjskiej. Gdyż dwie Ukrainy istniały wówczas, w XIX wieku, nie dzisiaj. Większość działaczy ukraińskich miała świadomość zagrożeń wynikających z różnorodności doświadczeń Ukraińców, na które nakładały się także różnice religijne, Ukraińcy z Galicji byli grekokatolikami, a w imperium rosyjskim – prawosławnymi. Obawiano się, że Ukraińcy będą skazani na wariant serbo-chorwacki, że powstaną dwie nacje zamiast jednej: Serbowie i Chorwaci, umownie mówiąc, ukraińscy Serbowie i ukraińscy Chorwaci. Dlatego przywódcy ruchu ukraińskiego, zwłaszcza Mychajło Hruszewśkyj i Iwan Franko, wspierali rozwiązania kompromisowe.

W twojej interpretacji ukraińska tożsamość narodowa jest bardzo silnie wpisana w europejski kontekst. Jak wyglądały te wzajemne powiązania?

W Galicji, poddanej silnym procesom modernizacji politycznej, istniało całe spektrum orientacji i partii politycznych, na wzór zachodnioeuropejski, od konserwatywnych, liberalnych, po socjalistyczne i radykalne. Siłą rzeczy uwidoczniły się także w ukraińskim ruchu, który dzięki temu stał się zróżnicowany. We Lwowie było się nie tylko Ukraińcem, ale Ukraińcem – socjalistą, Ukraińcem – konserwatystą, itd. W rosyjskim Kijowie natomiast takie zjawisko nie istniało, nie było ważne, jakie poglądy polityczne cechują tego czy innego działacza ukraińskiego, bowiem nie polityczne poglądy go definiowały. Taka sytuacja jak w Galicji rodziła pewną dynamikę w łonie samego ruchu ukraińskiego. Niezależnie od tego, w jakim kierunku politycznym ewoluowałoby imperium austriackie, „ukraińskość" mogła dzięki temu zróżnicowaniu trwać i rozwijać się. Podobnie było z innymi zjawiskami. Ukraińcy we Lwowie uczestniczyli w europejskim życiu kulturalnym i politycznym, czytali niemieckie, polskie i ukraińskie gazety, mogli jechać do Berlina czy Wiednia, żyli w innej przestrzeni geopolitycznej i kulturowej niż Ukraińcy w Rosji.

Jaką rolę odgrywał w tych procesach narodotwórczych język ukraiński?

Pytanie to dotyka bardzo istotnej kwestii. Nowoczesny język ukraiński wziął za podstawę język prostego ludu, wieśniaków. Takich wypadków jak ukraiński, aby współczesna tożsamość narodowa tworzyła się tak mocno w oparciu o język chłopski, nie było aż tak wiele w Europie. W XIX w., w powszechnym przekonaniu ówczesnego społeczeństwa, nie można było tworzyć kultury w oparciu o kulturę czy język chłopów, którzy byli uznawani za grupę społeczną pozbawioną kultury, prostacką. Ale ukraińscy działacze narodowi dokonali takiego, a nie innego wyboru, uznając, że korzenie tożsamości ukraińskiej tkwią w kulturze i języku chłopów. Okazało się, że konsekwencje tego wyboru będą trwały długo, w pewnym sensie trwają do dzisiaj. Był to wybór dramatyczny, gdyż opierając język narodu na języku ludu, było znacznie trudniej wytworzyć w Ukraińcach poczucie dumy z własnego języka. Ale nie w Galicji, gdyż tam język ukraiński pod koniec XIX w. stał się językiem szkół, katedr uniwersyteckich, a nawet akademii. W taki sposób galicyjscy Ukraińcy pomagali Ukraińcom z rosyjskiej części zwalczyć swoje narodowe kompleksy. Oczywiście, że robiono to często z inicjatywy ukraińskich patriotów z Rosji – takich jak Mychajło Hruszewśkyj, który przyjechał z Kijowa do Lwowa, gdzie objął uniwersytecką katedrę historii i stał się prezesem Towarzystwa im. T. Szewczenki.

Zresztą większość faktów życia narodowego w Galicji była efektem symbiozy działalności patriotów ukraińskich z dwóch imperiów. Najważniejszym pismem w Galicji tego okresu był „Literaturno-Naukowyj Wistnyk"[82], jego redaktorami byli Mychajło Hruszewskyj i Iwan Franko, jeden z Rosji, drugi z Galicji. Uważano za wyróżnienie i honor wydrukowanie tam nawet krótkiej recenzji. „Wistnyk" i podobne do niego wydania tworzyły nowe struktury nowoczesnego języka ukraińskiego. Dzięki temu w ukraińskim języku pojawiły się określenia z dziedziny fizyki, chemii, historii. Zjawisko tego typu nie mogło zaistnieć w imperium rosyjskim, gdyż język ukraiński był nie tylko nieobecny w szkole, ale w ogóle był zabroniony.

---

[82] „Literaturo-Naukowyj Wisnyk", pismo wydawane we Lwowie w latach 1898–1906, po rewolucji 1905 r. przeniesiony do Kijowa, w 1922 r. ponownie przeniesiony do Lwowa, jego redaktorem został Dmytro Doncow.

W Galicji tworzył się więc zbiór podstaw ukraińskiej tożsamości, jak polityczna ideologia, kulturalne symbole oraz język. Chociaż te zjawiska miały miejsce w Galicji, ale nie miały tylko galicyjskiego charakteru, wpływały silnie także na Ukraińców w Rosji. Zjawiska te z jednej strony okazały się ponadczasowe, z drugiej dość długo wywoływały problemy. I tak, kiedy Ukraińcy w Rosji czytali galicyjskie wydania w języku, jaki tworzył się w Galicji, uważali, że to nie jest ich język, a galicyjski, który wydawał im się niezrozumiały. W pewnych okresach dochodziło do gwałtownych kłótni. Ukraińscy działacze z Rosji obwiniali Iwana Franko o to, że używał słów niemających ukraińskiego brzmienia. A znowu Franko śmiał się np. z ukraińskiego przekładu *Hamleta* Szekspira opracowanego przez Staryćkiego, z powodu używania takich słów, jak np. „mrija" (sen, marzenie), twierdząc, że nigdy nie przyjmie się wśród Ukraińców. Czas pokazał, że jedni i drudzy się mylili. Na szczęście Komisja Towarzystwa im. T. Szewczenki w pewnym momencie świadomie podjęła decyzję o przyjęciu kompromisu, który polegał na uznaniu, że podstawą języka ukraińskiego będzie gwara połtawska, ale cała abstrakcyjna leksyka będzie galicyjska, razem stworzą język ukraiński.

Panowało wówczas przekonanie, także wśród części samych Ukraińców, że ukraińskość jest wytworem galicyjskim. Na ile ten typ myślenia miał rację bytu?
Hetman ukraińskiego państwa konserwatywnego w Kijowie w 1918 r., Pawło Skoropadśkyj[83], w swoich wspomnieniach używa takiego pojęcia: „Ukraina lwowskiego wyrobu", tzn. galicyjskie-

---

[83] Pawło Skoropadśkyj (1873–1945), pochodził ze starego rodu kozackiego, w czasie I wojny światowej wysoki rangą dowódca wojsk rosyjskich. W 1918 r. z poparciem Niemców wybrany na hetmana Ukrainy; zmarł na emigracji w Berlinie.

go[84], uważając, że Galicja była kolebką ukraińskości. Przy czym miał on na uwadze specyficzną formułę ukraińskiej tożsamości, która w odróżnieniu od jego własnej, "małorosyjskiej", była silnie antyrosyjska, skoncentrowana na językowo-etnicznych cechach i dążyła do pewnej politycznej niezależności Ukrainy. Rzeczywiście idea ukraińskiej tożsamości tworzyła się, w znacznej mierze, jako nowoczesny galicyjski produkt. Ale nie była to formuła, którą wymyślili sobie ksenofobicznie nastawieni nacjonaliści ukraińscy. Ironią jest, że jako pierwsi mówili o tym projekcie marksiści galicyjscy, gdyż oni jako pierwsi postawili sprawę niezależności Ukrainy, co prawda nie z pozycji nacjonalizmu, a z pozycji marksizmu. Ich zdaniem, jeśli Ukraińcy chcieli być uznani za nowoczesnych, jeśli chcieli odnaleźć się w zmodernizowanym świecie, musieli stać się narodem niezależnym. Dla nich to oznaczało, że jeżeli na Ukrainie miała wybuchnąć rewolucja komunistyczna, musiał istnieć ukraiński proletariat, a żeby on się pojawił, potrzebna była ukraińska burżuazja, ona zaś nie mogła się pojawić bez narodowego – czyli ukraińskiego – państwa.

Ukraińska idea narodowa dla Ukraińców w Galicji stała się powodem do dumy, dawała poczucie, że istniał naród historyczny, taki jak Ukraińcy. Przecież obowiązywała wówczas teoria, że tylko te narody mają prawo do istnienia, które uważane są za historyczne, a więc takie, które miały swoją historię, kulturę, literaturę, teatr. A w Galicji tak się właśnie działo. Ukraiński język w imperium austriackim miał równe prawa z innymi językami, wsparcie rządu, wychodziły w tym języku gazety, książki, dzięki temu zrodziło się poczucie, że jest to język pełnowartościowy. Ukraińcy czuli się tutaj równi Czechom, Niemcom czy Polakom,

---

[84] Pawło Skoropadśkyj, *Spohady. Kinec 1917 – hruden 1918*. Kyiv-Filadelfia 1995, s. 243.

a w Rosji można było o czymś podobnym jedynie marzyć. Istnieją bardzo ciekawe wspomnienia niektórych działaczy galicyjskich, którzy wyjeżdżali na krótko do Rosji, i tych, którzy z Rosji przyjeżdżali do Galicji, wszyscy zwracają uwagę na ten aspekt: poczucie dumy.

Inna ważna różnica polegała na tym, że w Rosji ludzie czuli się i byli traktowani jak poddani, a w Galicji – jak obywatele. W Kijowie ukraińskość pozostaje w znacznej mierze ruchem kulturowym, a nie politycznym. Ponadto Ukraińcy w imperium rosyjskim widzieli Ukrainę jako część Rosji, nie umieli wyobrazić sobie innego stanu rzeczy, stworzenia niezależnego państwa. Natomiast Ukraińcy galicyjscy definiowali ukraińskość w kategoriach niezależności politycznej, bardzo podobnej do polskiej. Ukraiński ruch narodowy w Galicji wzrastał, ścierając się cały czas z polskim ruchem narodowym. W związku z tym, że polski nacjonalizm był bardzo ekspansywny, Ukraińcy musieli przyjąć zdecydowaną postawę, reagować na niego. Ukraiński nacjonalizm w Galicji, aby przeciwstawić się polskiemu, musiał być tak samo silny. W Rosji, aż do 1914 r., nie zdarzył się ani jeden wypadek ukraińskiego terroryzmu, choć terroryzm w Rosji był zjawiskiem naturalnym, rosyjscy narodnicy, eserowcy rzucali bomby na cara, zabijali gubernatorów itd. Ale takich aktów nie było ze strony ruchu ukraińskiego – trafił się jeden zabawny przypadek w Charkowie, kiedy ukraińscy działacze zaplanowali akt terrorystyczny i obrzucili kałamarzami pomnik Puszkina. Natomiast w Galicji mamy do czynienia z zamieszkami, zamachami, a nawet zabójstwami, jak zabójstwo namiestnika Andrzeja Potockiego[85].

---

[85] Namiestnik Galicji, hrabia Andrzej Potocki, został zabity we Lwowie w kwietniu 1908 r. przez ukraińskiego studenta, Myrosława Siczynskiego.

Jakie było nastawienie tego młodego galicyjskiego ruchu narodowego do Rosji?

Stawał się on coraz bardziej antyrosyjski. Nastawienie to wiązało się z faktem, że nacjonalizm był zjawiskiem zachodnioeuropejskim, stamtąd przyszedł, a galicyjski ukraiński nacjonalizm czerpał poczucie dumy z tego, że był częścią tego europejskiego kontekstu. Zachód był w Galicji, także przez Ukraińców, postrzegany jako symbol postępu, cywilizacji, wyższej kultury. Uosobieniem Zachodu były Austro-Węgry, której Galicja była częścią, a Ukraińcy mieszkańcami Galicji, więc to poczucie przynależności do europejskiej kultury, wyższej cywilizacji rozciągało się także na narody tam żyjące. Natomiast imperium rosyjskie było dla galicyjskich Ukraińców, i nie tylko dla nich, symbolem Wschodu, niższej kultury, zacofania, nosiło cechy azjatyckiego barbarzyństwa. Pod koniec XIX w. nastąpiło ciekawe przesunięcie, o ile w XVIII wieku dla Austriaków Galicja była Wschodem, o tyle przy końcu XIX w. dla Galicjan Galicja była Zachodem, a Rosja – Wschodem. Ukraińcy, którzy przyjeżdżali z Rosji i pisali na stronach ukraińskich galicyjskich gazet o swoim rozczarowaniu Rosją, o tym, jak wygląda reżim carski, utwierdzali także tę antypatię dla Rosji oraz poczucie wyższości w stosunku do niej. Stosunek do Rosji był przyczyną powstania dosyć silnego zróżnicowania w łonie ruchu ukraińskiego. I tak w Kijowie, aż do 1914 r., ukraiński ruch narodowy pozostaje pozytywnie nastawiony nie tyle do imperium rosyjskiego, ile do Rosji. Panowało bowiem przekonanie, że w przyszłości można będzie zmienić Rosję w kraj demokratyczny, w którym Ukraińcy i Rosjanie będą żyć razem. W Galicji na odwrót, panowało silne przekonanie, że Ukraińcy nigdy nie będą w stanie żyć razem z Rosjanami, gdyż chodzi nie tylko o różnicę między dwoma odrębnymi narodami, ale o różnicę między odmiennymi cywilizacjami. Nawet Taras Szewczenko, mimo tworzenia wierszy o wymowie antyrosyjskiej, uważał, że

Ukraina i Rosja są sobie bliskie, podobnie inni działacze z centralnej Ukrainy. Takiego przekonania byli Mychajło Drahomanow, Wołodymyr Antonowycz[86] (on zmienia trochę swoje przekonania pod koniec życia), Mychajło Hruszewśkyj. Dla nich wszystkich nie ulegało wątpliwości, że Ukraina w przyszłości miała być związana z Rosją. Dla galicyjskich Ukraińców natomiast ten typ myślenia był nie do przyjęcia. Różnice w podejściu do Rosji doprowadziły później, podczas rewolucji ukraińskiej w 1917–1918 r., do poważnych kłótni w łonie ukraińskiego ruchu narodowego. Wówczas wielu działaczy z Galicji znalazło się w Kijowie, aby tam kontynuować walkę, ale ich antyrosyjskie nastawienie często było niezrozumiałe dla Ukraińców z Kijowa.

Dla ukraińskiej tożsamości narodowej Galicja jest ważna także dlatego, że wytworzyła nowy typ nacjonalizmu. Sytuacja w Galicji umożliwiła powstanie takiego typu ukraińskiego nacjonalizmu, który z jednej strony wspierał się na przekonaniu o swej przynależności do kultury europejskiej, z drugiej, pod wpływem konfrontacji z polskim nacjonalizmem, o czym mówiłem, stawał się agresywny, nawet ksenofobiczny, nakierowany na uzyskanie niezależności narodowej. Dla rosyjskich Ukraińców, żyjących w zupełnie innych warunkach społeczno-politycznych, ten typ myślenia był trudny do zrozumienia. Jednak, w efekcie końcowym, właśnie ten sposób myślenia doprowadził do oderwania ukraińskiej tożsamości od rosyjskiej.

Do jakiego stopnia dla galicyjskich Ukraińców nacjonalizm był w tamtym czasie symbolem nowoczesności?

---

[86] Wołodymyr Antonowycz (1834–1908), ukraiński historyk, archeolog i etnograf pochodzenia polskiego. Działacz ukraińskiego ruchu narodowego. Profesor na uniwersytecie w Kijowie. Autor prac z historii kozaczyzny.

Galicja, kuźnia tożsamości

Jeśli patrzeć na ukraińskich ideologów, Franka, Hruszewskiego, Łypyńskiego, Doncowa[87], wszyscy oni wzorowali się na wzorcach europejskich. Panowało przekonanie, że nie można być człowiekiem nowoczesnym, jeśli nie było się zwolennikiem nacjonalizmu. Zwracają uwagę na Amerykę, na świat anglosaski, który był dla nich symbolem dominacji w świecie, zastanawiając się, czego potrzeba Ukraińcom, aby też stworzyć kiedyś takie państwo. Zastanawiali się nad tym, dlaczego jakieś zjawiska miały miejsce w Anglii czy Francji, w przekonaniu, że powinny i tu występować. Upraszczając, uważali, że jeśli na Zachodzie istniał np. marksizm, powinien istnieć także marksizm ukraiński, jeśli tam był terroryzm – miał być także ukraiński, podobnie było z innymi prądami. Dotyczyło to również zjawisk kulturalnych. Na przykładzie Francji, uznawanej za symbol kraju o wielkiej kulturze, zastanawiano się, jak tworzyć tego typu kulturę na ukraińskim gruncie. Za każdym razem szukano wzorca, który sprawdził się na Zachodzie, istniała wtedy taka retoryka. Tego typu myślenie przetrwało do lat międzywojennych. Kiedy przyszły czasy faszyzmu, ukraińscy działacze zaczynają się zastanawiać, jaki wzorzec przyjąć, czy włoski, czy niemiecki. Nie twierdzę oczywiście, że nie było żadnych specyficznych zjawisk lokalnych, ale zawsze towarzyszyła im perspektywa odwoływania się do przykładu europejskiego czy amerykańskiego.

Najczęściej jednak wybierany był wzorzec polski, gdyż Polacy i Ukraińcy żyli bardzo blisko siebie. Ponadto polski nacjonalizm

---

[87] Dmytro Doncow (1883–1973), prawnik, ideolog ukraińskiego nacjonalizmu. W 1907 r. w trakcie studiów aresztowany przez carskie władze, po zwolnieniu na emigracji we Lwowie. W latach I wojny światowej członek Związku Wyzwolenia Ukrainy. W latach 1922–1939 mieszka we Lwowie, redaguje pisma „Zahrawa", „Wisnyk", publikuje m.in. prace *Nacjonalizm*, *Pidstawy naszoi polityki*. W czasie wojny i po wojnie na emigracji w różnych krajach Europy, w końcu osiadł w Kanadzie, gdzie był wykładowcą literatury ukraińskiej na Uniwersytecie w Montrealu.

był najsilniejszy w tej części świata. Żaden inny ze względu na swój charakter, swoją masowość, radykalizm nie mógł równać się z polskim. Metternich mówił: polskość to rewolucja, mając na myśli polski nacjonalizm.

Jaka, twoim zdaniem, była główna przyczyna siły polskiego nacjonalizmu w okresie, o którym rozmawiamy, w końcu XIX w.?
Gdyby Rzeczpospolita zniknęła w XV czy XVI w., być może skutki jej upadku nie byłyby tak mocno odczuwalne. Ale na przełomie XVIII i XIX wieku i w XIX w. ten upadek był już postrzegany w Europie jako niesprawiedliwość historyczna. W tym samym czasie, kiedy upada Rzeczpospolita, w innej części kontynentu europejskiego wybucha rewolucja francuska, której jednym z haseł było przekonanie, że naród jest źródłem władzy, tymczasem ma zniknąć naród polski. Przypomnijmy znane słowa Lorda Actona[88]: „W przypadku upadku Polski mamy do czynienia z aktem wielkiej niesprawiedliwości – to jakby ciało pozbawiono duszy, gdyż naród pozbawiono własnego kraju". Wówczas silny rezonans społeczny miała idea mówiąca o tym, że każda kultura ma swój naród, a każdy naród musi mieć własne państwo.
Mało kto zwraca uwagę na fakt, że wszystkie -izmy, możliwości ich poszerzenia w społeczeństwie, zależały od stopnia jego oświaty i wykształcenia. Aby tak się stało, potrzebne było posiadanie wykształconej dosyć szerokiej warstwy społeczeństwa. W polskim wypadku stanowiła ją szlachta, najbardziej liczebna wykształcona warstwa, żaden z sąsiadujących z Polską narodów nie mógł równać się z nią pod względem liczby wykształconych ludzi – nie wieśniaków, nie chłopów. Dość przypomnieć, że kiedy Polska została

---

[88] John Acton (1834–1902), historyk, filozof polityczny, teoretyk wolności i polityk brytyjski; znany jako Lord Acton.

przyłączona do imperium rosyjskiego, polska szlachta stanowiła w nim prawie połowę całego stanu szlacheckiego, choć według wielkości przyłączonego terytorium nie stanowiła tak wielkiej części w porównaniu z resztą Rosji. W polskim wypadku to stanowiło około 10 procent całej populacji, tak liczna grupa umiała czytać, rozumieć i popularyzować wśród innych wszystkie prądy, wszystkie -izmy przychodzące z Zachodu. Zjawisko o podobnej skali nie istniało ani na rosyjskim, ani ukraińskim gruncie.

Czynniki te stanowiły dobrą bazę dla rozwoju polskiego nacjonalizmu. Jego siły nie można porównać z czeskim, słowackim – być może w pewnej mierze z węgierskim, gdyż Węgry miały dość liczebną szlachtę. Polski nacjonalizm tworzył zagrożenie rewolucyjne i dla Habsburgów, i dla imperium rosyjskiego, a z drugiej strony stawał się dobrym przykładem dla narodów, z którymi Polacy w tych imperiach sąsiadują, dla Ukraińców, Litwinów, Białorusinów, a nawet Rosjan. We wschodniej Europie polski nacjonalizm był tym, czym dla zachodniej stał się nacjonalizm francuski podczas rewolucji francuskiej i wojen napoleońskich. Obydwa te nacjonalizmy „nacjonalizowały" sąsiadujące narody i państwa. Zwłaszcza w Rosji zaczyna się myśleć w kategoriach nacjonalizmu dopiero pod wpływem polskich powstań narodowych 1830–1831 i 1863–1864. Polski nacjonalizm był trochę jak choroba, którą wszyscy naokoło się zarażali. Wirus nacjonalizmu rozwijał się w ciele Polaków i to stawało się na tyle fascynujące, pociągające dla innych, że się nim zarażali.

Pod koniec XIX w., wraz z pojawieniem się endecji, polski ruch narodowy zmienia barwę, zaczyna się radykalizować, nabierać bardziej ksenofobicznego charakteru. Na ile ta zmiana jakościowa w łonie polskiego ruchu narodowego wpłynęła na ruchy narodowe innych narodów w naszym regionie?

Do tego momentu narodowa tożsamość nie była postrzegana jako tożsamość konfliktogenna. Można było być Ukraińcem i Polakiem jednocześnie, *Gente Ruteni, Natione Poloni*. Tym bardziej że kiedy przyglądamy się statystyce mieszanych ślubów między Polakami a Ukraińcami we Lwowie pod koniec XIX wieku, była ona bardzo wysoka, od 30 do 60 procent rodzin było mieszanych. Warto zwrócić uwagę na jeszcze inny aspekt. Przez długi czas polski ruch narodowy nie wykluczał innych, a ich przyciągał. Powoływał się na hasło „za naszą i waszą wolność", co było atrakcyjne dla ludzi o innych korzeniach narodowych, a szczególnie dla ludzi młodych. Jeszcze w połowie XIX w. wielu przyszłych ukraińskich działaczy ruchu narodowego w Galicji zaczynało aktywność polityczną jako członkowie polskich organizacji rewolucyjnych i narodowych. Ale już pod koniec XIX w. ten typ myślenia wypala się. Mówi się „albo za waszą, albo za naszą wolność, ale lepiej za naszą". W tej sytuacji kwestie wielokulturowości, podwójnej tożsamości stają się niebezpieczne dla tego nacjonalizmu nowego typu – nacjonalizmu, który za trafnym określeniem amerykańskiego historyka, Briana Portera, „zaczyna nienawidzić innych"[89]. Taka zamknięta, ksenofobiczna postawa zmniejszała szanse na bardziej liberalny, otwarty model. I ta zmiana datuje się wraz z pojawieniem się ideologii, której twórcą był Roman Dmowski.

Zwracałeś uwagę w swoich publikacjach, że w jakimś momencie trzy orientacje: propolska, prorosyjska i proukraińska, ścierają się ze sobą w Galicji i nie wiadomo, która zwycięży...

---

[89] Brian Porter, *When Nationalism Began to Hate. Imagining Modern Politics in Nineteenth-Century Poland*, New York 2000.

Moja teza jest taka, że ukraińska tożsamość zwycięża w Galicji nie dlatego, że tak miało być, mogło stać się inaczej. Ukraińska orientacja staje się spośród tych trzech najbardziej europejska, a przy tym najbardziej radykalna, gdyż Europa wówczas się radykalizuje. Właśnie dlatego ukraiński projekt nabierał coraz więcej szans na realizację.

W XIX w. rozpoczyna się nowa fala okcydentalizacji, całkiem innej niż ta cerkiewna w XVII w., ta XIX-wieczna fala była swoistą świecką rewolucją. Po epoce wojen napoleońskich, po rozwoju filozofii Woltera, sprawy religii, kościoła czy cerkwi przestają być osnową ludzkiej myśli. Pojawiają się nowe „religie", które teraz noszą nazwę różnych -izmów, są nimi: liberalizm, konserwatyzm, komunizm, itd. O ile ludzie wcześniej umierali za wiarę, teraz umierają za -izmy. W związku z tym cerkiew, kościół nie odgrywają już tak ważnej roli w formowaniu się tożsamości jak wcześniej. Pojawiają się inne wyznaczniki: język, kultura, władza polityczna, polityczne przekonania. Różnica między projektem ruskim a ukraińskim nie polegała tylko na tym, jakim językiem będzie się mówić czy jakich liter używać. Projekt ukraiński był atrakcyjny, szczególnie dla młodych, dlatego że był bardzo radykalny. W pierwszej połowie XIX w. ukraińskich patriotów nazywano komunistami. To termin, jakiego używali polscy właściciele ziemscy w odniesieniu do działaczy ukraińskich, gdyż żądali oni podziału własności ziemskiej, oddania ziemi chłopom ukraińskim. O pierwszych członkach kijowskich Hromad mówiono, że nosili w jednej kieszeni egzemplarz *Kobzara* Tarasa Szewczenki[90],

---

[90] *Kobzar* (pol. *Kobziarz*), zbiorek wierszy wydany przez Tarasa Szewczenkę w 1840 r., znaczenie tego utworu wykraczało poza granice literatury. Poezje Szewczenki, obok wartości artystycznych, wyróżniały się językiem, który, opierając się na trzech różnych dialektach ukraińskich, tworzył nowy, charakteryzujący się naturalnością i prostotą brzmienia, język ukraiński; tym samym kładł mocne

a w drugiej *Kapitał* Marksa. Dzisiaj o tym zapominamy, przywykliśmy myśleć, że ukraińscy nacjonaliści są rodem z publikacji Dmytro Doncowa. Tymczasem w XIX w. było inaczej, ukraińscy działacze przeprowadzili coś w rodzaju rewolucji społeczno-narodowej. Przykładem takiego rewolucjonisty, który walczył o realizację ukraińskiego projektu narodowego, był Iwan Franko. Przedtem mówiono, że ukraińskość była oparta na cerkwi i na kozactwie, a ci ukraińscy patrioci XIX wieku zaczynają ukraińskość utożsamiać z chłopstwem. Robią to z jednej strony dlatego, że nie mają wyboru, z drugiej, ulegają wpływom nowych prądów, jakie idą z Zachodu.

Jakie uwarunkowania wpłynęły na to, że wybór ukraińskiej tożsamości w drugiej połowie XIX w. stawał się symbolem poglądów radykalnych?
Przez długi okres taki wybór oceniano jednoznacznie negatywnie. Według panujących wówczas przekonań Iwan Franko i jemu podobni burzyli podwaliny społeczeństwa oparte na tradycyjnych wartościach. Franko propagował mało znane idee przychodzące z Zachodu, które nie tylko nie miały tu korzeni, ale w wyobrażeniu wielu osób demoralizowały ludzi, „mąciły" im w głowach, a więc niosły za sobą zło. I w takim rozumieniu ukraińskość stawała się dla wielu symbolem zła, zepsucia. O ile w tamtym okresie nie było jeszcze w Galicji rozwiniętych struktur politycznych, różnych partii, jak to miało miejsce na Zachodzie, to przychodzi trochę później, jednostki, kluczowe postaci, nabierają szczególnego znaczenia. Stają się one czymś na kształt człowieka-orkiestry, osoby

---

podwaliny pod współczesną literaturę ukraińską, a w szerszym znaczeniu również pod ukraińską tożsamość narodową. *Kobzar* był „elementarzem" dla wielu pokoleń ukraińskich patriotów i działaczy narodowych.

te musiały pełnić taką funkcję, jaką w rozwiniętych społeczeństwach pełniły partie, orientacje polityczne, musiały być nośnikiem idei. Bardzo ważna stawała się osobista charyzma. W latach 80. XIX w. w Galicji były dwie takie postaci, które wpływały na kierunek, w jakim mogli pójść Rusini – przyszli Ukraińcy. Iwan Franko, uznawany przez wielu za lidera, dziś już zapomniany, ojciec Iwan Naumowycz[91], ksiądz, rusofil, który był wówczas nadzwyczaj popularny. Publikował bardzo poczytne artykuły w piśmie „Słowo", początkowo był o wiele bardziej popularny niż Iwan Franko. Ponadto był duchownym, z długą brodą, dostojny, ludzie darzyli go szacunkiem, uważając prawie za świętego, mówiło się, że miał dar leczenia rękami. Ojciec Naumowycz mówił: „Nas nie zbawi droga kolejowa, nas zbawi Pismo Święte, nasze zbawienie jest w Kijowie i Moskwie, tam są prawdziwe, niezepsute, wartości. Tu wszyscy jesteśmy zgermanizowani, jesteśmy Niemczykami, nie ma u nas naszej własnej kultury, trzeba zadbać o odnowienie naszej świętej Rusi". A Ruś dla niego znajduje się tylko w ludzie, gdyż to on ją przechował, poza tym prosty lud jest bliżej Boga. Wymyślił taki slogan skierowany do inteligencji: „Wracajcie z powrotem do narodu". Iwan Franko, w odpowiedzi na wezwania Naumowycza, pisze serię artykułów, w których wzywa: nie z powrotem do narodu, a idźcie z narodem do przodu, ku modernizacji. Symbolicznie te dwie koncepcje dominowały, ścierając się z sobą. Pierwsza koncepcja, proponująca „cofanie się do przeszłości", oznaczała oparcie się na Rosji, a koncepcja Franka, pójść do przodu – oznaczała wybór projektu ukraińskiego. Przez ludzi typu Naumowycza Franko był uważany za symbol niszczyciela idei Rusi, i rzeczywiście nim był, gdyż poglądy, które głosił, wiodły do tworzenia Ukrainy. Im bardziej odchodziły w przeszłość stare

[91] Iwan Naumowycz (1826–1891).

nawyki, tradycyjny sposób myślenia, tym mocniej utwierdzał się ukraiński projekt tożsamości. W swojej książce mówię o zwycięstwach Franka, a w drugiej książce – jeszcze nienapisanej, chciałbym pokazać, na ile te zwycięstwa niosły za sobą problemy. Życie Iwana Franko było pełne wielkich kryzysów, a życie osobiste także i tragedii. Sądzę, że ta tragedia, w jakiejś mierze, wyobrażała problemy ukraińskiej tożsamości. Wcześniej już o tym mówiłem, tu tylko powtarzam: powstanie ukraińskiej tożsamości jest w znacznej mierze rezultatem przyjęcia zachodnich koncepcji, jakie zostały przeniesione na wschodnioeuropejski grunt. Warto w związku z tym postawić pytanie, czy można w udany sposób przenieść koncepcje, które powstały w innych warunkach. Czy można posadzić palmę na Syberii? Jeśli uznać Iwana Franka za „ogrodnika", należy stwierdzić, że miał wielkie trudności z „przesadzeniem" na ukraiński grunt zachodnioeuropejskiej koncepcji tożsamości narodowej. Do dziś zresztą te trudności trwają. Ukraińskiej tożsamości trzeba nadal „doglądać" i „nawozić" ją. Niemniej, niezależnie od tych trudności, uważam, że biorąc pod uwagę, w jaką przestrzeń została ona przeszczepiona, jako rezultat procesów modernizacji, nigdzie indziej te procesy nie poszły i nie przyjęły się tak głęboko jak na Ukrainie – oczywiście ze wszystkimi nieuniknionymi konsekwencjami.

Wymieniłeś nazwisko Iwana Franko. Jest on postacią kluczową dla tworzenia się nowoczesnej tożsamości ukraińskiej. Poświęciłeś mu świetną książkę, *Prorok u swoji witczyzni*[92], w której wpisujesz biografię Franko w szeroki kontekst, nazywasz ją makrohistorią ze względu na charakter książki, ale mikrohistorią, jeśli chodzi o *genre*...

[92] Jarosław Hrycak, *Prorok u swoji witczyzni: Franko i joho spilnota*, Kyjiv 2006.

Galicja, kuźnia tożsamości

Odpowiada mi takie podejście do historii, jakie pozwala patrzeć na historię oceanu poprzez krople wody. Dlatego to jest książka nie tyle o Iwanie Franko, ile o historii wschodniej Europy i o tym, co stało się z tą częścią Europy w XIX wieku. Postać Iwana Franko posłużyła mi jako klucz, aby pokazać te zjawiska. Franko jest dlatego tak ważny, że w znacznej mierze jest odpowiedzialny za zwycięstwo ukraińskiego projektu. Pokazuję w książce, jak do tego dochodzi, dlaczego miał taki wpływ na ukraińskie społeczeństwo. Można porównać jego rolę w tym kontekście z rolą Piotra I w rosyjskiej historii. Przed Piotrem I, na tych terenach dzisiejszej Rosji panowała pewna odmiana cywilizacji kijowsko-bizantyjskiej, cywilizacji Rusi. Dopiero Piotr I stworzył nowoczesny naród w Rosji, jako rezultat procesów okcydentalizacji, narzucając je poddanym przemocą. Jego politykę w tym zakresie dobrze oddaje moskiewski pomnik Piotra I, na którym osadza on konia siłą, jak Rosję, ściskając mocno cugle. Iwan Franko nie był monarchą. Był jednak kluczową postacią dla okcydentalizacji Ukraińców i całej przestrzeni Galicji. W tej przestrzeni dominował wcześniej tradycyjny świat wschodniochrześcijański, prawosławny, mimo przyjęcia grekokatolicyzmu. Franko przez bardzo długi czas pełnił w tej przestrzeni funkcję kluczową dla okcydentalizacji Rusi. Przynajmniej do dwudziestego roku życia nie myślał o sobie jak o Ukraińcu, a myślał o tej przestrzeni w kategoriach Rusi, cywilizacji kijowsko-bizantyjskiej, specyficznej dla starej Rusi. Były mu wówczas bliskie idee rusofilstwa. Ten proces, kiedy Franko z rusofila staje się Ukraińcem, a z konserwatysty – rewolucjonistą, dokonał się zaledwie w ciągu jednego roku. Próbuję w książce pokazać, jak do tego dochodzi, dlaczego część Ukraińców dokonywała wówczas takich wyborów. A także, jakie skutki one przyniosły.

Modernizacja oznaczała znacznie więcej niż tylko tworzenie i utwierdzanie się tożsamości narodowych, oznaczała budowę dróg, kolei, wydawanie książek, pism, rozwój oświaty, medycyny, a więc tego wszystkiego, co wpływało na poprawę poziomu życia społeczeństwa oraz co przyczyniało się do lepszej jego samoorganizacji. Franko, poczynając od dwudziestego roku życia, zaczyna angażować się w modernizację kraju, ale im bardziej się w ten proces angażuje, tym bardziej staje się Ukraińcem, a ludzie wokół niego, uczestnicząc w tych procesach modernizacji, także coraz bardziej stają się Ukraińcami. Dlatego Franko jest symbolem ukraińskości.

W czasach Iwana Franko wybór tożsamości narodowej Ukraińców nie był jeszcze zdeterminowany. Franko mógł stać się i Polakiem, i Niemcem, i Rosjaninem, niektórzy twierdzą, że był częściowo Żydem z pochodzenia. To pokazuje strukturę naszej historii, gdzie tożsamości narodowe przez długi czas nie były jeszcze ustalone. Wraz z wyborem tożsamości narodowej Franko musi także dokonać innych wyborów, m.in. odpowiedzieć na pytanie, czy są mu bliskie poglądy lewicowe czy konserwatywne, jaka powinna być rola i status społeczny kobiet, jaki należy mieć stosunek do cerkwi itd. Im więcej tych wyborów dokonuje, tym bardziej staje się Ukraińcem, gdyż każdy z tych wyborów jeszcze bardziej go radykalizuje i czyni jego osobowość bardziej wyrazistą, aż do chwili, kiedy okazuje się, że wszystkie te wybory czynią z niego radykała, rewolucjonistę: Ukrainiec, marksista, ateista, zwolennik emancypacji kobiet itd.

Szanse wygranej ruchu ukraińskiego wzrastają wraz początkiem XX wieku. Spróbujmy prześledzić, jakie procesy umożliwiły to zjawisko.
Proces przetworzenia się ukraińskiego nacjonalizmu z „brzydkiego kaczątka" – nie powiem, że w pięknego łabędzia, ale w silnego ptaka-drapieżnika, który mógł brać udział w wielkiej polityce,

był długotrwały, dokonał się definitywnie dopiero w XX wieku. Galicyjska wieś, poczynając od czasów austriackich, bardzo szybko się modernizowała. Choć chłopi prowadzili nadal tryb życia tradycyjny dla wsi, ich sposób myślenia uległ głębokiej przemianie. Na galicyjskiej wsi działały ukraińskie szkoły, spółdzielnie, „Proswita"[93], biblioteki. Aby zrozumieć to zjawisko, trzeba cofnąć się trochę do wcześniejszego okresu. Wspominaliśmy o tym, że ukraińska tożsamość była silnie powiązana z wsią, ruch ukraiński miał oświecać lud i go emancypować. Początkowo ukraińscy chłopi nie byli wcale wrażliwi na hasła odrodzenia narodowego. Tradycyjnie, jak wszystko, co przychodziło z miasta, tak i idee narodowe były przyjmowane z dużym oporem i nieufnością. To tworzyło wielkie wyzwanie, gdyż ukraiński nacjonalizm musiał „zdobyć", przekonać do siebie grupę społeczną, która najgorzej się do tego nadawała, chłopów. Ponadto, gdzieś od końca XIX w., ta wieś zaczyna przeżywać bardzo głębokie zmiany, których większość historyków nie docenia. Polegają one także na tym, że wieś zaczyna się sama organizować, do końca nie wiadomo, co na ten proces wpłynęło. Ale tak naprawdę ważniejsze od odpowiedzi na pytanie: „dlaczego" tak się stało, jest odpowiedź, „co" się stało. W tym okresie miała miejsce wielka rewolucja demograficzna. A to oznaczało, że spadał procent śmiertelności, a wzrastał procent narodzeń, a wiek mieszkańców wsi zaczął się wydłużać. Ten typ zmian za-

---

[93] Towarzystwo „Proswita" (Proświta), założone w 1868 r. w Galicji, jego celem było szerzenie oświaty wśród ludności ukraińskiej, działalność polegała na organizacji bibliotek, czytelni oraz wydawaniu własnych publikacji. W 1922 zlikwidowano organizację w Związku Sowieckim. W Polsce działała nadal do 1939 (z wyjątkiem Wołynia – tylko do 1936). W 1939 organizacja zlikwidowana przez władze sowieckie. Po wojnie wszystkie placówki powtórnie zamknięto, a organizacja działała na emigracji. „Proswita" została reaktywowana w 1992 r. jako Wszechukraińskie Towarzystwo „Proswita" im. Tarasa Szewczenki.

czyna być widoczny w niedługim czasie po zniesieniu pańszczyzny. Ten demograficzny wybuch wpływał na nasilenie się konfliktów społecznych na wsi. Liczba chłopów ukraińskich bardzo szybko wzrasta, podwaja się – pod koniec XIX i początku XX wieku. Ale w tym samym czasie ilość ziemi, jaką uprawiali, nie zwiększyła się. Nadwyżka ludności musi albo wyjechać do miasta, albo na emigrację do Ameryki (co zresztą ma miejsce), albo musi rozpocząć się proces zmian. Proces, który doprowadzi do zwiększenia chłopskiej produkcji, poprzez wprowadzenie bardziej nowoczesnych sposobów gospodarki. Procesy te pod koniec XIX w. mają miejsce na większości ziem ukraińskich, zarówno w monarchii habsburskiej, jak imperium rosyjskim, a szczególnie w Galicji i na południu Ukrainy, gdzie wielkie przestrzenie zajmowały uprawy zbóż. Wszędzie tam pojawiły się zmiany w kulturze agrarnej. Wieś zaczyna się rozwarstwiać, dzielić na tych, którzy chcą pozostać przy starych sposobach gospodarki, i na tych, którzy chcą wprowadzenia nowych technik. Zjawiska te często przybierały cechy konfliktu pokoleniowego: między ojcami i synami, którzy się buntowali. Proces ten trwa, prawie bez przerwy, do wybuchu II wojny światowej, a w sowieckiej Ukrainie do lat 30. XX w. Tam procesy te zahamowała kolektywizacja i Wielki Głód.

Największym nieszczęściem tego procesu było to, że nie mógł on rozwijać się bez wsparcia państwa, głównym problemem były kredyty. Aby kupić ziarno, wprowadzić maszyny, trzeba było na to albo finansowania z banków, albo dostępu do państwowych tanich kredytów. Rozwiązaniem tego problemu okazało się stworzenie spółdzielni. Inicjatorzy tego pomysłu nie ukrywali, że ich celem jest wsparcie narodowej idei ukraińskiej. Ten ruch rozwijał się i na austriackiej, i rosyjskiej Ukrainie, ale w rosyjskiej części został całkowicie zniszczony wraz z kolektywizacją. A w Galicji w okresie międzywojennym, gdy należała do Polski, nadal, choć w ograniczonym stopniu, spółdzielczość się rozwijała. I nie chodziło tylko o zmiany agrotechniczne, za tym przychodziły także zmiany w oświacie, zmiany w świadomości, te zjawiska razem tworzyły inną jakość wsi. Te procesy budowały społeczeństwo obywatelskie u podstaw. Dzięki spółdzielniom można było otrzymać kredyt i tylko dzięki nim tak duża liczba ludzi na wsi mogła wyżyć.

Mało kto zwraca uwagę na fakt, że ukraiński ruch narodowy propagujący idee spółdzielni i „Proswity", których istnienie pozwalało na rozwiązywanie konkretnych problemów, był przyjmowany przez ukraińskich chłopów nie tylko jak ideologia, ale często jak wyraz buntu przeciw otaczającej biedzie. Warto tu przypomnieć wspomnienia Mykoły Łebedia[94], jednego z czołowych przywódców OUN, który opowiadał, jak trafił do ruchu nacjonalistycznego. Uczył się w mieście, ale pochodził ze wsi, żył bardzo biednie, kiedyś wrócił do domu na wieś, a tam nie było niczego do jedzenia, nawet kromki chleba. Z głodu wyjadł resztki, jakie znalazł w misce dla psa. Napisał potem, że zrozumiał wtedy, iż dalej tak nie może żyć, że musi być jakieś rozwiązanie, jakaś rewolucja. I tak trafił do ruchu nacjonalistów. Nacjonalizm był nie tylko hasłem, ideologią, wchodził głęboko w życie ludzi i dawał im pomoc w rozwiązywaniu ich najistotniejszych bytowych problemów.

Wracając do fenomenu Galicji, jak można podsumować jej rolę w kształtowaniu nowoczesnej tożsamości ukraińskiej w okresie XIX w., aż do wybuchu I wojny światowej?

[94] Mykoła Łebed (1909–1998), działacz OUN od 1930 r., sądzony i skazany na karę śmierci w tzw. procesie warszawskim za udział w przygotowaniu zamachu na B. Pierackiego. W okresie okupacji niemieckiej, po aresztowaniu S. Bandery i J. Stećki, jeden z głównych organizatorów struktur ukraińskiego podziemia; od 1945 r. na emigracji, autor pierwszej historii UPA, wydanej na emigracji.

Spróbujmy sobie wyobrazić, jak by sytuacja wyglądała, gdyby nie było Galicji. Wystarczy popatrzeć na Białoruś. To terytorium, które nie miało nigdy swojej Galicji, swojego Piemontu, właśnie dlatego ma dzisiaj takie problemy z własnym narodem i niezależną państwowością.

W początkach I wojny światowej pierwszy atak Rosji skierowany był na Galicję, co dowodzi, jak bardzo była ona wówczas dla Rosjan ważna. Jest kilka prac, które pokazują, że Galicja była drugim, obok Bałkanów, powodem wybuchu wojny między Austrią a Rosją. Rosja uważała, słusznie bądź nie, że w Galicji dojrzewają jej dwaj główni wrogowie, polski i ukraiński nacjonalizm, wyhodowane przez Habsburgów przeciw niej. Uznano, że stanowiły zagrożenie dla integralności imperium rosyjskiego. W 1914 r., po raz pierwszy w historii, miało miejsce zetknięcie się Rosji z Galicją. Rosja spróbowała wówczas, bezskutecznie, przyłączyć to terytorium. Potem, drugi raz, również bezskutecznie, w latach 1939–1941 i trzeci raz – po II wojnie światowej. Ale w rezultacie okazało się, że przyłączenie zachodniej Ukrainy w 1944–1945 r. do Związku Sowieckiego było największą pomyłką Stalina. Część historyków twierdzi, że gdyby tego nie zrobił, Związek Sowiecki istniałby na pewno dłużej, a może nawet do dziś. Zachodnia Ukraina, zwłaszcza Galicja, była nośnikiem ukraińskiej niezależności. Ukraińska kwestia stanowiła o być albo nie być najpierw rosyjskiego, potem sowieckiego imperium, ponieważ Ukraińcy byli tam największą grupą narodowościową.

Gdyby w I wojnie światowej zwyciężył w Galicji rosyjski projekt narodowościowy, jest bardzo prawdopodobne, że Ukrainy by nie było, Polska sąsiadowałaby z Rosją albo z jakąś formą Rusi.

W latach 20. Galicja znajduje się w granicach Polski, a „kwestia ukraińska" jest przedmiotem rywalizacji pomiędzy Pol-

ską a Związkiem Sowieckim. Jak postrzegasz rozwój sytuacji na tych terenach w okresie międzywojennym?
Wtedy sytuacja była już inna, w międzyczasie odbyła się ważna transformacja. W latach 20., zwłaszcza ze względu na powstanie Rosji sowieckiej, zmieniają się relacje pomiędzy Galicją a wielką Ukrainą. Wschodnia Ukraina staje się w tym okresie tym, czym była Galicja w XIX wieku, staje się ukraińskim Piemontem. Istnieje kilka ważnych tekstów napisanych na ten temat przez komunistów w Kijowie i Moskwie, w których twierdzą, że sowiecka republika ukraińska jest, podobnie jak wcześniej Galicja, ośrodkiem nowych idei, które przyciągają do siebie Ukraińców spoza sowieckiej Ukrainy, a tym samym rewolucjonizuje całą Europę Wschodnią. Kwestia ukraińska w ramach Związku Radzieckiego staje się tym, czym była kwestia polska w imperium rosyjskim w XIX w., staje się nośnikiem silnego rewolucyjnego nacjonalizmu. Co ważne, komuniści ukraińscy i rosyjscy, którzy dochodzą do władzy po rewolucji październikowej, korzystają z tego czynnika w dosyć specyficzny sposób. Uważają, że kwestia ukraińska może być zagrożeniem dla Polski, Rumunii, Czechosłowacji, w związku z tym należy ją wykorzystać przeciw tym krajom. Dla komunistów ważny był wybuch światowej rewolucji, w Rosji miał być jedynie jej początek, a jej pochód miał iść dalej na Zachód, do Niemiec, Francji i Anglii, gdzie było centrum cywilizacji, wielki przemysł, klasa robotnicza. Ale w 1920 r., wraz z „cudem nad Wisłą", okazało się, że na Rosji sowieckiej pochód komunizmu się zakończy. Bolszewicy zaczęli się zastanawiać, jak, za pomocą innych metod, poszerzyć pole rewolucji na Zachód. Jednym z rozwiązań miała być kwestia ukraińska, miała stać się sprawą irredenty rewolucyjnej, która mogłaby rozbić fortecę zachodniego kapitalizmu.
Tak więc XX wiek wydobywa kwestię ukraińską na światło dzienne, staje się ona czynnikiem przebudowy przestrzeni politycznej

w Europie i tak już będzie do końca XX wieku. Powoli na arenie międzynarodowej dojrzewa świadomość tego, że Ukraińcy są najliczniejszym narodem niepaństwowym w Europie, że wcześniej czy później będą walczyć o stworzenie własnego państwa, a to pociągnie za sobą zmianę całej mapy politycznej Europy. Pozostawało pytanie, kto z tego skorzysta, czy należy się sprzeciwiać tym procesom, czy im pomagać. Na zachodniej Ukrainie, w Galicji, a zwłaszcza na Wołyniu, w latach 20. nie tylko ukraiński nacjonalizm jest silny, ale wzrasta także rola ukraińskiego komunizmu. Związek Sowiecki w latach 20. wskazuje sposób rozwiązania kwestii ukraińskiej, wielu galicyjskich Ukraińców patrzy wówczas na Kijów. Ważne, aby zrozumieć, że nacjonalizm ukraiński, choć silny już przed I wojną światową, zmienia się w latach 20. pod wpływem komunizmu, jaki początkowo ma przychylność ukraińskich mas, a także inteligencji. Nie wiadomo, jak by się to skończyło, gdyby polityka ukrainizacji prowadzona przez Stalina w latach 20. nie zakończyła się tak krwawo, represjami, Wielkim Głodem, „rozstrzelanym odrodzeniem"[95], zniszczeniem ukraińskiej inteligencji. Dlatego warto specyfikę ukraińskiego nacjonalizmu w tamtym okresie postrzegać także w tym kontekście i rozumieć przyczyny jego stopniowej radykalizacji.

Na ukraińskich terenach należących wówczas do Polski ten radykalny nacjonalizm był tylko w części odpowiedzią na powstanie państwa polskiego i politykę polskich władz. Ale to nie polski

---

[95] Rozstrzelane odrodzenie (*rozstriliane widrodżennia*), określenie dotyczące polityki masowych represji skierowanych przeciw działaczom ukraińskiej kultury, pisarzom i artystom w Związku Sowieckim w latach 30. XX w. Określenie to stworzył ukraiński działacz i pisarz diaspory Jurij Ławrinenko, który wydał z inicjatywy Jerzego Giedroycia antologię tekstów autorów należących do tamtego pokolenia pisarzy i poetów pod takim tytułem w Instytucie Literackim; J. Ławrinenko, *Rozstriliane widrodżennia*, Instytut Literacki, Paryż 1960.

czynnik odegrał wówczas decydującą rolę w jego radykalizacji. Rozstrzygające okazały się dwa inne czynniki. Pierwszym było pojawienie się Związku Sowieckiego. Wciąż mówi się o Galicji jako o kolebce radykalnego, skrajnego nacjonalizmu ukraińskiego, typu faszystowskiego, w rzeczywistości to późniejszy fenomen lat 30., w znacznej mierze odpowiedź nie tylko na polską politykę wobec Ukraińców, ale także na to, co stało się w Związku Sowieckim, w Kijowie i Charkowie. Kiedy po represjach lat 30. perspektywa komunistyczna dla przyszłości sprawy ukraińskiej stała się nieaktualna, nie pozostawało nic innego jak prawicowa radykalizacja.

Nie można chyba także wyłączyć zjawisk, które mają miejsce w łonie ukraińskiego ruchu narodowego, z sytuacji, jaka ma wówczas miejsce w Europie. Na ile ówczesne europejskie procesy polityczne wpłynęły na to, w jakim kierunku on ewoluował?
W latach 20. Polska, Czechosłowacja i Rumunia, a także inne kraje w tym regionie, poza Związkiem Sowieckim, próbowały, z większym lub mniejszym sukcesem, realizować anglosaski model państwa demokratycznego – to znaczy państwa narodowego, ale demokratycznego i posiadającego system rynkowy. Uważano takie połączenie za najbardziej skuteczne. W Europie Środkowo-Wschodniej myślano wówczas, że kiedy połączy się demokrację z rozwojem mechanizmów rynkowych, uda się odnieść taki sukces jak w Wielkiej Brytanii. W latach 30. okazało się jednak, że ten model w Europie Środkowo-Wschodniej, poza, w pewnej mierze, Czechosłowacją, nie sprawdził się. Uznano, że demokracja się skompromitowała, zaczęła być utożsamiana z fałszowaniem wyborów, zamachami na przywódców państwowych, zanarchizowanym parlamentem. Do

tych zjawisk trzeba dodać skutki wielkiego kryzysu i depresji ekonomicznej lat 1929–1933. W latach 20. i 30. demokracja przeżywała kryzys na całym kontynencie europejskim; z wyjątkiem Anglii, kolebki tego ustroju, nigdzie indziej ta forma nie okazała się skuteczna. W rezultacie we wszystkich krajach nastąpiła radykalizacja na lewo albo na prawo. W latach 20. dominował głównie lewicowy radykalizm, gdyż były jeszcze żywe wspomnienia rewolucji komunistycznej w Związku Sowieckim oraz próby jej przeniesienia do Niemiec. Ale w latach 30. było już tylko miejsce na radykalizm prawicowy. Wtedy zmienił się wiatr historii i wszędzie doszli do władzy prawicowi radykałowie, istniał włoski faszyzm, pojawił się niemiecki nazizm. Siłą rzeczy odbiło się to także na sytuacji w Polsce i w samej Galicji. Tu również radykalne formy rządzenia uznano za skuteczne, najlepsze wydawały się rządy silnej ręki, mające zaprowadzić porządek, którego nie przyniosła demokracja. Były to również w znacznej mierze poglądy antymodernistyczne, modernizm zaczął się wówczas kojarzyć z upadkiem moralności, zepsuciem, uważano, że społeczeństwa w Europie powinny żyć zdrowym tradycyjnym życiem, miasta i kultura w miastach mają odzwierciedlać kulturę społeczności wiejskich. Odbicie tych idei widać dość dobrze w ideologii faszyzmu.

Zrozumiałe, że ukraiński ruch narodowy bardzo silnie reagował i odzwierciedlał te procesy, które miały miejsce w Europie okresu międzywojnia. W miarę upływu czasu coraz mniej przestrzeni pozostawało dla demokracji, dla liberalizmu, a coraz więcej dla radykalnej lewicy albo radykalnej prawicy. Podczas II wojny światowej Ukraina w znacznej mierze staje się symbolem tej walki lewicowego i prawicowego radykalizmu, kiedy to ścierają się na jej terenach dwa totalitarne modele: nazistowskich Niemiec i komunistycznego Związku Sowieckiego.

Galicja, kuźnia tożsamości

Wybuch II wojny światowej stanowi dla Ukraińców, Polaków, Żydów głęboką cezurę we wzajemnych relacjach w Galicji. Jakie procesy i zjawiska wybuch wojny uruchomił w tym kontekście, jakie były ich konsekwencje dla Galicji?

Rok 1939 przynosi Galicji niespodziankę, galicyjscy Ukraińcy nie myśleli, że Galicja po wybuchu wojny zostanie włączona do Związku Sowieckiego, spodziewano się, że znajdzie się pod protektoratem Hitlera. To, co stało się 17 września, było dla wielu zaskoczeniem, dla większości nieprzyjemnym, dla niektórych pozytywnym, bo oznaczało koniec polskiej władzy. Warto zwrócić uwagę na fakt, że mimo silnych antypolskich nastrojów w Galicji przed wybuchem wojny, we wrześniu 1939 r. nie było prawie w ogóle przykładów antypolskich akcji ze strony Ukraińców, a można było się spodziewać czegoś innego. Z tego powodu można mieć wątpliwości, na ile silne były antypolskie nastroje, o jakich zazwyczaj się mówi w tym kontekście. Po zajęciu Galicji przez Armię Czerwoną, aż do przyjścia Niemców w 1941 r., ma miejsce proces sowietyzacji, jest on prowadzony przez władze sowieckie w bardzo szybkim tempie. Plan władzy sowieckiej był taki, aby w jak najkrótszym czasie zaprowadzić „takie porządki", jakie w pozostałej części Ukrainy robiono przez 20 lat. Przeprowadzono wówczas swoisty rodzaj szybkiej i okrutnej rewolucji, ludność Galicji do takich metod nie nawykła. Zarówno masowy terror, aresztowania, itd., jak i zetknięcie z ludźmi z „wielkiej" Ukrainy, o jakiej wcześniej tyle lat marzono, wywołują szok u Ukraińców z Galicji. We wspomnieniach z tego okresu uderza przekonanie o poczuciu wyższości Galicjan w stosunku do przybyszy ze wschodu, i do Ukraińców, i do Rosjan, których sowiecka władza tu przysłała. Najczęściej byli to prości, pochodzący ze wsi ludzie, bez wykształcenia i ogłady, z już ukształtowaną silnie sowiecką mentalnością.

Wraz z przyjściem Sowietów skończył się czas Galicji różnobarwnej, z ulicy znikają kolory, ludzie przestają ubierać się jaskrawo, znikają eleganckie palta, damskie kapelusze i wszyscy ubierają się tak, aby na ulicy nie przyciągać uwagi, dominuje szarość.

W czerwcu 1941 r. Sowieci przed ucieczką z Galicji dokonują wyjątkowo brutalnych mordów na ludziach uwięzionych przez nich w więzieniach, których bardzo duży procent stanowili Ukraińcy. Odkrycie po wejściu Niemców do Lwowa zwłok tysięcy zakatowanych ludzi wywołało szok, pozostawiło też uraz i strach przed komunizmem. To zdeterminowało potem wybory wielu Ukraińców po 1944 r., kiedy przyłączono Galicję do Związku Sowieckiego, powodując masowy odpływ młodzieży do oddziałów UPA oraz wsparcie ludności cywilnej dla ukraińskiej partyzantki antysowieckiej.

Jan T. Gross, w jednej ze swoich wcześniejszych publikacji[96], podaje zestawienie liczby ofiar represji podczas niemieckiej okupacji w Galicji oraz w okresie pierwszej okupacji sowieckiej, pokazując, że liczba ofiar sowieckich wielokrotnie przewyższała ofiary niemieckie. W 1941 r. trudno było znaleźć wieś, a nawet rodzinę w Galicji, z której ktoś nie byłby albo zamordowany, albo wywieziony na Syberię przez Sowietów.

To wyjaśnia w znacznej mierze także reakcję Ukraińców w Galicji w 1941 r. na wejście Niemców, których przyjęto wówczas jak wyzwolicieli. Dla Polaków i Niemcy, i Sowieci byli wrogami, dla Żydów – wrogiem byli Niemcy, dla nich Związek Sowiecki był mniejszym złem niż niemiecka okupacja. Dla Ukraińców było inaczej, wrogiem byli przede wszystkim Sowieci, liczono również na to, że Niemcy będą się zachowywać tak, jak podczas I wojny

---

[96] Jan T. Gross, *Revolution from Abroad. The Soviet Conquest of Poland's Western Ukraine and Western Belorussia*, Princeton 1988.

światowej. Dlatego metropolita Andrej Szeptycki[97] w 1941 r. witał przyjście Niemców z radością, uważając, że sowiecka władza jest uosobieniem najgorszego zła. Sądził, że przyjście Niemców przyniesie poprawę sytuacji. Kilka lat później zmienił zdanie, uznał, że Niemcy mogą być gorsi od Sowietów. Ale w 1941 r. te sprawy mogły jeszcze wyglądać inaczej. Znam wspomnienia kijowskich Żydów, którzy w 1941 r. uważali, że straszenie Hitlerem to wymysł sowieckiej władzy. Oni też pamiętali Niemców z 1918 r.

Trzeba pamiętać o tym, że I i II wojna światowa miały miejsce za życia jednego pokolenia, ci, którzy za czasów I wojny byli dwudziestolatkami, podczas II wojny zaledwie dobiegali czterdziestki. Bardzo często ci, którzy podejmowali najważniejsze decyzje polityczne i wojskowe w latach II wojny światowej, jak przedstawiciele hierarchii cerkiewnej czy dowódcy OUN, podczas I wojny byli prostymi zakonnikami, żołnierzami czy oficerami niższego stopnia. Choć musieli podejmować decyzje w nowych warunkach, odwoływali się do matrycy zapisanej doświadczeniem wcześniejszym o lat dwadzieścia. Nawet dla Stalina I wojna światowa i rewolucja były często punktem odniesienia w późniejszym podejmowaniu wielu decyzji podczas II wojny.

W odczuciu większości mieszkańców Galicji inkorporacja zachodniej Ukrainy do Związku Sowieckiego w 1944 r. oraz lata,

[97] Andrej Szeptycki (właściwe imię Roman, Aleksander) (1865–1944), metropolita Ukraińskiego Kościoła Greckokatolickiego, pochodził ze znanego ruskiego rodu szlacheckiego spolonizowanego w XVIII w. W 1888 r. wstąpił do Zakonu Ojców Bazylianów. Wszechstronnie wykształcony, doktor prawa, filozofii i teologii. Wybitny działacz religijny, narodowy, społecznik, mąż stanu. Prekursor ekumenizmu, wielokrotnie protestował przeciwko prześladowaniom nie tylko wiernych – grekokatolików, ale ludzi innej narodowości i wyznania, m.in. przeciwko niszczeniu cerkwi prawosławnych na Chełmszczyźnie w 1938 r., prześladowaniom Żydów, w 1942 r. wydał list pasterski *Ne Ubyj*.

jakie nastąpiły potem, traktowane były jak okupacja. Jak wyglądały realia w sowieckiej Galicji na przełomie lat 40. i 50.?
Za sowieckich czasów, już po 1944 r., znikła ukraińska elita, która formowała się jeszcze za czasów austriackich albo w okresie II RP, ale jeszcze według wzorców tradycji austriackiej. Przedstawiciele elity i inteligencji tego „chowu" znali liberalne tradycje i rozumieli je, znali tradycje spółdzielni, niezależnych wydawnictw i prasy. Części z nich udało się uciec przed przyjściem Sowietów za granicę, a resztki tej starej inteligencji, jaka pozostała w Galicji, zniszczyła sowiecka władza po 1944 r. Ci, którzy wyjechali, przenieśli tę tradycję najpierw do Europy Zachodniej, a potem do Ameryki i Kanady, gdyż tam osiedliła się znaczna część ukraińskiej diaspory. Ta Galicja, z lat 1945–1946, jest już całkowicie inna, podstawowym środkiem jej sowietyzacji były terror i przemoc. W okresie 1946–1949 deportowano z zachodniej Ukrainy na Sybir ponad 300 tys. osób, a dokładnej liczby ofiar nie udało się nigdy ustalić. Ofiarą terroru stał się również kościół greckokatolicki. Zorganizowany przez NKWD sobór lwowski w 1946 r. ogłosił samolikwidację, hierarchię kościelną wraz z metropolitą, Josypem Slipym[98], zesłano na Syberię. Ze starej Galicji, jej kultury i tradycji, właściwie nic nie pozostało. Choć ta austriacka Galicja funkcjonowała jeszcze przez jakiś czas, jako punkt odniesienia, w pamięci tutejszego społeczeństwa, mało kto pamiętał ją jeszcze z własnego życia.

Lata 1944–1948 r. są dla Ukraińców w Galicji najcięższymi latami w XX wieku, czasem największego terroru i walk, z największą

---

[98] Josyp Slipy (1892–1984), arcybiskup lwowski, metropolita kijowsko-halicki kościoła greckokatolickiego po śmierci Andreja Szeptyckiego zesłany na Syberię w 1945 r., zwolniony po 18 latach, wyjechał do Rzymu, prowadził aktywną działalność na rzecz odrodzenia kościoła greckokatolickiego; w 1965 r. otrzymał godność kardynała.

liczbą ofiar, zwłaszcza wśród ludności cywilnej. Można pokusić się o takie porównanie, Galicja dla Związku Sowieckiego w tamtym okresie była tym, czym po jego rozpadzie dla Rosji stała się Czeczenia. Było to terytorium objęte ruchem partyzanckim, mającym masowe wsparcie miejscowej ludności, jedynym sposobem uporania się z tym problemem przez Związek Sowiecki było zniszczenie partyzantki, UPA, a można to było zrobić wyłącznie poprzez tzw. pas spalonej ziemi. I Sowieci tak zrobili. We wspomnieniach z Galicji właśnie te lata, a nie późniejsze, są zapamiętane jako najstraszniejsze.

Głównym punktem oporu przeciw Związkowi Sowieckiemu i komunistycznemu systemowi w tym czasie pozostaje UPA...
Jedyną siłą, która zdołała aktywnie przeciwstawić się reżimowi stalinowskiemu, była Ukraińska Powstańcza Armia. Jak wyglądała sytuacja w latach 40., dobrze pokazują statystyki. Tylko pomiędzy lutym 1944 r. od chwili zajęcia zachodniej Ukrainy do późnej jesieni 1945 r., średnio na każdy dzień pierwszych dwudziestu miesięcy władzy sowieckiej na zachodniej Ukrainie przypadało 500 potyczek pomiędzy UPA a wojskiem sowieckim. Po 1946 r. zmniejszyły się rozmiary walki zbrojnej, ale poszczególne oddziały UPA przetrwały do początku lat 1950. Ruch ukraiński, podobnie jak wszystkie antykomunistyczne ruchy w Europie Środkowej i Wschodniej tego okresu, największe nadzieje pokładał w rozpoczęciu trzeciej wojny światowej, która, jak myślano, miała niebawem wybuchnąć. Sądzono, że Armia Czerwona po dojściu do Berlina będzie wyczerpana, a wówczas Wielka Brytania, Francja i Stany Zjednoczone przepędzą Stalina na Wschód, a może nawet zniszczą Związek Sowiecki, ale Galicja na pewno odpadnie od Sowietów, tak jak w 1920 r. Myślano, że UPA przeczeka kilka lat w lesie, tocząc walkę partyzancką z sowiecką władzą, a kiedy przyjdą alianci wyzwalać

te tereny, UPA zostanie uznana za ukraińską armię, a tam gdzie jest armia, jest i państwo. Taka była logika myślenia przywódców OUN i UPA, czas jednak pokazał, że okazała się mylna.

Jakie jeszcze istotne zmiany miały wówczas miejsce na tym terytorium?

W tym czasie znika stąd ostatecznie wielonarodowość, znika kultura pogranicza, znika kultura polska, niemiecka, ukraińska, ale austriackiego chowu, w dobrym tego słowa znaczeniu, a żydowska zniknęła wraz z Holokaustem. Galicja staje się terytorium czysto wschodnioeuropejskim, przestaje być przestrzenią środkowoeuropejską, jaką była aż do 1939 r. Tym bardziej że nowe granice po 1945 r. stawiają mur nie tylko w Berlinie, ale pomiędzy Galicją a Ukrainą z jednej strony, a resztą świata z drugiej. Kontakty, nawet z krajami obozu sowieckiego, były zabronione albo bardzo ograniczone. W związku z tym kwestia ukraińska zostaje pozbawiona tego wielokulturowego kontekstu, w którym przez wieki toczyło się wzajemne przenikanie.

Zmienia się również kontekst polityczny; o ile wcześniej kwestia ukraińska będąc przedmiotem rozgrywek politycznych pomiędzy Polską a Rosją istniała w międzynarodowym kontekście, teraz staje się tylko wewnętrzną sprawą Związku Sowieckiego, co oznacza jej osłabienie na kilka dekad. O ile wcześniej Ukraińcy w Galicji czuli się Europejczykami, teraz mogli jedynie powiedzieć, że są najbardziej wysuniętą na zachód częścią Związku Sowieckiego. Kiedy Galicja staje się tylko wschodnioeuropejskim terytorium, nie ma już wielkiej różnicy pomiędzy Galicją a np. Charkowem, regionem słobożańskiej Ukrainy, czy regionem czerkańszczyzny. Wszystkie te regiony są jednakowe, zamieszkane przez wschodniosłowiańską ludność, a Rosjanie stają się głównym czynnikiem życia w sowieckiej Galicji.

POST SCRIPTUM

Czym jest Lwów i Galicja dzisiaj w niezależnej Ukrainie? Istnieje różnica zdań, dla jednych są uosobieniem europejskości Ukrainy, dla innych pewnego rodzaju prowincjonalizmu...
Tu jest silniejsza świadomość narodowa, dominuje język ukraiński, bardziej zwracamy uwagę na historię narodową, nadajemy jej większe znaczenie. Ale jeśli patrzeć na sposób funkcjonowania galicyjskiego społeczeństwa, na mechanizmy społeczne, widać w Galicji silne dziedzictwo sowieckie. Nic w tym dziwnego. Nawet jeśli Lwów był jednym z bardzo nielicznych miast Związku Sowieckiego, gdzie sowietyzacja nie zakończyła się stuprocentowym sukcesem, to jednak nie można żyć długo w takim systemie jak komunistyczny i nie zbrukać się nim. Sowietyzacja Lwowa przejawia się na różne sposoby, choćby przez atomizację społeczeństwa, nawet jeśli lwowianie wypadają na tle Ukrainy najlepiej. Według teorii kapitału społecznego, stopień gotowości każdego społeczeństwa do reformowania, do odnowy, demokratyzacji i rynku zależy, w dużej mierze, od przeszłości. Czyli to, gdzie idziemy, zależy od tego, skąd przyszliśmy. Myśląc w tych kategoriach, zrozumiemy, że Lwów nie ma szans stać się w najbliższym czasie np. Monachium. Przeszłość decyduje m.in. o tym, jaki typ stosunków międzyludzkich przejmujemy w przeciągu kilku pokoleń, a one dla ostatnich kilku pokoleń we Lwowie formowały się w warunkach sowieckich.

Kilka lat temu zrobiono badania porównawcze[99]: Lwowa, Wrocławia i Doniecka, które brały pod uwagę, jakie typy zaufania społecznego dominują w tych trzech miastach. Czy typ zaufania

---

[99] Patrz: Martin Aberg, Mikael Sandberg, *Social Capital and Democratization. Roots of Trust in Post-Communist Poland and Ukraine*, Ashgate 2003.

osobistego, który ma miejsce wówczas, kiedy wybieram lekarza, bank, szkołę według kryterium moich osobistych kontaktów w tych instytucjach. Czy typ zaufania anonimowy, kiedy darzę zaufaniem instytucję nie dlatego, że mam tam znajomych, a dlatego, że ma opinię uczciwej, niedotkniętej korupcją, itd. Okazało się, że Lwowowi bliżej do Doniecka niż do Wrocławia. Po pierwsze, istnieje i we Lwowie, i w Doniecku, bardzo niski próg zaufania do instytucji publicznych, rządu, prezydenta, banków itd. Po drugie, w przypadku poważniejszych problemów szefowie organizacji pozarządowych we Lwowie i Doniecku natychmiast szukają znajomości we władzach miejskich. Natomiast we Wrocławiu w podobnych sytuacjach organizacje te mobilizują swoich współobywateli. Wyniki tych badań pokazały, do jakiego stopnia we Lwowie, tak jak i Doniecku, nadal dominuje typ stosunków międzyludzkich, do którego mieszkańcy tych miast przywykli za czasów sowieckich. Gdyż wtedy, aby przeżyć, w ogóle funkcjonować, trzeba było mieć znajomości i kontakty.

Sam często o sobie mówisz, że jesteś Galicjaninem, w jaki sposób mógłbyś zdefiniować to pojęcie?
W moim bardzo subiektywnym rozumieniu Galicjanin to Ukrainiec otwarty na kulturę zachodnią. Galicjanin kocha Europę. Tak mocno, że czasem ulega snobizmowi, okazując wyższość tym, którzy nie są, w jego przekonaniu, wystarczająco europejscy. W ostatnich latach postawa ta doprowadziła do tego, że zwłaszcza młodzi zaczęli mówić o autonomii Galicji. Sądzą, że jedyną szansą na wejście do Europy jest odseparowanie się od Kijowa i reszty Ukrainy. Pozostaje jednak wielkim znakiem zapytania, co ma oznaczać ta Europa i jak ją definiować, czy w pojęciu przyjętym w okresie międzywojennym, czy w tym rozpowszechnionym po wojnie. A więc jako Europę otwartą na innych czy wyłączającą

Galicja, kuźnia tożsamości

innych z jej łona. Galicyjscy autonomiści dzisiaj wybierają pierwszą odpowiedź: jesteśmy w Europie bez reszty Ukrainy. Dla nich dziedzictwo Habsburgów stanowi coś w rodzaju biletu na pociąg do Europy. Ale ponieważ europejska integracja Ukrainy na razie nie za bardzo się udaje, można powiedzieć, że wyznawcy tych poglądów pozostali z nieskasowanym biletem na pociąg, który już odjechał bez nich. Stąd bierze się ich silna frustracja.

Dla mnie Galicja jest Wschodem dla Zachodu i Zachodem dla Wschodu. Możemy się dumnie izolować od rosyjskojęzycznego Kijowa, czego nie jestem zwolennikiem, albo integrować się z całym społeczeństwem, szerząc „nasze" wartości kulturowe i patriotyczne. Trwa nieustanna mała domowa wojna kulturalna między różnymi nurtami, regionami, pokoleniami o to, czym jest ukraińskość, co jest jej normą, co aberracją. Kto wygra, nie wiadomo, dla mnie ważne i optymistyczne jest to, że te dyskusje się nie kończą i nikt nie może w nich zwyciężyć. Stwarza to szansę, aby dowieść, że można być Ukraińcem w różnym stylu, nie tylko lwowskim. Lwowianin, jeśli chce, znajduje wspólny język także z mieszkańcem Doniecka, powszechnie uważanego za siedlisko nostalgii za komunizmem i miłości do Rosji. Ale Lwowianin dobrze czuje się też w Warszawie i Wrocławiu. Mnie jest bliska taka formuła Galicji i Lwowa, według której jest to przestrzeń i miasto, które w naturalny sposób mają połączyć Wrocław z Donieckiem, a tym samym radykalnie zreformować całą tę przestrzeń pomiędzy Brukselą a Moskwą, a może nawet Pekinem, jeśli ktoś chce widzieć dalej.

V

SYMBOLICZNE ZNACZENIE LWOWA

„Każdy z nacjonalizmów chciał to miasto «posiadać», gdyż ten, kto miał tu władzę, miał bilet do Europy, dlatego miasto nabierało tak silnego symbolicznego znaczenia..."

Jesteś autorem kilku ważnych artykułów na temat Lwowa[100], miasta będącego uosobieniem kilku mitów: ukraińskiego, polskiego, żydowskiego. Z czego brała się ta wyjątkowa rola Lwowa?
Lwów, po upadku Kijowa w XIII w., stawał się powoli największym miastem na tym terytorium i dość długo, aż do połowy XIX w., ten status zachował. A to oznaczało, że miasto przyciągało ludzi i kapitał, ponadto leżąc na skrzyżowaniu szlaków targowych przyciągało ludzi różnych narodowości i profesji. Kiedy przypatrzeć się demograficznej strukturze Lwowa, widać, do jakiego stopnia było to

---

[100] *Constructing a National City: The Case of Lviv*, [w:] *Composing Urban History and the Constitution of Civic Identities*, red. John J. Czaplicka, Blair A. Ruble, Washington, DC, Baltimore-London 2003, s. 140–164; *Crossroads of East and West: Lemberg, Lwów, Lviv on the Threshold of Modernity*, „Austrian History Yearbook" 34, 2003, s. 103–109; *Lwowskie Requiem*, „Przegląd Polityczny" (Gdańsk), 59, 2003, s. 142–151; *Lwów – miasto w środku Europy*, [w:] *Kraków i Lwów w cywilizacji europejskiej*, red. Jacek Purchla, Kraków 2004, s. 11–33.

miasto wyjątkowe. Po wygaśnięciu lokalnej ruskiej dynastii Romanowów i podporządkowaniu miasta Koronie Polskiej żadne miasto w Rzeczpospolitej nie odznaczało się taką różnorodnością etniczną i religijną. Zamieszkiwało tu równocześnie aż pięć wielkich grup etnicznych – Niemcy, gdyż to w znacznej mierze niemieckie miasto, Polacy – były to tereny Rzeczypospolitej, Ormianie i Żydzi, narody, które żyły wzdłuż szlaku handlowego, na którego skrzyżowaniu leżał Lwów, miejscowi Rusini – późniejsi Ukraińcy, jako ludność etniczna na tych ziemiach. Każda z nich stanowiła ponad 5 procent ludności zamieszkującej we Lwowie. Według demografów, miasta tego typu trafiają się bardzo rzadko. Być może Lwów był wówczas jedynym takim miastem w centralnej i wschodniej Europie[101]. Ponadto obok siebie żyli tam przedstawiciele kilku wyznań religijnych: katolicy, prawosławni, grekokatolicy, monofizyci, Żydzi. Na tę unikalność Lwowa wpływał m.in. fakt, że było to miasto bogate i bezpieczne, przyciągało więc ludzi o różnych korzeniach etnicznych i religijnych. Nie wszyscy mieli jednak taką samą pozycję. W tej sytuacji musiała toczyć się walka o to, która grupa zdobędzie najwięcej przywilejów, a ze względu na dużą różnorodność wyznaniową walka toczyła się nie tylko o korzyści materialne, ale także o religijną dominację na tej przestrzeni. W miarę upływu czasu miasto stawało się coraz bardziej katolickie – nie polskie, ale katolickie, gdyż także Ormianie stworzyli we Lwowie w XVII w. kościół katolicki obrządku ormiańskiego, a galicyjscy Ukraińcy, na mocy unii brzeskiej, stworzyli kościół greckokatolicki, oba kościoły uznawały zwierzchność papieża. Między innymi w rezultacie tych procesów Ormianie, do początków XIX w., przechodząc na katoli-

---

[101] Myron Kapral, *Demohrafija Lvova XV–pershoji połowyny XVI st.*, [w:] *Lviv. Istoryczni narysy*, red. Jaroslaw Isajevycz, Feodosij Steblij, Mykoła Łytvyn, Lviv 1996, s. 74.

cyzm, ulegają polonizacji. Część Rusinów-Ukraińców także uległa procesom asymilacji polskiej. Kiedy porównujemy tempo asymilacji polskiej Ukraińców w okresie autonomii galicyjskiej oraz za czasów II Rzeczpospolitej z tempem asymilacji Ukraińców w Rosji i w Związku Sowieckim w tym samym okresie, od końca XIX w. do wybuchu II wojny światowej, widzimy, że asymilacja Ukraińców w Galicji przebiegała znacznie szybciej i była zjawiskiem bardziej masowym.

Z drugiej jednak strony, zwycięstwo katolicyzmu i polskości wywoływało silny sprzeciw znacznej części Ukraińców. Łatwiej było asymilować Ormian, oni nie stanowili tak licznej grupy jak Ukraińcy. W dużej grupie narodowościowej zawsze znajdowali się tacy, którzy chcieli wywalczyć ten sam status dla swojej grupy, jaki posiadała grupa dominująca, w związku z tym czuli się działaniami asymilacyjnymi upokorzeni. W praktyce oznaczało to, że aby otrzymać równy status, trzeba było o niego walczyć. Dość często używa się w odniesieniu do Lwowa tamtego okresu określenia „miasto wielokulturowe", w rzeczywistości lepiej mówić o mieście wieloetnicznym. Według klasycznej definicji, wielokulturowość oznacza, że choć istnieje obok siebie kilka kultur, żadna z nich nie jest zagrożona, żyją między sobą na równych prawach. Natomiast we Lwowie zawsze była jakaś grupa, która próbowała narzucić swoją dominację innym, nie tylko polityczną, ale i kulturową. Wszystkie te czynniki powodowały, że w mieście tym tkwił wielki konfliktogenny potencjał. Właśnie dlatego Lwów drugiej połowy XIX i początków XX w. staje się areną bardzo silnego konfliktu narodowościowego.

Pisałeś o kilku funkcjonujących w pamięci zbiorowej mitach Lwowa, najsilniejszym spośród nich wydaje się jednak mit austriacki, a nie polski. Dlaczego?

Lata rządów Habsburgów okazały się prawdziwą „złotą erą" w dziejach Lwowa i Galicji. Któryś z historyków bardzo trafnie powiedział, że choć te rządy pozostawiały wiele do życzenia, okazały się znacznie lepsze niż wszystkie późniejsze[102]. Główna przyczyna popularności Austro-Węgier leży w fakcie, że Lwów przeszedł tak silną zmianę za czasów rządów Habsburgów. Dzięki przeprowadzonej wówczas modernizacji Lwów stał się bardzo zachodnim, europejskim miastem. Według tezy polskiego historyka, urbanisty, prof. Krzysztofa Pawłowskiego, istnieje wyraźne kryterium, które pozwala określić, w jakim stopniu miasto można uznać za nowoczesne, zmodernizowane. Takie kryterium stanowi suma dóbr cywilizacji, z których mógł korzystać przeciętny mieszkaniec, takich jak m.in.: liczba kolektorów, jakie odprowadzają kanalizację, liczba mieszkań na głowę mieszkańców, liczba teatrów, kawiarni, wydawanych gazet. Pawłowski analizuje pod tym względem sytuację w miastach Rzeczpospolitej, twierdząc, że pod koniec XIX w. Lwów był miastem, które najlepiej spełniało to kryterium[103]. Udało się tam zachować idealną równowagę pomiędzy różnymi elementami. I tak, choć jako stolica prowincji przyciągał wielu urzędników państwowych, nie był jednak za czasów Austro-Węgier centrum przemysłowym, będąc stolicą prowincji nie miał tych niewygód, jakie ma miasto przemysłowe, jak np. Warszawa. Mit austriackiego Lwowa mógł powstać także w dużej mierze dzięki kontrastowi między samym miastem z jednej strony a zacofaniem i biedą reszty Galicji z drugiej. Każdy, kto przyjeżdżał do Lwowa – dobrze pokazuje to zjawisko lektura dzienników

---

[102] Edward Crankshaw, *The Fall of the House of Habsburg*, London 1981, s. 3.
[103] Krzysztof Pawłowski, *Narodziny nowoczesnego miasta* w: *Sztuka drugiej połowy XIX wieku*, Warszawa 1973, s. 57–58, 61–68.

pochodzących z końca XIX w. – dziwił się, że w tym miejscu mogło istnieć takie wielkie i ładne miasto. Zupełnie tak, jakby miasto należało do innej, lepszej cywilizacji niż reszta regionu. A do tej lepszej cywilizacji – europejskiej, jaką Lwów uosabiał, każdy chciał należeć.

Mamy także polski i ukraiński mit Lwowa, jedni i drudzy uważali to miasto za swój Piemont...
Właśnie dlatego austriacki mit Lwowa jest tak ważny, że dzięki procesom modernizacji Lwów stał się centrum różnych nacjonalizmów, które zrodził wiek XIX. Każdy silniejszy nacjonalizm chciał to miasto „posiadać", gdyż ten, kto miał tu władzę, zdobywał bilet otwierający wstęp do Europy, do europejskości, dlatego miasto nabierało tak silnego symbolicznego znaczenia.

Przecież z punktu widzenia strategicznych militarnych interesów wojna o Lwów w 1918 r. nie była ważna ani dla Polaków, ani Ukraińców. Dla Ukraińców główna bitwa w tym czasie toczyła się na Wschodzie, Kijów był dla nich ważniejszy, gdyż tam decydowały się losy Ukrainy. Dla Polaków podobnie, Lwów nie był aż tak ważny z militarnego punktu widzenia, centrum walk z bolszewikami znajdowało się gdzie indziej. Nie chodziło jednak o znaczenie obiektywne, a o znaczenie symboliczne. Polacy i Ukraińcy byli gotowi się pozabijać, aby panować nad Lwowem, gdyż dla jednych i drugich „posiadanie" miasta-symbolu stawało się najważniejsze.

Dla Ukraińców, Polaków, centralny status Lwowa zaznaczył się w inny jeszcze sposób, właśnie jako „Piemontu". A w przypadku Żydów jako „matecznika żydowskiego", ich małej ojczyzny, od której miało się rozpocząć odrodzenie wielkiej i niepodległej ojczyzny, Izraela. Aby zrozumieć rolę Lwowa dla żydowskiej kultury, dość powiedzieć, że aż do końca XIX w. było to miasto o najliczniejszej populacji żydowskiej w tej części świata, na początku XX w. rolę tę zaczyna pełnić Budapeszt. Ale, jak w przypadku Ukraińców i Polaków, sprawa nie ogranicza się do cyfr. Lwów stał się miastem, w którym zrodziło się wiele, bardzo istotnych dla kultury i historii Żydów, zjawisk, włącznie z żydowskim oświeceniem, Haskalą oraz syjonizmem.

W pierwszej połowie XX w., ze względu na siłę konfliktów międzyetnicznych, Lwów miał wszelkie szanse, aby stać się wschodnioeuropejskim Sarajewem. Okres międzywojenny wzmocnił wielokrotnie przykłady wzajemnej wrogości etnicznej i narodowościowej, co potem uwidoczniło się silnie podczas II wojny światowej. Podczas pierwszej okupacji sowieckiej, w latach 1939–1941, Ukraińcy i Polacy wzajemnie podejrzewali się i oskarżali o współpracę z bolszewikami w imię zniszczenia swego wroga narodowego, jak mówiono. Ale zgadzali się w większości co do tego, że największą winę za kolaborację ponoszą Żydzi. Z kolei nastroje żydowskie dobrze oddaje anegdota o żydowskiej modlitwie z 1941 r.: „żeby oni «Polacy» nie wrócili, żeby oni «sowieci» sobie poszli, żeby on «Hitler» nie przyszedł". Dochodziło do tego, że w pierwszych dniach niemieckiej okupacji pod sklepami ustawiało się kilka kolejek naraz, zgodnie z wyznaniem i narodowością.

Jakie procesy zachodzą we Lwowie po 1944 roku? Jakie zmiany, wprowadzone przez sowiecką władzę, naznaczyły, twoim zdaniem, to miasto nieodwracalnie?

Historię Lwowa tego okresu można też, jak całej Galicji, scharakteryzować stwierdzeniem, że był to ostateczny koniec wieloetniczności. Wieloetniczność miasta, datująca się jeszcze za czasów księcia Danyła Halickiego i potem I Rzeczpospolitej, stopniowo, począwszy od czasów Austro-Węgier, zmieniała się. Najpierw niemal znikli Ormianie, zasymilowani z polską kulturą. Polska asymilacja nie przestawała być stałą tendencją aż do początku II wojny światowej. Dominacja kultury polskiej, wzmacniana przez dominację polityczną, nie zlikwidowała jednak tego trwałego trójdzielnego podziału ludności Lwowa na Polaków, Żydów, Ukraińców. Po hitlerowskiej eksterminacji Żydów i stalinowskich wysiedleniach Polaków Lwów po 1945 r. stał się miastem wschodniosłowiańskim, rosyjsko-ukraińskim.

Natomiast w połowie lat 50. nie było jeszcze jasne, jakim miastem będzie Lwów, ukraińsko- czy rosyjskojęzycznym. Jeśli spojrzeć na wskaźniki demograficzne, liczby były porównywalne. W pierwszym powojennym dziesięcioleciu różnica między odsetkiem jednych i drugich wynosiła zaledwie 10 procent. Jak kiedyś przyłączenie Galicji przez Habsburgów spowodowało masową migrację biurokratów niemieckojęzycznych, tak znowu sowiecka aneksja spowodowała, w końcu lat 40. i w latach 50., masowy napływ do Lwowa Rosjan i rosyjskojęzycznych Ukraińców, którzy mieli „sowietyzować" to terytorium. Nieobecnych już Polaków zastąpili Rosjanie, stali się mieszkańcami miasta, nowoczesnymi na sowiecki sposób. Dla Stalina Galicja miała stać się spacyfikowanym krajem, gdzie ruch powstańczy został zniszczony, a jakiekolwiek próby opozycji nie miałyby szansy. Miało to być terytorium, na którym nawet wspomnienie o antykomunistycznej, antysowieckiej przeszłości musiało zostać wytarte z pamięci mieszkańców Lwowa i Galicji.

Ale masowy napływ do Lwowa w latach 60. i 70. ludności z okolicznych ukraińskich wsi, która nie chciała przyjmować sowieckiej kultury i języka rosyjskiego, przechylił szalę na korzyść Ukraińców. Do 1989 r. Rosjanie pozostali mniejszością, a obecność Polaków i Żydów stała się raczej symboliczna, stanowili oni niewiele ponad 2 procent. W odróżnieniu od innych miast Ukrainy, które za czasów Związku Sowieckiego szybko się rusyfikowały, Lwów w miarę upływu czasu coraz bardziej się ukrainizował. Z czasem stał się tak naprawdę największym zukrainizowanym miastem na Ukrainie, nieoficjalną stolicą ukraińską. Na pozostałym terytorium sowieckiej Ukrainy ukraińska obecność nie była tak widoczna jak tutaj.

Jakie zjawiska wpłynęły na fakt, że ten powojenny fenomen sowieckiego Lwowa, ukrainizowanego przez mieszkańców okolicznych wsi, mógł, wbrew intencjom sowieckich władz, zaistnieć?

Galicyjska wieś różniła się znacznie od ukraińskich wsi znajdujących się na obszarach poddanych sowietyzacji po 1917 r., a więc dwadzieścia lat wcześniej. Odporność galicyjskiej wsi na rusyfikację i sowietyzację była związana z jej specyfiką wywodzącą się z czasów austriackich. Zdecydowaną większość ludności z galicyjskich wsi, która potem, na przełomie lat 40. i 50., przeniosła się do Lwowa, stanowili ludzie uformowani jeszcze przez nowoczesną, ale przedsowiecką, tradycję świadomej ukraińskości. Właśnie dzięki temu komunizm i sowiecka propaganda nie były w stanie „przerobić" ludzi tego typu na swoją modłę.

Przykład mojej mamy dość dobrze pokazuje, na czym polegał fenomen tego typu ludzi. Urodziła się na galicyjskiej wsi w 1932 r., uczyła się dość krótko, skończyła jedynie szkołę podstawową, kiedy w 1944 r. przyszli Sowieci, miała 12 lat. W tym okresie pójście do liceum czy na studia nie było możliwe bez wstąpienia do komsomołu, a w końcu lat 40. w Galicji pójście do komsomołu oznaczało dla takich jak ona śmiertelny wyrok UPA uznającej to za akt kolaboracji z sowieckim reżimem. Większość rówieśników mojej mamy, pochodzących z Galicji, ukończyła jedynie 7 klas szkoły podstawowej, ale było to pokolenie, które posiadało wykształcenie, jakiego nie dawała szkoła, a wynosiło się je z „Proswity", z cerkwi, z domu rodzinnego. Mama znała, już jako dziewczynka, klasykę ukraińskiej literatury, znała na pamięć wiele patriotycznych wierszy, poczynając od *Kobzara* Tarasa Szewczenki, śpiewała pieśni ukraińskie, m.in. *Siczowych Strzelców*. Te lektury, pieśni, poezje stanowiły dla ukraińskiej młodzieży dorastającej w latach międzywojnia i w pierwszych wojennych latach obowiązkowy kanon wychowania. Dzięki temu pokolenie mojej mamy weszło w sowieckie czasy z silnym poczuciem ukraińskiej tożsamości i dumy.

Kiedy więc wieś galicyjska „przyszła" do Lwowa za czasów sowieckich, mogła ukrainizować to miasto. Wtedy jeszcze w Galicji było żywe doświadczenie i pamięć o ukraińskich spółdzielniach na wsiach, świetlicach „Proswity", bibliotekach. Te zjawiska, o czym mówiliśmy wcześniej, były rezultatem procesów modernizacyjnych zapoczątkowanych w czasach Austro-Węgier.

Choć oba imperia, rosyjskie i austriackie, rozpoczęły proces reform mniej więcej w tym samym czasie, w drugiej połowie XIX w., przyjęły odmienne formuły modernizacji. Pełny model modernizacji oznaczał wprowadzenie mechanizmów rynkowych oraz demokratyzację życia. Imperium rosyjskie zrealizowało jedynie pierwszy człon tej formuły, wprowadzono mechanizmy rynkowe, rozwinięto przemysł, ale nie było mowy o tworzeniu systemu demokracji. Potem, w latach 20., komuniści po stworzeniu Związku Sowieckiego przeprowadzili co prawda industrializację kraju, ale system komunistyczny niszczył najmniejsze zalążki społeczeństwa obywatelskiego, także te, które powstały jeszcze w czasach carskiej Rosji. Idea modernizacji szła tam z góry, wprowadzana przez politykę państwa, nie towarzyszyły jej i nie napędzały procesy modernizacji oddolnej. Tak przeprowadzana modernizacja przestaje być skuteczna. Istnieją opracowania na

temat Donbasu[104], które pokazują, że największą tragedią tego regionu był fakt, że przeprowadzono tam industrializację, której nie towarzyszył proces modernizacji politycznej i społecznej. Nie powstały tam struktury czy instytucje, jakie by te masy ludzi, zamieszkujących Donbas, cywilizowały, oświecały, uczyły.
Galicyjscy chłopi natomiast byli o wiele lepiej zorganizowani. W Galicji modernizacja, przeprowadzona przez Habsburgów, poszła także oddolnie, sami chłopi byli jej motorem. Dzięki temu oraz dzięki tradycji wychowania patriotycznego wieś galicyjska uzyskała niezastąpione doświadczenie, które w późniejszym okresie, w początkach sowietyzacji Galicji w latach 40. i 50., chroniło ją przez pewien czas przed sowietyzacją. Tego typu zjawiska nie występowały w innych regionach Ukrainy.
Natomiast same procesy migracyjne w Galicji były częścią większego procesu, który miał miejsce po 1945 r. w Europie Środkowo-Wschodniej, nie tylko w samym Związku Sowieckim. Procesy te były skutkiem II wojny światowej. O ile podczas I wojny światowej największe walki toczyły się nie w miastach, a poza nimi, o tyle podczas II wojny w naszym regionie prawie wszystkie miasta poniosły skutki wojennych zniszczeń oraz odniosły duże straty wśród mieszkańców, średnio między 60 a 80 procent. Oznaczało to konieczność odbudowy miast oraz ich ponownego zaludnienia. W związku z tym we wszystkich krajach Europy Środkowo-Wschodniej po 1945 r. mają miejsce procesy masowej migracji ludności ze wsi do miast. W Związku Sowieckim procesy te objęły początkowo tylko te grupy, którym reżim sowiecki na to pozwolił: inżynierów, komunistyczny aparat państwowy, urzędników, członków oddziałów karnych, funkcjonariu-

---

[104] Theodore H. Friedgut, *Iuzovka and Revolution. Vol. 1. Life and Work in Russia's Donbass, 1869–1924*, Princeton University Press, Princeton, NJ 1989.

szy NKWD. Zwłaszcza w pierwszym okresie, do śmierci Stalina, zadaniem tych grup było utrwalanie sowieckiej władzy na nowo przyłączonych do Związku Sowieckiego terenach. Dopiero po dojściu do władzy Chruszczowa i zmianie ustawodawstwa na takie, które zezwalało chłopom przemieszczanie się oraz kasowało zakaz opuszczania kołchozów, ruszyła fala migracji chłopów. Następna fala wielkiej migracji miała miejsce w latach 60. i 70. W całej powojennej Europie Wschodniej struktura społeczna ulega silnym zmianom, w związku z emancypacją wsi i migracjami ludności chłopskiej do miast wszędzie dominuje ludność pochodzenia chłopskiego. Na sowieckiej Ukrainie wszędzie, z wyjątkiem Lwowa, migrujący do miast ukraińscy chłopi rusyfikują się i sowietyzują. Jedynie we Lwowie chłopi z okolicznych wsi, przyjeżdżając tu, czynią miasto ukraińskim.

Czy ten stan przetrwał cały okres sowiecki?
Tradycja bez stałego zasilania nie może przetrwać dłużej niż dwa pokolenia. Lwów końca lat 70., za moich studenckich czasów, był już mocno zrusyfikowany. Na szczęście, proces ten został częściowo zahamowany właśnie na przełomie lat 70. i 80., głównie dzięki masowemu upowszechnieniu radia i telewizji. Dzięki temu udało się wówczas przerwać tę istniejącą od 1945 r. umowną granicę polsko-sowiecką. Moje pokolenie nie znało już trwającej do czasu wybuchu II wojny światowej tradycji ukraińskich spółdzielni i „Proswity", ale otrzymaliśmy inną alternatywę. Co więcej, alternatywa ta przyszła wtedy, kiedy system sowiecki przeżywał już głęboki kryzys, wszystko, co sowieckie, stało się symbolem „zacofania", „złej jakości". Dla mojego pokolenia to, co atrakcyjne, „szło" z Zachodu. Miał wówczas miejsce proces żywiołowej nowej fali okcydentalizacji Lwowa i Galicji. Wyjątkowo silnie odczuwaliśmy to zjawisko my młodzi; jadąc na wschód Ukrainy,

mieliśmy poczucie, że jesteśmy „zachodni" w porównaniu z nimi, czuliśmy się bardziej europejscy. Stało się tak dzięki kontaktowi z zachodnią literaturą, muzyką, a ten kontakt przychodził do nas, do Lwowa i Galicji, przede wszystkim poprzez polską telewizję i radio, polskie tłumaczenia literatury zachodniej.

Galicja wraz ze Lwowem była bardzo ciekawym terytorium, rzadko kiedy rodziła geniuszy, ale za to zrodziła całe pokolenia ludzi o wysokim i średnim poziomie wykształcenia, posiadających poczucie obywatelskiej świadomości. Było ich tak wielu, że tworzyli coś w rodzaju armii. I zwyciężali dzięki masowości i zorganizowaniu. Nie ma jednak innego terytorium, na którym – mimo wielkich zmian, jakie miały miejsce w XX w. – istniałaby tak silna ciągłość postaw i tożsamości. W Galicji znaczna część ludzi dalej myśli, że żyje tak jak za czasów Austro-Węgier. Różne badania socjologiczne pokazują, że dzisiejsza ukraińska Galicja jest najbardziej podobna do polskiej Małopolski, a nie do ukraińskiego Zakarpacia czy Wołynia. Istnieją prace[105], które pokazują to na podstawie statystyki i wyników wyborczych. Gdyby połączyć tereny, na których w Polsce w czasie wyborów prezydenckich w 1995 r. głosowano na Lecha Wałęsę, oraz terytorium, na jakim najwięcej osób w 1994 r. głosowało na Ukrainie na Leonida Krawczuka, okazałoby się, że razem stworzą dawne terytorium austriackiej Galicji.

---

[105] Tomasz Zarycki, *The New Electoral Geography of Central Europe. Comparative study of regional political cleavages in Czech Republic, Hungary, Poland, Slovakia, and Ukraine*, Lund-Warszawa 1998, s. 58.

VI

POLSKA-UKRAINA, RAZEM CZY OSOBNO?

„Biorąc pod uwagę wydarzenia, jakie miały miejsce w relacjach polsko-ukraińskich w latach 1939—1947, ilość przelanej krwi, tragedii i ofiar, to, co stało się po 1989 roku w naszych relacjach, można by nazwać prawdziwą pokojową rewolucją..."

Jakie okresy i wydarzenia historyczne wycisnęły piętno na relacjach polsko-ukraińskich, determinując ich późniejszy charakter?
Istnieje tradycyjny schemat spojrzenia na nasze wzajemne relacje. Według tego schematu, rozpoczynają się one konfrontacją Polski i Rusi Kijowskiej we wczesnych wiekach średnich, poczynając od roku 981 i pochodu Włodzimierza Wielkiego na miasta czerwonoruskie przeciw „Lachom", poprzez przyłączenie do Polski przez Kazimierza Wielkiego ziem b. Księstwa Halicko-Wołyńskiego. Właśnie w tej konfrontacji, tak się uważa, rozwiązywało się pytanie, kto będzie dominować w tej części Europy. Drugi okres, według tego tradycyjnego schematu, rozpoczyna się Unią Lubelską w 1569 r. i trwa do rozbiorów 1772–1795 r. Był to czas, kiedy najwięcej ukraińskich etnicznie ziem wchodziło

w skład Rzeczpospolitej. Trzeci okres trwał ponad sto lat, od podziału Rzeczpospolitej, wówczas Ukraińcy i Polacy żyli obok siebie w dwóch imperiach, austriackim i rosyjskim, aż do 1914 r. W XX w. relacje polsko-ukraińskie wyznacza I wojna światowa oraz wojna domowa lat 1917–1920, a szczególnie wojna polsko--ukraińska z lat 1918–1919. Potem był okres międzywojenny, który doprowadził do katastrofy relacji polsko-ukraińskich podczas II wojny światowej, z tragedią wołyńską, polsko-ukraińskimi czystkami etnicznymi.

Ten tradycyjny schemat ma swoją logikę, zbudowany jest w oparciu o sposób interpretacji historii wywodzący się z XIX w. Takie schematy tworzono w okresie powstawania nowoczesnych nacjonalizmów, kiedy tworzyła się współczesna tożsamość narodowa Polaków i Ukraińców.

Czy możesz wyjaśnić, jaką rolę pełnił ten typ schematu?
Historia, czy raczej interpretacja historii, była w tym okresie istotnym środkiem politycznej mobilizacji mas. W związku z tym, że świadomość ludzi u swej podstawy jest mityczna, historia odwołuje się do podstawowych ludzkich mitów. Pisana według tego klasycznego schematu historia miała pokazać, że kiedyś, w dalekiej przeszłości, my, jako naród, mieliśmy swój „złoty wiek", wielkich przodków i sławną historię – a potem to wszystko odebrali nam obcy, nasi sąsiedzi. Musimy więc zrobić wszystko, aby „przegnać" obcych, przywrócić sobie wolność, przywrócić „złoty wiek" narodu, kraju, dla naszych dzieci i wnuków.

Skoro nie odpowiada ci klasyczny schemat postrzegania relacji polsko-ukraińskich, jakie widziałbyś istotne dla ich kształtowania cezury?

Patrzę na te sprawy trochę z innej perspektywy. Widziałbym trzy wydarzenia, czy nawet zjawiska, które zadecydowały o charakterze naszych relacji na przestrzeni wieków. Po pierwsze, Ukraina i Polska wybrały odmienny typ chrześcijaństwa, co wpłynęło na ich przynależność do dwu różnych tradycji kulturowo-cywilizacyjnych. I tak pod koniec pierwszego milenium Polska stała się częścią kultury zachodniochrześcijańskiej, przyjmując katolicyzm z Rzymu, a Ukraina, wraz z przyjęciem chrztu z Konstantynopola, stała się częścią wschodniobizantyjskiego świata. Nie wiadomo, jak by się rozwinęła historia, gdyby stało się inaczej, niewykluczone, że powstałby na tym terytorium jeden naród albo jedno wielkie państwo. Była to jednak możliwość czysto teoretyczna, niemająca zbyt wielu szans na realizację. Wygląda na to, że religijno-kulturowe podziały miały jednak decydujący wpływ na narodową dyferencjację Lachów i Rusinów, późniejszych Polaków i Ukraińców. Te dwa różne wybory rozdzieliły wielkie słowiańskie terytorium na dwie części, wyznaczając tym samym los narodów je zamieszkujących.

Następnym, decydującym dla naszych relacji wydarzeniem było, w drugim tysiącleciu, powstanie kozackie Bohdana Chmielnickiego. Chmielnicczyzna rozpoczęła długi proces odrywania ukraińskiej historii od polskiej – proces, który zakończył się dopiero wraz z wybuchem II wojny światowej.

Zupełnie nowy rozdział w naszych relacjach rozpoczyna się dopiero po II wojnie światowej wraz z pojawieniem się Jerzego Giedroycia i rozwojem tej tradycji dialogu polsko-ukraińskiego, która doprowadziła do uznania przez Polskę, jako pierwszą w świecie, Ukrainy jako niezależnego państwa w 1991 r. Giedroyc, chociaż nie był pierwszym, który próbował spojrzeć inaczej na nasze wzajemne relacje, zmusił nas najskuteczniej do prawdziwej rewizji polsko-ukraińskiej historii. Stało się to dopiero u progu trzeciego tysiąclecia. Można spojrzeć na te etapy w taki sposób, że, symbolicznie, wyznaczają one właśnie te trzy tysiąclecia. Podział Polski i Ukrainy na dwa cywilizacyjne światy, długotrwały okres rywalizacji, wreszcie czas, kiedy oba narody nauczyły się – co bardzo ważne – żyć osobno, ale razem.

Część polskich i ukraińskich historyków próbowało szukać odpowiedzi na pytanie, czy gdyby w relacjach polsko-ukraińskich kluczowe wydarzenia historyczne przybrały inny kształt, np. Unia Lubelska objęłaby także Ruś, albo Unia Hadziacka przydarzyła się wcześniej, można byłoby ukształtować nasze relacje inaczej. Od kiedy możemy mówić o pierwszym silnym pęknięciu we wzajemnych relacjach?
Najsilniejsze pęknięcie w stosunkach polsko-ukraińskich wiąże się z powstaniem Bohdana Chmielnickiego, które było czymś w rodzaju rewolucji. Wpłynęło bowiem radykalnie na wspólne relacje, odrywając ruski element od pola wpływów Rzeczpospolitej. Przywykliśmy patrzeć na kwestię ukraińską w cieniu Rosji. W XIX w., a nawet na początku XX w., o wiele silniejszy był jednak czynnik polski. Obecność Rosji na ukraińskim terytorium jest dosyć późnym fenomenem, wynikła z podziału Rzeczpospolitej. Ale okres chmielnicczyzny rozpoczął proces wychodzenia Ukrainy spod wpływów Rzeczpospolitej na rzecz wpływów rosyjskich. Moim zdaniem, Unia Hadziacka była dziełem spóźnionym i nie mogła zahamować procesów, jakie rozpoczęły się wcześniej. Natomiast gdyby Unia Lubelska inaczej wyglądała, gdyby dołączono do niej trzeci człon, ruski, historia potoczyłaby się inaczej. Niewykluczone, że Rzeczpospolita istniałaby dłużej, może powstałby inny byt zamiast Rosji, może byłoby wielkie polskie imperium zamiast rosyjskiego. Powstanie Chmielnickiego było tym, co Brytyjczycy nazywają punktem *no return*, od którego już

nie można było odwrócić porządku dziejów, biegu historii. Reszta to warianty tych wydarzeń.

Rozmawialiśmy wcześniej o tym, jak ważny był XIX wiek dla naszych narodów, dla kształtowania się nowoczesnych tożsamości Polaków i Ukraińców. M.in. zamiera wówczas definitywnie koncepcja *Gente Rutheni, Natione Poloni*. Jakie zjawiska wpłynęły na tę zmianę i przewartościowanie tego pojęcia?
Pewne aspekty tego zjawiska interesująco analizuje David Althoen w swojej dysertacji *That Noble Quest: From True Nobility to Enlightened Society in the Polish-Lithuanian Commonwealth, 1550– –1830*[106], która niestety nie jest znana ani w Polsce, ani na Ukrainie. Mówi w niej o głównych pojęciach ukształtowanych w XVI i XVII w., takich jak m.in. naród szlachecki, naród sarmacki, *Gente Rutheni, Natione Poloni*. Udowadnia przy tym, że wszystkie te pojęcia w interpretacji, którą znamy, zostały stworzone w XIX w. W XVI–XVII w. mieliśmy do czynienia z innym sposobem myślenia o tych sprawach. Najciekawszy przykład dotyczy funkcjonowania określenia *Gente Rutheni, Natione Poloni*. Jako jego twórcę podaje się Stanisława Orzechowskiego, polskiego pisarza, z pochodzenia Rusina. David Althoen przejrzał wszystkie utwory Orzechowskiego i nie znalazł w nich tego określenia. Orzechowski w rzeczywistości użył innego określenia: *Gente Roxolani*, a Roksolanie oznacza dla niego pojęcie szersze niż Rusini. Roksolanin w rozumieniu Orzechowskiego to ktoś szlachetniejszy, ktoś, kto legitymuje się pochodzeniem lepszym niż polskie. Wyjaśnienie takiego rozumowania okazuje się przyziemne, Orzechowski był zakonnikiem, który po-

---

[106] David Althoen, *That Noble Quest: From True Nobility to Enlightened Society in the Polish-Lithuanian Commonwealth, 1550–1830*, praca doktorska, University of Michigan, 2000.

rzucił habit i wstąpił w związek małżeński, co było bardzo źle widziane. „Dodał" więc wyjaśnienie: skoro był *Gente Roxolani*, mógł być inny, pozwolić sobie na więcej, gdyż był bardziej szlachetnego pochodzenia. W XIX w. używa się już sformułowania *Gente Rutheni*, wartościująco, ktoś mógł być z pochodzenia Rusinem, ale czuł się Polakiem, pokazując tym samym, że przynależy do kultury polskiej. W określenie to został wpisany świadomy wybór, wybór bycia kimś „lepszym", bardziej wartościowym, cywilizowanym. Również inne pojęcia, jak Sarmata, sarmatyzm, ulegały ewolucji i wiek XIX nadał im odmienne znaczenie, niż miały one wówczas, gdy je tworzono. W XVI w. Orzechowski mógł napisać z dumą, że jest Sarmatą i że jest Rusinem – Roksolaninem. W okresie Oświecenia Sarmacja stała się synonimem anarchii i przestarzałych zasad życia społecznego, aby potem w polskiej kulturze XIX w. zaznać znowu nobilitacji, ale w innym rozumieniu. Wydaje się jednak, że te wyobrażenia na temat Sarmacji i sarmatyzmu wyrażają nie tyle autentyczny światopogląd polskiej szlachty wieków od XVI do XVIII, ile mit późniejszy, stworzony przez polską historiografię XIX w. Ale wtedy, dla galicyjskich Rusinów, określenie siebie jako Sarmatów było już nie do przyjęcia.

Jakie zjawiska wpłynęły na ową zmianę i przewartościowanie tych pojęć?

Od początku odrodzenia narodowego w latach 30. XIX w. aż do czasów I wojny światowej orientacja narodowa Rusinów wahała się między propolską, prorosyjską i proukraińską. Wśród tych trzech jedynie propolska przejęła pewne elementy kultury sarmacko-szlacheckiej. To właśnie polscy patrioci rusińskiego pochodzenia nazywali siebie *Gente Rutheni, Natione Poloni* i tak kształtowali swoją tożsamość. Formuła ta w warunkach zaostrzenia się antagonizmów narodowościowych, jakie miały wtedy miejsce, zawiodła ich jednak w ślepy zaułek, zachowanie podwójnej lojalności okazało się niemożliwe. Ostatni wyznawca tej idei, poeta Platon Kostecki, zmarł w 1908 r., jego śmierć uważano za koniec tej orientacji. Jeśli chodzi o sarmatyzm, tradycyjnie Sarmację łączono z polsko-litewską Rzeczpospolitą, a sarmatyzm – z ideologią, kulturą i stylem życia szlachty wieloetnicznej, polsko-litewsko-ruskiej. Sarmatyzm miał bardzo silny charakter orientalny, podkreślał odmienność Rzeczpospolitej od Zachodu. Tymczasem w XIX w., pod wpływem zwycięstwa nowoczesnych nacjonalizmów, dokonał się proces okcydentalizacji najważniejszych wartości oraz postaw miejscowej społeczności[107].

Czyli „wypalenie się" koncepcji sarmatyzmu było nieuchronne? W jaki sposób zatem sarmatyzm jako pewna konstrukcja kulturowa jest obecny we współczesnej ukraińskiej świadomości?
Na Ukrainie, poza wąskimi środowiskami naukowymi, pojęcie „sarmatyzmu" jest pustym dźwiękiem. Jest to polska konstrukcja, której na Ukrainie nikt nie pamięta. Sarmacja znikła w mrokach historii. Jej zmierzchu nie sposób wyjaśnić choćby stanowym charakterem dawnej Rzeczpospolitej. Przeciwko tej tezie świadczy przykład skutecznego włączenia w ukraińską świadomość narodową fenomenu kozactwa, które istniało w tym samym czasie co kultura sarmacka i także ograniczało się do jednego stanu. Opór przed przyjęciem projektu sarmackiego można wyjaśnić w inny sposób. Otóż w XIX wieku idea nowoczesnej ukraińskiej tożsamości narodowej formowała się jako idea europejska, a więc umownie mówiąc – prozachodnia.

---

[107] Ciekawe spojrzenie na sarmatyzm i jego odbiór w Europie Środkowo-Wschodniej patrz: *Sarmackie krajobrazy. Głosy z Litwy, Białorusi, Ukrainy, Niemiec, Polski*, Wołowiec 2006.

W tej perspektywie nie było miejsca na sarmatyzm, gdyż był on silnie związany z dziedzictwem wschodnioeuropejskim. Przyjęcie koncepcji sarmatyzmu czy jej uznanie oznaczało wówczas dla Ukraińców, że definiują się w niewłaściwych kategoriach. Zresztą punktem odniesienia dyskusji wokół tożsamości narodowej, która toczy się dzisiaj na Ukrainie, jest nie tyle Rosja, ile właśnie Europa. Kształtowanie nowoczesnej tożsamości narodowej Ukraińców oznaczało świadome przemilczanie lub umniejszanie roli tych elementów przeszłości historycznej, które łączyły ich ze Wschodem. W świecie, gdzie każdy chce przynależeć do Zachodu, a prawie nikt do Wschodu, Sarmacja z jej fundamentalnie antyzachodnim przesłaniem stała się anachroniczną garderobą idei i obrazów, po które nikt nie chce sięgać, aby się nie ośmieszyć. Inną ważną przyczyną tego, że sarmatyzm nie przyjął się na gruncie ukraińskim, był fakt, że stworzona w XIX wieku koncepcja narodu ukraińskiego była mocno etniczna, z przyczyn historycznych nie było w niej wówczas miejsca na polityczną koncepcję narodu. Natomiast sarmatyzm był zbudowany właśnie na politycznej koncepcji narodu. Ukraińska idea tworzyła się zatem w oparciu o zasadę wykluczenia innych narodowości. Natomiast polska idea, aż do czasów powstania koncepcji Romana Dmowskiego, opierała się na zasadzie otwartości na innych (choć pod pewnymi warunkami). Właśnie dlatego przez wiele wieków była tak pociągająca dla innych narodów. W tym sensie sarmatyzm, z jego wielokulturowością, nie miał szans przyjęcia się na ukraińskim gruncie.

Wielu historyków, m.in. prof. Daniel Beauvois i prof. Roman Wapiński[108]**, uważa, że kiedy Polska zwróciła się na Wschód, zaniedbała inne swoje regiony i granice, co stało się przy-**

---

[108] Patrz: *Wiele twarzy...*, s. 269–291.

czyną wielu jej problemów. Z kolei Iwan Łysiak-Rudnyćkyj napisał przed laty, że polskie próby *Drang nach Osten* – podboju Wschodu – rozpoczęły się, kiedy równowaga sił między Rzeczpospolitą a Rusią Kijowską została naruszona. Czy dla Rzeczpospolitej ukraińskie stepy były taką Ameryką, która domagała się „konkwisty"? Czy to tylko błędny wybór, który spowodował klęskę Rzeczpospolitej?

Polskie dążenie na Wschód odniosło taką samą porażkę jak rosyjskie parcie na Zachód. Stanowi to pewną prawidłowość. Kiedy imperium czy państwo inwestuje zbyt wiele sił i energii w swoje peryferie, doznaje klęski. Kiedy peryferiami są „dzikie stepy", tym bardziej trudno o sukces. Porównanie z Ameryką nie jest, w moim przekonaniu, trafne. Jak wiemy, istniała ogromna różnica pomiędzy kulturą zdobywców i podbitych, kulturą anglosaską a indiańską. W przypadku polskiej *Drang nach Osten* i rosyjskiej *nach Westen*, tereny, które pozostawały przedmiotem podboju, nie były zamieszkane przez ludność o tak silnych różnicach kulturowych. Powiedziałbym nawet, że te różnice były dosyć płynne, a wzajemne wpływy bardzo silne, w zasadzie jedynym silnym czynnikiem odmienności była wiara i ona odegrała negatywną rolę w przypadku polskiej polityki, natomiast wspólna wiara z Rosją – prawosławie – odegrała pozytywną rolę w przypadku ukraińsko-rosyjskim. Dla polskiej strony parcie na Wschód zakończyło się bez wątpienia klęską, ale polska klęska stanowiła dla Ukraińców sukces. Inwazja polskiej kultury i obecności na Wschodzie oznaczała później, w wieku XIX, także intensywną obecność polskiego nacjonalizmu, a dzięki niemu mógł pojawić się nacjonalizm ukraiński. Można powiedzieć, że skali polskiej porażki odpowiada miara ukraińskiego sukcesu. Tam gdzie polska obecność była najsilniejsza, tam najsilniej rozwinął się nacjonalizm ukraiński. Tam gdzie nie było polskiej obecności, ukraiński nacjonalizm był bardzo słaby, podobnie jak znacznie słabsze było też poczucie tożsamości narodowej. Na terytorium, jakie wchodziło w przeszłości w skład Rzeczpospolitej, do dziś znacznie silniejsza jest obecność języka ukraińskiego. Dla Polaków wielowiekowe parcie na Wschód oznaczało ogromną inwestycję energii i wysiłku militarnego i kulturowego, co dokonało się kosztem zachodnich regionów i zachodnich granic. Rozbiory Rzeczpospolitej przyszły przecież z Zachodu, a nie Wschodu. Rosja włączyła się dosyć późno. W tym sensie Polska powinna była bardziej koncentrować się na granicach zachodnich niż wschodnich. Z drugiej strony, polska ekspansja była nieunikniona. Po upadku Rusi Kijowskiej na dzisiejszych terytoriach Ukrainy istniała wielka polityczna próżnia, był to teren bezpański, a polityka, podobnie jak przyroda, nie lubi pustki. Rzeczpospolita była siłą, która w naturalny sposób wypełniła tę pustkę. Gdyby to nie była Rzeczpospolita, wypełniłoby ją albo imperium osmańskie, albo państwo moskiewskie. Mam wątpliwości, czy kwestia nowoczesnej ukraińskiej tożsamości pojawiłaby się bez polskiej polityki Drang nacht Osten. Z pewnością istniałaby jakaś forma ukraińskiej tożsamości, ale nie tak wyraźna, słabsza, która miałaby swoich sprzymierzeńców wśród małej grupy inteligencji czy intelektualistów. Jak wiemy, ukraiński nacjonalizm okazał się pojętnym uczniem polskiego nacjonalizmu, nie rosyjskiego, a właśnie polskiego. W rzeczywistości do wybuchu rosyjskiej rewolucji w 1917 r. polski nacjonalizm był najsilniejszy w tym regionie Europy, żaden inny nie mógł się z nim równać. Ukraińcy nie mieli wyboru, musieli odpowiadać na polski nacjonalizm, a więc określić się w tych samych kategoriach, co Polacy.

Jak ty, jako ukraiński historyk, oceniasz zasadność dość rozpowszechnionego sformułowania, że Polska, prąc na Wschód, niosła tam swoją misję cywilizacyjną?

Kiedy mówimy o funkcjonowaniu pojęcia „misji cywilizacyjnej", powinniśmy je postrzegać w szerszej perspektywie niźli polsko-ukraińskich stosunków. W rzeczywistości pojęcie to jest wspólne w kontekście relacji polsko-niemiecko-ukraińsko-rosyjskich. W tych samych kategoriach, w jakich Polacy postrzegali Ukraińców i tzw. kresy wschodnie, Niemcy postrzegali Polaków i Polskę. Nie uznawali istnienia polskiej kultury czy nauki. Podobnie początkowo Ukraińcy w takich samych kategoriach postrzegali Rosjan. Każdy z tych narodów miał swoją „misję cywilizacyjną", każdy chciał być nosicielem cywilizacji, każdy chciał znajdować się „bardziej" na zachód niż na wschód.

Jestem bardzo sceptyczny w stosunku do stosowania tego typu argumentacji. Używam pojęcia „cywilizacja" raczej w neutralnym znaczeniu. W rzeczywistości można jedynie mówić o tym, że podział cywilizacyjny oznaczał tak naprawdę podział religijny, gdyż cywilizacja tworzyła się wokół religii. W Europie cywilizacja tworzyła się w odniesieniu do różnych odmian chrześcijaństwa, poczynając od pierwszego wielkiego podziału na chrześcijaństwo wschodnie i zachodnie, poprzez późniejsze podziały: na zachodzie – na protestantyzm i katolicyzm, a na wschodzie Europy – podział wschodniego chrześcijaństwa na grekokatolicyzm i prawosławie. Za tymi podziałami religijnymi szły podziały cywilizacyjne. Do dziś odmienności religijne przekładają się na różnice regionalne, te zaś ilustruje zróżnicowanie wskaźnika PKB. Co roku robi się badania o różnych krajach, które uwzględniają różne czynniki rozwoju. Rezultaty badań pokazują wyraźną linię przebiegającą pomiędzy krajami protestanckimi, katolickimi i wschodniochrześcijańskimi. Wysokość PKB koresponduje także z linią religijnej architektury. Tam gdzie istnieją kościoły, PKB jest wyższy, tam gdzie zaczynają się cerkwie – niższy. Również rezultaty przeprowadzanych światowych badań wartości (tzw. *World values survey*) pokazują podobne rezultaty. Ja postrzegam to zjawisko nie tyle w kategoriach „wyższości – niższości" cywilizacji, ile raczej jako pewną prawidłowość historyczną, która wyznacza w jakimś sensie kierunki naszego rozwoju.

Wybuch I wojny światowej zmieniał całkowicie sytuację w naszej części Europy. Dla stosunków polsko-ukraińskich stanowi również ważną cezurę. Spójrzmy na to, co się wówczas wydarzyło...

Polsko-ukraińskie relacje mają swoją ciągłość. Można sprzeczać się o to, czy mają one tysiąc czy kilkaset lat, albo czy te elementy ciągłości są zachowane od XIX w. Jakąkolwiek byśmy przyjęli perspektywę, czy tysiącletnią czy stuletnią, I wojna światowa rzeczywiście stanowi w niej wyraźną cezurę. Można powiedzieć, że I wojna rozpoczęła w stosunkach polsko-ukraińskich to, co II wojna światowa zakończyła. Aktem finalnym było pełne zniknięcie Polaków z Ukrainy, z początku fizyczne, potem także z pamięci zbiorowej. Zakończenie II wojny światowej oznaczało także zanik kwestii ukraińskiej w Polsce.

Przed samym wybuchem I wojny światowej trzeba już było jasno i wyraźnie wybierać swoją tożsamość narodową. Być albo Polakiem, albo Ukraińcem. Ciekawym zjawiskiem, jakie miało wówczas miejsce, było pojawienie się grupy Polaków, którzy świadomie stają się Ukraińcami. Są wśród nich tacy, którzy nie mają w sobie ukraińskiej krwi, jak Wacław Lipiński, vel Wiaczesław Łypyńskyj. Są też takie wybory, jak głowy cerkwi greckokatolickiej, metropolity Andreja Szeptyckiego, czy wybitnego ukraińskiego historyka i nauczyciela Hruszewskiego, Wołodymyra Antonowycza, osób o mieszanych, polsko-ukraińskich, korzeniach, którzy świadomie stali się Ukraińcami. Śmierć Platona Kosteckiego, ostatniego przedstawiciela idei *Gente Rutheni*,

Natione Poloni, i pojawienie się Wiaczesława Łypyńskiego, który został z wyboru Ukraińcem, są, według mnie, bardzo znamienne, pokazują bowiem to dramatyczne rozdarcie, konieczność dokonania jednoznacznego wyboru.

Duża grupa Ukraińców wybrała polskość, mniej liczna grupa Polaków została Ukraińcami. Widać więc wyraźnie to rozejście się, już o politycznej jedności w przyszłości nie mogło być mowy. To, co było możliwe w XVII w., nawet jeszcze w początkach XIX w., skończyło się definitywnie w 1914 r.

Ponadto nie można mówić jedynie o I wojnie światowej, a o dwóch wojnach światowych i krótkim okresie pomiędzy nimi. Przyznaję rację tym historykom, którzy uważają, że trzeba patrzeć na ten okres całościowo, jako na długą polsko-ukraińską wojnę trzydziestoletnią XX w. Wydarzenia z lat międzywojennych były „przygrywką" do tego, co wydarzyło się w czasie II wojny światowej i zaraz po niej. Główną cechą charakterystyczną dla tego okresu wojny trzydziestoletniej jest to, że konflikt polsko-ukraiński w latach 1939–1947 dochodzi do nieznanej wcześniej eskalacji, aż do wypadków czystek etnicznych, jak w latach 1943–1944 na Wołyniu i w Galicji, czy w ramach akcji „Wisła" w 1947, deportacji Polaków z Ukrainy i Ukraińców z Polski w latach 1945–1946.

Jak mówiłem, polska obecność w ukraińskiej historii wtedy właśnie zakończyła się ostatecznie. Ale również sprawa ukraińska, jaka wcześniej musiała toczyć się na dwóch frontach: polskim i rosyjskim, po 1945 r. stała się wewnętrzną sprawą Związku Sowieckiego. Z jednej strony, Ukraińcy nie musieli już dłużej określać się wobec dwóch przeciwników, Polaków i Rosjan. Z drugiej, zniknięcie polskiego frontu, było równoznaczne ze zniknięciem kwestii ukraińskiej z areny międzynarodowej. A to oznaczało, że Ukraina zniknęła także jako geopolityczny gracz.

Ciekawe, że odrodzenie w roku 1991 niezależnej Ukrainy jest powiązane w czasie z odrodzeniem niezależnej Polski w 1989 r., potwierdzałoby to tezę, że Ukraina może istnieć jako niezależny gracz tylko w parze z polskim partnerem.

Zniknięcie Polaków z mapy Ukrainy i Ukraińców z mapy Polski oznaczało nie tylko, że zamyka się niezwykle ważna strona wspólnej historii, ale że dopiero teraz Polacy i Ukraińcy mogli przemyśleć swoje wzajemne relacje. Hegel dobrze to ujął: sowa Minerwy wylatuje dopiero o zmierzchu, co oznacza, że czas na rozwiązanie i zrozumienie wielkich kwestii społecznych przychodzi wtedy, kiedy znikają same te kwestie. Okres powojenny stworzył Polakom i Ukraińcom możliwość rewizji wzajemnych stosunków i znalezienia nowej ich formuły. Ale żeby to się stało, musiała, na nieszczęście, mieć miejsce krwawa karta w naszej historii z lat 1939–1947, bolesny konflikt z dziesiątkami tysięcy ofiar po obu stronach.

Dlaczego musiało się tak stać?

Nie stało się tak dlatego, że tego chcieli Polacy czy Ukraińcy, lecz dlatego, że nastąpił wielki geopolityczny kataklizm. Nie Polacy i nie Ukraińcy go wywołali, ale znaleźli się w samym jądrze tego konfliktu. Obie wojny były wywołane konfliktami supermocarstw, które w naszej części świata miały wyraźnie wymiar kryzysu dwóch tożsamości – niemieckiej i rosyjskiej. Chodziło o to, czy Rosja i Niemcy mają ograniczyć się do swego etnicznego jądra, pozwalając na istnienie kilku innych narodów i krajów w przestrzeni między Berlinem a Moskwą, czy, przeciwnie, dążyć do ich wchłonięcia, wychodząc z założenia, że Rosja oznaczała także Białoruś i Ukrainę, a Niemcy – Austrię, część Czechosłowacji i Polski, a nawet Krym, gdyż tam mieszkali kiedyś Gotowie, uważani za przodków współczesnych Niemców.

Gorzką ironią historii okazało się to, że los tego konfliktu decydował się na ziemiach polskich i ukraińskich. II wojna światowa przyniosła taką falę barbarzyństwa, brutalizacji życia, że chcąc nie chcąc, Polacy i Ukraińcy zostali przez nią wchłonięci. Nie wykluczyłbym możliwości, że Polacy i Ukraińcy „chętnie" walczyliby między sobą i bez ingerencji wielkich supermocarstw, tyle że w takim wypadku rywalizacja polsko-ukraińska nie rozwinęłaby się jednak na taką skalę i nie miałaby tak krwawego charakteru. Kto chce zrozumieć ten region i okres trzydziestu lat trwania „wojny" pomiędzy Polakami a Ukraińcami, niech spojrzy na konflikty na dzisiejszym Bliskim Wschodzie. Są one tym, czym były konflikty w Europie Wschodniej w pierwszej połowie XX w. Z dzisiejszej perspektywy pojednanie polsko-ukraińskie jest tym większym zwycięstwem, że miało miejsce w kontekście tragicznej katastrofy – tylko tak można nazwać to, co stało się między Ukraińcami i Polakami w pierwszej połowie XX w. Była ona skutkiem krótkowzroczności obu nacjonalizmów, polskiego i ukraińskiego. W interesie, tak Polaków jak i Ukraińców, nie leżała wzajemna walka: największe zagrożenie szło ze strony Związku Sowieckiego, w tym także dla zaistnienia Ukrainy jako odrębnego państwa. Dlatego walka polsko-ukraińska nosiła w dużej mierze charakter samobójczy.

Weźmy taki przykład: gdyby w 1918 r. udała się misja Ententy powierzona Josephowi Barthelemy[109], być może sprawy ułożyłyby

---

[109] W 1918 roku kraje Ententy dążyły do utworzenia wspólnego frontu antybolszewickiego, w którego skład miały wejść armie: polska, rosyjska („biała"), rumuńska i ukraińska. Wybuch walk polsko-ukraińskich 1 listopada 1918 we Lwowie pokrzyżował te plany. Dlatego też państwa Ententy zaczęły naciskać na strony konfliktu w celu jego zażegnania i przyjęcia linii demarkacyjnej proponowanej przez państwa sprzymierzone. 19 stycznia 1919 z polecenia gen. Franchet d'Esperey przyjechała do Krakowa misja rozjemcza pod dowództwem gen. Josepha Barthelemy'ego.

się inaczej. Według warunków zaproponowanych przez Barthelemy'ego, ustanawiano przyszłe granice polsko-ukraińskie, pozostawiając Lwów w granicach Polski, w zamian za uznanie przez państwa Entanty istnienia państwa zachodnioukraińskiego. Ta propozycja tworzyła możliwość rozwiązania konfliktu polsko-ukraińskiego, a także dawała zjednoczonemu młodemu ukraińskiemu państwu szanse na przetrwanie. W wyniku akceptacji propozycji misji zostałby bowiem zlikwidowany front zachodni, a główny ciężar walk przeniósłby się na wschód, gdzie toczyła się walka z bolszewikami. Ta szansa nie została wykorzystana. Ukraińcy, tak jak Polacy, nie chcieli wyrzec się Lwowa. Obie strony, polska i ukraińska, nie były gotowe do kompromisu. Kompromis mógłby także zmniejszyć szanse bolszewików na zwycięstwo. Gdyby Galicja utrzymała się w 1919 r., szanse bolszewików byłyby o wiele mniejsze, gdyż sama Galicja dała ilościowo taką samą armię jak cała wielka Ukraina. Gdyby ta armia walczyła nie przeciw Polakom, a przeciw bolszewikom, mogłaby ich pokonać. „Cud nad Wisłą" nie byłby potrzebny, bo stałby się wówczas cud nad Dnieprem. Szanse kompromisu między Polakami a Ukraińcami były jednak naprawdę minimalne. Szczególnie Lwów miał wielkie symboliczne znaczenie, a nafta galicyjska miała także znaczenie pragmatyczne, dlatego każda ze stron chciała mieć tę część Galicji.

Co ciekawe, w okresie walk lat 1917–1920 spośród wszystkich mniejszości narodowych zamieszkujących na Wielkiej Ukrainie Polacy byli nastawieni najbardziej proukraińsko. W większości wypadków nie chodziło oczywiście o miłość do Ukraińców,

---

Początkowo komisja zapoznała się ze stanowiskiem polskim, które optowało za linią Bugu-Świcy. Następnie misja udała się do Lwowa, spotykając się z delegacją ukraińską. Ukraińcy optowali za linią Sanu jako przyszłą linią demarkacyjną. W tej sytuacji generał Barthelemy przedstawił swoją, kompromisową propozycję, która jednak nie została przyjęta.

lecz o pragmatyczne wykorzystanie ukraińskiego ruchu, który mógł osłabić Rosję, nieważne czy Białą, czy Czerwoną. To poczucie, że ruch ukraiński trzeba wykorzystać przeciw Rosji, pozostało żywe aż do czasów umowy Piłsudski-Petlura. Ale szkoda została już wyrządzona, wojna o Lwów utrudniła możliwości podpisania sojuszu w Kijowie. Na początku XX w. mówiono, że sprawa polsko-ukraińskiego pojednania powinna się rozegrać w Kijowie, a nie we Lwowie, ale historia pokazała potem, że było inaczej, zadecydował Lwów. Na tym polega m.in. przełomowe znaczenie koncepcji Giedroycia, który głosił, że dla dobra polskiej sprawy Polacy powinni zrezygnować ze Lwowa.

Gdyby pod koniec XIX i w początkach XX w. większość polskich elit i działaczy nie miała tak agresywnego i negatywnego nastawienia do ruchu ukraińskiego, nie rozwinąłby się tak silny ukraiński nacjonalizm w Polsce w okresie międzywojennym. I można mieć wątpliwości, czy Polska byłaby taka słaba w 1939 r. Z punktu widzenia Ukraińców Polska międzywojenna była państwem-katastrofą. Polacy, kiedy słyszą taką ocenę z ust ukraińskich historyków, są bardzo niezadowoleni, mówią, że nie jesteśmy obiektywni. Ale z ukraińskiego punktu widzenia tak rzeczywiście było, gdyż zamiast włączać Ukraińców, szczególnie w Galicji, w normalne życie, robiono wszystko, aby ich od Polski odstraszyć. Iwan Łysiak-Rudnyćkyj, moim zdaniem, miał rację, charakteryzując tę politykę w taki sposób: „To było gorsze niż zbrodnia, to była głupota"[110].

Jeśli chodzi o okres międzywojenny i II wojnę światową, czy można było wówczas coś uratować w polsko-ukraińskich relacjach, zmienić w kole wspólnej historii?

[110] Iwan Łysiak-Rudnyćkyj, *Istoryczni ese*, Kyjiv 1994, s. 105.

Tak jak w XVII w., po powstaniu Bohdana Chmielnickiego, Unia Hadziacka była już czysto drugorzędną, pustą konstrukcją, tak po polsko-ukraińskiej wojnie 1918 r. rana, zadana po obu stronach, była zbyt głęboka i zbyt świeża, aby się zagoić. Potrzebna byłaby zmiana pokoleń, zamiast niej pojawiły się jeszcze silniejsze rany zadane sobie wzajemnie w latach 1939–1947. Czy te stosunki mogły rozwijać się w okresie międzywojennym w innym kierunku? Był przykład polityki Henryka Józewskiego[111] i widzieliśmy jej rezultaty. Jedynie na marginesie ówczesnego życia politycznego w Polsce istniała inna opcja rozwiązania relacji polsko-ukraińskich, był prometeizm, był „Bunt Młodych" i „Polityka", redagowane przez Jerzego Giedroycia, ale ta opcja nie została przed 1939 r. zrealizowana, pozostała zjawiskiem marginalnym, niestety!

Co do polityki Henryka Józewskiego istnieją różne oceny, m.in. Jacek Kuroń patrzył na nią krytycznie, twierdząc, że wybierała najlepszych Ukraińców, aby ich polonizować czy asymilować[112]. Zgodziłbym się z taką oceną, jeśli mówimy o asymilacji politycznej, a nie etnicznej. Sądzę, że Henryk Józewski był szczerym piłsudczykiem, wywodził się z tradycji XIX-wiecznej, federacyjnej, kiedy jeszcze istniała w Polsce polityczna koncepcja narodu. Inna sprawa, czy ten polityczny naród mógł zaistnieć tylko na Wo-

---

[111] Henryk Józewski (1892–1981), działacz polityczny, publicysta; 1919–1920 komendant POW w Kijowie; 1920 wicemin. spraw wewnętrznych w rządzie Ukraińskiej Republiki Ludowej; 1929–1930 min. spraw wewn.; 1928–1929 i 1930–1938 wojewoda wołyński; podejmował próby porozumienia z Ukraińcami na Wołyniu, popierał tworzenie ukraińskich organizacji narodowych, jednocześnie rozwijał osadnictwo polskie; atakowany za tę politykę przez środowiska endeckie, przez Ukraińców krytykowany za utrzymywanie tzw. kordonu sokalskiego.

[112] Patrz: *Wiele twarzy...*, s. 309–310.

łyniu, czy także w Galicji? W tym samym czasie funkcjonowało już dość silnie etniczne pojęcie narodu, tak wśród polskich polityków, jak wśród galicyjskich Ukraińców. Koncepcja Józewskiego miała więcej wrogów niż sojuszników, tym samym nie rokowała wielkich nadziei na sukces. Pozostała ciekawym eksperymentem, ale nieudanym. Wielka ironia historii polegała na tym, że w tym samym miejscu, gdzie została podjęta próba tego eksperymentu, kilka lat później miała miejsce rzeź wołyńska.

Oczywiście można myśleć w kategoriach „co by było, gdyby", ale szanse w rzeczywistości były niezmiernie małe. Została wyrządzona zbyt wielka krzywda, aby móc coś zmienić.

Dlaczego polska polityka asymilacyjna musiała wywoływać tak silną agresję ze strony Ukraińców?

Aby odpowiedzieć na to pytanie, spróbuję wyjść z polskiej perspektywy, a była to jednak perspektywa asymilacyjna, która ma bardzo prostą formułę. Głosiła ona: „my was cywilizujemy, a tym samym przynosimy wam dobro, gdyż przyłączamy do naszej „wysokiej" kultury i cywilizacji, będziecie z tego czerpać profity". W związku z tym dla przeciętnego polskiego polityka czy polskich elit było niezrozumiałe, dlaczego Ukraińcy nie chcieli się asymilować, przyjmować tego „dobra", jakie im próbowano narzucić. Tak samo jak z rosyjskiego punktu widzenia było niezrozumiałe, dlaczego Ukraińcy nie chcieli zostać Rosjanami. Rosjanie też przynosili Ukraińcom, jak twierdzili, swoją misję cywilizacyjną i kulturę w zamian za asymilację. To jest ogólna formuła asymilacyjna, charakterystyczna nie tylko dla stosunków polsko-ukraińskich i rosyjsko-ukraińskich. Polega na pewnym kompromisie zrzeczenia się grupowych interesów narodowych na rzecz interesów osobistych. Być wówczas Polakiem było znacznie „przyjemniej" niż Ukraińcem. Być Polakiem było wygodniej, oznaczało mieć pracę, należeć do rozwiniętej kultury, czuć się nie „hajdamakiem", a Europejczykiem. Ale ta formuła asymilacji mieści w sobie pewien dylemat, z jakim większość ludzi nie chce się pogodzić: ceną akceptacji indywidualnego samozadowolenia jest popełnienie kolektywnego samobójstwa. Etos nacjonalizmu przypomina filozofię religii: nikt nie może zbawić się sam, jeżeli nie zbawi innych. Z tego punktu widzenia asymilacja wygląda zawsze jak zdrada: zdradzasz wielkie kolektywne „my" w zamian za dobro swego małego pragmatycznego „ja". Właśnie z tego powodu polityka asymilacyjna najczęściej kończy się niepowodzeniem. Zawsze znajdą się tacy, którzy chcą ratować kolektywne „my", a nie dbać o własny interes. Człowiek jest w znacznej mierze istotą mistyczną, zawsze jest mu potrzebne *sacrum*. Zgoda na asymilację tego *sacrum* pozbawiała. Ukraińcy byli skazani na wybór obrony swych zbiorowych interesów.

Jest jeszcze inny aspekt asymilacji, jest ona bardziej komfortowa, kiedy wspólnota, do jakiej przynależysz, jest niewielka. Najczęściej asymilują się te grupy, które są najmniej liczne. Ukraińców było za dużo, stanowili jedną z najliczniejszych mniejszości w tej części świata, w II RP to była najliczniejsza mniejszość. Zresztą Polska nie miała wystarczających środków, aby finansować asymilację 5 mln Ukraińców. Uważam, że w naszym regionie asymilacja nigdy się nie udawała i w ostatecznym rozrachunku okazała się fiaskiem.

Jakie aspekty trzeba brać pod uwagę twoim zdaniem, jeśli chcemy zrozumieć wszystkie tragiczne wydarzenia, w tym tragedię wołyńską, które miały miejsce między Polakami a Ukraińcami w latach 1943–1947?
Przede wszystkim trzeba mówić o kontekście historycznym, nie można od tego uciec. Trzeba rozumieć, że podobnie jak w Rosji przed I wojną światową, tak samo w okresie międzywojennym na Wołyniu panował silny głód ziemi wśród chłopów. To zjawisko

dotyczyło w znacznie mniejszym stopniu Galicji, stamtąd ludzie częściej migrowali do miast, była liczniejsza emigracja do Kanady i Stanów Zjednoczonych. Poza tym w Galicji istniała silna ukraińska samoorganizacja, co oznaczało, że spółdzielnie i inne organizacje ukraińskie mogły części społeczności nieść wsparcie i pomoc. To tworzyło niewielkie, ale jednak, zabezpieczenie dla tej społeczności, a na Wołyniu tego nie było. Wołyń był całkiem innym regionem niż Galicja, w XIX w. należał do Rosji, gdzie tradycje były całkiem inne, a samoorganizacja nie istniała, był to region pełen konfliktów. Do tych czynników doszła w okresie międzywojennym polska polityka kolonizacyjna, wprowadzająca dodatkowy, bardzo silny, czynnik konfliktogenny. Dla chłopów na Wołyniu sprawą pierwszoplanową nie były kwestie narodowe, lecz ziemia. Kiedy polskie państwo przyszło tutaj w 1918 r., zamiast dać im wymarzoną przez nich ziemię, sprowadziło polskich kolonistów. Koloniści oraz polska władza, a więc Polska, jaka ich tam sprowadziła, stawali się od razu głównym wrogiem ukraińskich chłopów na tych terenach. Ich głównym marzeniem stawało się to, w jaki sposób tym, co tu przyszli, odebrać ziemię. Kwestia ziemi jest zawsze kwestią wybuchową, gdyż m.in. łączy sprawy społeczne z narodowymi, pozwala na tworzenie hasła wzywającego do walki w następujący sposób: „naszą ziemię zabierają inni-obcy, musimy ją odebrać". Te sprawy wzmacniają się nawzajem, nacjonalizm zaczynał często oznaczać tutaj komunizm, a komunizm nabierał cech nacjonalizmu. Jak zwracają uwagę Włodzimierz Mędrzecki i Timothy Snyder[113], prawdopodobnie pierwsze hasła do wypędzenia Polaków z Wołynia pojawiły się wśród ukraińskich komunistów, a nie nacjonalistów.

---

[113] Timothy Snyder, *Tajna wojna. Henryk Józewski i polsko-sowiecka rozgrywka o Ukrainę*, Kraków 2008; Włodzimierz Mędrzecki, *Województwo wołyńskie 1921––1939, elementy przemian cywilizacyjnych, społecznych i politycznych*, Wrocław 1988.

Ale nawet gdyby nie było komunistów, palenie cerkwi w regionie, gdzie religia była jednym z najważniejszych wyznaczników życia, dolało oliwy do ognia. Aby chłopi poszli zabijać innych, muszą zaistnieć okoliczności, które im na to pozwolą, musi być zapłon. W 1917 r. takim zapłonem był upadek caratu, oznaczający dla chłopów, prostych ludzi, przyzwyczajonych do życia opartego na tradycyjnych zasadach, koniec świata, apokalipsę, co znaczyło między innymi, że wszystko jest dozwolone. Dla wołyńskich chłopów dwadzieścia lat później takim zapłonem stał się wybuch II wojny światowej, która przyniosła nieznaną im wcześniej brutalizację życia. Zarówno pierwsza, sowiecka, okupacja w latach 1939–41, wraz z deportacjami, zabójstwami i terrorem NKWD, jak i od 1941 r. niemiecka okupacja, a zwłaszcza masowe mordy na Żydach, dawały poczucie, że ludzkie życie nie jest nic warte, że można robić wszystko. Nie twierdzę, że tak musiało się stać, ale aby beczka wybuchła, musi być proch, a proch był jeszcze sprzed 1939 r. – to trzeba przyznać.

Po drugie, miał miejsce fatalny zbieg okoliczności. Trzeba rozumieć, że II wojna światowa miała całkiem inny charakter niż I wojna. W czasie II wojny zastosowano technologie masowego zniszczenia na ogromną skalę. W praktyce oznaczało to, że o ile podczas I wojny światowej można było stawiać opór w stepie, jak np. robiły to oddziały Nestora Machno[114], w czasie II wojny takie działania nie były już możliwe. Z koniem na czołg nie

---

[114] Nestor Machno (1888–1934), ukraiński anarchista i rewolucjonista; brał udział w rewolucji 1905 roku jako członek grupy anarcho-komunistycznej. W czasie wojny domowej przywódca anarchizującej Rewolucyjno-Powstańczej Armii Ukrainy (machnowców). RPAU(m) na przemian współpracowała z bolszewikami i walczyła z nimi. Po wspólnym zwycięstwie nad wojskami białych bolszewicy rozbili machnowców, a sam Machno przedostał się do Rumunii w 1921 r., potem na emigracji w Polsce, Francji.

pójdziesz. Jedynym terenem, na którym szanse na partyzanckie działania istniały, był las, tylko tam można było się schować, stamtąd prowadzić napady itd. W tej części Europy znajdowały się dwa wielkie zalesione terytoria, na których można było się chować, na Białorusi i na Wołyniu. Dlatego tam właśnie w czasie II wojny światowej trwała walka każdego z każdym, podobnie jak w stepie w latach 1917–20. Mamy tam i Niemców, i sowiecką partyzantkę, i kilka odłamów OUN-UPA, które walczą między sobą, oddziały Tarasa Bulby[115], Andrija Melnyka[116], Stepana Bandery, mamy ukraińską policję, potem polską granatową policję, polskie podziemie.

W takiej sytuacji wystarczy najmniejsza iskra, aby ta beczka prochu wybuchła. Taką iskrą okazał się ukraiński nacjonalizm, który poza tym, że był ksenofobiczny, wyciągał wnioski z doświadczenia wyniesionego z okresu I wojny światowej, rewolucji i wojny domowej. Działacze OUN zarzucali działaczom z pokolenia tamtej pierwszej ukraińskiej rewolucji, że przegrali dlatego, iż odnosili się zbyt dobrze do mniejszości narodowych, które znajdowały się na ukraińskich ziemiach, że walczyli zbyt liberal-

---

[115] Taras Borowiec, ps. Taras Bulba (1908–1981), ukraiński działacz niepodległościowy, działał na Polesiu, więzień Berezy Kartuskiej. W okresie okupacji związany z emigracyjnym rządem URL, w 1941 r. stworzył tzw. Poliską Sicz, oddziały atakujące Armię Czerwoną. W 1942 r. podporządkowane mu formacje zaczęły używać nazwy Ukraińska Powstańcza Armia. Nie podporządkował się OUN Bandery, krytykował m.in. antypolską akcję na Wołyniu. W 1943 r. aresztowany przez gestapo, więzień Sachsenhausen. Po 1948 na emigracji w Kanadzie, autor wspomnień *Armia bez derżawy*, Lviv 1993.

[116] Andrij Melnyk (1890–1964), polityk ukraiński, oficer armii Ukraińskiej Republiki Ludowej w 1917 r.; od 1938 przywódca OUN; po rozłamie staje na czele OUN-M (melnykowcy) współpracującej z niemieckimi władzami okupacyjnymi do 1944 r.; aresztowany i uwięziony w Sachsenhausen w 1944; po wojnie aktywny działacz niepodległościowy na emigracji.

nymi metodami. Zdaniem ukraińskich nacjonalistów, Petlura[117] przegrał, gdyż prowadził zbyt liberalną politykę w stosunku do Żydów, tymczasem gdyby ich rzeczywiście prześladował, tak jak twierdzono potem, żyłby dalej. Podobne oskarżenia padały pod adresem Mychajły Hruszewśkiego. Twierdzono, że przegrał, gdyż prowadził gry, „bawił się" z Polakami, Rosjanami, Żydami. Gdyby był twardy, umownie mówiąc, jak Roman Dmowski, Ukraińcy wygraliby, a tak zabrakło im narodowego egoizmu.

Ten etos twardej walki silnie wzrastał w latach 20. i 30., na nim wychowało się pokolenie, które tworzyło dowództwo OUN w czasie II wojny światowej, a potem w UPA. Polacy, z oczywistych przyczyn, byli dla nich jednym z głównych wrogów. Ale co ważne, wszyscy ci działacze pamiętali, co stało się podczas I wojny, i odwoływali się do tego doświadczenia. Podczas I wojny ukraiński ruch przegrał na terytorium Galicji, dlatego że było tam „zbyt wielu" Polaków, a Francja i Anglia wspierała działania niepodległościowe Polaków, odczuwano strach, że sytuacja powtórzy się raz jeszcze. Dlatego, ich zdaniem, trzeba było „wycisnąć" Polaków z tego terytorium, pozbyć się ich, aby potem móc postawić inne kraje przed faktem dokonanym. Czyli móc oznajmić, że są to ziemie ukraińskie, zamieszkane przez ludność ukraińską.

Dziś wiadomo o wewnętrznych rozbieżnościach w łonie samej OUN-UPA co do metody rozwiązania kwestii obecności Pola-

---

[117] Symon Petlura (1879–1926), ukraiński polityk, mąż stanu; 1917 jeden z przywódców Ukraińskiej Centralnej Rady, jej sekretarz ds. wojskowych; w 1918 przywódca powstania przeciwko hetmanowi P. Skoropaćkiemu; członek Dyrektoriatu; główny ataman Armii URL; 1919–1926 przewodniczący Dyrektoriatu; podpisał w 1920 układ z Piłsudskim; po porażce ukraińskiej rewolucji na emigracji, najpierw w Polsce, potem we Francji; zabity przez żydowskiego zamachowca Szlomo Szwarcbada.

ków na tym terytorium. Historycy piszą o tym, że były dyskusje w OUN i UPA, czy warto prowadzić akcję antypolską, czy nie. Wygląda na to, że inne proponowane rozwiązania upadły, władzę zdobyła grupa, która chciała mieć większe gwarancje jej utwierdzenia, uznając, że przeprowadzenie akcji przeciw Polakom jej w tym dopomoże, zwiększy jej szanse. Z drugiej strony gwarantowała ona, ich zdaniem, rozszerzenie wpływów UPA, gdyż jeśli udałoby się włączyć do tej akcji chłopów, tym samym wesprą UPA, a poprzez uczestnictwo w akcji, ze strachu, staną się zakładnikiem UPA[118].

Oczywiście, że próba wyjaśnienia skomplikowanej sytuacji, która istniała na tym terytorium, nie zdejmuje odpowiedzialności z kierownictwa UPA, które te antypolskie akcje zainicjowało i przeprowadziło. Niektórzy historycy, wśród nich ci, którzy byli wcześniej w UPA, jak prof. Petro Poticznyj[119], uważają, że była to decyzja bezsensowna i zbrodnicza, w niczym nie pomogła, a przyniosła wiele szkody ukraińskiej sprawie.

Po II wojnie światowej cała Ukraina znalazła się w obrębie Związku Sowieckiego, w jaki sposób wpłynęło to na zmianę postrzegania Polski przez Ukraińców?

---

[118] Patrz więcej: Grzegorz Motyka, *Ukraińska partyzantka 1942–1960*, Warszawa 2006.
[119] Patrz: *Wiele twarzy...*, s. 209–227; Petro Poticznyj (ur. 1930), ukraiński historyk, działacz, żołnierz UPA, od 1947 na emigracji. Doktoryzował się na Uniwersytecie Columbia, w latach 1964–1995 wykładał nauki polityczne na Uniwersytecie McMaster w Hamilton, współorganizator konferencji na temat wzajemnych relacji ukraińsko-polskich, ukraińsko-czeskich oraz ukraińsko-żydowskich, m.in. *Jewish-Ukrainian Relations in Historical Perpective* w McMaster w październiku 1983 r.; przewodniczący Fundacji Pawłokoma, członek Rady Redakcyjnej i redaktor serii „Litopys UPA", redagował również m.in. *Poland and Ukraine: Past and Present*, Edmonton, Toronto 1987.

Przede wszystkim zniknęła całkowicie kwestia polska. Przyjście komunizmu na Zachodnią Ukrainę oznaczało praktycznie koniec polskiej obecności na Ukrainie, Polacy zniknęli jak czynnik fizyczny, a o ile znikł bodziec, zniknęła także pamięć o nich. Po drugie, Związek Sowiecki był zamkniętym reżimem; choć mówi się zazwyczaj o żelaznej kurtynie na granicy z RFN, ale istniała jeszcze jedna żelazna kurtyna, wewnątrz samego bloku państw komunistycznych, znajdowała się na granicy polsko-sowieckiej. Chociaż PRL i ZSRR były dwoma komunistycznymi krajami, kontakty między nimi były praktycznie bardzo ograniczone. Pamiętam, jak w 1989 r. pierwszy raz miałem wyjechać za granicę. Zarówno dla mnie, jak i moich kolegów, wyjazd ten był wielkim przeżyciem. Towarzyszyło mu wiele przygotowań, starania o paszport, wizę, a pojechaliśmy ze Lwowa aż do... Przemyśla! Dla Ukraińców jeszcze pod koniec lat 80. Polska była prawdziwą zagranicą.

Tak więc, o ile po 1945 r. Polska przestała istnieć jako twórca relacji polsko-ukraińskich, przestała także istnieć w ukraińskiej myśli politycznej, która w całości skupiła się na stosunkach ukraińsko-rosyjskich/sowieckich. Co z jednej strony miało pozytywne rezultaty, gdyż trzeba było przeformułować dawny sposób myślenia o niej. Z drugiej strony oznaczało to izolację Ukrainy, gdyż włączenie całej Ukrainy do Związku Sowieckiego spowodowało, że przestała ona istnieć jako kwestia międzynarodowa. Ten zewnętrzny świat historycznie oznaczał w pierwszej kolejności Polskę. Pamięć o Polakach została zatarta, fizyczne kontakty były prawie niemożliwe, jedyne, co pozostało, to jakieś wyobrażenie o niej. Zachodnia Ukraina była w lepszej sytuacji niż reszta, gdyż tu pamięć o Polakach, choć w szczątkowej formie, ale przetrwała. Dopiero moje pokolenie, dzięki rozwojowi środków masowej komunikacji, miało możliwość poprzez radio, telewizję, odnowić żywszy kontakt z Polską. Tego nie było w końcu lat 40. i potem w latach 50., ale Polska kultura była obecna w Związku Sowieckim w wielkich miastach, gdzie były księgarnie i gdzie sprzedawano polskie gazety. Nie tak dawno temu miałem okazję oglądać program o historii rosyjskiego rocka. Wprawdzie wielkim zaskoczeniem był dla mnie fakt, że jak twierdzili weterani rosyjskiego rocka, w rzeczywistości poprzez polskie zespoły, takie jak Czerwone Gitary, czy piosenkarzy, jak Czesław Niemen, zrozumieli, że można śpiewać rock nie w angielskim, a we własnym języku! Ale, powtarzam, te kontakty były ograniczone. Jerzy Giedroyc zaistniał w naszej świadomości dopiero po upadku muru berlińskiego, który dla nas był także murem między Polską i Ukrainą, między Lwowem a Przemyślem.

Kiedy dziś patrzymy wstecz, dziwne się wydaje, że polsko-ukraińskie pojednanie ostatnich lat było możliwe. W grudniu 2007 r., z inicjatywy Ambasady RP, miało miejsce w auli Uniwersytetu Lwowskiego spotkanie szefów, kierowników projektów i stypendystów fundacji polskich zajmujących się współpracą polsko-ukraińską. W tej samej auli w latach międzywojennych zasiadał polski sejm. Podczas tego spotkania pomyślałem sobie, że jesteśmy obecni, Polacy i Ukraińcy, w miejscu, które kilkadziesiąt lat temu było miejscem wielkiego konfliktu. Biorąc pod uwagę wydarzenia, jakie miały miejsce w relacjach polsko-ukraińskich w latach 1939–1947, ilość przelanej krwi, tragedii i ofiar, to, co stało się po 1989 r. w naszych relacjach, można by nazwać prawdziwą pokojową rewolucją.

W okresie po 1989 r. i 1991 r. miało miejsce wiele wspólnych spotkań historyków oraz prób prowadzenia dialogu polsko-ukraińskiego, byłeś i jesteś aktywnym ich uczestnikiem. Jak oceniasz te działania?

Mówimy o rewolucji nie tylko w kontekście politycznym, ona dokonała się także w historiografii. Nadal odbywają się zapoczątkowane we wczesnych latach 90. spotkania historyków polskich i ukraińskich, ale coraz częściej sami historycy polscy albo ukraińscy prowadzą spór bądź dyskusje między sobą, najczęściej są to spory pomiędzy tymi, którzy dostrzegają wagę wzajemnego pojednania, i tymi, którzy zajmują postawę bardziej konfrontacyjną. Słuchając teraz dyskusji polskich i ukraińskich historyków, mam wrażenie, że w większości spraw mają zbieżną ocenę, a tam gdzie istnieją różnice, nie ma już tak silnych emocji jak 10 lat temu i można spokojnie o rozbieżnościach dyskutować. Uważam, że to dobry znak, że dyskusje nie odbywają się w kategoriach polskiej albo ukraińskiej historiografii, ale w kategoriach różnych szkół i różnych podejść.

Byłeś współinicjatorem i sygnatariuszem listu intelektualistów ukraińskich w sprawie wydarzeń na Wołyniu w 2003 r.[120] W Polsce wiele wówczas mówiono o braku gotowości Ukraińców do przeprosin za te wydarzenia. Nadal, od czasu do czasu, wraca się do tej argumentacji. Jeśli zna się ukraiński kontekst, inaczej patrzy się na ten „brak ukraińskiej gotowości". Czy mógłbyś spróbować wyjaśnić jej przyczyny?
Kiedy pisaliśmy tekst tego listu, bardzo długo nie mogliśmy porozumieć się w sprawie niektórych sformułowań, jakie miały się w nim znaleźć. Główne pytanie, przed jakim nas postawiono, brzmiało, czy w liście tym mamy potępić rzeź wołyńską czy UPA jako formację zbrojną. Wiem, że dla wielu Polaków takie

---

[120] W lutym 2003 r. został opublikowany na Ukrainie list w związku z 60. rocznicą zbrojnego ukraińsko-polskiego konfliktu na Wołyniu, podpisany przez kilkudziesięciu ukraińskich intelektualistów, dziennikarzy, przedstawicieli środowisk akademickich, wśród sygnatariuszy: m.in. Jarosław Hrycak, Myrosław Marynowycz; tekst listu w wersji polskiej patrz: www.msz.gov.pl/files/file_library/39/030226_3979.doc

postawienie sprawy nie ma sensu, w ich wyobrażeniu UPA była organizacją przestępczą, dlatego mogła być odpowiedzialna za taką zbrodnię jak na Wołyniu. Dla nas, Ukraińców, nawet tych, którzy podchodzą do naszej historii trzeźwo i krytycznie, sprawa nie wydaje się ani tak prosta, ani jasna. Zostaliśmy wychowani na micie UPA, armii, która prowadziła dramatyczną walkę z władzą sowiecką. Znamy weteranów UPA, którzy odsiedzieli w łagrach wyroki po 10–20 lat. Wielu z nich tam zginęło. Dla Myrosława Marynowycza[121], jednego z sygnatariuszy listu, człowieka o kryształowej uczciwości, byłego dysydenta, bardzo ważne okazały się jego kontakty z żołnierzami UPA właśnie w łagrach. Wyjaśniał nam, że dla niego i innych więźniów dysydentów byli ludźmi takiego wymiaru, jak prorocy ze Starego Testamentu[122]. Długo między nami, współsygnatariuszami tego listu, trwały spory i dyskusje. Wydawało się nawet, że nie uda nam się go podpisać. Tekst listu, który został opublikowany, jest rezultatem pewnego kompromisu.

Uważam taką sytuację za dość dramatyczną, ale nie tragiczną. Drahomanow napisał kiedyś, że strach wywołuje w nim taka sytuacja, w której jest krytykowany tylko przez jedną ze stron. Natomiast kiedy zaczynają krytykować obie strony, oznacza to, że jest na dobrej drodze. Tak więc, póki strefa polsko-ukraińskiego pojednania się nie rozszerzy, będą nas krytykować na Ukrainie

---

[121] M. Marynowycz (ur. 4.01.1949), aresztowany w 1977 r. za działalność dysydencką, skazany na 7 lat obozu pracy i 5 zesłania. W latach 1993–1997 szef ukraińskiego oddziału Amnesty International. Działacz ekumeniczny, doradca Metropolity L. Huzara, obecnie prorektor Ukraińskiego Uniwersytetu Katolickiego we Lwowie. Opublikował m.in. *Spokutuwannia komunizmu*, 1993, *Prawa Ludyny*, 1994, *Łysty z woli*, 1994.

[122] Patrz: Myrosław Marynowycz, Semen Hłuzman, Zynowij Antoniuk, *Łysty z woli*, Kyjiv 1999; Mychajło Chejfec, *Ukrajinsky syluety*, [w:] *Pole widczaju i nadiji*, Kyjiv 1994.

za to, że zanadto idziemy na kompromisy, a w Polsce za to, że nie stać nas na kompromis. W tej sytuacji to, co dla mnie ważne, to nie fakt samej krytyki, ale to, że mimo krytyki, a może i dzięki niej, udaje nam się iść dalej w procesie pojednania.

Niezależnie od całej złożoności relacji polsko-ukraińskich, czy możemy mówić, twoim zdaniem, o pozytywnych aspektach polskiej obecności na Ukrainie?
Możemy mówić o takich pozytywnych aspektach przede wszystkim w kategoriach europejskości ukraińskiej tożsamości. Polska obecność dopomagała Ukraińcom definiować się w europejskich kategoriach, dlatego że polska kultura była mocno zakorzeniona w kulturze europejskiej. Sądzę także, że polska kultura dosyć silnie zapłodniła ukraińską, wielka grupa ukraińskich działaczy, od Andreja Szeptyckiego do Maksyma Rylśkiego[123], to ludzie polskiej kultury, ale myśleli w ukraińskich kategoriach narodowych. Obecnie mało kto rozumie, na ile ważna była obecność Polski, polskiej kultury, polskiej polityki dla Ukrainy. Polska obecność była i dłuższa, i ważniejsza dla Ukrainy niż rosyjska. Świadomość tej roli jest mało obecna na współczesnej Ukrainie, z tego względu, że od 1945 r., wraz ze zniknięciem Polaków i czynnika polskiego, pojawiła się tu odmienna perspektywa.

Polska obecność oznaczała także pewne polityczne tradycje, tradycje samorządności, tradycje anarchii, a więc tradycje przeciwne do tradycji rosyjskiej, gdzie państwo było wszędzie. W Polsce sprzeciwianie się władzom państwowym, wcześniej królowi, było

---

[123] Maksym Rylśkyj (1895–1964), poeta, tłumacz. W latach 20. XX w. był jednym z przedstawicieli poezji neoklasycystycznej, wiersze z lat 1932–1956 były utrzymane w konwencji socrealistycznej. Tom *Hołosijiwśka osiń* (1959) zapoczątkował odnowę poezji ukraińskiej. Rylśkyj jest też autorem wspaniałego tłumaczenia na język ukraiński *Pana Tadeusza*.

nie tylko na porządku dziennym, w pewnych momentach historycznych uznawano je za pożądane. To była polska tradycja, ona weszła w ukraińską tradycję i jest nadal dość silnie u nas obecna. Mimo że kulturowo Ukraina jest bardziej podobna do Rosji, to politycznie różni się od niej, to jest rezultat polskich wpływów. Choć Polsce nie udało się asymilować Ukraińców kulturowo, to, umownie mówiąc, udało się ich „asymilować" politycznie poprzez przekazanie im pewnych tradycji politycznych.

VII

UKRAINA-ROSJA: TRUDNE ZWIĄZKI

„Ukraina i Rosja są bardzo ściśle ze sobą związane. Rosja nie mogłaby stać się tym, czym się stała, wielką potęgą, bez Ukrainy, bez udziału Ukraińców i odwrotnie…"

Porozmawiajmy o relacjach ukraińsko-rosyjskich. Iwan Łysiak-Rudnyćkyj uważał, że jednym z ważniejszych wydarzeń, które nadały charakter tym stosunkom, była ugoda perejasławska. Jak należy ją oceniać z dzisiejszej perspektywy?
Łysiak-Rudnyćkyj rzeczywiście uważał ugodę perejasławską za istotne wydarzenie dla późniejszych stosunków ukraińsko-rosyjskich, ale zwracał również uwagę na fakt, że przypisuje się jej wyolbrzymione znaczenie[124]. W tym wypadku jesteśmy ofiarami tego, co historycy nazywają teleologią, podejściem, według którego znaczenie takiego czy innego wydarzenia nagina się do z góry wyznaczonego celu, tak jakby historia mogła potoczyć się tylko w ten, a nie inny sposób.

W rzeczywistości ugoda perejasławska była tylko jednym z wielu porozumień, jakie Bohdan Chmielnicki i jego następcy musieli

---

[124] Patrz: *Perejasław: istorija i mify*, s. 71–82, w: Iwan Łysiak-Rudnyćkyj, *Istoryczni ese…*

zawierać, aby utrzymać się przy władzy. Przekleństwem kozackich hetmanów była konieczność układania się, wchodzenia w różne koalicje. Musieli zmieniać sojuszników jak rękawiczki. Gdyby w późniejszych wojnach polsko-rosyjskich czy szwedzko-rosyjskich zwycięzcami okazali się nie Rosjanie, być może mówilibyśmy dzisiaj o wielkim znaczeniu ugody hadziackiej czy ugody zawartej przez Mazepę z królem szwedzkim, Karolem XII. Moim zdaniem, ważniejszym od ugody perejasławskiej okazał się fakt, że w XVIII w. i na początku XIX znaczna część Ukraińców żyjących w imperium rosyjskim świadomie zaangażowała się w rozbudowę i wzmacnianie tego państwa. Pojawił się wówczas fenomen Małorosji, oznaczał on asymilację polityczną bez pełnej asymilacji kulturowej. Politycznie „Małorusini" byli Rosjanami, wyznawali jednak własne ukraińskie tradycje kulturalne. Ten typ tożsamości „małorosyjskiej" nie był wśród Ukraińców z imperium rosyjskiego jedyną rozpowszechnioną formułą tożsamości narodowej. Mówiliśmy o tym wcześniej. Np. wielu Kozaków i ich potomków nie zaangażowało się aktywnie w „służbę Moskali", zachowując negatywne nastawienie do szlachty rosyjskiej. Zjawisko to opisuje z dużym poczuciem humoru rosyjski pisarz, Nikołaj Leskow, który przez długie lata mieszkał w Kijowie i na Ukrainie[125]. Istniała także inna grupa, która asymilowała się nie tylko politycznie, ale także kulturowo, oni stawali się Rosjanami. Jedyne, co można powiedzieć, to że zwycięstwo ukraińskiej orientacji nad tymi różnymi alternatywami nastąpiło dość późno. Różnica między Polakami a Ukraińcami była bardziej wyraźna, ostrzejsza niż między Ukraińcami a Rosjanami. To, co powiem za chwilę, nie spodoba się pewnie niektórym z moich kolegów w Polsce i na Ukrainie, uważam jednak, że było znacznie mniej

---

[125] Patrz: N.S. Leskow, *Sobranie poczynienij*, t. 7, Moskwa 1958, s. 462–466.

szans na utworzenie wspólnego polsko-ukraińskiego narodu niż ukraińsko-rosyjskiego.

Aby zrozumieć dlaczego, trzeba wspomnieć o kilku przynajmniej decydujących momentach w relacjach między Ukraińcami a Rosjanami. Pierwszym z nich była chrystianizacja Rusi. Mówiłem o tym wcześniej, więc tutaj nie będę się powtarzać – powiem tylko, że przyjęcie chrześcijaństwa przez Ruś z Bizancjum, a nie z Rzymu, wytworzyło wielką przestrzeń kulturowo-cywilizacyjną, w której przodkowie Ukraińców i Rosjan mogli się czuć sobie bliscy. Drugim czynnikiem, ważnym dla zrozumienia specyfiki relacji ukraińsko-rosyjskich, był upadek, w rezultacie mongolsko-tatarskich najazdów w XIII w., Kijowa jako stolicy Rusi. Wydarzenie to miało istotne konsekwencje geopolityczne. Przecież Kijów między X a XIII w. był jednym z dziesięciu największych miast Europy. A po zniszczeniu mongolsko-tatarskim aż do końca XVIII w. stał się niewielkim miastem na kresach Rzeczpospolitej, mniejszym niż Kraków czy Lwów. Upadek Kijowa oznaczał, że w centrum wielkiego terytorium powstała nagle pustka, zniknęło też centrum władzy politycznej. Polityka, jak przyroda, nie znosi pustki, w rezultacie aż do II wojny światowej stale toczyły się na tym terytorium walki o to, kto będzie kontrolować tę część świata. Bo każdy, kto panował w Kijowie, panował także na całym tym terytorium. Niemiecki publicysta Paul Rohrbach jeszcze przed I wojną światową słusznie powiedział: „Ten, kto rządzi Kijowem, ma klucz do Rosji". Kijów decyduje, w znacznej mierze do dziś, jaka jest Ukraina i jaka jest Rosja.

Mówiliśmy wcześniej, że w rezultacie przyjęcia chrześcijaństwa z Bizancjum dość długo nie wytworzyły się na tym terytorium wyraźne tożsamości narodowe. Jakie inne czynniki wpływały na utrzymanie tego zjawiska?

Specyfiką Europy Wschodniej w porównaniu z Zachodnią jest to, że w Europie Zachodniej o wiele wcześniej niż we Wschodniej zatrzymały się wędrówki narodów i ustaliły granice etniczne. Długo trwające procesy przemieszania populacji w Europie Wschodniej, koabitacja wielu różnych religii, których wyznawcy żyli na tych terenach, wszystko to oznaczało także nakładanie się na siebie różnych przestrzeni. Miejscem, gdzie te przestrzenie krzyżowały się najsilniej, były ziemie ukraińskie. Pokazuję często moim studentom mapę zamieszczoną w książce Normana Davisa *Boże igrzysko. Historia Polski*[126]. To mapa, która w bardzo interesujący sposób przedstawia, jak różne nacjonalizmy walczą o różne terytoria w Europie. Wschodnia Europa wygląda na niej jak „koszmarna mapa nacjonalizmów", gdyż cała jest poprzecinana różnymi konkurującymi ze sobą projektami narodowymi. Najsilniej konkurujące ze sobą nacjonalizmy spotykają się i walczą właśnie na terenie Ukrainy: nie ma tutaj żadnego miejsca, gdzie przynajmniej dwóch przeciwników nie walczyłoby ze sobą. Co ciekawe, na tej mapie znajduje się terytorium, na którym prawie nikt nie walczy. To terytorium pomiędzy Krakowem a Warszawą, jakby z góry wiedziano, że prawo do niego mają tylko Polacy. Co nie oznacza, że nie można tego obszaru przyłączyć do któregoś z imperiów, nikt jednak nie kwestionował, że ludzie, którzy go zamieszkują, są Polakami – a nie Ukraińcami, Niemcami, Rosjanami, itd.

Ta geopolityczna katastrofa, jaką był upadek Kijowa w XIII w., wywołała walki różnych potęg o ukraińskie terytorium: Rzeczpospolitej do XVIII w., szwedzkiej do XVII w., imperium osmańskiego prawie do końca XVIII w., imperium rosyjskiego do wybuchu I wojny światowej, a potem Związku Sowieckiego i Niemiec

---

[126] Norman Davis, *Boże igrzysko. Historia Polski*, 1999. Patrz: Rysunek B. Sprzeczne roszczenia terytorialne różnych grup narodowościowych (ok. 1900), s. 567.

podczas II wojny światowej. Fakt, że to terytorium pozostawało w centrum geopolitycznych konfliktów i przecinania się różnych interesów politycznych, oznaczał przede wszystkim wielkie ofiary ludzkie, straty materialne oraz straty w kulturze. A to z kolei oznaczało, że nie mogły się tu wykształcić lokalne korzenie, które umożliwiłyby wytworzenie się jednej tożsamości narodowej. Te korzenie są tu stale tratowane albo obcymi końmi, albo czołgami. Konfliktogenny charakter regionu jeszcze bardziej wzmacniał brak wyraźnych tożsamości narodowych zamieszkujących to terytorium, gdyż w takim chaosie i stałym zagrożeniu bardzo trudno było określić, kim się jest.

Powiedziałeś, że jednym z najważniejszych czynników, które miały wpływ na złożoność relacji ukraińsko-rosyjskich, było świadome przyjęcie formuły rosyjskiej integracji czy asymilacji przez znaczną część Ukraińców. Kiedy te procesy mają swój początek?

Ma to związek ze szczególną rolą Kijowa w wyodrębnianiu różnych tożsamości narodowych. Na terytorium, na którym mamy do czynienia z tak przemieszanymi niewyraźnymi tożsamościami narodowymi, istotnego znaczenia nabierają wielkie miasta. One bowiem „narzucają" tę tożsamość, tylko tam może ona emanować poprzez władzę, zasoby kulturowe, cerkiew czy kościół, itp. W naszym regionie takich miast było zaledwie kilka, Kraków, Warszawa, Lwów, Wilno, Moskwa, w pewnej mierze Budapeszt, Wiedeń. Te miasta próbują narzucać własny typ narodowej tożsamości na wielkie przestrzenie, w jakich leżą.

W XVII w. Kijów powoli zaczyna odradzać się jako miasto, które samo chce decydować o sobie. Kijów odnawia wówczas swój status religijny, nie tylko symbolicznie, ale także realnie, tworzy się tam centrum pojednania kozackiej idei z prawosławną religią, a prawosławie silnie reformuje się pod wpływem protestantyzmu, a potem katolicyzmu. Nagle Kijów bardzo mocno zaczyna artykułować swoją tożsamość i właśnie wtedy pojawia się idea Ukrainy kozacko-prawosławnej. Ale mamy wówczas do czynienia także z jeszcze inną tendencją, która pojawiła się w tym samym mniej więcej czasie, zaczęła ona łączyć Kijów z Moskwą. Twórcy tej tendencji głosili, że Kijów tak naprawdę tworzy tę samą co Moskwa przestrzeń cywilizacyjną, stanowiąc część „słowiańsko-prawosławnego" narodu.

W tym okresie następuje wielki odpływ kijowskich intelektualistów, którzy udają się do Moskwy, potem do Sankt Petersburga, gdzie propagują swoje idee. Można powiedzieć, że wzrost roli Moskwy w znacznej mierze nie jest przez nich przyjmowany jako wzrost roli obcego państwa, ale jako konsekwencja ich własnych wysiłków. Dla nich rosyjskie imperium stanowi ich własne państwo. Państwo, którego chcieli, silniejsze od ich wrogów, Polaków, katolików, muzułmanów i protestantów. Wszystkie te czynniki powodują, że Ukraina i Rosja są bardzo ściśle ze sobą związane. Rosja nie mogłaby bowiem stać się tym, czym się stała, wielką potęgą, bez Ukrainy, bez udziału Ukraińców i odwrotnie.

Ponadto Rosjanie i Ukraińcy nie toczyli między sobą żadnej poważnej wojny. Można oczywiście mówić o wojnie z Moskwą, jaką prowadził Iwan Mazepa, czy potem Centralna Rada w 1917–1918 r., ale to nie są wojny na taką skalę, jak wojny z Polską czy ze światem osmańskim. Mówiąc symbolicznie, nie istniało coś w rodzaju ukraińsko-rosyjskiego Wołynia czy Beresteczka. Dlatego Ukraińcom i Rosjanom jest tak trudno się rozliczyć. Znacznie trudniej niż Polakom i Ukraińcom. Wszystko w relacjach między Moskwą a Kijowem układało się tak „niby" pokojowo i harmonijnie, ale konsekwencje tych związków były dla Ukraińców tragiczne, jak sowietyzacja, Wielki Głód, represje.

Jakie procesy, mające miejsce w XIX w., doprowadziły do tego, że ta równowaga, a nawet przewaga na korzyść Ukraińców, zamienia się u Ukraińców w kompleks niższości, a u Rosjan w przekonanie, że Ukraińcy to małoruski, gorszy „brat"?
W miarę jak Ukraińcy umacniali rosyjskie imperium, sama Ukraina stawała się coraz bardziej prowincją. Potęga samej Rosji wzrastała, wchłaniając znaczną część Rzeczpospolitej, Kaukaz, itd. Te zjawiska wiodły do zmniejszania się roli Ukrainy, najpierw w znaczeniu geopolitycznym, a potem także kulturowym. W XVI–XVII w. Ukraina zajmowała prawie takie samo terytorium jak Rosja, ale w XIX w. staje się już tylko jedną z wielu części rosyjskiego imperium. Pojawiają się wówczas negatywne stereotypy w odniesieniu do Ukraińców. Ukrainiec staje się sprytnym, niezbyt mądrym, śmiesznym, czasem podstępnym, Małorusinem. Charakter tego stereotypu różnił się znacznie od tego, jaki Rosjanie tworzyli w odniesieniu do Niemców czy Polaków. Z jednej strony, Ukraińców nie traktowano jak „obcych", uznawano ich za „swoich", bliskich, zajmowali dosyć wysokie miejsce w hierarchii ważności różnych narodowości w rosyjskim imperium, następne po Rosjanach i Niemcach zamieszkujących region bałtycki. Z drugiej strony, stosunek do Ukraińców naznaczony był silnym poczuciem wyższości. Tworzenie stereotypów w znacznej mierze odzwierciedlało tę zmianę statusu Ukraińców w Rosji, jaka zaszła w ciągu dwustu lat, w okresie od XVII do XIX w. Wiek XIX stworzył najbardziej radykalną zmianę w relacjach pomiędzy Rosjanami a Ukraińcami czy, używając terminów tamtego czasu, pomiędzy Wielko- i Mało-Rusami. Ukraińcy stali się wtedy w Rosji symbolem prowincjonalności, w trakcie XIX w. poczucie to stale narasta.

Ponadto, w miarę rozwoju nacjonalizmów w XIX w., pojawia się w Kijowie grupa młodych Ukraińców, którzy uważają, że projekt ukraiński stanowi odrębną wartość niż projekt rosyjski. Wraz z potrzebą samookreślenia narodowego idzie także konieczność wyboru języka, w przypadku ukraińskim, o czym mówiliśmy, był to wybór języka, jakim mówił prosty lud, chłopi. W praktyce ten wybór oznaczał, że trzeba było odciąć się od całego dotychczasowego dorobku kulturalnego, który powstał wcześniej w języku cerkiewno-słowiańskim, języku elit w Rusi Kijowskiej oraz na ziemiach ruskich w Rzeczpospolitej. Natomiast język rosyjski nie doświadczył takiego zerwania ciągłości, asymilował wiele elementów języka starocerkiewnego, umożliwiając tym samym pewną formę kontynuacji między rosyjską kulturą i literaturą a Rusią Kijowską. Ukraina wybrała drogę trudniejszą, wybór ten był odpowiedzią na idee romantyzmu, ale z pragmatycznego punktu widzenia skazywał język ukraiński na pewną drugorzędność. Z punktu widzenia człowieka XIX w., wychowanego w poczuciu przynależności do wielkiej imperialnej kultury, za jaką uważano kulturę rosyjską, taki wybór wzbudzał pogardę, wydawał się naiwny. Prowokował także do pytania, dlaczego utożsamiać się z małą, prowincjonalną kulturą i językiem, kiedy można uczestniczyć w wielkiej kulturze imperialnej. I ślady tego poczucia wyraźnie widzimy u wielu błyskotliwych intelektualistów rosyjskich, nawet wśród przeciwników rosyjskiego reżimu politycznego, jak krytyk Wissarion Bieliński czy poeta Michaił Brodski.

Mówiliśmy w polskim kontekście o przyczynach wygaśnięcia koncepcji *Gente Rutheni, Natione Poloni*. Jak wyglądała ewolucja prorosyjskiej orientacji Ukraińców w początkach XX w.?
Dopiero utworzenie Centralnej Rady w 1917 r. okazało się cezurą w myśleniu o takiej prorosyjskiej opcji. Jak powiedział wówczas Mychajło Hruszewśkyj, dopiero podczas ataku bolszewików na Kijów, w końcu 1917 – początku 1918 r., umarła dla wielu ukra-

ińskich działaczy idea prorosyjskiej orientacji. Drugim momentem przełomowym, tragicznym dla pewnej części Ukraińców, głównie chłopów, był okres kolektywizacji wsi w latach 30. Ukraina była głównym punktem oporu przeciw kolektywizacji w Związku Sowieckim, została za to „ukarana" Wielkim Głodem lat 1932–1933. Ale, co ciekawe, nawet głód i stalinowskie represje nie wzmocniły radykalnych antyrosyjskich postaw Ukraińców, z wyjątkiem jedynie części inteligencji oraz Galicjan. Większość Ukraińców uważała, że to sprawa Stalina i bolszewików, a nie narodu rosyjskiego. Potem okres II wojny światowej i polityka prowadzona przez nazistowskich okupantów na terytorium Ukrainy, wyjątkowo okrutna, jeszcze bardziej zbliżyła Ukraińców z centralnych i wschodnich regionów do Związku Sowieckiego. Z wyjątkiem mieszkańców Galicji, gdyż ich doświadczenie było całkiem odmienne, o czym już wspominaliśmy.

Dopiero rok 1991 r. przyniósł silniejszą potrzebę oderwania Ukrainy od Rosji, rozpadało się wtedy wielkie imperium i ludzie bali się, że „odłamki" rozpadającego się Związku Sowieckiego mogą ich także przysypać. Stąd brało się odczucie, że trzeba jak najszybciej uciekać z rozsypującego się molocha. Jednak momentem, w którym najsilniej dało się odczuć tę potrzebę, okazała się pomarańczowa rewolucja, w jej wyniku Ukraina i Rosja poszły już całkiem innymi drogami. Z jednej strony Rosja pochowała, zdaje się na zawsze, nadzieję, że Ukraina ponownie przyłączy się do niej, a Ukraina pokazała, że podąża odmiennym szlakiem politycznym. Procesy zachodzące w Rosji, mam na myśli tzw. demokrację sterowaną, próbował przenieść na grunt ukraiński Leonid Kuczma wraz z Wiktorem Janukowyczem. Przez bardzo krótki okres wydawało się, że im się uda. Pod koniec reżimu Kuczmy można było odnieść wrażenie, że Ukraina pójdzie drogą Rosji. Kuczma bowiem wiele zrobił, aby politycznie upodobnić Ukrainę do Rosji, wprowadzić te same schematy politycznej manipulacji. Ale pomarańczowa rewolucja przerwała ten proces dość skutecznie, a wojna gazowa okazała się ostatnim gwoździem do trumny stosunków rosyjsko-ukraińskich. Co oczywiście nie oznacza, że nie ulegną one poprawie, ale wydarzenia te radykalnie zmieniły jakość tych relacji. Ukraina, jak mówią często analitycy rosyjscy, jest dla Moskwy już jak „odcięty kosą kąsek" („*otriezanyj kosoju kusok*").

Choć trzeba przyznać, że to ostateczne odcięcie Ukrainy od Rosji nastąpiło w obliczu faktów dokonanych, nie było rezultatem krytycznej refleksji nad całokształtem wzajemnych relacji, tak jak to miało wcześniej miejsce w przypadku stosunków ukraińsko-polskich. Innymi słowy, wtedy, kiedy upadł komunizm, a wraz z nim Związek Sowiecki, nie pojawił się żaden rosyjski Jerzy Giedroyc, chociaż momentami zdawało się, że taką rolę będą pełnić Andrej Sacharow czy Aleksander Sołżenicyn. W każdym razie nadal istnieje wielka potrzeba stworzenia nowej koncepcji stosunków ukraińsko-rosyjskich, a dopóki jej nie mamy, jesteśmy skazani na długą listę kolejnych kryzysów i konfliktów.

W 1918 r. pojawienie się dążeń niepodległościowych Ukraińców, do tego tak silnych, okazało się zaskoczeniem dla Rosjan, dla bolszewików, dla Polaków...

Mówiło się, że Polacy zaspali 1 listopada 1918 r., gdyż wiedzieli o Ukraińcach i ukraińskich dążeniach tyle, co o Murzynach w Afryce. Ale to samo działo się w Rosji. Dowodzący Białą Armią gen. Anton Denikin w swoich wspomnieniach[127] opisuje wejście do Kijowa wielotysięcznej armii Symona Petlury. I zadaje sobie

---

[127] A. Denikin, *The career of a Tsarist officer: Memoirs, 1872–1916*, University of Minnesota Press, Minneapolis 1975.

z ogromnym zdumieniem pytanie: "Skąd nagle wzięło się tylu Ukraińców?". Rosjanie też przespali ruch ukraiński, uważali go za zbyt słaby, marginalny, bez żadnej przyszłości. Nawiasem mówiąc, także Żydzi w ukraińskich guberniach imperium rosyjskiego nie mogli zrozumieć, skąd się wzięła "ta Ukraina". Mówili, że z tym ruskim chłopem Iwanem coś się stało, Iwan zwariował, bo uważa teraz siebie za Ukraińca. Co więcej, nawet niektórzy działacze ruchu ukraińskiego nie myśleli, że entuzjazm dla ukraińskiej idei będzie tak wielki, jak to się stało w latach 1917–1920. Ruch ukraiński uruchomił tak silne procesy, że sami jego przywódcy nie umieli się z nimi do końca uporać. Dowodem na to stały się problemy, z którymi borykał się i Hruszewśkyj, i Skoropadśkyj, i Petlura.

Procesy te dotyczą, w dużej mierze, ukraińskiego chłopstwa, a ich reperkusje odcisnęły się przez wiele dziesiątków lat na sowieckiej polityce wobec Ukrainy...
I wojna światowa i rewolucja 1917 r. uaktywniły z ogromną siłą masy ukraińskiego chłopstwa. Ukraiński ruch stał się wówczas masowy, a chłopi chwycili za broń. O ile armię Petlury czy Skoropadśkiego łatwo było odepchnąć od Ukrainy, zadając im kilka porażek, o tyle ukraińskiego chłopstwa nie można było "wycisnąć" z tych ziem, było zbyt liczne. Co się więc stało? Konflikt między ówczesnymi supermocarstwami doprowadził do wojny, która miała charakter totalny, obejmując wszystkie grupy społeczne, włącznie z chłopami. Wcześniej, przy końcu XIX w., miała miejsce wielka rewolucja demograficzna na wsiach, spadła śmiertelność dzieci. Liczba Ukraińców znacznie wrosła, ówczesne statystyki pokazywały, że jedynie Żydzi pod koniec XIX w. osiągali taki przyrost naturalny jak Ukraińcy. Nasilił się problem braku ziemi, dwukrotnie więcej osób żyło z tej samej ilości ziemi,

co w poprzednim pokoleniu. Ale większość z nich to byli ludzie młodzi, którzy zawsze mają większą skłonność do buntu, do przeprowadzenia zmiany porządków. Aby rozwiązać te problemy, chłopi musieli migrować do miast, w przeciwnym wypadku istniało bardzo duże zagrożenie rewolucją społeczną. W tym momencie wybuchła I wojna światowa. W związku z tym, że wojna toczyła się w dużej mierze na terytorium zamieszkanym przez ukraińską ludność, chłopi trafiali do wojska, gdzie stawali się rozumniejsi, nabierali śmiałości, uczyli się obchodzić z bronią. Do tego na wsiach, po przejściu przez nie różnych frontów, pozostawało wiele broni. Pojawiła się więc mieszanka wybuchowa, była nią rewolucyjnie nastawiona wieś. Kiedy upadła władza, chłopi sami zaczęli brać ziemię, gdyż dla nich była to kwestia przeżycia. Brali ją siłą, w typowy dla chłopskich rewolucji sposób, wykazując się okrucieństwem. Napadają po kolei na tych, których uważają za odpowiedzialnych za ich stan, a więc na polską szlachtę, Żydów, na rosyjskich właścicieli ziemskich, tworząc ruch bardzo przypominający francuską żakerię. W relatywnie krótkim czasie wieś ukraińska zdobywa ziemię dla siebie.

Ze strony chłopów daje się odczuć niezwerbalizowane oczekiwanie, że nowa władza, która pojawi się w wyniku wojny, przyzna, że dobrze zrobili, zabierając ziemię panom, choć według norm obowiązujących do wybuchu wojny to była grabież. Jednak z punktu widzenia chłopów było to działanie sprawiedliwe o tyle, że to chłopi uprawiali ziemię i ciężko na niej pracowali, a ten, kto pracuje na ziemi, ma do niej prawo. Pierwsi przyznali im rację bolszewicy, dlatego przez jakiś czas chłopi ich popierali. Kiedy pojawia się Centralna Rada i ukraiński rząd, jego przywódcy, nastawieni lewicowo, wspierają chłopów. Działaczom ukraińskiego ruchu narodowego, takim jak Mychajło Hruszewśkyj czy Symon Petlura, nie chodziło tylko o stworzenie ukraińskiego państwa, chcieli, aby było to państwo socjalistyczne, sprawiedliwe, w jakim lud poczuje się doceniony. Ukraińskie państwo miało być wzorcowe, realizując ideały sprawiedliwości społecznej. Dlatego wielu przedstawicieli ukraińskich elit wspierało ideę, aby chłopi otrzymali ziemię, choć chodziło im także o to, aby chłopi czuli się Ukraińcami.

Kiedy więc późną jesienią 1917 r. doszło do wyborów do Ogólnorosyjskiego Zgromadzenia Ustawodawczego, które miały zadecydować o losie Rosji, partie ukraińskie zdobyły zdecydowaną większość, znacznie wyprzedzając wszystkie rosyjskie partie na Ukrainie. W ciągu dziewięciu rewolucyjnych miesięcy 1917 r. mieszkańcy ukraińskiej wsi przebyli drogę „od chłopstwa do narodu", co w innych czasach, spokojniejszych, zabrałoby wiele lat. Ale w latach 1917–20 władza na ukraińskich ziemiach zmienia się bezustannie, a obietnice ze strony władz, że chłopi zatrzymają zdobytą przez siebie ziemię, nie były łatwe do zrealizowania. Każda władza potrzebowała ziarna i żywności dla utrzymania armii i władzy. Palące było pytanie, jak zapewnić chleb dla Berlina, Piotrogrodu, Moskwy czy Kijowa, a chleb głównie był na Ukrainie, Ukrainę nazywano spichlerzem tej części Europy. Dlatego wszyscy, którzy tu przychodzili, Rosjanie, Niemcy, Polacy, armia ukraińska, bolszewicy, zabierali chleb dla swoich żołnierzy i dla zabezpieczenia swojej władzy.

W końcu ukraińska wieś buntuje się przeciwko wszystkim, wybucha tzw. ukraińska rewolucja. Funkcjonowało wówczas takie zawołanie: „bij białych, aż staną się czerwoni, bij czerwonych, aż staną się biali". Pojawił się ruch Nestora Machno, masowy ruch powstańczy chłopów z południa Ukrainy. Ideologią Machno był anarchizm. Jednak posiadał on pewną lokalną specyfikę, która czyniła go odmiennym od tradycyjnych doktryn anarchizmu rosyjskiego. W zachowaniu żołnierzy jego oddziałów i ich wyobrażeniach o sprawiedliwości społecznej nietrudno było odnaleźć tradycje kozactwa i hajdamaczyzny. Z drugiej strony, powstańcy przejawiali uczucie silnego przywiązania do własnego terytorium, najmężniej bronili terytorium, na którym znajdowały się ich rodzinne wsie i ziemia.

Jak można by scharakteryzować mentalność ludzi spod znaku Nestora Machno oraz rolę tej chłopskiej partyzantki?
Ukraińcy chłopi mieli silne poczucie, że potrzebna jest władza, która by odpowiadała ich interesom. Te oczekiwania przetworzyły się w dość specyficzny ukraiński nacjonalizm chłopski, który różnił się od nacjonalizmu typu miejskiego. Czasem oba nacjonalizmy potrafiły znaleźć wspólny język – ale czasem walczyły ze sobą. Machno nie lubił ani Petlury, ani Skoropadskiego. Jego nastawienie do nich, do przywódców z miasta, przypomina, w jakimś stopniu, nastawienie niezależnej i zbuntowanej kozackiej Siczy Zaporoskiej do starszyzny kozackiej, zorganizowanej w regularnych oddziałach. Ale w miarę upływu czasu Machno coraz bardziej się ukrainizował. Dobrze to widać z retoryki, jaką się posługiwał: „Ciężkie czasy przyszły dla naszej matki – Ukrainy. Znowu ciężkie chmury zbierają się nad naszą nieszczęsną ojczyzną". Kiedy został wypędzony z sowieckiej Ukrainy, planował ruszyć z resztkami swojej armii do... Galicji, żeby pomagać miejscowym Ukraińcom walczyć z Polakami!

Z drugiej strony, jeżeli patrzeć na ten ruch z szerszej perspektywy, jest on prototypem podobnych ruchów, jakie spotykamy w XX w. w świecie, np. w Chinach czy Meksyku, ruchów chłopskich, które łączą w sobie elementy nacjonalistyczne i socjalistyczne. W kontekście ukraińskim ten typ mieszanki narodowo-socjalistycznej był też charakterystyczną cechą ukraińskiego ruchu narodowego w miastach. Z tą jednak różnicą, że chociaż liderzy tego ruchu, tacy jak Hruszewśkyj czy Petlura, byli socjalistami, starali się zachować uznane w Europie formy. Machno i inni powstańcy spod jego znaku poszli znacznie bardziej na lewo, zbliżali się bardzo do bolszewizmu, tyle że to zjawisko polegało raczej na realizacji bolszewickiego hasła „kradnij to, co już ukradzione!" (*„hrab' nahrabełenoje!"*). Co więcej, oddziały Machno w tym samym czasie walczyły także przeciw bolszewikom, szczególnie wtedy, kiedy ci zaczęli zabierać chleb na wsiach, wprowadzać komuny czy burzyć cerkwie. Chłopi uważali to za atak na same podstawy ich odwiecznego sposobu życia. Dlatego wiele z haseł wystąpień ukraińskich chłopów brzmiało tak: „My za bolszewikami, ale przeciw komunistom!".

Brzmi to absurdalnie w uszach intelektualisty, ale z punktu widzenia chłopów miało to właściwy sens. Jednym z bardzo istotnych problemów w relacjach między ukraińskim ruchem narodowym typu miejskiego i chłopskiego był fakt, że jedni drugich dość słabo rozumieli, nawet jeśli rozmawiali tym samym językiem. Te same pojęcia inaczej definiowali jedni, a inaczej drudzy. Ale ważne było to, co wspólne, a więc fakt, że w taki sam sposób definiowali „obcego". Dla ukraińskiego chłopa „komunistą" był najczęściej Rosjanin, nazywany „Moskalem" albo Żydem, gdyż w tamtym okresie wśród komunistów było bardzo niewielu Ukraińców. Z tego powodu było też popularne inne hasło: „Jesteśmy za władzą bolszewików, ale bez Moskali i Żydów". Chłopska świadomość jest zawsze silnie nacechowana nietolerancją w stosunku do obcych, a obcym dla tej masy ukraińskiego chłopstwa był każdy, kto nie pracował ciężko i nie żył z pracy swoich rąk, nie był wyznawcą prawosławia lub rozmawiał innym językiem, a więc: katolik, pan, Żyd, Polak („Lach"), Niemiec (Menonita), Moskal, komunista. Dla ukraińskich chłopów była to

„wojna wszystkich przeciw wszystkim", przy czym, jak wszystkie chłopskie wojny, bardzo okrutna. Ta wojna chłopska przyniosła za sobą falę antyżydowskich pogromów, gwałtów antyniemieckich i antypolskich.

Jaka była reakcja bolszewików na działalność tej chłopskiej ukraińskiej partyzantki?
Komuniści mylnie uważali, że skoro chłopi byli podatni i reagowali na bolszewickie hasła, tym samym byli ich sojusznikami. Flirt bolszewików z ukraińskim chłopstwem nie trwał jednak długo, tak naprawdę ich władza na Ukrainie nigdy nie wyszła w tamtych latach poza granice wielkich miast i praktycznie nie istniała na wsi. Bolszewicy trzykrotnie musieli uciekać z Ukrainy, właśnie także pod presją antykomunistycznych chłopskich powstań, które wybuchały na ich tyłach. Udało się utrzymać władzę tylko wtedy, kiedy na początku lat 20. zmienili swoją politykę – z polityki „wojennego komunizmu" przeszli do „nowej ekonomicznej polityki" – NEP, która na krótko pozostawiła chłopu większość zagrabionej podczas wojny domowej ziemi. Ale było to tylko chwilowe zawieszenie broni: każdą ze stron cechowała wielka nieufność do drugiej, każda ze stron wolała patrzeć na drugą przez celownik karabinu. Zresztą szybko okazało się, że ta nieufność była uzasadniona.

W latach 1929–1930 bolszewicy podjęli próbę odebrania chłopom ziemi i stworzenia kołchozów. Wówczas Ukrainę wiosną 1930 r. ogarnęła seria chłopskich antykomunistycznych powstań. Stalin początkowo wycofał się, aby zebrać siły. Opublikował wówczas w „Prawdzie" znany artykuł *Zawrót głowy od sukcesów*, w którym potępił nadużycia przy przeprowadzaniu kolektywizacji, zrzucając jednak winę na władze lokalne. Po tym artykule pozwolono chłopom na występowanie z kołchozów. Jednak Stalin szybko przygotował strategię „złamania kręgosłupa" ukraińskiemu chłopstwu, a punktem końcowym tej strategii był Wielki Głód lat 1932–1933[128].

Wojna i rewolucja pobudziły siły, które trudno było zatrzymać, można je było tylko zniszczyć. Ponadto sposób myślenia o Ukraińcach, jaki wytworzył się podczas I wojny światowej i rewolucji, miał bardzo duży wpływ na sposób myślenia i taktykę w stosunku do Ukraińców w dwadzieścia lat później, podczas II wojny światowej. Trzeba bowiem pamiętać, że ci, którzy podczas II wojny światowej byli przywódcami głównych sił, jak Stalin czy Hitler, dwadzieścia lat wcześniej walczyli w I wojnie światowej. Hitler nigdy nie uwierzył, że Ukraińcy mają państwowotwórczy potencjał, gdyż zapamiętał, że Ukraińcy buntowali się przeciw niemieckiej okupacji 1918 r. Hitler zapamiętał Ukraińców jako nośnik anarchii, a nie partnera do paktów. Z kolei dla Stalina czy Budionnego Ukraina była uosobieniem problemów, z jakimi nie umieli się do końca uporać. Kilkakrotnie próbowali zdobyć Ukrainę w latach 1917–1920 i za każdym razem musieli z niej uciekać. Stalin był przekonany, opierając na doświadczeniu z czasów rewolucji i I wojny światowej, że ukraińska wieś jest przeciwnikiem, który się nie poddaje, a pokój jest tam tylko chwilowy. Wierzył, że ukraiński ruch chłopski trzeba zniszczyć, inaczej jego władza nie przetrwa: albo chłopstwo zniszczy komunistów, albo oni chłopów. Stalin – podobnie jak, nawiasem mówiąc, Lenin i Trocki – uważał, że podstawą ukraińskiego nacjonalizmu jest ukraińskie chłopstwo.

---

[128] W Polsce ukazała się w roku ub. bardzo dobra publikacja ukraińskiego historyka poświęcona Wielkiemu Głodowi: S. Kulczycki, *Hołodomor. Wielki Głód na Ukrainie w latach 1932–1933 jako ludobójstwo. Problem świadomości*, Wrocław 2008 (wyd. ukr. *Hołodomor 1932–1933 rr. jak henocyd: trudnoszczi uswidomłennia*, Kyjiv 2008).

Kolektywizacja, a potem Wielki Głód doprowadziły do takiego zniszczenia ukraińskiej wsi, że już się nie podniosła ani do upadku komunizmu, ani nawet do dzisiaj...

Wielki Głód lat 1932–1933 był karą wymierzoną za to, co wydarzyło się na Ukrainie w latach 1917–1920 i 1930. Stalin miał pamięć traumatyczną i nie umiał darować ani zapomnieć porażek. Zapytano go kiedyś, jakie chwile w swoim życiu uważa za najpiękniejsze. Odpowiedział: Zapamiętać swego wroga i krzywdę, jaką od niego doznał, potem go zniszczyć... i wypić butelkę dobrego gruzińskiego wina.

Wracając do chłopstwa: w ogólnym rozrachunku, mimo „rewolucji" i rozwiniętej partyzantki chłopskiej, ukraińscy chłopi, podobnie jak cały ukraiński ruch narodowy, w rezultacie przegrali. Wybuch chłopski nie może się udać, jeśli nie ma wsparcia w mieście, w partii czy innej sile politycznej, która chłopskie żądania przetworzy na program polityczny. Ówczesne warunki polityczne nie pozwoliły ukraińskim chłopom ani też Ukraińcom na odniesienie sukcesu. Ale ta klęska doprowadziła do tego, że potem, w okresie międzywojennym, radykalizm ukraińskiego ruchu narodowego, OUN, wyrósł w znacznej mierze w konsekwencji dyskusji o przyczynach klęski tamtej ukraińskiej rewolucji. Młodsze pokolenie, które tworzyło OUN, oskarżało swoich poprzedników o to, że za klęskę był odpowiedzialny ich zbytni demokratyzm i postępowanie zbyt „legalistyczne", zgodne z prawem. Z drugiej strony, pamięć o rewolucji, która wybuchła w okresie wojny domowej wśród chłopstwa ukraińskiego na wschodzie i południu Ukrainy, pozostawiła silne piętno na sposobie myślenia ukraińskich działaczy ruchu narodowego. Trzeba tu wyraźnie zaznaczyć, że w samej Galicji, w czasie istnienia Zachodnioukraińskiej Narodowej Republiki i trwania wojny polsko-ukraińskiej lat 1918–1919 podobne wydarzenia jak na Wielkiej

Ukrainie nie miały miejsca. Chłopi, z wyjątkiem kilku odosobnionych wypadków, nie rzucili się do zabierania cudzej ziemi. Ich zachowanie było zgodne z przyjętymi zasadami, w tym sensie byli dobrymi uczniami habsburskiego systemu praworządności. Myślenie młodych galicyjsko-ukraińskich działaczy szło w kierunku Wielkiej Ukrainy, gdyż to tam miało znaleźć się centrum przyszłego państwa ukraińskiego. Dlatego w ich wyobrażeniu ruch ukraiński w przyszłości miał być wielką żywiołową rewolucją, przypominającą stare kozackie powstania. Nawet jeden z punktów *Dekalogu ukraińskiego nacjonalisty* Doncowa, swego rodzaju modlitwy, której uczyli się na pamięć młodzi nacjonaliści ukraińscy, brzmiał następująco: „Ja, duch odwiecznego żywiołu, jaki ochronił ciebie od tatarskiego potopu i postawił na granicy dwóch światów tworzyć nowe życie".

Stepan Bandera i jego zwolennicy wyobrażali sobie, że w którymś momencie wybuchnie takie samo wielkie chłopskie powstanie, jak w latach 1917–1920, powstanie, które zmiecie i Stalina, i Hitlera z powierzchni ziemi. Właśnie dlatego Bandera dość długo opierał się stworzeniu UPA, gdyż jej utworzenie nie odpowiadało koncepcji ukraińskiej rewolucji, jakiej był zwolennikiem. Według niego, miała ona być masowa i żywiołowa, tymczasem stworzenie UPA zakładało prowadzenie wojny partyzanckiej, a on uważał ją za niepoważną.

Myślenie Bandery świadczyło jednak o całkowitej nieznajomości realiów ukraińskiej wsi w sowieckiej Ukrainie...

W rzeczywistości OUN mało zwracała uwagę na to, co się stało na tych ziemiach w okresie międzywojennym, dominował silnie rozpowszechniony mit powstań kozackich, hajdamaczyzny, wzmocniony mitem wybuchu ukraińskiego chłopstwa z lat 1917–1920. Działacze OUN nie rozumieli, że w latach 20. i 30. na

Ukrainie miały miejsce zmiany, które sprawiły, że to była już zupełnie inna Ukraina niż ta w latach 1917–1919. Była to Ukraina już po stalinowskiej industrializacji i kolektywizacji, które zniszczyły starą ukraińską wieś i jej bogatą tradycję ludową i społeczną, oraz zaszczepiły strach i polityczną apatię na lata. Z drugiej strony forsowna industrializacja spowodowała pojawienie się całego pokolenia młodych Ukraińców mieszkających w miastach, a nie na wsi, oni mieli znacznie większą świadomość polityczną i społeczną. Wspomnienia członków OUN, zwłaszcza pochodzących z Galicji, tych, którzy brali udział w walkach lat 1917–1920, a potem wyjeżdżali w czasie okupacji niemieckiej na sowiecką Ukrainę, dobrze pokazują, że dwadzieścia lat sowieckiej władzy na wschodniej Ukrainie zmieniło ludzi pochodzących ze wsi. Zastali oni tam już nie tych samych zahukanych chłopów, lecz ludzi o silniejszej świadomości społecznej, nowy typ Ukraińców. Postrzegali oni co prawda Stalina jako wroga, pamięć o Wielkim Głodzie i masowych komunistycznych represjach lat 30. była bardzo świeża i silna, ale nie przyjmowali frazeologii i ideologii OUN. Dla nich była zbyt ekstremalna, zbyt ksenofobiczna. Dlatego długo jedni i drudzy nie umieli porozumieć się ze sobą. Uświadomienie sobie tego rozejścia ruchu nacjonalistycznego z ukraińskim społeczeństwem w środkowo-wschodniej Ukrainie, spowodowało między innymi ewolucję tego ruchu w końcu II wojny światowej, i potem w końcu lat 40.

Zapoczątkowało to spór w łonie OUN-UPA dotyczący charakteru zmian w taktyce między takimi działaczami jak Mykoła Łebed' czy Łew Rebet[129] z jednej strony, a Stefanem Banderą z drugiej.

---

[129] Łew Rebet (1912–1957), ukraiński polityk, ideolog, prawnik, prof. Wolnego Uniwersytetu Ukraińskiego; 1934–38 prowidnyk OUN, w 1940 członek Prowidu OUN-R, w 1941 z-ca J. Stećki w jego rządzie; od września 1941 więzień gestapo, więzień Auschwitz; potem na emigracji w Niemczech, gdzie został członkiem za-

Chodziło m.in. o zmianę ideologii i głoszenie haseł, które nie miałyby wydźwięku ksenofobicznego, raczej o socjalnym nastawieniu i demokratycznych. Bandera nie rozumiał tego, czym jest wschodnia Ukraina, ani tego, że tej części Ukrainy nie można zdobyć hasłami narodowymi, a trzeba to robić, propagując hasła socjalne. Jego oponenci uważali, że nie wystarcza tam jedynie obiecać, że powstanie niezależna Ukraina, ale trzeba także mówić, że będzie ona krajem respektującym sprawiedliwość społeczną, w którym będą także zabezpieczenia socjalne, itd. Ten konflikt doprowadził do nowego rozłamu w łonie OUN.

W diasporze istniał jeszcze inny głęboki spór, w podejściu do Związku Sowieckiego i sowieckiej Ukrainy, przypominający trochę swym charakterem spór w łonie polskiej emigracji po 1945 r. Istniała grupa działaczy, która częściowo wywodziła się z antybanderowskiego odłamu OUN, a częściowo z innych środowisk, która nazywała siebie realistami. O nich już mówiłem. Tutaj tylko powtórzę: twierdzili oni, że należy uważnie śledzić, co dzieje się na sowieckiej Ukrainie, wychodząc z założenia, że w przyszłości niezależna Ukraina powstanie nie w wyniku narodowej rewolucji, a w rezultacie ewolucji samego politycznego systemu radzieckiego, z wszystkimi pozytywnymi i negatywnymi skutkami tego faktu. Uważali, że lepsze zrozumienie, czym jest sowiecka Ukraina, ułatwi wyobrażenie sobie, jaka będzie niezależna postsowiecka Ukraina.

Większa część diaspory ignorowała jednak sytuację i problemy na sowieckiej Ukrainie, koncentrując się albo na sprawach Ukraińców w diasporze, albo, najczęściej, na ruchu dysydenckim lat 60. i 70., ale nie na zjawiskach występujących w komunistycznym

---

granicznym UHWR, prowadził działalność publicystyczną i ideologiczną; zamordowany przez agenta Staszewskiego związanego z NKWD.

aparacie władzy czy w ruchu robotniczym. Sądzę zresztą, że ten typ myślenia dominował wśród dużej części diaspory, i dominuje do dziś, ale on dominuje także w dzisiejszej Galicji. W znacznej mierze żyje ona nadal tymi heroicznymi pojęciami rewolucji narodowej. Zapominając, czy nie dostrzegając, że współczesna niezależna Ukraina wzięła się z symbiozy kompromisu pomiędzy „różnymi" Ukrainami – i tej nacjonalistycznej, i tej patriotycznej ukraińskojęzycznej, i tej komunistycznej, i tej robotniczej w rosyjskojęzycznym Donbasie. Dla dobra i całości Ukrainy trzeba, aby wszyscy zaakceptowali ten kompromis, alternatywy raczej nie ma.

Wracając do Stalina i jego polityki wobec Ukrainy po 1944 r., czy można wskazać jej główne kierunki?
To, co stało się na Ukrainie w latach 1917–1920, miało istotny wpływ na sposób myślenia Stalina o Ukrainie, aż do jego śmierci w 1953 r. Co więcej, ten sposób myślenia znalazł potwierdzenie w tym, co się stało na samym początku wojny sowiecko-nazistowskiej. Związek Sowiecki na Ukrainie poddał się wojskom niemieckim błyskawicznie, w ciągu trzech, czterech miesięcy. Stalin i sowieckie dowództwo nie mogli zapomnieć upokorzenia, jakiego doznali, uciekając z Ukrainy latem i jesienią 1941 r. Przyczyny tego odwrotu upatrywali w zdradzie ukraińskiej ludności. Na Kremlu krążyła opinia, że mieszkańcy Ukrainy zdradzili władzę radziecką i stali się znów „kozaczkami". Przekonanie Stalina, że Ukraińcy zdradzili, było w znacznej mierze prawdą. Procent Ukraińców, którzy znaleźli się w niewoli niemieckiej (prawie 33%), był wyższy niż procent Ukraińców w Armii Czerwonej (około 20%). Wielu z nich dezerterowało i szło dobrowolnie do niewoli niemieckiej, tym bardziej że początkowo Wehrmacht traktował ukraińskich jeńców pobłażliwie, często zwalniając ich

do domu. Dokumenty pokazują, że nawet kiedy Ukraińcy nie przyjmowali wejścia wojsk Hitlera z radością, choć byli i tacy, to jednak cieszyli się z odejścia Sowietów. Kiedy w 1944 r. Armia Czerwona ponownie wchodziła na Ukrainę, dominowało poczucie, że wchodzi na obce terytorium. To poczucie „obcości" bardzo dobrze pokazują m.in. wspomnienia Milovana Dżilasa o jego spotkaniach i rozmowach ze Stalinem[130]. Stalin w 1944 r., mając w pamięci tamtą „zdradę" Ukraińców, z 1941 r., aby się z nimi uporać, wprowadził początkowo radykalne metody. Chruszczow, w swoim słynnym przemówieniu na XX Zjeździe KPZR w 1956 r. mówił, że Stalin miał wówczas plany deportacji ludności ukraińskiej na Wschód i na Syberię, za przykładem ludności kaukaskiej i krymskich Tatarów. Ukraińcy uniknęli tej operacji tylko dzięki temu, że było ich zbyt wielu, i w związku z tym trudno byłoby taką operację przeprowadzić. Ale użyto innych środków, przynajmniej aby pozbyć się części z nich. Mężczyzn ze świeżo wyzwolonych terenów ukraińskich mobilizowano, włączając do czynnej służby, i rzucano na linię frontu bez niezbędnego przygotowania wojskowego, ze słabym uzbrojeniem, tak aby jak najwięcej zginęło, brano do wojska także chłopców i mężczyzn w wieku przed- i popoborowym.

Jednak Stalina niepokoiła rola Ukrainy, jako „pięty Achillesa" Związku Sowieckiego. Dlatego aby przekonać Ukraińców do sowieckiej władzy, zmienił taktykę i postanowił po raz kolejny zagrać na ukraińskich uczuciach patriotycznych. Zaproponował – na krótko – ideę udoskonalenia federacji radzieckich i poszerzenia praw republik związkowych. W ramach realizacji tej idei stworzył odrębne MSZ i Ministerstwo Spraw Wojskowych dla Ukrainy, ponadto cztery fronty nazwał ukraińskimi, zaproponował też

---

[130] Milovan Dżilas, *Rozmowy ze Stalinem*, Instytut Literacki, Paryż 1962.

krótkotrwałą ukrainizację. Trwały wtedy dyskusje o wprowadzeniu ukraińskiego hymnu, zastanawiano się nawet, czy nie może nim być *„Szcze ne wmerła Ukrajina"*. Ówczesna polityka Stalina w sprawie Ukrainy miała robić wrażenie, że tworzy się coś na kształt ukraińskiego państwa. Stąd wziął się gest Stalina przyznający Ukrainie status członka-założyciela ONZ w kwietniu 1945 r. Stalin podczas prywatnej rozmowy z Rooseveltem stwierdził, że jego stanowisko na Ukrainie jest trudne i niepewne, dlatego gesty w stronę Ukrainy są dla niego ważne ze względu na zachowanie jedności ZSRR.

Ale po maju 1945 r., kiedy wojna się skończyła, a Stalin został uznany przez kraje alianckie za zwycięzcę, specjalna polityka „dowartościowania" Ukrainy przestaje mu być potrzebna. Przychodzi czas zemsty za wszystkie ukraińskie zdrady, przychodzą kolejne fale terroru.

Jakie główne nurty czy zjawiska w sowieckiej polityce prowadzonej po śmierci Stalina wobec Ukrainy należałoby wymienić?
Iwan Łysiak-Rudnyćkyj właściwie określił charakter nowej polityki Kremla po śmierci Stalina, nazywając ją tworzeniem nowego kompromisu, nowego Perejasławia. Chodziło o rewizję stosunków między Kremlem a Ukrainą. Z jednej strony, chodziło o ich polepszenie, temu służyło przyłączenie Krymu do Ukrainy w 1954 r. Z drugiej, wiedziano dobrze, że wielu praw nigdy nie przyzna się Ukrainie, np. nie będzie miała prawa do posiadania swojej odrębnej historii narodowej i prawa do własnej pamięci historycznej. Inaczej mówiąc, sowieckie władze przyznały Ukrainie status republiki drugiej co do ważności po Republice Rosyjskiej, ale pod warunkiem, że Ukraina nigdy nie wyjdzie ze Związku Sowieckiego. Koncepcja tego „nowego Perejasławia"

wynikała ze statusu przyznanego Ukrainie jeszcze w ostatnich latach życia Stalina.

Stalin, z jednej strony, doprowadził do zjednoczenia prawie wszystkich etnicznie ukraińskich ziem w ramach sowieckiej republiki ukraińskiej. Można powiedzieć, że dzięki temu spełniło się odwieczne marzenie ukraińskich patriotów. Z drugiej strony, sytuacja, w jakiej Ukraina stała się częścią ZSRR, doprowadziła do tego, że ukraińska kwestia straciła, bardzo istotny i nieodzowny dla swego rozwoju, międzynarodowy kontekst. Ukraina włączona do ZSRR znalazła się bowiem w całkowitej izolacji od świata zewnętrznego, stała się „wewnętrzną" sowiecką sprawą. Ponadto Stalin w tym samym czasie zamknął ostatecznie „sprawę polskiej obecności" w historii Ukrainy, wysiedlając resztkę Polaków z Wołynia i Galicji do Polski oraz tworząc szczelny kordon między PRL a Ukraińską Republiką Radziecką. Utrata tego międzynarodowego kontekstu dla kwestii ukraińskiej, a szczególnie polskiego kontekstu, spowodowała, że po 1945 r. ukraińska tożsamość musiała określać się już tylko w odniesieniu do Rosji i Rosjan. A to oznaczało pewne ułatwienia, ale tworzyło też nowe niebezpieczeństwa i trudności. Trudności wynikały zwłaszcza z faktu, że i tak Ukraińcom, w związku z przyczynami, o których mówiliśmy wcześniej, było znacznie trudniej samookreślić się wobec Rosjan niż Polaków.

W tym samym czasie polityka Stalina doprowadziła do wyraźnej zmiany w ogólnym bilansie relacji ukraińsko-rosyjskich. I tak odtąd w kontekst tych relacji zostali włączeni także Ukraińcy z zachodniej Ukrainy, która do 1939 r. pozostawała poza bezpośrednimi wpływami tak imperium rosyjskiego, jak i ZSRR. Zachodni Ukraińcy odróżniali się bardzo od innych swoim antyrosyjskim nastawieniem. Ponadto, w związku z tym, że znajdowali się w sferze wpływów bardziej „cywilizowanych" Austro-Węgier,

Polski czy Czechosłowacji, nie ciążył na nich kompleks niedowartościowania, poczucia mniejszej wartości w odniesieniu do Rosjan, mówiliśmy o tym wcześniej. Ich nastawienie było wyraźnie antysowieckie. Wielu historyków i analityków politycznych uważa, że włączenie zachodniej Ukrainy razem z krajami Bałtyckimi do Związku Sowieckiego było największą pomyłką Stalina. Pomyłką, za którą po latach zapłacił Gorbaczow.

Trzeba tu jeszcze wspomnieć o innym, dość niespodziewanym rezultacie polityki Stalina, który w rzeczywistości nadał Ukrainie status quasi-państwa. Na fakt ten zwrócił uwagę jeden z ukraińskich emigrantów, Bohdan Hałajczuk, który niedługo po wojnie opublikował książkę pod wymownym tytułem: *Naród zniewolony, ale jednak państwowy*[131]. Ukraińska Republika Radziecka otrzymała swoje granice, stolicę, hymn, flagę i inne państwowe insygnia. A przede wszystkim swoją własną nową elitę polityczną – nomenklaturę, której członkowie mieli własne ambicje polityczne i apetyt na władzę. Stalin stworzył w ten sposób źródło stałego niepokoju dla Kremla: za każdym razem, kiedy w Moskwie dochodziło do nowej walki o władzę, kijowskie elity partyjne wykorzystywały tę sytuację, aby wyrwać dla siebie nowe przestrzenie władzy, i tak aż do 1991 r., kiedy postanowiły definitywnie oderwać Ukrainę od ZSRR.

Po stworzeniu w 1991 r. niezależnej Ukrainy uwidocznił się wpływ polityki Stalina na pamięć historyczną Ukraińców. Z jednej strony, te ukraińskojęzyczne regiony, które najbardziej ucierpiały w wyniku represji Stalina, głównie centralna i wschodnia Ukraina, długo nie były w stanie sformułować jasnych stanowisk co do wielu politycznych kwestii. Mówię o tych terytoriach,

---

[131] Bohdan Hałajczuk, *Nacja ponewolena, ale derżawna. Ukrajinśka wyzwolna sprawa z miżnarodno-prawowoho punktu baczennia*, München 1953.

które tworzą tzw. najbardziej ostrożną Ukrainę, gdyż w świadomości bardzo wielu osób zamieszkujących te tereny głęboko zapisało się przekonanie, że „jak wysuniesz głowę, to ryzykujesz jej utratę".

Dla mnie właśnie uporanie się z tym strachem po 1991 r., co zabrało Ukraińcom ponad dziesięć lat, wyjaśnia w znacznej mierze fenomen pomarańczowej rewolucji. Bez wsparcia centralnej Ukrainy, a także historycznego centrum, jakim jest Kijów, Juszczenko nie mógłby w 2004 r. wygrać. Z drugiej strony, Ukraińcy tak naprawdę nie zapomnieli tego, co dla nich „zrobił" Stalin, i dlatego nadal pozostaje on głównym antybohaterem dla większości z nich, niezależnie od regionu Ukrainy.

Jaka była rola ukraińskich dysydentów na przełomie lat 80. i 90., na ile ich myśl wpłynęła na współczesną Ukrainę?
Istnieje taka hipoteza, potwierdzona zresztą wieloma przykładami, że w tych krajach post sowieckich, w których intelektualiści przejęli władzę po rozpadzie imperium sowieckiego, był wyższy poziom konfliktów, szczególnie międzyetnicznych. I na odwrót, tam gdzie władzę przejęła stara komunistyczna nomenklatura, stabilność polityczna była wyższa. Zdaje mi się, że Ukraina potwierdza tę zasadę tylko w połowie, o tyle, o ile Krawczukowi i Kuczmie udało się uniknąć tego typu konfliktów. Ale w znacznej mierze stało się to możliwe dzięki roli intelektualistów ukraińskich, szczególnie tych, którzy wywodzą się z ruchu dysydenckiego. To oni, dzięki kategorycznemu zanegowaniu ksenofobicznej części dziedzictwa ukraińskiego ruchu narodowego, stworzyli na Ukrainie końca lat 80. i początku lat 90. klimat dla pokojowego ułożenia się relacji międzyetnicznych. W pierwszej kolejności chodzi o relacje ukraińsko-żydowskie oraz o stosunki między Ukraińcami i krymskimi Tatarami, ale również o zmianę oceny

w podejściu do Polski i Polaków. Bardzo ważny także pozostał ich wkład w budowanie podejścia do Rosjan i Rosji, zwłaszcza Rosjan mieszkających na Ukrainie. W latach 1960–1980 ukraińscy dysydenci wielokrotnie zwracali uwagę na fakt, że nie walczą z Rosjanami, a ze Związkiem Sowieckim i reżimem komunistycznym. Warto przypomnieć, że jedno z haseł Ruchu brzmiało: „Chcemy, aby Rosjanom na Ukrainie żyło się lepiej niż Rosjanom w Rosji, Żydom lepiej niż w Izraelu, itd.". Można by teraz uznać naiwność tych haseł, ale trzeba docenić to, że odegrały bardzo istotną rolę podczas kryzysów politycznych. Można wątpić, czy gdyby nie było tych haseł, udałoby się osiągnąć w grudniu 1991 r. rezultat referendum, który przyniosło wsparcie 91 procent społeczeństwa dla decyzji o wyjściu Ukrainy ze składu ZSRR i stworzeniu niezależnego państwa.

W ukraińskim ruchu dysydenckim istniało antyrosyjskie skrzydło, które nawiązywało do tradycji OUN-UPA, dzisiaj także wśród znacznej części intelektualnej elity ukraińskiej jest silnie rozpowszechniona niechęć do Rosji i Rosjan. Słowo „niechęć" jest tu może za słabe. Co jednak ważne, zarówno w ukraińskim ruchu dysydenckim, jak i w środowisku intelektualistów na niezależnej Ukrainie, nie dominowały i nie dominują postawy ksenofobiczne. Wielu dysydentów brało udział w walce z wszelkimi przejawami ksenofobii. Nadal znaczna część tych, którzy przeżyli, jest aktywna na tym polu, podobnie rzecz ma się z intelektualistami.

Czy możemy podsumować najważniejsze aspekty stanowiące o specyfice relacji ukraińsko-rosyjskich?
Stosunki Ukrainy z Rosją są o wiele bardziej złożone niż Ukrainy z Polską. W relacjach ukraińsko-rosyjskich bardzo trudno zrozumieć, kto jest „młodszy", a kto „starszy", kto „większy", a kto „mniejszy", kto „swój", a kto „obcy", gdzie kończy się Ukraina,

a zaczyna Rosja. Obie strony mocno zaangażowały się we wzajemne budowanie przeświadczenia, że dla wielu osób nadal istnieje wspólna ukraińsko-rosyjska przestrzeń.

Można by powiedzieć, że dziś stosunki ukraińsko-rosyjskie przypominają trochę polsko-ukraińskie z końca XVII w., kiedy dokonało się oderwanie Ukrainy od Polski. Po pomarańczowej rewolucji oderwanie zostało wzmocnione, ale inercja przeszłości jest jeszcze zbyt głęboka.

VIII

UKRAIŃCY I ŻYDZI

„Ukraina powinna zademonstrować, jeśli nie gotowość, to chociaż chęć odpowiedzialnego podejścia do spraw ukraińsko-żydowskich"

Jak we współczesnej ukraińskiej historiografii postrzegana jest tematyka ukraińsko-żydowska? Jaki był jej stan w momencie rozpadu Związku Sowieckiego?
Bez przypomnienia dziedzictwa pozostawionego w historiografii przez Związek Sowiecki trudno zrozumieć, jakie procesy dokonały się na Ukrainie w tej dziedzinie w ciągu ostatnich kilkunastu lat. Sowiecka historiografia, z wyjątkiem krótkiego i stosunkowo liberalnego okresu lat 20., traktowała kwestię żydowską jako temat tabu. Dobrym przykładem tego typu podejścia była, wydana w latach 70.–80., wielotomowa *Historia Ukraińskiej RSR* – oficjalna synteza radziecko-ukraińskiej historii, napisana jako przeciwwaga do *Historii Rusi-Ukrainy* Mychajły Hruszewskiego oraz wydanej w diasporze *Encyklopedii ukrainoznawstwa*[132].

---

[132] *Encyklopedia ukrajinoznawstwa*, opracowanie, którego publikacja trwała wiele lat, które zainicjowali i przygotowali ukraińscy naukowcy z diaspory. W rezultacie powstało kilka wydań, w języku ukraińskim trzytomowa encyklopedia przedmiotowa (1949–1952) oraz dziesięciotomowe wydanie słownikowe (1955–1984)

Ukraińcy i Żydzi

W publikacji, która ukazała się w Związku Sowieckim, nie ma żadnej informacji o Żydach czy wzmianki o relacjach ukraińsko-żydowskich. Już podczas kolegium redakcyjnego, na którym omawiano koncepcję tej publikacji, uprzedzono wydawnictwo o tym, że nie ma mowy o żadnej wzmiance na temat Żydów na Ukrainie. Kiedy omawiane w tej publikacji wydarzenia historyczne zmuszały do nawiązania do kwestii żydowskiej, posługiwano się eufemizmami, określeniami takimi jak „arendarze", „obywatele ZSRR, którzy zginęli z rąk faszystów", itd.

Podejście sowieckiej historiografii do kwestii żydowskiej, podobnie jak podejście do ukraińskiego ruchu narodowego, nie wynikało z jednej, uniwersalnej linii, realizowanej we wszystkich sowieckich republikach. Np. istnieją badania wskazujące, w jaki sposób w Związku Sowieckim funkcjonowała informacja o Holokauście. Badania te pokazują wyraźnie, że istniały istotne różnice pomiędzy poszczególnymi republikami. I tak, o ile w republikach bałtyckich temat Holokaustu mógł pojawić się nawet w podręcznikach szkolnych, o tyle w republice ukraińskiej temat ten był starannie przemilczany[133].

Polityka Moskwy polegająca na przemilczaniu stosunków ukraińsko-żydowskich wynikała z obawy, że ich nagłośnienie może przypominać otwarcie puszki Pandory, uważano je za tak bardzo niebezpieczne. Chodziło o to, aby nie przywoływać wspomnień o konfliktach, które potencjalnie mogły nacjonalizować

---

pod wspólnym tytułem *Encyklopedia ukrajinoznawstwa*; oraz w języku angielskim pięciotomowe wydanie *Encyclopedia of Ukraine* (1984–1993).

[133] Zvi Gitelman, *Soviet Reactions to the Holocaust, 1945–1991*, [w:] *The Holocaust in the Soviet Union. Studies and Sources on the Destruction of the Jews in the Nazi-Occupied Territories of the USSR, 1941–1945*, red. L. Dobroszycki, J.S. Gurock, Armonk, M.E. Sharpe, N.Y 1993, s. 3, 9–11. Elektroniczna wersja książki dostępna jest w internecie: http://www.questia.com/PM.

ukraińską pamięć historyczną. Podobną rolę pełniła np. polityka przemilczania tragicznych wydarzeń polsko-ukraińskich na Wołyniu w 1943 r. W pewnej mierze wpływ na stosunek do kwestii żydowskiej w Związku Sowieckim miał również fakt, że antysemityzm był bardzo silnie rozpowszechniony wśród sowieckiej nomenklatury politycznej. Dodatkowo uległ on wzmocnieniu, kiedy w latach 70.–80. rozpoczęła się emigracja Żydów do Izraela i USA. Rozpowszechniano wówczas teorię o spisku ukraińskich nacjonalistów i żydowskich syjonistów. Choć trzeba przyznać, że u podstaw mitu o sojuszu ukraińsko-syjonistycznym leżały dość uzasadnione przesłanki, bowiem kwestię dialogu ukraińsko-żydowskiego rozpoczęły środowiska nastawione antysowiecko. Byli to ukraińscy i żydowscy dysydenci w Związku Sowieckim[134], a po zachodniej stronie żelaznej kurtyny liberalnie nastawieni historycy i działacze z ukraińskiej i żydowskiej diaspory. Władze sowieckie stworzyły wówczas slogan o przymierzu tryzuba z gwiazdą Dawida, zjednoczonych w nienawiści do Moskwy.

Spustoszenia dokonane w historiografii w czasach Związku Sowieckiego spowodowały, że w momencie upadku komunizmu, kiedy powstała niezależna Ukraina, stan ukraińskiej historiografii, również w kwestii relacji ukraińsko-żydowskich, był bardzo słaby. Jeśli więc spojrzeć na nią poprzez punkt wyjścia, w roku 1991, nie porównując jej z historiografią polską czy litewską, które nie zaznały w okresie komunistycznym aż tak wielkich ograniczeń i zafałszowań, można powiedzieć, że w ciągu ostatnich 18 lat na Ukrainie dokonało się w tej dziedzinie wiele pozytywnych zmian.

---

[134] Bardzo ciekawym zapisem spotkań ukraińskich i żydowskich dysydentów, prób nawiązania dialogu i wzajemnego poznania stanowi książka żydowskiego dysydenta Mychajiła Chejfeca, *Ukrajinsky syluety*, New York 1983, oraz *Pole widczaju i nadiji*, Kyjiv 1994.

Ukraińcy i Żydzi

Dzisiaj nie mamy już do czynienia tylko z pojedynczymi artykułami poświęconymi kwestiom ukraińsko-żydowskim, publikowanymi wyłącznie w prasie niszowej, jak to miało miejsce w początkach lat 90. Od tego czasu ukazało się parę ważnych książek, które dotyczą różnych aspektów relacji ukraińsko-żydowskich. Choć wciąż jeszcze skali tego zjawiska nie można porównać z osiągnięciami historiografii zachodniej, w której np. historia Holokaustu stanowi jeden z najlepiej opracowanych rozdziałów historii świata[135].

Tematyka ukraińsko-żydowska była w okresie Związku Sowieckiego domeną ukraińskich historyków i działaczy ukraińskiego ruchu narodowego mieszkających w diasporze, takich jak Petro Poticznyj czy Jewhen Stachiw[136]. Środowisko to jako pierwsze zorganizowało konferencję z udziałem historyków ukraińskich i żydowskich poświęconą tej tematyce[137]...

---

[135] Patrz: Istvan Deàk, *Hitler's Europe*, Lincoln 2001; recenzja z książki ukazała się w: Jarosław Hrycak, *Żyttia, smert' ta inszi nepryjemnosti*, Kyjiv 2008, s. 118–134.

[136] Jewchen Stachiw (ur. 1918), syn oficera armii Austro-Węgier, w okresie polsko-ukraińskich zmagań o Galicję Ukraińskiej Armii Galicyjskiej. Rodzina Stachowa należała do tradycyjnych ukraińskich patriotycznych rodzin; członek Junactwa OUN, w 1938 r. przedostał się na Ukrainę Zakarpacką, by walczyć w szeregach ukraińskich formacji zbrojnych, Oddziałach Siczy. W latach II wojny światowej tworzył konspiracyjną siatkę w Donbasie. Antyniemiecka działalność stworzonej przez niego grupy posłużyła za kanwę powieści napisanej przez A. Fadjejewa powieści *Młoda Gwardia*. Od 1944 r. na emigracji w Europie Zachodniej i USA. Związał się z demokratycznym odłamem w OUN, środowiskiem Ukraińskiej Głównej Rady Wyzwoleńczej. Inicjator współpracy środowisk ukraińskiej emigracji z ukraińskim ruchem dysydenckim na Ukrainie oraz środowiskami żydowskimi i polskimi.

[137] Chodzi o trzy konferencje zorganizowane w latach 1961, 1962, 1964 w USA w Nowym Jorku, więcej w: *Wiele twarzy Ukrainy*, s. 205–206; oraz o konferencję zorganizowaną w Edmonton, z której materiały opublikowane w: P. Potichny, Howard Aster, *Jewish-Ukrainian Relations in Historical Perspective*, Edmonton, Alberta 1985.

Rzeczywiście, przed 1991 r. tematyką ukraińsko-żydowską, zwłaszcza w latach 70.–80., zajmowali się przede wszystkim niektórzy historycy i działacze ukraińskiej diaspory. Działała wtedy grupa historyków ze szkoły Wiaczesława Łypyńskiego, należeli do niej m.in. Omelan Pricak, Iwan Łysiak-Rudnyćkyj czy Jarosław Pełeńśkyj[138], którzy wykazywali się dużą wrażliwością na relacje Ukraińców z innymi narodami, w tym z Żydami. Przy końcu lat 80. dorobek naukowy tych osób stawał się coraz bardziej znany, także na Ukrainie. Po upadku komunizmu podział historyków na tych z kraju i tych z diaspory stracił sens. Wszyscy oni stali się częścią ukraińskiej historiografii, chociaż większość z nich w dalszym ciągu funkcjonuje w różnych kontekstach akademickich – ukraińskim i północnoamerykańskim. Najbardziej aktywnie tematyką ukraińsko-żydowską zajmuje się ukraiński historyk z Kanady, John-Paul Himka, który jest uczniem Romana Szporluka, długo pozostawał także pod wpływem Iwana Łysiaka--Rudnyćkiego. Rozpoczął on prace nad bardzo ważnym tematem dotyczącym podejścia ukraińskiej diaspory do kwestii Holokaustu, ma tam także znaleźć się próba określenia, co spowodowało, że temat ten był przez nią w dużej mierze przemilczany.

Z innych ważnych opracowań wydanych poza Ukrainą warto wspomnieć o bardzo dobrej pracy Henry Abrahamsona, poświęconej antyżydowskim pogromom w czasach Symona Petlury[139]. Praca ta powstała pod kierunkiem Pawła Magocsi, profesora uniwersytetu w Toronto, który z kolei wyszedł ze szkoły Pricaka.

---

[138] Jarosław Pełeńśkyj (ur. 1929), ukraiński historyk, historyk sztuki, po II wojnie światowej na emigracji, wrócił na Ukrainę w 1993 r. Dyrektor Instytutu Badań Wschodnioeuropejskich; wcześniej związany z uniwersytetami amerykańskimi: w Waszyngtonie, Iowa.

[139] Henry Abrahamson, *A Prayer for the Government. Ukrainians and Jews in Revolutionary Times, 1917–1920*, Cambridge 1999.

Inny uczeń Magocsiego, Karel Berkhoff, napisał ważną książkę poświęconą Ukrainie w okresie nazistowskiej okupacji, w której między innymi omawia kwestię stosunków ukraińsko-żydowskich[140]. Berkhoff pracuje obecnie w amsterdamskim Instytucie Badań nad Holokaustem, zaczął także sprowadzać tam młodych historyków ukraińskich, aby przeszli intensywne szkolenie i rozpoczęli prace nad tym tematem.

O ile bowiem w połowie lat 90. centrum badań i opracowań dotyczących ukraińskiej historii przemieściło się z Ameryki Północnej na Ukrainę, gdzie z każdym rokiem przybywa coraz więcej dobrych opracowań naukowych opartych na solidnym materiale źródłowym, o tyle tego typu zmiana nie dokonała się w dziedzinie badań nad historią Żydów na Ukrainie i naszych wzajemnych relacji. Najwybitniejsze prace powstają w dalszym ciągu poza Ukrainą. Wynika to, moim zdaniem, głównie ze zbyt małego zainteresowania ukraińskich historyków tą tematyką.

Jakie, twoim zdaniem, są główne przyczyny tego zjawiska?
Niestety, historycy na Ukrainie nie są świadomi wagi tego zagadnienia ani dla samej Ukrainy, ani w kontekście światowym. Myślę, że na brak tej świadomości wpłynęło kilka przyczyn. W pewnej mierze jest to rezultat pozostałości po prowadzonej przez władze sowieckie polityce amnezji w odniesieniu do Żydów i ich historii. Z drugiej strony, zjawisko to jest także rezultatem odrodzenia się, po upadku Związku Sowieckiego, narodowego paradygmatu w ukraińskiej historiografii, a paradygmat ten każe zwracać uwagę przede wszystkim na historię własnego narodu. W ukraińskim wypadku, podobnie jak w polskim, istnieje silny

---

[140] Karel C. Berkhoff, *Harvest of Despair. Life and Death in Ukraine under Nazi Rule*, Cambridge, MA 2004.

syndrom postrzegania własnego narodu w kategoriach ofiary. Ten syndrom jest charakterystyczny dla wielu ukraińskich historyków, którzy rozumują w następujący sposób: my, Ukraińcy, zaznaliśmy w historii najwięcej strat i cierpień, dlatego powinniśmy przede wszystkim zajmować się ofiarami poniesionymi przez nasz własny naród, a ofiarami poniesionymi przez inne narody powinni zajmować się historycy zagraniczni.

Wydaje się, że jest jeszcze inny, dość istotny aspekt tego zjawiska. Po okresie masowej emigracji Żydów z terenów byłego Związku Sowieckiego, która miała miejsce w latach 90., na Ukrainie znacznie zmniejszyło się środowisko żydowskich intelektualistów, które mogłoby inicjować badania nad żydowską historią na Ukrainie. Chociaż, z drugiej strony, wśród tych emigrantów, którzy mieszkali na Ukrainie, większość stanowili Żydzi rosyjscy, oni nie interesowali się w żadnym stopniu Ukrainą ani jej historią czy kulturą, ani wzajemnymi relacjami obu narodów. Z tego powodu historyków z żydowskiej diaspory, którzy zajmują się ukraińską historią czy historią Żydów na Ukrainie, można policzyć na palcach jednej ręki. W związku z taką sytuacją znika zewnętrzny bodziec, który popycha historyków do dyskusji. Takim bodźcem w polskim kontekście były np. książki Jana T. Grossa. Wreszcie istnieje świadomość, że teren stosunków ukraińsko-żydowskich przypomina pole minowe, każdy, kto zdecyduje się na nie wkroczyć, ryzykuje, że wejdzie na minę. Co gorsza, każdego takiego desperata będą atakować jednocześnie z różnych stron. Dlatego większość historyków woli zajmować się tematami „bezpiecznymi", dającymi większy komfort pracy naukowej. Uważam jednak, że my, jako historycy, nie mamy innego wyjścia, jak wejść na to pole i powoli je rozminowywać.

Dla wszystkich narodów Europy Wschodniej kwestia żydowska pełni bardzo ważną rolę, gdyż istnieje tu potrzeba znalezienia historycznego pojednania. Ponadto, z perspektywy euroatlantyckich ambicji Ukrainy, stanowi ona swego rodzaju papierek lakmusowy, mający pokazać, na ile ukraińskie elity polityczne i intelektualne są gotowe dokonać rozliczenia historycznego. Współczesna zjednoczona Europa powstała w znacznym stopniu jako zanegowanie hitlerowskiej Europy, u podstaw tego zjawiska leży przede wszystkim przyznanie się do współodpowiedzialności za Holokaust. Inaczej mówiąc, prowadzenie wiarygodnych badań naukowych oraz poważnych dyskusji na ten temat jest swego rodzaju biletem, który trzeba kupić, zanim się wsiądzie do pociągu, który nosi nazwę „integracja europejska"[141].

Jakie wydarzenia czy okresy historyczne z zakresu ukraińsko-żydowskich relacji znajdują się obecnie w centrum zainteresowań historyków z Ukrainy?
Generalnie rzecz biorąc, łatwiej jest wymienić wydarzenia, na temat których nie ma opracowań, niż na odwrót. Zainteresowanie historyków ukraińskich i spoza Ukrainy wywołują szczególnie te okresy, w których relacje ukraińsko-żydowskie były naznaczone dramatycznymi lub tragicznymi wydarzeniami. W związku z tym większość prac dotyczy historii nowszej oraz historii politycznej, a nie historii dawnej czy historii dotyczącej życia codziennego obu narodów. Istnieje relatywnie sporo opracowań na temat powstania Bohdana Chmielnickiego, ukraińskiej myśli politycznej, pogromów z 1881 r., wojny domowej lat 1917–1920 oraz czasów II wojny światowej. Specjalnie używam słowa „relatywnie", gdyż w rzeczywistości opracowań dotyczących tych wydarzeń nie ma tak dużo, ale jednak, w porównaniu z brakiem opracowań na te-

---

[141] Jest to teza Tony'ego Judta – patrz: Tony Judt, *Powojnie. Historia Europy od roku 1945*, Poznań 2008.

mat innych okresów i wydarzeń, widać pewną próbę spojrzenia na te sprawy.

Niewiele miejsca w ukraińskich opracowaniach poświęca się wydarzeniom pierwszej połowy XX w. Nie potrafiłbym wymienić żadnej ukraińskiej pracy, która choć w przybliżeniu dorównywałaby poziomem wspomnianej przeze mnie książce Henry'ego Abrahamsona. Próbowałem w rozmowach z ukraińskimi historykami zwracać uwagę na znaczenie kwestii żydowskiej w czasie ukraińskiej rewolucji w latach 1917–1920, bez większego rezultatu. Usłyszałem od jednego z głównych historyków następujące słowa: „Po co poruszać ten temat, w końcu sami Ukraińcy, czy choćby społeczność niemiecka na Ukrainie, ucierpiały od rewolucyjnego terroru nie mniej niż ukraińscy Żydzi". Niestety taką postawę można wciąż jeszcze spotkać wśród ukraińskich historyków.

Spośród opracowań poświęconych okresowi międzywojennemu warto wymienić badania wołyńskiego historyka, Maksyma Hona. Temat Holokaustu ożył wraz z powstaniem w Kijowie Ukraińskiego Centrum Badań Historii Holokaustu. Jego dyrektorem jest historyk średniego pokolenia, Anatolij Podolśkyj. Dzięki jego staraniom rozpoczęto systematyczne prace poświęcone studiom nad Holokaustem na Ukrainie i w świecie[142]. Temat Holokaustu pojawia się w kilku opracowaniach Żanny Kowby, przede wszystkim w książce: *Ljudjanist u bezodni pekla*[143]. Opracowanie to jest próbą innego spojrzenia na problem Holokaustu na Zachodniej Ukrainie. Uważam jednak, że

---

[142] „Holokost i syczasnist. Studji w Ukrajini i switi. Naukowuj czasopys". W 2008 r. pojawił się już 3 numer tego pisma.

[143] Żanna Kowba, *Ljudjanist u bezodni pekła. Powedinka miscewoho naselennia Schidnioji Halyczyny w roky „Ostatocznoho rozwiazannia jewrejskoho pytannia"*, Kyjiv 2000.

Kowba, podobnie jak inni ukraińscy historycy, nie potrafiła ustrzec się pokusy wybielania Ukraińców. Są historycy, którzy idą znacznie dalej niż Kowba w rehabilitacji np. antyżydowskich działań ukraińskiego ruchu nacjonalistycznego podczas II wojny światowej. Należą do nich m.in. historyk z diaspory Wołodymyr Kosyk czy młody ukraiński historyk, Wołodymyr Wiatrowycz[144].

Natomiast do dzisiaj nie mamy poważnych opracowań na temat relacji Ukraińców i Żydów w okresie po 1945 r. Szczególnie dotkliwie brak jest opracowań poświęconych próbom przewartościowania relacji żydowsko-ukraińskich, którego dokonali ukraińscy i żydowscy dysydenci. Wystarczy porównać prace Iwana Łysiaka-Rudnyćkiego na temat ukraińskich dysydentów i historyka kijowskiego Heorhija Kasjanowa[145], by zrozumieć, na ile ten temat był ważny dla historiografa ukraińskiej diaspory i jak wciąż mało wrażliwości wykazuje w tej kwestii współczesna ukraińska historiografia. Tematowi rekonceptualizacji obrazu Żyda w ukraińskiej tradycji intelektualnej XX w. poświęcony jest ciekawy artykuł Johanana Petrowskiego-Szterna[146], Żyda z Ukrainy, który mieszka w USA.

W historii stosunków ukraińsko-żydowskich koniec lat 80. i początek 90. był bardzo ważnym okresem, szczególnie ważną rolę odegrały środowiska intelektualistów związane z Ruchem, orga-

---

[144] Patrz: W. Kosyk, *Harvard patronuje nienaukowi metody istorycznoho doslidzennia*, Ukrajinśkyj wyzwolnyj ruch, 1 Lviv, 2003; Wołodymyr Wiatrowycz, *Stawłennia OUN do jewrejstwa: Formuwannia pozycji na tli katastrofy*, Lviv, 2006. Na wnikliwą krytykę obu autorów patrz w recenzji J.P. Himki i Tarasa Kurylyły, drukowanej w: „Ukrajina Moderna", 13 (2008).

[145] H. Kasjanow, *Nezhodni: ukrajińska inteligencji w Rusi oporu 1960–80tych rokiw*, Kijów 1995.

[146] Yohanan Petrovsky-Shtern, *Reconceptualizing the Alien: Jews in Modern Ukrainian Thought*, „Ab Imperio", 4 (2003).

nizacją stworzoną w 1989 r. przez osoby wywodzące się z ruchu dysydenckiego. Podejmowane przez nich działania w odniesieniu do dialogu ukrainsko-żydowskiego zasługują na to, aby poświęcić im osobne badania. Niestety, żadna poważna publikacja dotycząca tego okresu dotychczas się nie pojawiła.

Jeśli spojrzeć na to, co dzieje się na Ukrainie, spośród młodych historyków warto wymienić Sofiję Hraczową; ukończyła Akademię Kijowsko-Mohylańską, obecnie pisze doktorat na Uniwersytecie w Harvardzie. Jest znana z bardzo krytycznej oceny historyków ukraińskich, jeśli chodzi o ich niedostateczną wrażliwość na tematykę żydowską. Choć nie zawsze zgadzam się z jej ocenami, gratuluję jej odwagi i chciałbym, aby na Ukrainie było więcej takich historyków.

Jak określić rolę MAUP, Międzyregionalnej Akademii Zarządzania Personelem, która odegrała negatywną rolę w kontekście ukraińsko-żydowskim, prowadząc bardzo aktywną działalność akademicko-wydawniczą w latach 2000–2008, na szczęście w ostatnim okresie zasięg tych działań bardzo się zmarginalizował?

MAUP traktuje antysemityzm jako zjawisko pozytywne, robiąc wszystko, aby stworzyć negatywny wizerunek Żydów. Pod egidą MAUP w ostatnich latach ukazało się kilka książek, w których np. udowadnia się, że Łesia Ukrainka, Mykoła Kostomarow, Pantalejmon Kulisz, Iwan Franko byli antysemitami. Takie podejście MAUP jest bardzo silnie krytykowane przez profesjonalnych historyków oraz środowiska naukowe. Kilka lat temu MAUP skierowała do sądu pozew przeciwko grupie czołowych ukraińskich historyków za obrazę ich czci. Choć nie ma dowodów, tajemnicą poliszynela jest fakt, że MAUP jest finansowana spoza Ukrainy, przez te ośrodki, którym zależy na przedstawianiu Ukrainy jako kraju antysemickiego[147]. W każdym razie, ktokolwiek stoi za finansowaniem MAUP, choć jego działalność przynosi szkodę Ukrainie, to jednocześnie, paradoksalnie, sprzyja zainteresowaniu kwestią żydowską.

Czy mógłbyś w skrócie przedstawić podejście żydowskich historyków, szczególnie z Izraela, do tematu relacji ukraińsko-żydowskich? Czy podejmują oni próby odejścia od stereotypowego wizerunku Ukraińców?
Z lektury publikacji, które znam, odnoszę wrażenie, że ten temat zajmuje w ich pracy dość marginalne miejsce. Relacjami Ukraińcy-
-Żydzi zajmują się przede wszystkim osoby, które w jakiś sposób są związane z Ukrainą. Shimon Redlich i jego książka o Bereżanach[148] jest właśnie takim przykładem. Redlich urodził się w okresie międzywojennym w Galicji i jako dziecko został, podczas II wojny światowej uratowany przez Ukrainkę. Jego książka jest napisana z wielką wyrozumiałością wobec Ukraińców, choć nie szczędzi im też krytyki. Jednak książka Redlicha to raczej wyjątek, gdyż w większości izraelskich opracowań dominują oceny bardzo krytyczne, historycy często nie biorą pod uwagę materiałów źródłowych ani historycznego kontekstu, w którym przez kilka wieków żyli Ukraińcy, a który pozostawił silne piętno na relacjach ukraińsko-żydowskich. Ukraina jednak do 1991 r., z wyjątkiem dramatycznych lat 1917–1920, nie istniała jako państwo. Ukraińcy byli podzieleni pomiędzy różne kraje, a ich władze często wykorzystywały kwestię żydowską do własnych interesów politycznych.

---

[147] Patrz na ten temat rozmowa z Josyfom Ziselsem w: *Wiele twarzy Ukrainy*, dz. cyt., s. 61–77.

[148] Shimon Redlich, *Together and Apart in Berezany. Poles, Jews and Ukrainians, 1919–1945*, Bloomington, 2002. Polskie wyd. *Razem i osobno – Polacy, Żydzi, Ukraińcy w Brzeżanach 1919–1945*.

Przykładem bardzo krytycznego podejścia do tej tematyki jest niedawno opublikowana książka Omara Bartova, *Erased* („Wykreśleni")[149]. Książka poświęcona jest problematyce galicyjskich Żydów, których Bartov określa właśnie jako wykreślonych z pamięci historycznej Ukraińców w Galicji. Bartov jest amerykańskim historykiem, lecz młodość spędził w Izraelu, wśród Żydów mających wschodnioeuropejskie korzenie. Autor bardzo krytycznie ocenia zarówno stosunek społeczeństwa ukraińskiego, jak i ukraińskich historyków, do przywrócenia pamięci o galicyjskich Żydach i ich dziedzictwie. Zwraca on uwagę na to, jak niewiele uwagi poświęca się na Ukrainie sprawie eksterminacji Żydów na zachodniej Ukrainie podczas II wojny światowej, a Ukraińcy zapominają, że Żydzi stanowili jedną z najliczniejszych społeczności żydowskich w całej Europie, tworząc kulturę, która weszła na stałe w skład ukraińskiego dziedzictwa kulturowego. Zdaniem Bartova, Ukraińcy nie robią prawie nic, a jeśli robią, to bardzo mało, aby przywrócić pamięć o żydowskich ofiarach. W dużej mierze zgadzam się z tą tezą, ale nie odpowiada mi sposób jej sformułowania ani argumentacja, której Bartov używa. Najwyraźniej także niezbyt dobrze posługuje się on materiałami źródłowymi, przede wszystkim z powodu nieznajomości języka ukraińskiego, ale także dlatego, że ich wybór jest dokonany w sposób tendencyjny. Żaden historyk nie może brać pod uwagę tylko jednej grupy źródeł, pomijając inną – szczególnie taką, która dotyczy lokalnych, galicyjskich dyskusji o stosunkach ukraińsko-żydowskich. Najbardziej w tej książce „dostaje się po głowie" nie ukraińskim antysemitom, a tym Ukraińcom, którzy próbują podjąć działania dla odnowienia pamięci historycznej w odniesieniu do Żydów.

---

[149] Omar Bartov, *Erased. Vanishing Traces of Jewish Galicia in Present-Day Ukraine*, Princeton-Oxford 2007.

Ukraińcy i Żydzi

Ogólna argumentacja książki oparta jest na następującym sposobie myślenia: Wszystko to, co Ukraińcy, w tym środowiska historyków, zrobili i robią w kwestii upamiętniania Holokaustu, a także przywracania pamięci o galicyjskich Żydach, jest negatywne i jako takie powinno podlegać silnej krytyce. Uważam, że jest to niedobry kierunek myślenia, gdyż, tak jak powiedziałem wcześniej, ukraińskich historyków nie należy porównywać z historykami polskimi czy niemieckimi, nie należy ich oceniać jedynie pod kątem słabości czy zaniedbań, jakich się dopuszczają, ale dostrzegać wszystkie wysiłki, które podejmują, mając za sobą punkt wyjścia z 1991 r. Ponadto wśród młodych ukraińskich historyków, oczywiście nie wśród wszystkich, dojrzewa rozumienie wagi tematu Holokaustu i chęci pisania o nim. Oni potrzebują więcej czasu, aby tworzyć dobre opracowania oparte na rzetelnych źródłach. Potrzebują tego, co Anglosasi nazywają *privilege of doubt*, zanim zacznie się ich tak srodze osądzać.

Wyjdźmy teraz poza ramy historiografii. Jesteś autorem wielu tekstów poświęconych tematyce relacji ukraińsko-żydowskich[150]**, jak one wyglądają w twojej ocenie?**
Moim zdaniem, na to pytanie nie ma prostych odpowiedzi. Trzeba na nie odpowiadać, używając wielu zastrzeżeń, typu: „patrząc na to zagadnienie z jednej strony... jednak z drugiej strony...", itd. Nie

---

[150] *Między filosemityzmem i antysemityzmem – Iwan Franko i kwestia żydowska*, [w:] *Świat Niepożegnany. A World We Bade No Farewell. Żydzi na dawnych ziemiach wschodnich Rzeczypospolitej w XVIII–XX wieku. Jews in the Eastern Territories of the Polish Republic from 18th to 20th century*, red. Krzysztof Jasiewicz, Instytut Studiów Politycznych PAN, Oficyna Wydawnictwa RYTM, Polonia Aid Foundation Trust, Warszawa-Londyn 2005, s. 451–480; *Stosunki ukraińsko-polskie w postradzieckiej historiografii ukraińskiej*, [w:] *Historycy polscy i ukraińscy wobec problemów XX wieku*, red. Grzegorz Motyka, Kraków 2000, s. 146–165.

przepadam za tego typu podejściem, gdyż zbytnio grozi ono tym, że historię sprowadzi się do nudnej i podwójnej buchalterii. Uważam, że zanim zaczniemy robić rozrachunki w tej kwestii, czy uciekać się do złożonych wyjaśnień, ukraińscy historycy powinni przyznać, że Ukraińcy i ukraińskie ziemie zapisały kilka niezbyt przyjemnych, a nawet krwawych, stron w historii światowego antysemityzmu. Ci z nas, którzy wierzą w misję i odpowiedzialność intelektualistów, powinni przeprosić Żydów w imieniu narodu ukraińskiego za wszystkie te wydarzenia albo zmusić elity polityczne do wykonania takiego symbolicznego gestu przeprosin. Dopiero potem, po uznaniu naszej zbiorowej odpowiedzialności jako aksjomatu, który nie pozwala na uciekanie się do niezbyt mądrych zaprzeczeń, możemy próbować pokazywać kontekst i specyfikę, nieprostą, ukraińsko-żydowskich relacji. Do pytań dotyczących tego kontekstu należałoby zaliczyć: co i dlaczego stało się w naszych relacjach, jaki był naprawdę poziom judeofobii i antysemityzmu w ukraińskim społeczeństwie, jak wyglądały współzależności pomiędzy czynnikami zewnętrznymi i wewnętrznymi, czynnikami długotrwałymi i koniunkturalnymi. Należałoby także zacząć mówić o próbach pojednania. Inaczej mówiąc, proste powinno być jedynie przyjęcie tego aksjomatu o współodpowiedzialności zbiorowej, wszystko inne, tezy, hipotezy, jakie wychodzą z tego aksjomatu, są już nieproste, gdyż takie być muszą. Złożony charakter relacji ukraińsko-żydowskich, i w związku z tym niemożność posługiwania się uproszczoną ich interpretacją, widać od razu, nawet kiedy chcemy mówić o wzajemnych stereotypach.

W opinii międzynarodowej rozpowszechnione jest dość szeroko przekonanie, że Ukraińcy są antysemitami...
Po pierwsze, stereotypy nie są statyczne, mają swoją dynamikę. Przed I wojną światową nikomu nie przyszłoby do głowy nazy-

wać galicyjskich Ukraińców antysemitami, gdyż największe antyżydowskie pogromy, podczas chmielnicczyzny, koliwszczyzny, pogromy lat 1881 i 1919, miały miejsce na ziemiach ukraińskich znajdujących się poza Galicją. Obraz Galicji jako symbolu ukraińskiego antysemityzmu został stworzony po II wojnie światowej, na jego wzmocnienie wpłynęły pogromy antyżydowskie, jakie miały tu miejsce latem 1941 r., po ucieczce wojsk sowieckich i wejściu wojsk hitlerowskich.

Po drugie, stereotypy nierzadko są ambiwalentne. I tak, przez kilka wieków, wśród Ukraińców, podobnie jak wśród wszystkich narodów europejskich o chrześcijańskich korzeniach, funkcjonował obraz Żydów jako „zabójców Chrystusa". Co nie przeszkadzało, aby miały miejsce, wcale nie tak rzadko, przypadki, kiedy ukraińscy chłopi odnosili się z szacunkiem do Żydów, doceniając ich pobożność, a ukraińskie kobiety, wracając z targu, wstępowały do synagogi zapalić świeczkę. Wśród ukraińskich powiedzeń są takie, które mówią, że: „źle z Żydem, ale źle i bez niego". Jednym słowem, stereotypy przedstawiają, opisują i uogólniają doświadczenie życiowe tej czy innej grupy w bardzo uproszczony, a najczęściej wypaczony, sposób. A że jest to doświadczenie różnorodne i podatne na zmiany, to i same stereotypy są dynamiczne i ambiwalentne.

Trzeba jednak przyznać, że pośród całego spektrum istniejących stereotypów wyraźnie w świadomości ukraińskiej dominuje negatywny obraz Żyda, a negatywny obraz Ukraińca w świadomości żydowskiej. Możemy mówić o pewnej symetrii braku wzajemnej sympatii; tylko miłość może być nieodwzajemniona, nienawiść prawie zawsze jest odwzajemniona. Wygląda jednak na to, że antyżydowskie resentymenty wśród Ukraińców były silniejsze niż antyukraińskie wśród Żydów – na skali „swój-obcy" Żyd w świadomości zbiorowej Ukraińców zajmował

jedno z ostatnich miejsc, jako „całkowicie obcy", podczas gdy dla galicyjskich Żydów „całkowicie obcy" był polski chłop; jego miejscowi Żydzi bali się bardziej niż chłopów ukraińskich.
Trudno dziś stwierdzić, na ile antyżydowskie nastroje panujące wśród Ukraińców w wiekach wcześniejszych były silniejsze czy słabsze niż wśród sąsiednich narodów – Polaków, Litwinów, Rosjan, Rumunów czy Węgrów. Nikt zresztą nie próbował zrobić tego typu porównania, trudno nawet wyobrazić sobie, w jaki sposób można byłoby to zrobić. Można zrobić wyraźny wyjątek jedynie dla Białorusinów: nie było białoruskiego odpowiednika chmielnicczyzny, hajdamaczyzny czy pogromów z 1881, 1919, czy 1941 r. Przypadek białoruski jest jednak wyjątkiem, który potwierdza ogólną regułę: antysemickie nastroje były w naszym regionie powszechne.

Często, czytając opracowania czy komentarze na temat relacji ukraińsko-żydowskich, odnosi się wrażenie, że jedną z przyczyn przyjęcia jednoznacznych ocen jest niezrozumienie ukraińskiego kontekstu. Co kryje się w określeniu „specyfika stosunków ukraińsko-żydowskich"?
Aby zrozumieć, na czym polega specyfika ukraińska, trzeba dokonać pewnego rozróżnienia. Na terytorium Ukrainy mamy do czynienia z długotrwałą i silną tradycją antyżydowskiej nienawiści i przemocy, które określiłbym jako judeofobię, ze wszystkimi jej konsekwencjami. Jednak w bardzo niewielkim zakresie mamy tutaj do czynienia z antysemityzmem jako wypracowaną współczesną ideologią, na kształt niemieckiego, polskiego czy rosyjskiego antysemityzmu.
Podobnie jak kilku innych historyków, zwracam uwagę na potrzebę rozróżnienia między judeofobią a antysemityzmem. Albo, jak niektórzy proponują, rozróżnienie między antysemityzmem

ideowym a antysemityzmem na poziomie życia codziennego. Ten, kto zajmuje się historią współczesną, rozumie umowność połączenia pod jednym hasłem wydarzeń, które miały miejsce w społeczeństwie o charakterze tradycyjnym, a takie było społeczeństwo ukraińskie aż do początku XX w., a społeczeństwem nowoczesnym. Antysemityzm, w odróżnieniu od tradycyjnej judeofobii, jest wyraźnie nowoczesnym produktem, ma wyraźnie sformułowaną ideologię. O ile tradycyjne stereotypy mogą być ambiwalentne i czasem zacierać różnice pomiędzy „swoimi" a „obcymi", nowoczesny antysemityzm, produkt końca XIX w. i okresu międzywojennego, takiej dwuznaczności już nie akceptuje. Tam chodzi o to, aby każdą, nawet najmniejszą różnicę pomiędzy Żydami a miejscową ludnością rozdmuchać do rozmiarów niemożliwej do przebycia przepaści.

Rozróżnienie między judeofobią a antysemityzmem daje nam klucz do zrozumienia ukraińskiej specyfiki. Wygląda na to, że Ukraińcy nie lubili Żydów, prześladowali ich, ale nie uważali za potrzebne przetworzenia tej nienawiści w dobrze opracowany system poglądów. Przeciwnie, kiedy ukraińscy politycy czy historycy próbowali tworzyć teorie tego typu w przeszłości, robili to w większości przypadków nie dlatego, aby wzmocnić przejawy judeofobii, a przeciwnie, aby ją osłabić i szukać dróg ukraińsko-żydowskiego porozumienia. Nawet w najbardziej ksenofobicznych tekstach ukraińskich nacjonalistów nie ma przykładów wyraźnego antysemityzmu. W najgorszym wypadku Żydów traktuje się w nich jak „drugorzędnych wrogów". Można sprzeczać się co do przyczyn powstania takiej asymetrii między judeofobią a antysemityzmem, ale nie mamy prawa jej ignorować, gdyż wtedy prowadzi to do uproszczeń typu: „Petlura=antysemita". Kilka fal przemocy skierowanej przeciw Żydom, które miały miejsce na ziemiach ukraińskich w różnych okresach historycznych, tworzą obraz Ukrainy jako ojczyzny antysemityzmu. Z drugiej strony, jeśli spojrzeć okiem historyka na te wydarzenia, można powiedzieć, że sam fakt, iż miały one miejsce na ukraińskim terytorium, nie czyni z nich jeszcze wydarzeń ukraińskich. Sprawcami pogromów w 1881 r. na wschodzie Ukrainy byli robotnicy, którzy w odróżnieniu od miejscowych chłopów stanowili ludność napływową, przeważnie byli imigrantami z guberni rosyjskich. Podobnie podczas fali pogromów w 1919 r. brali w nich udział prawie wszyscy uczestnicy tej wojny, nie tylko ludność ukraińska, nie wyłączając armii przebywających wówczas na ukraińskim terytorium białych Rosjan, bolszewików, Polaków, Niemców, różnego typu oddziałów ukraińskich.

Wyjątkowy charakter kwestii żydowskiej na Ukrainie polega na tym, że przez dłuższy czas terytorium ukraińskie było jednym z największych skupisk społeczności żydowskiej w świecie i – co za tym idzie – natężenie antyżydowskich nastrojów było odpowiednio silne. Rosja w tych relacjach była „uprzywilejowana": za sprawą ukazu wydanego przez Katarzynę Wielką, zabraniającego Żydom osiedlania się poza etnicznie rosyjskim terytorium, musieli oni mieszkać w tzw. strefie osiedlenia, czyli na ziemiach obecnej Polski, Litwy, Ukrainy i Białorusi. W związku z tym Rosjanie prawie nie znali Żydów. Tak było aż do początku XX w., co nie przeszkadzało w tym, by w Rosji kwitł silny antysemityzm, jaki widzimy choćby w tekstach Wasilija Rozanowa.

Moja taktyka w zwalczaniu stereotypu „Ukraińca-antysemity" polega nie na zaprzeczaniu licznym przykładom i świadectwom judeofobii wśród Ukraińców, gdyż, niestety, ona istniała, była zjawiskiem masowym i prawie powszechnym – naiwnością byłoby jej zaprzeczać. Przyznajmy się do grzechu: kto z nas nie opowiadał antyżydowskich żartów, czy nie śmiał się z nich? Mamy zresztą wiele typów antysemityzmu – o charakterze prawicowym i lewicowym, warto też wspomnieć o antysemityzmie Karola Marksa, o charakterze rasowym i narodowym, można mówić o antysemityzmie chrześcijańskim i świeckim, itp. Sądzę jednak, że istnieje jedno, dość mądre kryterium oceny judeofobii. Trzeba po prostu zwracać uwagę na to, co ten czy inny działacz robił ze swą judeofobią, czy wstydził się jej, czy starał się jej świadomie pozbyć, czy jego poglądy ewoluowały, czy na odwrót, stawiał ją na pierwszym planie, zmieniał w nowy cel swojej politycznej działalności. Jeśli patrzeć od tej strony na ukraińską tradycję intelektualną, to interesujące, a nawet znaczące jest istnienie dużej liczby ukraińskich działaczy, którzy świadomie zwalczali własną judeofobię i judeofobię swego środowiska.

Kogo masz na myśli?
Dobrym przykładem jest postać Iwana Franko. W ukraińskim panteonie narodowym zajmuje on jedno z najwyższych miejsc, często nawet drugie po Tarasie Szewczence. W każdym razie w ukraińskiej tradycji intelektualnej nie ma żadnej takiej postaci, która by się tak szeroko zajmowała kwestią żydowską, a jednocześnie odnosiła się do Żydów z takim zrozumieniem i sympatią. W efekcie ukraińscy antysemici mawiali, że on sam jest Żydem i że jego prawdziwe nazwisko to Frenkiel, a nie Franko. Kiedy pisałem książkę o młodym Iwanie Franko[151], niespodziewanie znalazłem u niego kilka antysemickich tekstów. Jego antysemityzm miał jednak raczej charakter nie narodowy, a socjalny, można go zaliczyć to tzw. postępowego antysemityzmu. Z drugiej strony, nigdy nie znalazłem dowodów na to, aby Franko uważał te teksty za najważniejsze i aby się na nie, jako dojrzały człowiek, powoływał. Wręcz przeciwnie, w biegiem czasu starał się coraz bar-

---

[151] Chodzi o książkę: J. Hrycaka, *Prorok u swoji witczyzni*...

dziej zwalczać swój antysemityzm, próbując stworzyć warunki dla ukraińsko-żydowskiego dialogu, partnerstwa strategicznego. Tego typu przykładem jest także postać Symona Petlury, który kształtował się pod silnym wpływem Franka, w tradycji ukraińskiego socjalizmu. Z punktu widzenia wielu Żydów, Petlura jest tak samo negatywną postacią jak Chmielnicki czy nawet Hitler. Nie można jednak nie zwrócić uwagi na te wszystkie starania, których dokładał Petlura zarówno przed okresem wojny domowej lat 1917–1920, jak i podczas niej, aby zwalczać antysemityzm czy judeofobię, bronić żydowską społeczność na Ukrainie przed skutkami pogromów.

Uważam, że najbardziej decydujący zwrot w zwalczaniu ukraińskiego antysemityzmu nastąpił w momencie pojawienia się ukraińskiego ruchu dysydenckiego, w latach 60. XX w. Należy przypomnieć działania takich osób jak Iwan Dziuba czy Mychajło Horyń. Tekst, który wygłosił Iwan Dziuba w 1966 r. w Babim Jarze, w miejscu masowych rozstrzeliwań żydowskich mieszkańców Kijowa przez nazistów. Ten tekst jest pragmatyczny. Nie mówię tu, że Dziuba dokonał rewolucji w intelektualnej tradycji – on raczej rozwinął kierunek myślenia, który w XIX w. tworzyli Drahomanow i Franko. Rolę Dziuby w stosunkach ukraińsko-żydowskich można do pewnego stopnia porównać z udziałem Giedroycia w relacjach polsko-ukraińskich. Obaj kontynuowali tradycję XIX-wieczną, ale zrobili to w istotnym momencie historycznym, dlatego stali się tak ważni. Niestety, w przeciwieństwie do Giedroycia, Iwan Dziuba nigdy nie zajął tak ważnego miejsca w społeczeństwie ukraińskim, co wynika ze słabości samego ukraińskiego społeczeństwa.

Jak oceniasz problem judeofobii i antysemityzmu we współczesnej Ukrainie? Jaki stosunek do niego mają współczesne elity polityczne?

Obawiam się, że im bardziej oddala się od nas w czasie tradycja, zapoczątkowana na Ukrainie przez dysydentów oraz w diasporze, tym słabsze staje się na Ukrainie wyczulenie na kwestie antysemityzmu. Większość przedstawicieli naszych dzisiejszych elit politycznych jest odległych od tej tradycji, nie są oni zainteresowani kwestią walki z antysemityzmem. Co więcej, są wśród nich dość rozpowszechnione nastroje antyżydowskie i antysemickie. Istnieje wśród nich przekonanie, że nie należy zbytnio ujawniać antysemityzmu publicznie, ale w rozmowach prywatnych tego typu nastawienia nie ukrywają. Wysoki poziom antysemityzmu panuje wśród urzędników państwowych. Nieżyjący już Ołeksandr Krywenko opowiadał o tym, jak przyjmował go do pracy Pawło Łazarenko, pełniący wówczas funkcję premiera[152]. Podczas rozmowy Krywenko usłyszał następujące słowa: „Mamy nadzieję, że wśród pańskich znajomych nie ma Żydów, jeśli zauważymy u pana filosemickie zainteresowania, nie zagrzeje pan u nas miejsca". Podobnie zapis na tzw. taśmach Melnyczenka[153], zawierających rozmowy Leonida Kuczmy i osób z jego otoczenia, uświadamia, do jakiego stopnia było to środowisko nastawione antyżydowsko. Kilkakrotnie spotkałem się z przypadkami antysemityzmu wśród przedstawicieli młodych elit biznesu. Wydaje się, że w znacznej mierze antyżydowskie nastroje wśród części ukraińskiej elity – bez znaczenia czy ukraińsko- czy rosyjskojęzycznej – wynikają z poczucia konkurencji pomiędzy Ukraińcami a osobami o żydowskich

---

[152] Pawło Łazarenko pełnił funkcję premiera Ukrainy w okresie od czerwca 1996 r. do lipca 1997 r.

[153] Nagrania, które tajnie zarejestrował w latach 90. w gabinecie ówczesnego prezydenta Ukrainy Leonida Kuczmy jeden z oficerów jego ochrony. Zostały upublicznione w 2001 r. i stały się przyczyną ostrego kryzysu politycznego na Ukrainie, a także posądzenia prezydenta L. Kuczmy o wydanie polecenia zabójstwa dziennikarza ukraińskiego Georgija Gongadze.

korzeniach o wpływy i stanowiska. Istnieją badania przeprowadzone w końcu lat 90., które pokazują, że wśród kadry ukraińskiego aparatu państwowego Ukraińcy mają proporcjonalnie niższą reprezentację niż ukraińscy Żydzi czy nawet Rosjanie.

Jeśli jednak spojrzymy na całość ukraińskiego społeczeństwa, poziom antyżydowskich nastrojów nie jest na ogół wysoki. Od połowy lat 90. przeprowadza się na Ukrainie systematyczne badania dotyczące poziomu ksenofobii, w oparciu o tzw. skalę Bogardusa. Pozwala ona dość dokładnie przedstawić dystans, jaki odczuwają Ukraińcy w stosunku do różnych grup narodowych i etnicznych. Według tej skali, przed dłuższy czas Żydzi znajdowali się wśród tych, których uważano za „swoich". Wyraźna zmiana nastąpiła na początku XXI w., kiedy miał miejsce spadek tego typu nastrojów. Zmiana ta dotyczy jednak wszystkich grup narodowych bez wyjątku. Podstawową jej przyczyną nie jest jednak wzrost w ukraińskim społeczeństwie poziomu ksenofobii, ale reakcja na wydarzenia 11 września 2001 r. Wielu Ukraińców, z powodu poczucia zagrożenia, wolałoby zamknąć granice państwa i nie wpuszczać obcokrajowców. Żydzi na tej liście „niemile widzianych" zajmują środkową pozycję – podobnie jak Polacy, Niemcy czy Amerykanie. Najwięcej uprzedzeń Ukraińcy odczuwają wobec Arabów, Afgańczyków czy Czeczenów, gdyż to właśnie z nimi w ich wyobrażeniach związane jest zagrożenie międzynarodowym terroryzmem.

Można powiedzieć, że obecnie Ukraińcy nie żywią do Żydów ani wyraźnej nienawiści, ani wyraźnej sympatii. W porównaniu z Rosją Ukraina wygrywa: tam poziom antysemityzmu jest znacznie wyższy. Oczywiście nie powinno nas to uspokajać, gdyż antysemityzm jest chorobą niebezpieczną, a jej wirus łatwo się rozprzestrzenia. Swoją drogą, różne grupy ukraińskiego społeczeństwa prezentują zróżnicowany poziom podatności na antysemityzm.

Antysemityzm jest silniejszy wśród osób niewykształconych niż wśród osób z wyższym wykształceniem, na zachodzie Ukrainy niż na wschodzie, a także wśród urzędników państwowych niż wśród przedstawicieli innych grup zawodowych.

W przyszłości wiele zależeć będzie od tego, na ile sami będziemy aktywni, w jakim stopniu będziemy prowadzić dialog ukraińsko-żydowski. W mojej ocenie sprawy te mają duże znaczenie zarówno dla kondycji ukraińskiego społeczeństwa, jak i dla integracji ze światem zachodnim, szczególnie dla integracji europejskiej Ukrainy.

Inny, dość rozpowszechniony, stereotyp kojarzy ukraiński nacjonalizm, działalność OUN, UPA, z antysemityzmem. Na ile można mówić rzeczywiście o stereotypie, a na ile w działaniach OUN-UPA można doszukać się postępowania o charakterze antysemickim?

Zacznę od definicji ukraińskiego nacjonalizmu, którą przyjęto posługiwać się w szerokim kontekście, jako ruchu, który uważał, że Ukraińcy są odrębnym narodem i dlatego zasługują na własne państwo. Dla ukraińskiego nacjonalizmu, w takim rozumieniu, najważniejsze było budowanie dystansu do Rosjan i Polaków, dwóch najbliżej sąsiadujących z nimi narodów. Żydzi nie wchodzili w rachubę, i tak byli uważani za obcych. O Żydach mówiło się raczej, odwołując się do ich roli w polskim lub rosyjskim kontekście. Najczęściej powtarzanym argumentem był zarzut, że w walkach polsko-ukraińskich czy rosyjsko-ukraińskich Żydzi nie stawali po ukraińskiej stronie, asymilowali się z polską czy rosyjską kulturą. Ukraiński nacjonalizm nie miał zasadniczo charakteru antysemickiego, nie stawiał walki z Żydami na liście priorytetów politycznych. Jeśli nawet Żydzi traktowani byli jako wrogowie, to raczej drugorzędni, a nie pierwszoplanowi. Ukraiński ruch narodowy stworzył dość ciekawą, w odniesieniu do kwestii żydowskiej, formułę. Ideologowie tego ruchu uważali, że lepiej by było, aby Żydzi pozostali „obcymi", ale jako niezależny, oddzielny naród, a nie jako część narodu polskiego, ukraińskiego czy rosyjskiego. Wspierano rozwój żydowskiej kultury i tożsamości na Ukrainie. Uważano, że należy popierać syjonizm, dążenia Żydów do stworzenia własnego państwa. Stąd brały się wówczas próby budowania ukraińsko-żydowskiej solidarności, na początku XX w. właśnie galicyjscy działacze domagali się w Wiedniu, aby Żydów uznać za oddzielny naród, a w czasach ukraińskiej rewolucji lat 1917–1920 postawa ukraińskiej Centralnej Rady wobec Żydów była po prostu wzorcowa.

Wybuch I wojny światowej i rewolucji ukraińskiej w znacznym stopniu zniszczyły mechanizmy tej współpracy. Jednak warto pamiętać, że ukraiński ruch narodowy, a potem nacjonalistyczny, nie był nigdy jednorodny. Nie chodzi mi o to, że w łonie tego ruchu istniały różne nurty, liberalny, socjalistyczny czy konserwatywny. Mam na myśli jednoczesne istnienie dwóch typów nacjonalizmu – wiejskiego i miejskiego. Ten wiejski typ nie posiadał jakiejś ukształtowanej ideologii, ale był bardzo antysemicki, w przeciwieństwie do miejskiego. Przykład Symona Petlury i jego wojska bardzo dobrze obrazuje te różnice. Nawet kiedy sam Petlura zajmował prożydowskie stanowisko, nie znajdowało ono odzwierciedlenia wśród jego wojska, które składało się głównie z ukraińskich chłopów. Chłopi nie rozumieli skomplikowanej retoryki, pojęcia „demokracja" czy „republika", dla nich były one obce i mało zrozumiałe. Kiedyś o próbach stworzenia przez wschodnioukraińską inteligencję ukraińskiej republiki demokratycznej dobrze powiedział galicyjski działacz, Osyp Nazaruk[154]: „Jaka republika może powstać w kraju, gdzie 90 procent ludności

---

[154] Osyp Nazaruk (1883–1940), ukraiński działacz społeczny i polityczny, dziennikarz, publicysta orientacji katolicko-społecznej.

nie umie ani czytać, ani pisać!". Ukraińscy chłopi mieli wiele powodów, aby nie lubić Żydów: byli oni innego wyznania, mieszkali przeważnie w mieście, a chłopi zawsze czują niechęć wobec mieszczan. Ponadto Żydzi na Ukrainie byli pośrednikami w stosunkach pomiędzy warstwami rządzącymi a chłopami: zbierali podatki, dzierżawili prawo do produkcji alkoholu. Ta sytuacja odzwierciedlała dość powszechne zjawisko, kiedy przedstawiciele mniejszości narodowych pełnią rolę pośredników w stosunkach pomiędzy grupą rządzącą a miejscową ludnością, znajdując się w ten sposób pomiędzy młotem a kowadłem. W czasach wojny domowej lat 1917–1920 wynikł nowy stereotyp: „żydokomuny" – żydowskich komisarzy, którzy siłą zabierali chłopom ziemię i zmuszali ich do przyłączenia się do komuny.

Ukraiński przypadek jest interesujący także z tego powodu, że zawiera dużą różnorodność przykładów i postaw, dlatego też nie powinno się na niego patrzeć poprzez istniejące stereotypy. Gdy historyk podchodzi do tematu relacji ukraińsko-żydowskich z gotowymi stereotypami, wielu rzeczy nie zrozumie albo umkną one jego uwadze.

Czym można wyjaśnić ten wybuch nienawiści do Żydów na zachodniej Ukrainie w 1941 r.?
Pomimo ogólnie wysokiej temperatury relacji ukraińsko-żydowskich w Galicji aż do wybuchu II wojny światowej nie było przykładów masowych aktów przemocy przeciw Żydom. Zresztą potwierdza to Szymon Redlich w swojej książce o Bereżanach: poziom resentymentów pomiędzy Ukraińcami, Żydami i Polakami był dość wysoki, ale przemocy, zwłaszcza na skalę masową, nie było. W tym wypadku zapłonem czy przyzwoleniem na czynienie zła stała się II wojna światowa, z kilkoma następującymi po sobie falami terroru, sowieckiego i nazistowskiego.

O ile podczas I wojny światowej pogromy miały głównie miejsce w centralnej i wschodniej Ukrainie, o tyle podczas II wojny światowej – w Galicji. Wyjaśnienie jest, jak się wydaje, dość proste, choć jak każde proste wyjaśnienie wymaga licznych uściśleń i zastrzeżeń. Główna fala wojennego i rewolucyjnego terroru w czasie I wojny światowej objęła przede wszystkim wschodnią Ukrainę, zwłaszcza w latach 1918 i 1919. Tymczasem zachodnia Ukraina, a w tym Galicja, doznały fali terroru w latach 1939–1941. Wówczas, po klęsce Polski, w bardzo krótkim czasie w Galicji dwukrotnie zmieniał się okupant, a więc władza, przy czym prześcigały się one w okrucieństwie. Innymi słowy, wojny nie zaczynały się od antyżydowskich pogromów. Pogromy pojawiały się dopiero na drugiej czy na trzeciej fali ogólnowojennego terroru – po aresztowaniach, zesłaniach, rozstrzeliwaniach ludności cywilnej, zwłaszcza w okresach ucieczki jednych okupantów i wejściu drugich stosowano szczególny terror. O tych zjawiskach pisze Jan T. Gross w książce *Sąsiedzi*[155].

Galicyjscy Ukraińcy podczas I wojny światowej i ukraińskiej rewolucji nie uczestniczyli na masową skalę w antyżydowskich pogromach czy rozruchach. Wiadomo, że podczas ukraińskiej rewolucji w rosyjskiej części Ukrainy, w zaludnionych punktach, gdzie stacjonowały galicyjskie wojska, pogromów nie było albo było ich mało. Kiedy armia Ukraińskiej Republiki Ludowej, w 1919 r. stacjonowała w jakimś miasteczku, Żydzi prosili, aby były to oddziały składające się z Galicjan. Dawało to, w ich odczuciu, wysoki stopień gwarancji, że pogromów nie będzie. Natomiast latem 1941 r. pogromy były przede wszystkim w Galicji. W okresie międzywojennym poziom ksenofobii w ogólności, a resentymentów Ukraińców, szczególnie wobec Żydów, wzrósł.

---

[155] Jan T. Gross, *Sąsiedzi. Historia zagłady żydowskiego miasteczka*, Sejny 2000.

W znacznym stopniu zjawisko to było związane z pojawieniem się Organizacji Ukraińskich Nacjonalistów, która uosabiała nowy typ ukraińskiego nacjonalizmu – agresywnego i ksenofobicznego. OUN jednak nie była programowo antysemicka – jak to miało miejsce np. w przypadku niemieckiego faszyzmu. Działacze OUN nie uważali Żydów za głównego wroga Ukrainy. Główna różnica polegała także na tym, że dla nazistów Żydzi stanowili problem rasowy, a OUN postrzegała ich w kategoriach problemów narodowych. Chociaż istnieją teksty OUN, w których traktuje się Żydów jako rasę, to mają one znaczenie marginalne. W każdym razie w ruchu OUN nie ma opracowań typu *Mein Kampf* Hitlera, choć sam Hitler dość długo był dość popularny w środowisku ukraińskich nacjonalistów, jednak z innych powodów niż antysemityzm. Ideologia OUN wyraźnie odróżniała ten ruch od ukraińskiego ruchu narodowego sprzed I wojny światowej. Tamten ruch był w znacznym stopniu lewicowy, OUN była prawicowa. Drahomanow, Franko czy Hruszewśkyj, liderzy ruchu narodowego do początków XX w., wykazywali dużą wrażliwość na tematykę mniejszości narodowych, w tym Żydów, natomiast OUN cechowało nastawienie ksenofobiczne. Istnieje dość ważny tekst, napisany we Lwowie przez Dmytro Doncowa zaraz po zabójstwie Symona Petlury, dokonanym w 1926 r. przez Szloma Szwarcbarda[156]. Dzięki temu tekstowi lepiej widać, gdzie leży źródło tej zmiany poglądów z lewicowych, dość liberalnych, na silnie prawicowe, ksenofobiczne. Doncow, pisząc o przyczynach zabójstwa Petlury, uważa, że sam Petlura poprzez swoje poglądy i potem politykę, jaką wobec Żydów prowadził w latach, kiedy stał na czele ukraińskiego rządu, doprowadził do tego zabójstwa. Doncow uważał,

---

[156] Chodzi o tekst D. Doncowa: *Symon Petlura*, „Literaturo-naukowyj wistnyk" 1926, t. 90, s. 321–328.

że gdyby Petlura prowadził bardziej agresywną politykę wobec Żydów, dał im odczuć, że jest gospodarzem na ukraińskiej ziemi, wypadki potoczyłyby się inaczej.

Jaki był wpływ polskiej i niemieckiej polityki na ewolucję OUN w latach 30. XX wieku?
Z jednej strony, ukraiński nacjonalizm kształtował się jako zaprzeczenie polskiej polityki narodowej asymilacji, z drugiej, aktywnie naśladował nacjonalizm polski. Dla Doncowa tradycyjny ukraiński ruch narodowy był zbyt naiwny, zbyt miękki, zbyt romantyczny. Doncow powoływał się, między innymi, na nacjonalizm polski, zwłaszcza na Dmowskiego – to były dla niego przykłady, które Ukraińcy powinni naśladować. Polacy, według niego, wyznawali politykę narodowego egoizmu – i dlatego wygrali. Doncow uznawał te ruchy czy ideologie, które miały autorytarną tradycję, nawet bolszewików.

Nie należy jednak wyolbrzymiać wpływu polskiego nacjonalizmu na ukraiński. Ten ostatni, pomimo silnych wpływów zewnętrznych, zachowywał swoją specyfikę, także w odniesieniu do antysemityzmu. Młody niemiecki historyk, Christoph Mick, opublikował ciekawe materiały na temat sytuacji we Lwowie podczas I i II wojny światowej[157]. Doszedł do wniosku, że polski antysemityzm był silniejszy niż ukraiński; jego zdaniem, Żydzi bardziej obawiali się polskiego nacjonalizmu niż ukraińskiego.

---

[157] Patrz: Christoph Mick, *Ethnische Gewalt und Pogrome in Lemberg 1914– –1941*, „Osteuropa", 53 (2003), s. 1810–1829; patrz także jego praca doktorska: Christoph Mick, *Kriegserfahrungen in einer multiethnischen Stadt. Lemberg 1914– –1950*, Universität Tübingen Fakultät für Geschichte und Geschichte, 2003; patrz także: *Kto bronił Lwowa w listopadzie 1918 r.? Pamięć o zmarłych, znaczenie wojny i tożsamość narodowa wieloetnicznego miasta* [w:] *Tematy polsko-ukraińskie*, Olsztyn 2001, s. 56–77.

Duży wpływ na wzmocnienie już wcześniej istniejącego dystansu pomiędzy Ukraińcami a Żydami miało przyjęcie przez OUN orientacji na faszystowskie Niemcy. Trzeba pamiętać, że orientacja na Niemcy była w ukraińskim ruchu narodowym starsza niż OUN. Z drugiej strony, faszystowskie Niemcy pociągały nie tylko ukraińskich nacjonalistów, ale także bardziej umiarkowane partie, np. ukraińskich konserwatystów, z Pawło Skoropadśkym na czele. Było to odzwierciedleniem tendencji, która dość silnie występowała w latach 30. w wielu krajach europejskich. Działała często formuła „wróg mojego wroga jest moim przyjacielem". Ukraińscy nacjonaliści mieli związki nie tylko z Niemcami, ale i Litwą, czy nawet Wielką Brytanią, w zależności od tego, na ile państwa te uważano za przeciwników, czy to ZSRR, czy Polski. Wracając do fali antyżydowskich pogromów w 1941 r., można przyjąć, że nie byłoby jej, gdyby nie bezpośredni efekt sowieckiej okupacji na zachodniej Ukrainie. W sytuacji, kiedy poziom represji jest bardzo wysoki, wartość ludzkiego życia zmniejsza się, poziom wrażliwości na normy moralne w społeczeństwie spada, pojawia się gotowość do przemocy.

Ponadto w przypadku pogromów z lata 1941 r. bardzo ważną negatywną rolę odegrały wydarzenia, jakie miały miejsce podczas szybkiego wycofywania się z Galicji wojsk sowieckich w czerwcu-lipcu 1941 r. NKWD zamordowało wówczas w bestialski sposób ogromną liczbę osób osadzonych w sowieckich więzieniach, przede wszystkim Ukraińców i Polaków. Ofiarami byli nie tylko działacze polityczni, ale także przeciętni ludzie, często kobiety i dzieci. Widok tych zmasakrowanych ciał, które Niemcy wystawili na pokaz w czasie letnich upałów, miał wywołać chęć natychmiastowej zemsty. Zamiarem Niemców było sprowokowanie pogromu, żeby wymordować jak największą liczbę Żydów cudzymi rękoma.

Mówiąc o tych okolicznościach, nie chcę zwalniać z odpowiedzialności Ukraińców. Zazwyczaj mówi się, że w pogromach uczestniczyły tzw. szumowiny, czyli lumpenproletariat, kryminaliści, że Ukraińców prawie tam nie było. Nie jest to cała prawda: w pogromach brała udział ukraińska policja, są na to dowody. Inna sprawa, czy do tej policji należeli członkowie OUN? Wiemy, że w czasach niemieckiej okupacji znaczna część ukraińskiej policji składała się z wziętych do niewoli radzieckich żołnierzy, a nawet oficerów. Ale w pierwszych tygodniach wojny, czyli w czasie pogromów, jeszcze nie było ich tak wielu, a tam, gdzie Ukraińcy próbowali przejąć władzę, jak we Lwowie, ukraińskim policjantem trudno było zostać bez rekomendacji OUN.

Mówię teraz o rzeczach bardzo ogólnych, gdyż ten temat pozostaje nadal niezbadany. Rozumiem, że jeszcze wiele może się zmienić w naszych ocenach na ten temat pod wpływem nowych prac, na dobrym poziomie naukowym. Wydaje się jednak, że pewne wnioski nie ulegną zmianie, jak byśmy ich nie badali. Po pierwsze, ukraiński nacjonalizm ma swój wkład w wyniszczenie Żydów. A my, Ukraińcy, musimy wziąć na siebie za to moralną odpowiedzialność – szczególnie ta część ukraińskiego społeczeństwa, która chce się identyfikować z tradycjami walki ukraińskiego ruchu niepodległościowego. Tutaj formuła jest bardzo prosta: chcesz być dumny z osiągnięć swoich poprzedników – musisz także mieć odwagę wziąć na siebie odpowiedzialność za ich pomyłki, a nawet zbrodnie.

Myślę, że na zakończenie rozmowy o okresie II wojny światowej warto postawić pytanie o udział UPA w Holokauście. Istnieje teza, wypowiadał ją Wasyl Kuk[158], ostatni z dowód-

---

[158] Kuk Wasyl (ps. Łemisz, Kowal, Jurko Medwid'), (1913–2007), członek Ukraińskiej Wojskowej Organizacji od 1929 r.; w latach 1939–1941 członek Prowi-

Ukraińcy i Żydzi

ców UPA, że UPA nie brała udziału w pogromach, a pomagała ratować Żydów...

Kiedy mówimy o Wasylu Kuku czy Mykole Łebediu, wiadomo, że wiedzieli o wiele więcej, niż mówili, podchodzili do faktów w dość wybiórczy sposób, zachowywali ostrożność wypowiadając się publicznie. Łebed' przy jednej z okazji w bardzo wąskim gronie przyznał, że działacze OUN-UPA nie mogą mówić publicznie całej prawdy.

Na postawione przez ciebie pytanie nie można odpowiedzieć „tak" albo „nie". W rzeczywistości UPA brała udział w zabijaniu Żydów, ale także w ich ratowaniu, gdyż UPA nie była armią-monolitem, była bardzo różnorodna, było w niej wiele różnych nurtów i wielu ludzi, którzy trafiali tam różnymi drogami. W każdym razie UPA była organizacją o znacznie większym zasięgu niż OUN, choć OUN próbowała ją całkowicie kontrolować. Dobre wyobrażenie o tym, jak wyglądała sytuacja w UPA, dają wspomnienia Danyła Szumuka[159], żołnierza UPA, wcześniej komunisty na zachodniej Ukrainie,

---

du OUN, w latach 1942–1943 Prowidnyk na Dniepropietrowszczyznę, 1943–1949 krajowy prowidnyk. W latach 1944–1949 pełnił również funkcje dowódcy UPA-Południe. W lipcu 1950 r. mianowany przez Ukraińską Główną Radę Wyzwoleńczą (UHWR) pułkownikiem, zatwierdzony jako głównodowodzący UPA, przewodniczący Centralnego Prowidu OUN oraz przewodniczący Głównego Sekretariatu UHWR. 23 maja 1954 r. aresztowany. W latach 1954–1960 w więzieniu MGB w Kijowie.

[159] Danyło Szumuk, *Za schidnym obrijem*, Paryż-Baltimor 1974. Danyło Szumuk (1913–2004), ukraiński wieloletni więzień polityczny sowieckich łagrów, działalność polityczną rozpoczął w KPP, skazany w Polsce na 5 lat więzienia; żołnierz UPA, skazany w 1944 r. na karę śmierci zamienioną na 25 lat więzienia; w 1953 r. jeden z przywódców strajku więźniów w Norylsku, w początku lat 70. nawiązał kontakt z ukraińskimi dysydentami w Kijowie; z krótkimi przerwami więziony do 1987 r. W polskich, niemieckich i sowieckich więzieniach i obozach spędził ponad 42 lata. Opublikował jeszcze inny tom wspomnień: *Pereżyte i peredumane. Spohady i rozdumy ukrajinśkoho dysydenta-politwiaznia z rokiw błukan i borot'by pid trioma okupaciamy*, Kyjiv 1998.

wieloletniego więźnia sowieckich łagrów. Wspomnienia te bardzo dobrze oddają wojenną atmosferę na tych terenach. Szumuk, dość krytyczny wobec dowódców UPA, jednocześnie pokazuje, jak wielu było tam odważnych i uczciwych ludzi.

Gdy mowa o ratowaniu Żydów przez UPA, działania tego typu były często podyktowane warunkami wojennymi. Np. UPA potrzebowała pomocy lekarzy, a wśród nich znaczna część była pochodzenia żydowskiego, ratowano ich więc, zabierając do oddziałów UPA. Nie odnaleziono żadnych dokumentów, które potwierdzałyby, że UPA wyniszczała Żydów masowo, stawiając to za cel sam w sobie. Problem polega również na tym, że chociaż ukraińscy nacjonaliści nie traktowali Żydów jako głównych wrogów, to niestety nie rozumieli, że stosunek do ich masowego zniszczenia jest też kwestią wewnątrzukraińską. Nie rozumieli, że chodziło o wyniszczenie grupy etnicznej, która zamieszkiwała ukraińskie ziemie i której członkowie, gdyby powstało ukraińskie państwo, staliby się jego obywatelami. Przywódcy OUN-UPA powinni byli stanąć w obronie Żydów, a przynajmniej wyrazić otwarcie i zdecydowanie potępienie dla udziału Ukraińców w akcjach wyniszczających Żydów. Zabrakło takiego apelu, takiego potępienia, zabrakło słów, że udział w mordowaniu ludności żydowskiej jest niedopuszczalny, jest zdradą narodowych interesów, i dlatego podlega karze. Wniosek, jaki się w tej sytuacji nasuwa, jest następujący: Jeśli zabrakło tego typu potępienia, oznacza to, niestety, że przywódcy OUN-UPA chcieli widzieć przyszłe ukraińskie państwo jako państwo Judenfrei, bez Żydów. Dowódcom UPA zabrakło w tej kwestii mądrości i rozwagi, zabrakło postawy, jaką przyjęło dowództwo polskiej AK, potępiając mordowanie Żydów. Rozkaz Romana Szuchewycza, dowódcy UPA, zakazujący żołnierzom UPA udziału w tych akcjach eksterminacyjnych, przyszedł niestety za późno, wyszedł dopiero wtedy, gdy masowe mordy zostały już przez Niemców dokonane. Stanowisko w kwestii żydowskiej, a szczególnie stosunek do Holokaustu, odróżniał metropolitę Andreja Szeptyckiego od innych ukraińskich liderów narodowych. On jako jedyny zajął bardzo zdecydowane stanowisko, publikując znany tekst *Nie zabijaj!*; nie poprzestał na tym – zaangażował cerkiew greckokatolicką w akcję ratowania Żydów. Brak takiego komunikatu ze strony liderów OUN i UPA świadczy o tym, że ich polityka była krótkowzroczna, a milczenie w takich okolicznościach było tożsame z poparciem dla zbrodni. Znaczna część ukraińskiego społeczeństwa, w tym także ukraińskie instytucje narodowe, albo odnosiły się obojętnie, albo cieszyły się z tego, że morduje się Żydów rękami innych.

Zresztą trzeba tu powiedzieć, że taka reakcja nie była tylko ukraińskim wyjątkiem. Wspominałem wcześniej o książce Istvana Deaka. Porównuje on w niej stosunek różnych narodów do Holokaustu, pisze w jednym miejscu: „Ukraińcy, Litwini i Polacy często figurują jako narody najbardziej dotknięte antysemityzmem. Nie wiem, ilu Ukraińców podpisałoby się pod hasłem ukraińskich nacjonalistów: «Polaków – za San, Żydów – na haki!». Mam jednak wrażenie, że to hasło odpowiadało stanowi psychicznemu ówczesnych Europejczyków, którzy chcieli, żeby ich państwa były etnicznie czyste".

Oczywiście, wśród Ukraińców było wiele osób takich, które Żydów ratowały, ale także sporo takich, które chociaż szczerze współczuły Żydom, nie były gotowe nic zrobić, aby ich ratować. Istniała niewrażliwość na to, że ginął „mój" sąsiad, „mój" kolega, „mój" ziomek. Sądzę, że wielu byłych członków ukraińskiego ruchu nacjonalistycznego, a także zwykłych Ukraińców, do dziś nie rozumie znaczenia kwestii żydowskiej dla Ukrainy. W dużej mierze zjawisko to jest formą przedłużenia tamtego sposobu myślenia, tamtego braku wrażliwości.

Natomiast Ukraińcy dość łatwo się obrażają, kiedy słyszą, że nazywa się ich antysemitami. „My – antysemici? Ależ my w ogóle o Żydach nie mówimy!" – odpowiadają, nie rozumiejąc, że sam fakt milczenia na temat Holokaustu jest już czynem godnym potępienia.

W Polsce po 1989 r. rozwija się stopniowo rodzaj mody na żydowską kulturę, do tradycji weszły już festiwale kultury żydowskiej, zwłaszcza w Krakowie, ale też w Warszawie czy Kazimierzu nad Wisłą. Podejmuje się sporo działań na rzecz przywracania do świadomości społecznej wiedzy o tym, że w Polsce istniała bogata kultura żydowska, która wraz z II wojną światową i Holokaustem bezpowrotnie przepadła. Czy w ukraińskiej Galicji, ojczyźnie chasydyzmu, „kuźni" żydowskiej kultury, istnieje świadomość tamtego nieistniejącego żydowskiego świata, czy próbuje się go popularyzować, pokazać wartość, jaką stanowi dla kultury ukraińskiej?

Myślę, że taka moda istnieje, zwłaszcza wśród młodych. Nie jest jednak ona jeszcze w żaden sposób zinstytucjonalizowana. Nie ma, poza garstką środowisk związanych z kijowskim periodykiem i wydawnictwem „Duch i Litera" czy lwowskim „JJ", instytucji, które próbowałyby rozwijać i propagować tego typu działania. Galicja przegrywa w porównaniu z Polską, choć dzięki Bogu nie ma na Ukrainie zjawiska tego typu, jak „Radio Maryja". Mieszkańcy Galicji chwalą się swoją europejskością, ale nie rozumieją, że muszą ją potwierdzić przede wszystkim wrażliwością, jaka istnieje w Europie na takie kwestie, jak Holokaust, stosunek do Żydów, do żydowskiej kultury i dziedzictwa w Europie. Zaryzykowałbym twierdzenie, że większość Galicjan jest Europejczykami, w dawnym XIX-wiecznym rozumieniu Europy, pojmowanej jako terytorium etnicznie jednorodne, wyraźnie podzielone granicami państwowymi. Galicjanie nie bardzo rozumieją, czym jest współczesna Europa.

Jeśliby porównać Galicję z resztą Ukrainy, w innych regionach ta wrażliwość jest jeszcze mniejsza. Jedyne miejsce, jakie rzeczywiście funkcjonuje na Ukrainie jako żywe miejsce żydowskiej pamięci, to Humań. Tam znajduje się grób wielkiego rabina Nachmanna i tam przyjeżdżają liczne pielgrzymki wierzących Żydów z całego świata. Miejsca pamięci pozostają żywe wtedy, kiedy odwiedzają je ludzie. Na Ukrainie pamięć o Żydach ożyje wtedy, kiedy stanie się ona miejscem żydowskich pielgrzymek. Ta kwestia stanowi jeden z moich ważniejszych zarzutów pod adresem książki Bartova: każdy cmentarz czy obiekt religijny niszczeje dopiero wtedy, kiedy ludzie przestają do nich przychodzić.

Jedną z przyczyn, dla których w Galicji istnieje taka słaba pamięć o Żydach, jest fakt, że tak niewielu Żydów pochodzących z Galicji a żyjących do dziś, interesuje się Galicją, przyjeżdża tam. Dla zdecydowanej większości z nich ich była mała ojczyzna stanowi odcięty od świata kawałek, a do tego odstrasza obraz Ukraińca jako antysemity.

Naprawić sytuację można tylko na drodze prowadzenia bardziej aktywnego dialogu ukraińsko-żydowskiego, tak na poziomie państwowym, jak i na poziomie organizacji pozarządowych i środowisk kulturalnych. Pozytywnym znakiem ostatnich lat było pojawienie się inicjatywy „Orange Circle", Pomarańczowego Koła, utworzonej przez grupę żydowskich i ukraińskich intelektualistów, działaczy z Ameryki Północnej, którzy chcą zainicjować taki dialog i włączyć w te działania jak najwięcej osób z Ukrainy i Izraela.

Sądzę, że Ukraińcom, podobnie jak w innych sprawach, nie uda się przerwać tego błędnego koła antysemityzmu, jeśli nie będzie mocnej presji z zewnątrz. Ukraińcy, im bardziej są izolowani, tym bardziej stają się ksenofobiczni. Tylko otwarcie Ukrainy na świat pozwoli na zwalczenie ksenofobii i antysemityzmu. Niestety, nie widzę w tej chwili takiego zewnętrznego czynnika. Na odwrót. Mam na myśli organizację rosyjską, tzw. Putinjuden, która cieszy się z każdego niepowodzenia Ukrainy i Ukraińców, reklamując i rozdmuchując obraz ukraińskiego antysemityzmu do maksimum, aby w konsekwencji takich działań izolować Ukrainę jeszcze bardziej od Zachodu i rzucić ją w ręce Rosji.

Jak oceniasz wizytę Wiktora Juszczenki w Izraelu w marcu 2007 r., podczas której zwrócił się w Knesecie o uznanie Wielkiego Głodu za ludobójstwo skierowane przeciw narodowi ukraińskiemu? Na Ukrainie komentarze były raczej nieprzychylne, prośba została odrzucona...

Juszczenko jest człowiekiem wychowanym w romantycznej wizji historii, a mówię to z pewną nutą sarkazmu. Jako romantyk nie rozumie, że nie można dojść do punktu C, jeśli się nie przeszło punktów A i B. Punktem A byłoby w tej sytuacji przekazanie przez Juszczenkę w Knesecie przeprosin za wszystkie krzywdy, jakie Ukraińcy wyrządzili Żydom w przeszłości. Nie należało zaprzeczać, że Ukraińcy nie są antysemitami, czekać, by Żydzi także przeprosili Ukraińców. Innymi słowy, Juszczenko powinien był przed wyjazdem do Izraela „pobyć" w szkole Jerzego Giedroycia czy Iwana Dziuby i dopiero potem zwracać się o uznanie Wielkiego Głodu. Tymczasem Juszczenko pojechał do Izraela i bez najmniejszej dozy dyplomacji powiedział: „Wy mieliście swój Holokaust, my, Ukraińcy, swój Wielki Głód, dlatego powinniście nas dobrze rozumieć i uznać go za ludobójstwo". Bez przygotowania terenu szansa na zrozumienie ze strony władz Izraela była bardzo słaba. Warto spojrzeć, jak wiele zrobili Niemcy po II wojnie światowej, aby nawet nie tyle poprosić o wybaczenie, ile doprowadzić do tego, aby miało ono miejsce. Antyniemieckie resentymenty u Żydów są nadal silne. Wiadomo, że kiedy podczas występów gościnnych w Izraelu orkiestra symfoniczna gra muzykę Wagnera, już sam ten fakt może być uznany za skandal, gdyż często przyjmuje się tę muzykę jako antysemicką. Jednak nie tylko gra się Wagnera w Izraelu, ale na te koncerty chodzą ludzie, rozumiejąc, że między współczesnym koncertem niemieckiej orkiestry a samym Wagnerem, między Niemcami Hitlera a Niemcami Angeli Merkel, istnieje przepaść.

Juszczenko powinien podjąć działania idące w podobnym kierunku, powiedzieć, że współczesna Ukraina nie jest już tą, którą była sześćdziesiąt czy nawet dwadzieścia lat temu. Dziś Ukraina chce nawiązać do tradycji dialogu ukraińsko-żydowskiego, odrzucając tę część dziedzictwa, jakiego się wstydzimy, zarówno tego pozostawionego przez komunizm, jak tego, który jest spadkiem po radykalnym nacjonalizmie.

Cytowałem wcześniej amerykańskiego historyka, Tony'ego Judta. On sam jest Żydem, syjonistą, jest jednak bardzo krytycznie nastawiony do polityki Izraela w odniesieniu do Palestyny. W jednym ze swoich artykułów napisał mniej więcej tak: Izrael obchodzi 60. urodziny istnienia, a taki wiek oznacza osiągnięcie dojrzałości i rozumności. Zamiast tego Izrael zachowuje się nadal tak, jakby był nieodpowiedzialnym nastolatkiem. Myślę, że te same słowa można zastosować do Ukrainy, choć jest młodsza od Izraela, ale nie powinna zachowywać się jak dziecko. Powinna zademonstrować jeśli nie gotowość, to chociaż chęć odpowiedzialnego podejścia do spraw ukraińsko-żydowskich.

IX

SKAZANI NA POWOLNOŚĆ?

„Przez swoją historię i wielkość geograficzną Ukraina skazana jest na powolność. Dlatego przypomina ślimaka, powolne stworzenie, które ledwie pełznie, ale jednak pełznie do przodu. Ta powolność nas irytuje, chcielibyśmy iść szybciej..."

1. DWIE UKRAINY CZY WIĘCEJ

Pod koniec lat 90. rozpoczęła się, jedna z ważniejszych na Ukrainie, polemika wywołana tezą, której głównym rzecznikiem był znany ukraiński publicysta, Mykoła Riabczuk, o istnieniu dwóch Ukrain. Od początku byłeś głównym oponentem tezy Riabczuka, twierdząc, że równie dobrze można mówić o istnieniu dwudziestu dwóch albo więcej Ukrain[160]. Wokół jakich kwestii toczył się wasz spór?

Według mnie, z naukowego punktu widzenia, ten obraz dwóch Ukrain jest problematyczny. Natomiast z politycznego punktu

---

[160] Patrz artykuł: *Dwie Ukrainy* Mykoły Riabczuka opublikowany w miesięczniku „Krytyka", październik 2001; *Dwie Ukrainy*, Wrocław 2004; J. Hrycak nawiązał polemikę z M. Riabczukiem w artykule *Dwadciat' dwi Ukrainy*, artykuł ukazał się w książce J. Hrycak, *Strasti za nacjonalizmom*, Kyjiv 2004, s. 216–228.

widzenia jest, powiedziałbym, nawet szkodliwym uproszczeniem, na którym żerują ukraińscy politycy.

Dyskusja z Mykołą, początkowo prywatna, stała się w pewnym momencie debatą publiczną. Moim zdaniem, słuszniej byłoby mówić o istnieniu nie dwóch, a wielu Ukrain, dlatego zaproponowałem liczbę dwudziestu dwóch, traktując ją symbolicznie, aby mocniej wyakcentować tę różnorodność.

Zgadzam się z poglądem, że specyfika Ukrainy pozwala na posługiwanie się w pewnych okolicznościach hasłem o istnieniu dwóch Ukrain. Przede wszystkim, hasło to jest wygodne dla pewnej grupy ludzi, którym taki podział bardzo by odpowiadał, tak bardzo, że starają się, aby on rzeczywiście zaistniał. Ludziom tego typu, szczególnie politykom, jest on potrzebny, ponieważ pozwala na bardziej skuteczną manipulację elektoratem na Ukrainie. Jednak moje zdziwienie budzi fakt, kiedy także intelektualiści, dobrowolnie, włączają się do tej politycznej gry, zresztą nie z cynicznych przyczyn, a z własnego przekonania.

Przyznaję, że irytuje mnie, gdy w tych wszystkich dywagacjach – jedna, dwie, czy dwadzieścia dwie Ukrainy – wybiera się tylko jedno rozwiązanie, twierdząc, że są dwie różne Ukrainy, usiłując w ten sposób wyjaśnić wszystkie ukraińskie problemy.

Najpierw chciałbym uściślić, co nas z Mykołą łączy, gdzie się zgadzamy, gdyż takie punkty istnieją. Po pierwsze, nie ma, także w moim przekonaniu, tylko jednej homogenicznej Ukrainy. Po drugie, podział Ukrainy – czy to na dwie czy dwadzieścia dwie – odzwierciedla nie tyle obiektywne, geograficzne odmienności, ile różnice w mentalności społeczeństwa. W ogólnym rozrachunku Ukrain jest tyle, ile ich potrzeba tym, którzy ją dzielą, oraz celom, dla których to robią. Dla mnie Ukraina nie dzieli się wyłącznie na dwie części. Zawsze jest przynajmniej jeszcze ta trzecia, całkiem inna od reszty. Mykoła Riabczuk przyznaje mi rację w tej kwestii, mówiąc o dwóch Ukrainach, w rzeczywistości ma na myśli trzy. Ta trzecia Ukraina jest amorficzna, niewyraźna, dlatego bardzo trudno ją zdefiniować. Ponadto ona też nie jest homogeniczna, składa się z wielu części. Ale czasem ona znika, podobnie jak zanikają w niej inne drobniejsze podziały, dzieje się to zwłaszcza wtedy, gdy rozpoczyna się tzw. dyskurs ekstremów. Kiedy w 2002 r. przeprowadzano badania wśród Ukraińców na temat ich preferencji w wyborze opcji proeuropejskiej czy prorosyjskiej, okazało się, że aż 69 procent badanych wspiera opcję proeuropejską, ale, co ciekawe, dokładnie tyle samo osób wspierało także opcję prorosyjską. Oznaczało to, że co najmniej 19 procent, czyli co piąty, chciał jednocześnie członkostwa Ukrainy w Unii Europejskiej oraz silnych związków z Rosją. Podobny sposób myślenia charakteryzuje znaczną część Ukraińców, którzy chcą niezależności Ukrainy, a w tym samym czasie tęsknią za Związkiem Sowieckim, są zwolennikami prywatyzacji, ale pod warunkiem, że ich zakład pracy nie zostanie sprywatyzowany. Ten sposób myślenia odpowiada znanemu powiedzeniu, że najlepiej „dać Panu Bogu świeczkę, a diabłu ogarek".

Kiedy stawiasz Ukraińców przed koniecznością dokonania wyboru: albo-albo, np.: „Czy chcesz, aby Ukraina uczestniczyła w konfliktach wojennych NATO" lub „Czy chcesz, aby twoi synowie walczyli w Czeczenii" – wtedy ta dwuznaczność znika. Są wówczas zmuszeni do dokonania ekstremalnego wyboru, w rezultacie otrzymujemy podział na dwie Ukrainy.

Na ile wasza polemika wskazuje na istotniejszy problem, związany z problemami tożsamości narodowej na Ukrainie?
Wiele osób uważa, że tożsamość powinna mieć dyskursywny charakter, następującego typu: „jesteśmy tym, co i jak czytamy". Pozostaje jednak pytanie, co robić z tymi, którzy nie czytają wca-

le albo czytają teksty niemające odniesienia do dyskusji, które prowadzimy. Ten typ myślenia był charakterystyczny dla większości Ukraińców, Polaków czy Rosjan przed I wojną światową. Istnieje jednak znaczna część społeczeństwa, która nie bierze udziału w dyskursach albo w ogóle nic o nich nie wie i nie jest nimi zainteresowana. Jak wówczas określić ich tożsamość?

Można oczywiście odpowiedzieć, że każde doświadczenie ludzkie jest dosłowne, w znaczeniu: "cały świat jest tekstem". Jednak nie mogę tak łatwo pogodzić się z tą tezą. Wydaje mi się zbyt wysublimowana. Według mnie, zawsze pozostaje "coś" poza tekstami – konteksty źle lub słabo wyartykułowane. Tożsamości kształtują się na różnych poziomach i w różnych kontekstach. Bardziej mnie interesuje odpowiedź na pytanie, w jaki sposób dyskursywne teksty współzależą od kontekstów, w których się pojawiają. A z drugiej strony, w jaki sposób i w jakich warunkach pewne teksty zaczynają generować nowe konteksty.

Według mnie, teorię istnienia "dwóch Ukrain" trzeba postrzegać w specyficznym kontekście intelektualnej historii Europy Wschodniej. Istnieje teza, która mówi o tym, że w Europie Zachodniej narody tworzą politycy, a we Wschodniej – poeci. Los Mickiewicza w polskim wypadku, Sandora Petőfiego na Węgrzech i Tarasa Szewczenki na Ukrainie zdają się potwierdzać tę teorię, według której w Europie Wschodniej poezja jest ważnym i niebezpiecznym zajęciem, gdyż za jej tworzenie i popularyzację można być rozstrzelanym albo skazanym na zesłanie, a w najlepszym wypadku można stracić pracę. Ci poeci-męczennicy otrzymują status wieszczów narodowych. Ukraiński przypadek jest jednym z bardziej skrajnych. W sytuacji, kiedy przeważająca większość Ukraińców nie mogła tworzyć normalnego życia politycznego, a ich język był zabroniony, literatura stała się dowodem na istnienie Ukraińców. Ta sytuacja doprowadziła do tego, że ukraińska wyobraźnia została zawładnięta całkowicie przez literaturę, a ukraiński ruch narodowy nosił, jeśli mogę tak powiedzieć, wyraźnie filologiczny charakter. „Biblią" dla tego ruchu stał się utwór Tarasa Szewczenki *Kobzar*, a wszystkie ważne dla tego ruchu teksty, włącznie z *Nacjonalizmem* Dmytro Doncowa, wyszły spod pióra pisarzy i literatów.

Choć już dość dawno temu Wiaczesław Łypyńśkyj nazwał zjawisko zamiany analizy politycznej na krytykę literacką zjawiskiem „Ukrainy literackiej" (*Literaturna Ukrajina*), ten sposób myślenia nadal pozostaje dosyć rozpowszechniony. Nie tak dawno temu, w jednej z polskich gazet, zapytano Jurija Andruchowycza o innego ukraińskiego pisarza, Andrija Kurkowa, który urodził się w Rosji, ale mieszka w Kijowie i uważa się za Ukraińca. Andruchowycz odpowiedział, że Kurkow nie jest ukraińskim pisarzem, gdyż nie pisze w języku ukraińskim, lecz rosyjskim, a język jest podstawą tożsamości pisarza. Z perspektywy literata i twórcy tekstów Andruchowycz ma rację, ale co zrobić, jeśli ten punkt widzenia zastosujemy do polityki? Odpowiedź jest prosta: otrzymamy właśnie dwie Ukrainy, jedną – Andruchowycza, a drugą – Kurkowa. Czyli, używając terminologii Mykoły Riabczuka: Ukrainę „aborygenną" i Ukrainę „kreolską"[161]. Ale gdzie w tej sytuacji umieścić tych Ukraińców, którzy nie czytali utworów ani jednego, ani drugiego, albo w ogóle nie są świadomi ich istnienia?

Uważam, że teoria „dwóch Ukrain" ma wyraźnie literackie korzenie. Zarówno w odniesieniu do „ruchu narodowego typu filologicznego", jak i w odniesieniu do modnych teorii na temat postkolonializmu, jakie pojawiły się w dziedzinie studiów literaturoznawczych. Właśnie tu ma swoje źródło leksyka używana przez Riabczuka: kultura aborygenów i kultura kreolska, syndrom post-

---

[161] Patrz: M. Riabczuk, *Od Małorosji do Ukrainy*, Kraków 2002.

kolonialny, itp. Literat ma prawo prowadzić analizę, stosując taką konwencję, tak samo jak historyk ma prawo nie godzić się na nią. Trzeba przyznać, że wielu ukraińskich historyków, w tym także tych nastawionych bardzo patriotycznie, nie pogodziło się z tezą, że Ukraina była kolonią najpierw rosyjską, potem sowiecką. Według wielu wskaźników, Ukraina stanowiła jeden z najbardziej rozwiniętych centrów w obrębie imperium rosyjskiego. A ci, którzy urodzili się na Ukrainie, poczynając od prawosławnego Prokopowycza aż po komunistę Gorbaczowa, brali aktywny udział w kierowaniu imperium, najpierw rosyjskim, potem sowieckim. Takie zjawisko trudno sobie wyobrazić w wypadku kolonii brytyjskich, francuskich czy hiszpańskich! Chodzi o to, że rosyjskosowieckie imperium było kolonią, która nie odpowiadała klasycznym kryteriom kolonializmu. Właśnie dlatego jej bałtyckie, polskie czy ukraińskie peryferie trudno było nazwać „koloniami"[162].

Istnieje jednak realny świat języka rosyjskiego, rosyjskich kodów, wartości kulturowych, które często nie przystają do ukraińskich. Czy są one czynnikiem mało znaczącym w rzeczywistości niepodległej Ukrainy, czy jednak mają wpływ na bieżące wydarzenia?
Przyznaję, że byłem naiwny, nie doceniając roli czynnika kulturowego i językowego. Sądziłem bowiem, że Ukraińcy będą działać racjonalnie, a nie irracjonalnie, kierować się rozumem, a nie namiętnościami. Jako historyk powinienem wiedzieć, że historia – a szczególnie historia XX w. – to jednak dzieje przede wszystkim namiętności, a nie rozumu.

[162] Analiza stanowisk w tej dyskusji o „dwu Ukrainach", krytyka zastosowania teorii postkolonialnej wobec Ukrainy i szersze opracowanie debat nad tożsamością współczesnych ukraińskich intelektualistów znajduje się w pracy Oli Hnatiuk, *Pożegnanie z imperium. Ukraińskie dyskusje o tożsamości*, Lublin 2003.

Aby lepiej zrozumieć kontekst naszej z Mykołą polemiki, trzeba koniecznie przypomnieć okres, w jakim ona się toczyła. Teoria „dwóch Ukrain" powstała, w znacznej mierze, pod wpływem kryzysu wywołanego wydarzeniami 1994 r. Ówczesny kryzys polityczny był reakcją rosyjskojęzycznej części społeczeństwa, głównie we wschodniej i południowej Ukrainie, na tak zwaną, słusznie albo nie, politykę wymuszonej „ukrainizacji", prowadzoną w latach 1991–1994 przez pierwszego prezydenta niezależnej Ukrainy, Leonida Krawczuka. Dwie następne kampanie wyborcze, parlamentarna w 1998 r. i prezydencka w rok później, dowiodły, że ten regionalny językowy kontekst tracił na ostrości, a na Ukrainie pojawiło się przyzwolenie na to, aby stawała się ona, jeśli można się tak wyrazić, bardziej różnobarwna.

Krytykę tezy Riabczuka opierałem głównie na ówczesnych najnowszych badaniach, w tym prowadzonych przeze mnie, które pokazywały na istnienie tej różnobarwności. Jednak wybory prezydenckie 2004 r. nie tylko przywróciły, ale nawet uaktywniły tę wizję „dwóch Ukrain".

Muszę przyznać, że ten proces wywołał moje zdziwienie. I tu przyznaję rację Riabczukowi, takich spraw jak etniczne emocje i emocje językowe nie powinniśmy ignorować ani nie doceniać ich znaczenia. Gdyż, jak pisze Walker Connor, słynny teoretyk nacjonalizmu, czynnik etniczny zawsze jest wybuchowy[163]. To, że dziś go nie ma, nie oznacza, że nie pojawi się jutro. Może pojawić się bardzo szybko i nagle, zwłaszcza jeśli się nim umiejętnie manipuluje. Przyznaję, że tak może się stać, ale jednocześnie uważam, że moje racje także pozostają w mocy.

---

[163] Walker Connor, *Ethnonationalism. The Quest for Understanding*, Princeton, New York 1994.

W tym kontekście ważny jest jeszcze inny aspekt, zwraca na niego uwagę mój kolega politolog z Doniecka. Otóż uważa on, że problem Donbasu i tamtejszego społeczeństwa polega nie na tym, że ktoś mówi w języku rosyjskim, a ktoś inny – w ukraińskim. Ale na tym, że wszyscy politycy, zarówno Partia Regionów, jak i partie „pomarańczowych", rozmawiają z mieszkańcami tego regionu jak z bydłem. Są oni traktowani jak przedmiot manipulacji politycznych, a nie jak obywatele. To prawda, że społeczeństwo w tym regionie rzeczywiście cechuje spora doza agresji, można by nazwać Donbas ukraińską Sycylią. Z drugiej jednak strony, temu społeczeństwu nie stworzono sytuacji, w której mogłoby poczuć własną godność. Popularność Partii Regionów i Wiktora Janukowycza w tym regionie wypływa z tego, że wprowadzili swoisty, ale jednak porządek w miejscowym klanowo-bandyckim świecie. Ponadto rozbudzili coś na kształt regionalnego szowinizmu, wpajając mieszkańcom przekonanie, że Donbas jest najważniejszym regionem na Ukrainie, ponieważ utrzymuje całą Ukrainę. Problem polega jednak na tym, że kiedy Donbas „polubił" sam siebie w wyniku polityki Partii Regionów, nikt inny na Ukrainie, nawet sąsiadujące z nim Charkowszczyzna czy Dniepropietrowszczyzna, Donbasu nie lubią. Dlatego, aby przyciągnąć do siebie elektorat rosyjskojęzyczny z innych regionów, na wschodzie i południu Ukrainy, Janukowycz i jego partyjni towarzysze używają często metody zastraszenia. Gdy ludzie są zastraszeni, drobne podziały znikają. Gdy przedstawia się Juszczenkę jako faszystę, gestapowca, nacjonalistę, twierdzi się, że będzie mieszkańców tych regionów zabijał albo, co gorsza, ukrainizował, wówczas te poróżnione ze sobą, niezbyt lubiące się regiony, konsolidują się. Łączy ich wspólny wróg. Ten typ strategii opartej na pokazaniu, że istnieją dwie Ukrainy, był od samego początku tworzony świadomie. Wszystko wskazuje na to, że powstała ona w Moskwie w okresie poprzedzającym wybory prezydenckie w 2004 r., a nie w Kijowie czy Doniecku. To była strategia, która miała pozwolić na powtórkę z prezydenckiej kampanii wyborczej w 1994 r. Wtedy „rozgrywanie" tematu dwóch Ukrain przyniosło zamierzony efekt. Leonid Kuczma wykorzystał ten element w walce przeciwko Leonidowi Krawczukowi, w rezultacie wygrał wybory. Natomiast dziesięć lat później, podczas wyborów prezydenckich w 2004 r., ta strategia już się nie powiodła. Moskiewscy i kijowscy specjaliści od technologii politycznych nie wzięli pod uwagę, że w ciągu tych dziesięciu lat, pomiędzy 1994 a 2004 r., na Ukrainie zaszły bardzo istotne zmiany. Bardzo duża część społeczeństwa Ukrainy nie myśli kategoriami z roku 1994, przede wszystkim zaś nie myśli tak centralna Ukraina i Kijów. Tam zmiany w mentalności były najsilniejsze. Wielka szkoda, że ten potencjał, jaki pojawił się po wygranych przez Wiktora Juszczenkę wyborach w 2004 r., nie został wykorzystany, a ukraińska polityka w ostatnich latach wróciła do wariantu sprzed 1994 r.

Jakie elementy dominują w dyskursie o dwóch Ukrainach?
Koncepcja dwóch Ukrain jest oparta, umownie mówiąc, na tradycji charakterystycznej dla myślenia polskiego. Oczywiście nie chodzi mi o myślenie specyficzne dla Warszawy czy Krakowa, ale o to, że ukraiński ruch narodowy przyjął w przeszłości logikę polskiego ruchu narodowego. W przypadku współczesnej Ukrainy jest to optyka Galicji i Lwowa. U Mykoły Riabczuka widać, jak silny wpływ, w latach 60. i 70., miał na niego przykład idący z Polski. Riabczuk wychowywał się na Wołyniu, długi czas mieszkał we Lwowie, stąd, jak sądzę, biorą się te wpływy. Mam za sobą podobne doświadczenie i dobrze rozumiem zjawiska budowane według tej logiki. Opcja ta zakłada, że trzeba koniecznie włączyć do definicji tożsamości narodowej język. Z tego punktu widzenia

rzeczywiście istnieją dwie Ukrainy, ukraińskojęzyczna i rosyjskojęzyczna. Ale jeśli spojrzymy na mieszkańców wielkich miast na Ukrainie, w tej teorii muszą natychmiast pojawić się słabości. Musi bowiem powstać wątpliwość co do ukraińskości mieszkańców wielkich miast, gdyż na przeważającym obszarze Ukrainy, włączając Kijów, oni nie rozmawiają na co dzień po ukraińsku. Ta optyka, co ciekawe i paradoksalne, jest także właściwa Moskwie. Moskwa przez cały czas, co znajduje odzwierciedlenie w wystąpieniach Putina i Miedwiediewa, uważa, że Rosja kończy się tam, gdzie kończy się rosyjski język. I dla nich też istnieje rosyjska Ukraina, która jest częścią Rosji, takiej w szerszym rozumieniu, duchowego dziedzictwa, Rosji wyobrażonej, Rosji-Rusi. Istnieje, dla nich, również ta ukraińskojęzyczna Ukraina, gorsza, mniejsza, prowincjonalna, nacjonalistyczna, ksenofobiczna. Zresztą jest to jeden z bardzo niewielu tych przypadków, w których rosyjscy i ukraińscy nacjonaliści zgadzają się ze sobą. Ta opcja jest atrakcyjna dla jednych i dla drugich. Donbas z punktu widzenia Lwowa jest rosyjski, nie może więc być ukraiński. Paradoksalnie, dla Moskwy on też nie jest ukraiński. Jak mówią politolodzy, istnieje coś w rodzaju aliansu Moskwy i Lwowa skierowanego przeciw Donieckowi. Te dwie opcje łączą się z sobą i tworzą jedno pole. Takie pole zaistniało po raz pierwszy podczas wyborów w 1994 r., w trakcie zmagań Krawczuka i Kuczmy. Natomiast Juszczenko, w przeddzień wyborów 2004 r., próbował wyjść z tego sztucznie stworzonego dyskursywnego pola. Swoją kampanię wyborczą oparł w początkowym okresie na haśle: „Lwów + Donieck = zwycięstwo" (*Lviv + Doneck = peremoha*). Ale został wówczas brutalnie „wyrzucony" z donieckiego pola wyborczego. Jednak jego przeciwnicy nie byli w stanie „wpędzić" go wyłącznie w ukraińskojęzyczne pole, gdyż Juszczenko i jego wyborcy podczas tamtej kampanii wyborczej w 2004 r. nie walczyli o język czy aspekty etniczne, ale o prawo do własnego wyboru, o godność, prawo do bycia ludźmi, którymi nikt nie manipuluje. Właśnie dlatego uzyskał głosy i nacjonalistów, i komunistów, i ukraińskojęzycznych wyborców i rosyjskojęzycznych. I to właśnie umożliwiło mu wyjście poza granice podobnego scenariusza, według którego zorganizował wybory Leonid Kuczma w 1994 r.

Dla mnie jest to bardzo dobry przykład, który ukazuje, że jeśli okoliczności ulegają zmianie, można albo udowodnić istnienie tezy o „dwóch Ukrainach", albo jej zaprzeczyć. Poczucie tożsamości jest rzeczywiście jedną z podstawowych wartości dla człowieka, ale nie jedyną, w parze z nią idzie też np. potrzeba poczucia bezpieczeństwa. Jeśli podejmuje się działania, aby je osłabić, wówczas pojawia się agresja. Ale jeśli to poczucie nie jest sztucznie zasilane, wówczas skonfliktowane strony są w stanie pokoju.

Zresztą w ukraińskim kontekście o roli poczucia bezpieczeństwa trzeba mówić osobno. Ukraińcy przeżyli w XX w., w ciągu względnie krótkiego czasu, kilka bardzo silnych traum, wojny, rewolucje, Wielki Głód, gułagi. Dlatego, wobec wielu możliwych opcji, ludzie szukają tej, która gwarantuje im bezpieczeństwo. Tak długo, jak grupy z odmiennym poczuciem tożsamości nie czują się zagrożone, dość łatwo mogą ze sobą współistnieć, szczególnie kiedy zagrożenie przychodzi z zewnątrz. Właśnie upadek Związku Sowieckiego był tego przykładem. Zagrożenie było wówczas postrzegane jako zewnętrzne, rozpadało się imperium i nie wiadomo było, co się stanie. Wtedy lepiej było uciec, oderwać się od rozpadającego się molocha, aby nie znaleźć się pod jego ruinami. W 1991 r., w czasie tworzenia się niezależnej Ukrainy, pojawił się po raz pierwszy przypadek sojuszu „nacjonalistycznie" nastawionego Lwowa, robotniczego Donicka i komunistycznego Kijowa. Te trzy miasta zadeklarowały wówczas, że dla wspólnego dobra

Skazani na powolność?

lepiej jest im wejść do strefy bezpieczeństwa – a było nią wtedy powstanie Ukrainy – niż pozostawać w niepewności w obrębie Związku Sowieckiego. O tym mało kto dziś pamięta i mówi.

Warto porównać, jak głosowali Ukraińcy podczas referendum w marcu i grudniu 1991 r. W marcu 1991 r. większość Ukraińców głosowała za pozostaniem w obrębie Związku Sowieckiego, ale już w grudniu tego samego roku większość głosowała za tym, aby Ukraińcy oderwali się od Związku Sowieckiego. Właśnie dlatego wielu analityków miało wówczas wątpliwości, na ile wiarygodne było to drugie referendum, gdyż w bardzo krótkim czasie stanowisko wielu ludzi zmieniło się diametralnie. Ale dla mnie był to znak racjonalnego zachowania, gdyż pomiędzy tymi dwoma datami miał miejsce upadek ZSRR. O ile w marcu 1991 r. sytuacja Związku Sowieckiego wydawała się jeszcze w miarę bezpieczna, o tyle po sierpniu 1991 r. wiele osób na Ukrainie zaczęło się obawiać konsekwencji jego upadku. Gdy zagrożenie przychodzi z zewnątrz, wtedy potrzeba bezpieczeństwa łączy Ukraińców o odmiennych poglądach politycznych i typie mentalności.

W ten sam sposób, jako zagrożenie z zewnątrz, postrzegano na Ukrainie wojnę w Czeczenii czy w 1993 r. decyzję Borysa Jelcyna o ostrzelaniu z czołgów rosyjskiego parlamentu. Na szczęście na Ukrainie nie było i nie ma wszystkich tych zagrożeń, które były i są dzisiaj w Rosji. Na początku lat 90. Ukraińcy poczuli się bardziej komfortowo, mieli poczucie, że tworząc niezależne państwo, weszli do strefy bezpieczeństwa.

Innym przykładem powstawania takiej „zjednoczonej" Ukrainy były wybory prezydenckie 1999 r. Leonid Kuczma, aby wygrać wybory, wskazał wspólnego wroga, który mógłby zjednoczyć wschodnią i zachodnią Ukrainę. Tym wrogiem był jego kontrkandydat w wyborach prezydenckich, komunista Petro Symonenko. Z różnych przyczyn właśnie tym kandydatem można było

„straszyć" ukraińskie społeczeństwo. Gdyby wówczas głównym oponentem Kuczmy nie był Symonenko, a na przykład Ołeksandr Moroz, lider Partii Socjalistycznej, Kuczma nie miałby aż takich szans na wygraną.

Odnosi się wrażenie, że za każdym razem wybory na Ukrainie stanowią niewiadomą dla ukraińskiej stabilizacji. Jak długo jeszcze tego typu „straszaki" mogą być używane przez polityków?

Sytuacja może zależeć od tego, jak i w jakim stopniu manipuluje się ważną dla Ukraińców potrzebą bezpieczeństwa. Wybory w 2004 r. były świadomie tak zorganizowane, aby zastraszyć te „różne" Ukrainy. Jak przyznał jeden z rosyjskich specjalistów od kampanii wyborczych, Gleb Pawłowskij, na Ukrainie rozegrał się wówczas scenariusz hollywoodzkiego filmu, który można zatytułować: „Obcy przeciw drapieżnikowi". Kalkulacja była bardzo prosta, Ukraina rosyjskojęzyczna pod względem demograficznym była bardziej liczna niż ta ukraińskojęyczna. W związku z tym, jeśli ukraińskojęzyczna Ukraina głosowałaby samodzielnie, byłaby skazana na przegraną, gdyż te głosy stanowią mniejszość, co pokazały wybory 1994 r. Dlatego dziesięć lat później spróbowano stworzyć podczas kampanii prezydenckiej taki obraz Wiktora Juszczenki, aby nadawał się na wykreowanie go jako wroga dla wyborczej większości. Juszczenko był wówczas przedstawiany jako nacjonalista, a ukraiński nacjonalista wywołuje strach w rosyjskojęzycznej części Ukrainy, tam nadal funkcjonuje negatywny stereotyp sowiecki. Natomiast dla Zachodniej Ukrainy takim wcieleniem wroga był Wiktor Janukowycz, „zrusyfikowany kryminalista", jak go przedstawiano. Trzeba było stworzyć symetryczny obraz dwóch „lęków" – a to jest właśnie przykład ekstremalnego dyskursu, który dzieli. To tak, jak z polem magnetycznym, ono może istnieć w różnym stanie, dopóki nie wprowadzi się w obręb pola dwóch silnych magnesów, które będą to pole mocno rozdzielały, to samo dzieje się na Ukrainie.

Sądzę, że największą pomyłką Kuczmy i moskiewskich specjalistów od technologii politycznej, w trakcie pisania scenariusza wyborów 2004 r., było założenie, że w ciągu tych dziesięciu lat, między 1994 a 2004 r., ukraińskie społeczeństwo nie zmieniło się albo zmieniło się niewiele. W rzeczywistości jednak zmieniło się ono bardzo, przede wszystkim w centralnej Ukrainie. Symbolem tych zmian stał się Kijów – miasto, które w ogóle nie mieści się w kategorii polaryzacji Donieck-Lwów, czyli w schemacie dwóch Ukrain. Gdyż, jak to lubię powtarzać za prof. Romanem Szporlukiem, Kijów rozmawia w tym języku co Donieck, po rosyjsku, ale głosuje jak Lwów.

Z czego wynika ten fenomen współczesnej kijowskoukraińskiej tożsamości? Czy został on poddany socjologicznej analizie?

Nie został, gdyż w zasadzie taki fenomen nie powinien w ogóle istnieć, zwłaszcza gdy czyta się teksty ukraińskich analityków myślących w kategoriach tożsamości narodowej powiązanej jedynie z językiem. Dla ortodoksyjnych nacjonalistów Kijów nie jest ukraińskim miastem, i to już od dawna. Twierdzili oni i twierdzą, że Kijów się rusyfikuje, że nie jest to prawdziwa Ukraina, a „Sowdepia"[164] czy „Małorosja". W rzeczywistości okazało się, że Kijów jest bardzo ukraiński, chociaż ta ukraińskość nie mieści się w kategoriach myślenia o tożsamości narodowej specyficznych dla Polski, Węgier, Niemiec czy ukraińskiej Galicji. Kijów

---

[164] Na Ukrainie potoczne określenie sowieckiego systemu oraz mentalności.

jest świetnym przykładem tego, że język i tożsamość nie muszą stanowić jednego. Gdyby to było jakieś inne miasto, nie stolica Ukrainy, można by powiedzieć, że stanowi wyjątek od reguły. Ale Kijów jest stolicą i większość procesów politycznych przebiega właśnie tam. W tym kontekście Kijów odzwierciedla obraz innej, „trzeciej" czy „czwartej" Ukrainy.

Jaka jest wobec tego ta trzecia, czwarta czy... dwudziesta druga Ukraina?
Sadzę, że przede wszystkim nie jest jednorodna, mieści w sobie wiele mniejszych Ukrain. Chciałbym mówić o tej, która jest reprezentowana przez wielkie miasta, podobne do Kijowa, szczególnie w centralnej Ukrainie. To jest typ miasta rosyjskojęzycznego, zamieszkanego w większości przez Ukraińców, którzy w pierwszym czy drugim pokoleniu zostali wyrwani z wiejskiego środowiska i tradycji, przyjęli język rosyjski jako swój w wyniku polityki asymilacji, ale nie przyjęli rosyjskiej tożsamości. O takich Ukraińcach bardzo dobrze powiedział profesor Uniwersytetu Kijowskiego Wołodymyr Antonowycz, znany ukraiński historyk i nauczyciel Hruszewskiego: „Mieszkańcy Kijowa rozmawiają nie po wielkorusku czy po małorusku, rozmawiają m a ł o po rusku". Pewien procent spośród nich, ludzi dobrze wykształconych, odniósł sukces zawodowy, tworząc tzw. klasę średnią. Trudno powiedzieć, co stanie się z nimi w przyszłości, czy staną się ukraińskojęzyczni. Choć teoretycznie jest to możliwe, praktycznie raczej mało prawdopodobne, potrzeba byłoby chyba kilku pokoleń, aby tak się stało. Raczej będą nadal rosyjskojęzyczni, pozostaje natomiast pytanie, czy będą mieć słabą czy silną ukraińską tożsamość. Sądzę jednak, że na pewno nie staną się Rosjanami. Przywołam tu raz jeszcze przykład Doniecka. Jak już wspominałem, poczynając od 1994 r., zajmuję się badaniami porównaw-

czymi Lwowa i Doniecka, notabene właśnie rezultaty tych badań wyleczyły mnie, w znacznej mierze, z definiowania tożsamości narodowej w kategoriach funkcjonujących we Lwowie. Donieck jest, praktycznie rzecz biorąc, miastem wyłącznie rosyjskojęzycznym. Ale jest to rosyjskojęzyczność, w jakiej tożsamość narodowa nie ma prawie żadnego znaczenia. W zasadzie tam wyraźnie nie dominuje żadna narodowa tożsamość. Donieck jest zamieszkany przez rosyjskojęzyczną populację, ale znacznie mniej osób niż w Kijowie posiada tam korzenie wywodzące się z ukraińskiej wsi. Jest tam sporo byłych sowieckich więźniów politycznych, wśród nich byłych żołnierzy UPA, którzy po odbyciu łagru nie mogli wrócić na zachodnią Ukrainę, gdyż sowiecka władza zmuszała ich do osiedlania się na terenach wschodniej Ukrainy. Ale ludność Donieckan w większości stanowią przesiedleńcy z innych części byłego Związku Sowieckiego. Dominują ludzie różnych narodowości, łącznie z Grekami i Polakami. Można by oczekiwać, przyjmując taką „polską" czy „lwowską" optykę, że Donieck wobec tego jest miastem rosyjskim. Nasze badania pokazały, że chociaż rosyjskojęzyczna populacja dominuje, to jednak niewielka liczba osób uważa siebie za Rosjan. Rezultaty naszych badań pokazały, że kategoria „rosyjskości" jest jedną z najmniej licznych. Z tych badań wynika, że dominuje myślenie w innych niż narodowe kategoriach. Przede wszystkim mieszkańcy tego miasta określają siebie w kategoriach ludzi „donieckich", a więc w kategoriach tożsamości regionalnej. A ona buduje się w oparciu o pewne społeczne kategorie, takie jak: robotnicy, sowieccy, emeryci, kobiety, mężczyźni. Dlatego dzielenie tylko na wschodnich i zachodnich Ukraińców nie ma sensu.

Z jednym zastrzeżeniem: „lwowska Ukraina" jest bardzo mocno ukształtowana, niemal skostniała, nie zmienia się od lat. Tożsamość we Lwowie jest jakby zapisana w skale, w ciągu tych kilkunastu lat niezależności nic się tam w tych sprawach nie zmieniło. Lwów jest ukraińskojęzycznym ukraińskim miastem, mieszkańcy myślą o sobie jako o Ukraińcach. Natomiast w Doniecku te zmiany zachodzą dość intensywnie, tyle że ich prawie nikt nie dostrzega. Zmniejsza się np. liczba tych, którzy uważają się za Rosjan czy ludzi sowieckich, a zwiększa się tych, którzy uważają się za Ukraińców. Ale ukraińskość nie jest tu tak ważna jak w Kijowie czy Lwowie. Dla nich najważniejsze jest nadal to, że są l u d ź m i d o n i e c k i m i. Oznacza to, że na tej mapie dwóch Ukrain istnieje taki rodzaj tożsamości, którą nie wiadomo, gdzie umieścić, do czego ją przypisać.

Jak w tym kontekście funkcjonują lokalne elity polityczne oraz oligarchowie?
Donieckie elity polityczne, oligarchowie, starają się zdobyć rzeczywistą władzę polityczną, mają nawet ambicje tworzenia ośrodka władzy politycznej nie tylko w Donbasie czy wschodniej Ukrainie, ale na obszarze całej Ukrainy. Te wysiłki są raczej skazane na niepowodzenie, gdyż z badań wynika, że galicyjska, lwowska tożsamość nabiera większej popularności w centralnej Ukrainie, ludzie na tych obszarach zaczynają myśleć tak jak w Galicji. Można to zjawisko zrozumieć po kilkunastu latach istnienia Ukrainy jako niezależnego państwa. Natomiast doniecka tożsamość nie może pretendować do tego, aby stać się wzorcową dla południowo-wschodniej Ukrainy. Kiedy spojrzeć na to, jak te regiony, wschodu i południa Ukrainy, odnoszą się do siebie, widać bardzo wyraźnie, że na poziomie elit rządzących i politycznych oraz na poziomie społeczeństwa zarówno obwód charkowski, jak i dniepropietrowski mają dość negatywne wyobrażenie na temat tzw. *donieckich*. Wśród nich odczuwa się o wiele silniej pozytywny stosunek do Kijowa. Do Galicji już nie, ale do Kijowa

tak, te sympatie są silniejsze niż do Donieck. Nawet jeśli brać pod uwagę pamięć historyczną, a były prowadzone takie badania, widać, że w obwodzie charkowskim i donieckim istnieją dwie różne pamięci historyczne. Charkowska przyjmuje o wiele silniej ukraiński typ pamięci, łączący różne elementy ukraińskiej pamięci, podczas kiedy doniecka jest o wiele bardziej regionalna, wykorzystuje w znacznym stopniu sowiecki mit. Bez tego mitu Donieck nie może funkcjonować. Donieck chwali się tym, że jest największym europejskim miastem Ukrainy, ale w rzeczywistości dominuje tam typ tożsamości, który nie ma przyszłości. Pytanie brzmi, co się z nią stanie za pięć czy dziesięć lat, czy będzie się zmieniać, czy będzie się utrwalać. Według mnie, wschodnia Ukraina jest różnorodna i podlega bardzo dynamicznym zmianom. Na tym etapie trudno przewidzieć, w jakim kierunku one pójdą, gdyż zmiany te dokonują się nie tylko w kontekście zmian na Ukrainie, ale również w kontekście zmian w Rosji, a także na świecie.

Po 1991 r. ten międzynarodowy kontekst stał się bardzo ważny. Mniej więcej od początku XXI wieku nastawienie Ukraińców zmienia się, charakteryzuje się coraz większym dystansem do obcych. Nie możemy mówić, jak na razie, o ksenofobii ukraińskiego społeczeństwa, ale istnieje takie zagrożenie. Kiedy zaczynamy szukać czynników, które na to zjawisko wpływają, okazuje się, że nie wywodzą się one z czysto etnicznych przyczyn. Widać, że wzrost poziomu ksenofobii ma silny związek ze wzrostem zachorowań na AIDS na Ukrainie, a szczególnie z zamachem 11 września 2001 r. Co potwierdza raz jeszcze to, o czym mówiliśmy, że Ukraińcy chcą czuć się bezpiecznie, że źle reagują na nowe zagrożenia w świecie. Np. agresja USA na Irak, a także zachowanie NATO w trakcie konfliktu o Kosowo, zostały bardzo źle odebrane przez społeczeństwo ukraińskie. Te wydarzenia miały negatywny wpływ na stosunek Ukraińców do europejskich procesów integracyjnych, i raczej cofnęły Ukrainę, przynajmniej na jakiś czas, w poparciu dla tych procesów. W świadomości części Ukraińców zagrożenie wiąże się z Zachodem, a nie Wschodem. Co ciekawe, istnieje pewna gradacja, Ukraińcy nie postrzegają tego zagrożenia np. ze strony Brukseli czy Unii Europejskiej, ale ze strony NATO i USA.

W jakim kierunku, twoim zdaniem, mogą rozwijać się tendencje, o jakich mówimy? Jak reagują na nie ukraińscy politycy?
Niektórzy badacze przypuszczają, że wschodnia Ukraina będzie szybciej ewoluowała w kierunku ukraińskości niż południowa. Dlatego że wschodnie regiony mają wiele aglomeracji miejskich, które odgrywają większą rolę w polityce niż wsie i małe miasta, jakie dominują na Ukrainie południowej. Wschodnia Ukraina to takie miasta jak Donieck i Dniepropietrowsk oraz – w znacznej mierze – Zaporoże. W tych dwóch miastach istnieją silne grupy klanowe, które ciążą ku Kijowowi, konkurują o szersze wpływy. Aby pretendować do zdobycia władzy politycznej, muszą kreować się na elity ogólnoukraińskie. Istnieją badania młodej niemieckiej socjolog, Kerstin Zimmer[165], które pokazują, w jaki sposób donieckie elity w trakcie rządów Janukowycza manipulowały doniecką tożsamością, aby dowieść, że ta tożsamość jest powiązana z ukraińską. Dla lepszego kontrastu można dodać, iż np. w Odessie nie ma grupy, która by parła tak silnie do władzy w Kijowie, jak te z Doniecka.

Właśnie świadomość tych wszystkich aspektów, o których mówimy, nauczyła mnie, że o ile o Ukrainie można pisać w kate-

---

[165] Kerstin Zimmer, *Machteliten im ukrainischen Donbass. Bedingungen und Konsequenzen der Transformation einer alten Industrieregion*, Berlin 2006.

goriach ekstremalnych, nie można tak o niej myśleć, gdyż taki obraz, tworzony teoretycznie na papierze, rzadko odpowiada realnym zachowaniom Ukraińców. Z tego powodu żałuję, że na Ukrainie nie ma dosyć licznej elity, która chciałaby to zjawisko wykorzystać. To znaczy „grać" projektem trzeciej czy czwartej Ukrainy. Chociaż niektórzy analitycy mówią, że największy potencjał polityczny pod tym względem ma Julia Tymoszenko.

Te sprawy konfliktujące ukraińskie społeczeństwo to przede wszystkim status języka rosyjskiego, stosunek do NATO i do UPA. Jeśli chcesz mieć dwie Ukrainy, mów o tych właśnie sprawach. Ale jeśli nie dotykasz tych kwestii, a mówisz o zarobkach, emeryturach, korupcji itd., wtedy widać, jak wiele Ukraińców łączy. Celnie na temat umiejętności lawirowania Julii Tymoszenko w tym kontekście wypowiedział się Andrij Kurkow: „Jula umie ładnie milczeć na te tematy, które dzielą Ukrainę". I rzeczywiście, jeśli przyjrzeć się sposobom budowania schematu kampanii wyborczych różnych sił politycznych, to i „Nasza Ukraina", i Partia Regionów bardzo mocno akcentują właśnie te bolesne sprawy, które dzielą. Tylko na ekstremach buduje swój program polityczny populistyczna partia Natalii Witrynko. Natomiast Jula Tymoszenko, kiedy tylko może, ucieka od tych kwestii. Pamiętam, kiedy Tymoszenko w jednym z programów telewizyjnych, zapytana o to, jak odnosi się do kwestii statusu języka rosyjskiego jako drugiego oficjalnego języka na Ukrainie, sprytnie odpowiedziała: „Ależ to hasło Partii Regionów, ale w rzeczywistości ich problem polega na tym, że liderzy nie umieją dobrze mówić ani po rosyjsku, ani po ukraińsku".

Jeszcze raz powołam się na europejskie badania dotyczące wartości ważnych dla społeczeństwa w różnych krajach. Pokazują one, że Ukraińcy nie są gotowi na zmiany, gdyż potrzeba bezpieczeństwa rodzi w nich strach przed zmianami: zmiany są niewiadomą, a niewiadoma niesie za sobą zagrożenie. Można było przewidzieć tego typu rezultaty. Natomiast dość niespodziewanie pojawiły się rezultaty uzyskane na poziomie regionalnym. Okazało się, że najbardziej otwarte na zmiany są obrzeża Ukrainy – wschód i skrajny zachód. Natomiast najmniej otwarta jest centralna Ukraina, co można zrozumieć, gdyż właśnie ta część Ukrainy została najbardziej dotknięta wojnami, rewolucjami, a także największą ukraińską traumą – Wielkim Głodem.

2. PAMIĘĆ HISTORYCZNA
W wielu swoich wypowiedziach zwracałeś uwagę na to, że kiedy w 1991 r. Ukraina odzyskała niepodległość, ukraińska pamięć historyczna była zatarta...
Uważam, że na żadnym innym obszarze Europy Wschodniej pamięć historyczna nie była tak represjonowana i tak zgnębiona jak na Ukrainie. Przez dziesiątki lat ogromne obszary pamięci narodowej były przez reżim sowiecki świadomie zablokowane. Żeby uzmysłowić polskiemu czytelnikowi, jak wiele jest do nadrobienia, dam przykład z własnego podwórka. Moje pokolenie wyrastało w latach 70. jako pokolenie „pozbawione pamięci", oprócz rodzinnych historii myśmy nie wiedzieli, co było przed nami. Domyślaliśmy się, fragmentami coś do nas docierało, np. wiedza o UPA, ale to była kropla w morzu. Długo nie wiedziałem, kim był na przykład Mykoła Chwylowyj, o wydarzeniach na Wołyniu dowiedziałem się dopiero gdzieś w końcu lat 80., nie wiedziałem nic o istnieniu galicyjskich Żydów. Istniała oficjalna sowiecka polityka zbiorowej amnezji.

Co więcej, to zjawisko nie dotyczyło tylko pamięci kolektywnej, ale także nauk historycznych. Kiedy w pierwszej połowie lat 80. pisałem pracę doktorską, od razu mnie uprzedzono, abym nie wspomniał nazwiska Mychajły Hruszewśkiego, gdyż nawet powołanie się na niego uważano za ukrytą popularyzację tej postaci. Ale już zupełnie inaczej było w odniesieniu do postaci rosyjskich, nie istniał zakaz umieszczania informacji na temat znanych historyków rosyjskich tworzących przed 1917 r., takich jak np. Michaił Kluczewskij czy Sergiej Sołowiow, którzy byli znacznie bardziej reakcyjni z punktu widzenia reżimu komunistycznego, a tymczasem Hruszewskyj był przez jakiś czas członkiem radzieckiej Akademii Nauk! Jedynie bardzo niewielka część ukraińskiej historii, nawet zafałszowanej, była upubliczniona. A to oznaczało, że wiedza o ukraińskiej historii była naprawdę znikoma. O tak ważnych wydarzeniach, jak bitwa pod Konotopem, Krutami, pod Makiwką[166], nie mówiąc o tragedii wołyńskiej, w ogóle nic nie wiedziano.

Według jakich kryteriów władze sowieckie budowały pamięć nowego typu, aby doprowadzić do „zatarcia" pamięci Ukraińców?
Ukraina była największą nierosyjską republiką ZSRR, od niej więc zależał fakt istnienia samego Związku Sowieckiego. Kreml nigdy

---

[166] Bitwa pod Konotopem (zwana niekiedy sosnowską bitwą lub bitwą nad rzeką Sosnówką) miała miejsce w 1659 podczas wojny polsko-rosyjskiej 1654–1667. Armia kozacko-polsko-tatarska pod wodzą hetmana kozackiego Iwana Wyhowskiego wyruszyła na odsiecz Konotopowi obleganemu przez armię rosyjską księcia Aleksieja Trubeckiego i pokonała Rosjan. Obecnie na Ukrainie uważa się tę bitwę za największy triumf wojsk ukraińskich nad Rosjanami.

Bitwa pod Krutami, bitwa stoczona 29 stycznia 1918 pomiędzy oddziałem bolszewickiej armii Michaiła Murawiowa a ochotnikami ukraińskimi z armii URL dowodzonymi przez Awerkija Honczarenkę. W sumie w bitwie zginęło około 300 ukraińskich obrońców Krut, straty bolszewickie są nieznane. Bitwa ta jest symbolem patriotyzmu i poświęcenia w walce o niepodległą Ukrainę.

Makiwka, góra w Wysokim Beskidzie, leżąca 8 km od znanej miejscowości turystycznej Sławsko. Miejsce zwycięstwa w czasie I wojny światowej w 1915 r. oddziałów Ukraińskich Strzelców Siczowych, wchodzących w skład formacji armii austro-węgierskiej, nad wojskami rosyjskimi.

nie miał całkowitego zaufania, o czym mówiliśmy, ani do samych Ukraińców, ani do ukraińskich elit partyjnych, gdyż w krytycznych momentach zawsze próbowały one wygrać własne interesy.

Za jeden z ważniejszych warunków zabezpieczenia się przed zagrożeniem ze strony Ukraińców uznano doprowadzenie na Ukrainie do prawie całkowitego wykreślenia pamięci o jej przeszłości, o jej historii. Z tego powodu „wycierano" bez pardonu z historii wszystkie te okresy, które wyraźnie odróżniały ukraińską historię od rosyjskiej. Oficjalnie nie zaprzeczano, że ukraińska historia miała swoje osobliwości, ale pokazywano je nie jako narodowościowe, a jako etniczno-folklorystyczne, np. przyznawano, że Ukraińcy gotowali inny barszcz czy mieli odmienne od rosyjskich tańce. Ale przemilczano wszystkie te różnice, które miały wyraźnie odmienny narodowy charakter, gdyż uznanie Ukraińców za osobny naród mogło automatycznie doprowadzić do przyznania im odrębności politycznej, co znowu stawiałoby istnienie ZSRR pod znakiem zapytania.

Nie mówiono np. o postaci Mazepy, o ukraińskiej rewolucji lat 1917–1920, ukraińskim odrodzeniu kulturalnym lat 20., ukraińskim ruchu narodowowyzwoleńczym, podobnie jak nie mówiono o Żydach na Ukrainie i Tatarach krymskich. Ponadto każda forma nacjonalizmu, a szczególnie ukraińskiego, przedstawiana była jako największe zagrożenie, większe stanowił jedynie faszyzm. Ta propaganda kreowała obraz Ukraińca z nożem ociekającym krwią, karabinem, który torturował i znęcał się nad kobietami i dziećmi. Jak ironicznie zauważył kiedyś Norman Davis, w sowieckiej historiografii i propagandzie Ukraińcy stawali się Rosjanami zawsze wtedy, kiedy dokonywali czynów pozytywnych, oczywiście w rozumieniu sowieckim, natomiast stawali się od razu Ukraińcami, kiedy w sowieckim pojęciu ich działania były negatywne, a za takie uważano np. procesy narodowowyzwoleńcze.

Dlatego kiedy mówimy o historycznej pamięci Ukraińców, musimy być świadomi negatywnej roli sowieckiego dziedzictwa. Co więcej, dziedzictwo to, w znacznej mierze, pozostaje aktualne do dzisiaj. W niezależnej Ukrainie elity, które mogą artykułować i inicjować debaty na tematy historyczne, są nadal nieliczne. Nie da się porównać tej sytuacji do sytuacji w Polsce czy nawet w Estonii. W obu tych krajach w okresie komunistycznym została zachowana ciągłość rozwoju szkół historycznych, istniały silne centra naukowe, pojawiały się ważne, z naukowego punktu widzenia, publikacje. Tego typu zjawisk nie było na Ukrainie. Nadal więc wiedza Ukraińców o własnej historii pozostaje dosyć znikoma.

Z drugiej strony, mamy obecnie do czynienia z silnym przeciwstawianiem dwóch mitów, narodowego ukraińskiego i sowieckiego. Każdy z tych mitów, jak w ogóle wszystkie mity, jest selektywny. Specyfika mitu sowieckiego polega przede wszystkim właśnie na narzuceniu, niespotykanej gdzie indziej, wielkiej amnezji historycznej. Mitologia zaproponowana przez ukraińską historiografię narodową nie praktykowała tak silnej amnezji, ale też wyłączała z historii Ukrainy pewne wydarzenia i postacie niezbyt dla niej wygodne. Ten typ ukraińskiej narodowej narracji historycznej stworzył przede wszystkim Mychajło Hruszewśkyj, a wielu ukraińskich historyków, tak z Ukrainy jak i z diaspory, krytykowało go za to, że zawężał ukraińską historię, że, jak mówiono, wielkie morze ukraińskiej historii przetworzył w malutki potoczek. I ten potoczek nazywał walką o tożsamość narodową i niepodległość. Jasne więc, że w tym „potoczku historii" znalazła się historia tylko wybranych regionów i miast. Znajdują się w nim Lwów czy Kijów, czasami zjawia się Charków, ale nie ma miejsca na Donbas, Chersoń, Mikołajów ani na Odessę. Można by powiedzieć, że to taki lwowsko-kijowski typ narracji historycznej.

Stare komunistyczne mity odchodzą w przeszłość, nowe, czy może lepiej powiedzieć „przefarbowane" stare mity, jak narodowy mit ukraiński, zaczęły odradzać się w końcu lat 80. Część przedstawicieli ukraińskich świadomych elit próbuje usunąć z pamięci mity sowieckie i zastąpić je mitem narodowym. Jak na razie sytuacja jest raczej patowa: komunistyczne mity nadal pozostają dosyć żywotne, a znowu mit narodowy nie ma dostatecznie silnego rezonansu wśród sporej części społeczeństwa, szczególnie wśród jej miejskiej części, na wschodzie i południu Ukrainy.
Uważam, że we współczesnej Ukrainie droga propagowania mitu narodowego, który miałby zastąpić tamten stary sowiecki, wiedzie donikąd. Przede wszystkim idąc takim szlakiem wyłączamy pewną część Ukrainy z tej wspólnej pamięci. W ten właśnie sposób tworzymy drugą Ukrainę, jaka nie mieści się w tego typu narracji, w koncepcji ukraińskiej historii. Dlatego, moim zdaniem, bardzo ważne jest tworzenie takiego sposobu myślenia, pisania i odpowiednio – tworzenia takiej pamięci historycznej, która by włączała wszystkie regiony Ukrainy. Aby pokazywała, że różnorodność nie jest oznaką słabości, a na odwrót, w pewnych okolicznościach może stać się oznaką siły. Ale w każdym wypadku jest normalnym zjawiskiem, z jakiego należy korzystać, a nie nad nim rozpaczać.

Kiedy mówimy o problemach Ukraińców z pamięcią historyczną, nie możemy pominąć w tym kontekście roli elit politycznych, które po 1991 r. wykorzystują manipulację historią do celów politycznych. Najsilniej zjawisko to funkcjonowało za czasów prezydentury Leonida Kuczmy, ale także po pomarańczowej rewolucji, w nieco innej formie, manipulacja historią trwa nadal. Jakie były kolejne etapy tego procesu, po 1991 r.?

Po utworzeniu niezależnej Ukrainy w 1991 r., mając świadomość zniszczeń dokonanych przez władze sowieckie, ukraińskie elity musiały zadbać o stworzenie na nowo pamięci historycznej. Także dlatego, aby mogła ona nadać legitymizację młodemu ukraińskiemu państwu. Te elity nie miały zresztą wyboru, inna rzecz, że każda kolejna władza po 1991 r. robiła to na swój sposób, często nieodpowiadający obiektywnie pojmowanym interesom Ukraińców.

I tak, Leonid Krawczuk mówił o ukraińskiej historii, interpretując ją inaczej, w zależności od tego, do kogo się zwracał, inaczej na wschodzie, a inaczej na zachodzie Ukrainy. Zresztą to balansowanie w rezultacie niewiele mu pomogło. Wschód Ukrainy i tak przyjmował jego politykę jako nacjonalistyczną, w 1994 r. głosując na Leonida Kuczmę. Ten ostatni wybrał inną taktykę, próbował połączyć dwa dyskursy, sowiecki i narodowy. I tak np. w tym samym czasie, kiedy mówił, że władze gotowe są uznać status żołnierzy UPA jako strony walczącej w II wojnie światowej, ukazało się rządowe rozporządzenie ustanawiające obchody rocznicy zjednoczenia Ukrainy i Rosji, czyli Perajasławskiej Rady, czy ustanawiające uroczyste obchody, na najwyższym państwowym szczeblu, 85. rocznicy urodzin byłego I sekretarza KC KPU, Wołodymyra Szczerbyćkiego[167]. Kuczma i jego otoczenie manipulowali fragmentami ukraińskiej historii, manipulowali pamięcią tych grup, które śmiało można nazwać mniejszościami – bo na Ukrainie nikt nie stanowi wyraźnej większości: ani ukraińsko-

---

[167] W. Szczerbyćkyj (1918–1990), sprawował różne funkcje partyjne i państwowe w ZSRR, w 1972 r. objął funkcję I sekretarza KPU. Odpowiedzialny m.in. za czystki w ukraińskim aparacie partyjnym (pośród zwolenników tzw. Autonomii Republiki Ukraińskiej), rusyfikację oraz masowe represje przeciw ukraińskiemu ruchowi obrony praw człowieka. Jeden z najdłużej sprawujących władzę faworytów L. Breżniewa został odsunięty od władzy dopiero we wrześniu 1989 r.

języczni, ani rosyjskojęzyczni Ukraińcy, ani Rosjanie. Manipulacja polegała na tym, że każda z tych grup otrzymywała w prezencie od władzy jakąś symboliczną cząstkę historii, ale w taki sposób, aby żadna z nich nie dominowała. Unikano przy tym tych elementów historii, które mogły wywołać negatywną reakcję. Ciekawy był na przykład wybór postaci do stworzonego przez Kuczmę i jego ludzi w trakcie kampanii prezydenckiej w 1999 r. kalendarza bohaterów Ukrainy, nazwanego „Znaj naszych". Kalendarz ten przedstawiał historyczny panteon, który miał być wykorzystany jako element propagandowy Wśród postaci godnych uznania umieszczono tam historyka Mychajło Hruszewśkiego, ale nie było Symona Petlury, a już zupełnie nie mogło być mowy o Stepanie Banderze. Znaleźli się tam również Rosjanie związani z Ukrainą, jak lekarz Mykoła Amosow, nie było jednak Michaiła Bułhakowa, który długo zajmował stanowisko antyukraińskie. Strategia Kuczmy okazała się jednak krótkowzroczna, nie przyniosła większych sukcesów. W końcu stało się jasne, że społeczeństwo nie akceptuje tego typu manipulacji.

Wiktor Juszczenko przed pomarańczową rewolucją nie używał w wystąpieniach politycznych retoryki historycznej. Starał się ukierunkować swój program wokół hasła: „Ukraińcy mają prawo do godnego życia, mają prawo do tego, by być bogatym narodem". Takie podejście przyciągało do niego ludzi o różnych poglądach. Nawiasem mówiąc, Janukowycz próbował postępować tak samo, tylko zamiast o godności mówił o zapewnieniu stanowisk pracy, o emeryturach. A kiedy nie wypadało mu milczeć, wybierał ostrożne sformułowania. „Przekazywał" rolę konfrontacyjną w łonie Partii Regionów innym jej członkom. Nikt o tym teraz nie pamięta, ale kiedy Janukowycz był premierem za czasów prezydentury Kuczmy, powiedział, że nie da się wybrać przez ani jednego weterana UPA w Doniecku i przez ani jednego weterana Armii Czerwonej we Lwowie. Okazało się potem, że większości Ukraińców takie podejście odpowiada.

Jednym z najistotniejszych elementów przywracania pamięci zbiorowej Ukraińcom jest Wielki Głód lat 1932–1933. Nie bez problemów, ale udało się, w znacznej mierze dzięki Wiktorowi Juszczence, przywrócić to wydarzenie do pamięci historycznej na Ukrainie. Juszczenko prowadzi dość aktywną politykę historyczną na Ukrainie. Jak, w twojej ocenie, wypadają działania podjęte przez niego w tym zakresie?

Wydaje się, że przywrócenie pamięci o Wielkim Głodzie było przeprowadzić najłatwiej, gdyż wokół tego tragicznego wydarzenia istniało, mimo wszystko, najmniej sporów. Ukraińcy zachowali pamięć o Wielkim Głodzie, mimo że stanowił on i nadal stanowi, choć już coraz mniej, wielką traumę. Z pewnością działania Juszczenki w tym kontekście można uznać za jego największy sukces. Ukraińcy są zgodni co do tego, aby uznać Wielki Głód za swoją narodową tragedię, ale kiedy zaczynają się dyskusje na temat określenia charakteru tego wydarzenia, natychmiast pojawiają się spory. Co zresztą także przekłada się na poziom polityczny, przypomnijmy kłótnie w ukraińskim parlamencie podczas debaty w momencie przyjmowania ustawy o Wielkim Głodzie lat 1932–1933, w 2006 r.[168] W społeczeństwie

---

[168] Przez długi czas usiłowano w Werchownej Radzie Ukrainy nie dopuścić do przyjęcia tej ustawy, szczególnie posłowie z Partii Regionów oraz Komunistycznej Partii Ukrainy. Podczas końcowego głosowania za przyjęciem ustawy głosowało 233 posłów na 435, czyli ustawa przeszła minimalną większością głosów, tylko dzięki temu, że dwóch posłów Partii Regionów pochodzących z Zachodniej Ukrainy nie dotrzymało „partyjnej dyscypliny" i głosowało za jej przyjęciem. Nie udało się natomiast przyjąć jej w oryginalnej wersji, z akapitu mówiącego o odpowiedzialności za Wielki Głód usunięto słowo „komunistyczny" i przyjęto wersję „system totalitarny".

ukraińskim część osób, szczególnie mieszkańców wschodnich i południowych regionów, nie chce uznać tego wydarzenia za ludobójstwo popełnione na ukraińskim narodzie, a taki jest kierunek działań i sposób myślenia Wiktora Juszczenki.

Wiktor Juszczenko jest pierwszym prezydentem niepodległej Ukrainy, który często i w stanowczy sposób mówi o historii. Z jego wypowiedzi widać, że znajduje się pod wpływem tradycji myślenia narodowego. On nie tylko wierzy, że Ruś Kijowska była ukraińska, uważa, że ukraińskie korzenie można już datować na kilka tysiącleci przed narodzeniem Chrystusa. Oczywiście, należy uznać wielkie zasługi Juszczenki w przywracaniu pamięci o Wielkim Głodzie 1933 r., a także w działaniu na rzecz pojednania weteranów Armii Czerwonej i UPA. Ale poza tym jego polityka pamięci doprowadziła do polaryzacji społeczeństwa, podobnie jak było za czasów prezydentury Leonida Krawczuka. Także stałe odwoływanie się Juszczenki do tych ukraińskich symboli narodowych i historycznych, które mają wydźwięk antyrosyjski, jak na przykład przy okazji rocznicy bitwy pod Konotopem, gdzie Kozacy rozbili wojska rosyjskie, antagonizuje dużą część społeczeństwa ukraińskiego.

Dwójka jego głównych oponentów, Wiktor Janukowycz i Julia Tymoszenko, prowadzi inną taktykę. Wybierają milczenie w odniesieniu do tematów odwołujących się do historii. Rozumiejąc, że skoro historia dzieli Ukraińców, a oni chcą wygrać w czasie wyborów prezydenckich w 2010 r., muszą zdobyć, choćby w minimalnym procencie, wsparcie wśród elektoratu swoich przeciwników politycznych. Mają za to w swoim najbliższym otoczeniu partyjnym ludzi, którzy, jeśli trzeba, wykorzystują tematykę historyczną. BjuT, partia Julii Tymoszenko, próbuje wygrywać pewne kwestie narodowe, kiedy potrzeba jej wsparcia tej części społeczeństwa, dla której są one ważne. Partia Regionów natomiast z tych samych powodów akcentuje prosowiecką wersję historii w kontaktach z elektoratem na wschodzie i południu Ukrainy. Oczywiście, w tej strategii jest zawarty bardzo silny element gry politycznej.

Wydaje się, że pamięć historyczna należy do tych czynników, które nadal najbardziej dzielą Ukraińców. Czy można jednak mówić o pewnej ewolucji tego zjawiska?
Pamięć historyczna nie tylko dzieli, ale często też łączy. Podobnie jest na Ukrainie. W ukraińskim kontekście mamy do czynienia z dość prostą zasadą: im wcześniej miały miejsce wydarzenia historyczne, tym łatwiej Ukraińcom znaleźć konsensus wokół nich. I na odwrót, im są one bliżej współczesności, tym wzbudzają ostrzejsze kłótnie i dyskusje. Większość Ukraińców jest zgodna co do tego, że Ruś Kijowska ma o wiele więcej związków z Ukrainą niż z Rosją. Większość z nich akceptuje także mit kozacki. Najwięcej kontrowersji i negatywnych emocji budzą wydarzenia, które miały miejsce w XX w. Dzieje się tak dlatego, że żyją pokolenia, dla których pamięć tych wydarzeń jest nadal bardzo silna. Można przewidzieć, iż w miarę jak pamięć o wydarzeniach XX w. będzie odchodziła w przeszłość, konflikt różnych pamięci będzie się osłabiać.

Ciekawym zjawiskiem jest ewolucja stosunku Ukraińców do okresu rewolucji i wojny domowej lat 1917–1920. Te wydarzenia już nie dzielą Ukraińców tak bardzo jak kiedyś. Choć dla części z nich postać Symona Petlury nadal pozostaje trudna do zaakceptowania, to dość łatwo swoje miejsce w panteonie bohaterów narodowych odnalazł Nestor Machno. Jedną z decydujących przyczyn tej akceptacji był fakt, że Machno odpowiada na społeczne zapotrzebowanie wschodniej i południowej Ukrainy. Dla nich on jest „swój".

Przez długi czas postać Nestora Machno była, jeśli można tak powiedzieć, niczyja, pozostawała „niezagospodarowana". W okresie rewolucji i wojny domowej posługiwał się on hasłem: „bij białych, aż poczerwienieją, i czerwonych, aż zbieleją". Walczył ze wszystkimi. Mamy więc do czynienia z postacią, jaką można wykreować na symbol niezależności, a także uosobienie regionalnego patriotyzmu. Armia Machno była niezwykle skuteczna i odnosiła wiele sukcesów, ale wtedy, kiedy walczyła na swoim terytorium. Mało kto wie, że „taczanki", którymi tak chwalili się potem bolszewicy, wymyślił Machno. Żołnierze Machno, którym udało się stworzyć armię skutecznie walczącą ze wszystkimi, awanturniczą, ale broniącą „swoich", są dla części Ukraińców nowym wcieleniem mitu o Kozakach, wolnych, bohaterskich, ale i zawadiackich, czasem zbójników. Dlatego Machno świetnie odpowiada na potrzebę istnienia takiego mitu na wschodzie Ukrainy.

Czy możesz podać przykład postaci historycznej, która by jednoczyła wszystkich Ukraińców?
Najbardziej popularne są postaci dwóch Szewczenków: Tarasa Szewczenki, ukraińskiego wieszcza narodowego, i Andrija Szewczenki, piłkarza. Pierwszy symbolizuje historyczny mit Ukrainy, drugi jest uosobieniem współczesnego ukraińskiego sukcesu międzynarodowego.
Jest postać Bohdana Chmielnickiego, którego popularność buduje się w oparciu o ambiwalentność tej postaci. Dla jednych pozostaje on symbolem twórcy państwa ukraińskiego, dla innych jest symbolem postaci, która „połączyła" Ukrainę z Rosją. W rezultacie Chmielnicki staje się dobrym symbolem i dla ukraińskich patriotów, i dla sympatyków silnych związków Ukrainy z Rosją. Są jeszcze postaci, które były uznane i przez historię ukraińską,

i przez sowiecką. Chodzi o Iwana Franko i Łesię Ukrainkę, dlatego też oboje zachowują status bohaterów narodowych.

Pośród symbolicznych postaci powszechnie akceptowanych w ostatnim okresie, z wyjątkiem sportowców i gwiazd show-biznesu, ciekawa jest postać kijowskiego lekarza, chirurga, Rosjanina, Mykoły Amosowa. Był on człowiekiem rozumnym, wielkiego serca, jako lekarz. Uosabia on rosyjskojęzyczną kulturę na Ukrainie, dlatego jego postać jest popularna w różnych regionach kraju.

Są jednak także postaci, które łączą Ukraińców w negatywnej ocenie. Przede wszystkim należy do nich Stalin. Stosunek do Stalina odróżnia całkowicie Ukraińców od Rosjan: o ile dla Rosjan Stalin pozostaje bohaterem narodowym, przez zdecydowaną część Ukraińców jest uznawany za postać negatywną, odpowiedzialną za cierpienia i zniszczenia na Ukrainie. Dla Rosjan Stalin pozostaje tym, kto stworzył silne państwo radzieckie. Ponadto Stalin stawił czoło Niemcom. Jest zwycięzcą, ale nie tyranem.

Czy są jakieś elementy pamięci historycznej, poza stosunkiem do Stalina, które odróżniają Ukraińców od Rosjan?

Moim zdaniem, największa różnica polega na stosunku do wojny, o ile bowiem stosunek do II wojny światowej łączy Rosjan, o tyle Ukraińców najbardziej dzieli.

Różnice te dobrze odzwierciedlają odmienne doświadczenie historyczne jednych i drugich. Bolszewicy, sowiecka władza, zwyciężyli na całym terytorium etnicznie rosyjskim w tym samym czasie, po rewolucji październikowej. W latach 40. zdecydowana większość Rosjan uważała Związek Sowiecki za swoją ojczyznę. W czasie II wojny światowej, a zwłaszcza w jej końcowym okresie, utożsamiano się z nim jak z krajem zwycięskim. A jeszcze w ostatnich miesiącach I wojny światowej i rewolucji 1917 sytuacja wyglądała inaczej. Rosjanie byli jednak silnie podzieleni na zwolenników białych i zwolenników bolszewików. W okresie II wojny światowej żadnych tego rodzaju podziałów już nie było. Na Ukrainie sytuacja wyglądała zupełnie inaczej. Większa część terytorium Ukrainy, centralna, południowa i wschodnia, stała się częścią Związku Sowieckiego już po zakończeniu I wojny światowej, ale zachodnia Ukraina weszła w jego skład dopiero po II wojnie. W latach 1939–1945 trzeba mówić o bardzo wielu podziałach wśród Ukraińców, poczynając od tych wynikających z odmiennego stosunku do Niemców, poprzez odmienny stosunek do Sowietów aż po chociażby poważne podziały, które istniały w łonie OUN-UPA między tzw. banderowcami a melnykowcami, itd. Tak więc Ukraińcy byli bardzo mocno podzieleni na różne, antagonistyczne obozy przez cały okres trwania II wojny światowej, a także w pierwszych latach powojennych. Te ówczesne wewnętrzne podziały znajdują odzwierciedlenie we współczesnej pamięci zbiorowej.

W 2007 i 2008 roku zrealizowano wielki medialny projekt „Wielcy Ukraińcy"[169], widzowie programu mieli dokonać wyboru największego Ukraińca w historii. Dla wielu Ukraińców projekt był kontrowersyjny, zakończył się skandalem, mam jednak wrażenie, że nie można go ocenić jednoznacznie negatywnie. Na ile, w twojej ocenie, był on potrzebny?
Jedno z ostatnich badań pokazało, że co czwarty Ukrainiec nie wie, kim był Pawło Skoropadśkyj, co siódmy – kim był Symon

---

[169] Projekt został zrealizowany przez ukraińską stację telewizyjną „Inter" na licencji projektu BBC, „Great Britts". Patrz więcej w: J. Hrycak, *Żyttia, smert' ta inszi nepryjemnosti*, Kyjiv 2008, s. 79–87; Iza Chruślińska, *Listy z Kijowa*, „Przegląd Polityczny" 85/86/2007, s. 46–49; blog Wachtanga Kipiani, szefa projektu: www.kipiano.org

Petlura, a co dziesiąty, kim był Mychajło Hruszewśkyj. Rezultaty tych badań pokazują stopień historycznej amnezji Ukraińców. Choć wizerunek Hruszewskiego widnieje na ukraińskich banknotach, nadal, po kilkunastu latach istnienia państwa ukraińskiego, większość Ukraińców nie wie, kim on był. Rola programu „Wielcy Ukraińcy" miała polegać przede wszystkim na osłabieniu tej amnezji. Po drugie, tworzył on szansę na pierwszą publiczną dyskusję o historii, program miał bardzo wysoką oglądalność i masową widownię. I tak naprawdę początkowo program nosił charakter mający połączyć Ukraińców o różnych pamięciach. Podczas jego emisji zastosowano dość ciekawy zabieg – pojawiały się zdjęcia postaci z historii Ukrainy, kozackich hetmanów, Mychajły Hruszewśkiego, Romana Szuchewycza czy Stepana Bandery, ale także niektórych postaci z czasów Związku Sowieckiego, dzięki technice komputerowej przechodziły jedne w drugie.

W końcowej fazie programu, podczas wyboru trójki największych Ukraińców, wybuchł wielki skandal, sfałszowano rezultaty głosów, które padły na zwycięzcę pierwszego miejsca. Dzięki bardzo dużej mobilizacji mieszkańców Galicji, na trzy dni przed zakończeniem głosowania, Stepan Bandera zajmował pierwsze miejsce na liście. Aby nie dopuścić do wyboru Bandery, w ciągu kilku dni przed emisją ostatniego programu jeden z liderów Partii Regionów, Dmytro Tabacznyk, notabene historyk z wykształcenia, podkupił prawie pół miliona głosów. Chodziło mu o to, aby wygrała kandydatura kniazia kijowskiego, Jarosława Mądrego[170], przez niego wspierana. W rezultacie Jarosław Mądry

---

[170] Jarosław Mądry (978–1054), książę nowogrodzki od 1015, wielki książę kijowski w latach 1019–1054. Syn Włodzimierza Wielkiego. W 1031 wyprawił się na Polskę i zajął Grody Czerwieńskie. Od 1036 (po śmierci Mścisława) zaczął panować na całej Rusi. Za jego czasów Ruś osiągnęła szczyt rozwoju politycznego, znaczenia i potęgi.

w wyniku sfałszowanych wyborów został Wielkim Ukraińcem. Ta wygrana ma ciekawy wydźwięk, gdyż utrwala tym samym przekonanie o ukraińskości Rusi Kijowskiej, skoro największym Ukraińcem w historii został kijowski kniaź. Jest to „prztyczek w nos" dla wszystkich zwolenników teorii o rosyjskich korzeniach Rusi Kijowskiej, w tym, co najzabawniejsze, dla samego Dmytro Tabacznyka.

Faktem jest, że z pewnością postać Jarosława Mądrego ma neutralną konotację i dzięki temu jest łatwa do zaakceptowania przez wszystkich Ukraińców. Dla mnie w tym głosowaniu, abstrahując od sfałszowania rezultatów wyboru na pierwsze miejsce, ważne było to, że do pierwszej dziesiątki nie został wybrany żaden z polityków czy działaczy rosyjskich czasów imperium rosyjskiego ani okresu sowieckiego. Można widzieć w tym dowód na to, że następuje powolny proces nacjonalizacji zbiorowej pamięci Ukraińców, tyle że nie jest on zgodny z tym galicyjskim modelem, o jakim mówiliśmy.

Istnieje jeszcze jeden element wspólnej pamięci odnoszący się do niedawnej historii. Jest to pamięć powiązana nie z wydarzeniami politycznymi, ale ze sportem. Dla ukraińskiego społeczeństwa, dla którego sport odgrywa bardzo ważną rolę, fakt wygranej ukraińskiej reprezentacji na międzynarodowych mistrzostwach piłki nożnej, czy inne zwycięstwa sportowe, tworzą znacznie silniejsze spoiwo niż jakiekolwiek inne sprawy czy wydarzenia.

Dobrym przykładem jest historia stosunku Ukraińców do takich symboli państwowych jak tryzub czy flaga narodowa. W 1991 r. oba te symbole ponad połowa Ukraińców przyjmowała bardzo negatywnie, gdyż w ich oczach stanowiły symbol agresywnego nacjonalizmu. Od tamtego czasu stosunek do tych symboli bardzo się zmienił. Przełomowym doświadczeniem stały się igrzyska olimpijskie 1994 r., podczas których Oksana Bajul wygrała pierwszy ukraiński złoty medal, wciągnięto wówczas żółto-niebieską flagę i odśpiewano hymn. Kiedy podjęto decyzję, że Polska i Ukraina będą razem organizowały Euro 2012, na stronie internetowej donieckich chuliganów futbolowych na czacie pojawiły się wypowiedzi, oczywiście w języku rosyjskim, w stylu: „bardzo dobrze, że Euro będzie u nas, bo w końcu pobijemy Francuzów i Moskali".

3. ROZRACHUNKI Z KOMUNIZMEM
Wydaje się, że innym bardzo ważnym problemem w kontekście pamięci zbiorowej na Ukrainie jest sprawa niedokonania rozrachunków z komunizmem. Jakie są główne przyczyny, a także konsekwencje tego zjawiska?

Problemy z rozliczeniem komunizmu wynikają z kilku przyczyn. Jedną z nich jest fakt, że losy różnych części Ukrainy były odmienne. Inna jest historia centralnej i wschodniej Ukrainy, włączonych do Związku Sowieckiego po rewolucji październikowej, na tych terenach komunizm trwał prawie siedemdziesiąt lat, na zachodniej Ukrainie, przyłączonej dopiero w 1944 r., trochę ponad czterdzieści lat. Te trzydzieści lat różnicy okazało się szalenie istotne. System komunistyczny przeprowadził industrializację na Ukrainie, co miało i pozytywne, i negatywne skutki. Ukraina była regionem bardzo zapóźnionym w rozwoju ekonomicznym, odstawała znacznie od zachodniego świata, podobnie jak inne kraje Europy Wschodniej. Industrializacja oznaczała z jednej strony modernizację, pojmowaną jako podołanie zapóźnieniom, co potem dla wielu Ukraińców stało się powodem do dumy z osiągnięć, które system sowiecki, ich zdaniem, przyniósł w tej dziedzinie. Z drugiej strony, zmiany te oznaczały także całkowite zniszczenie tradycyjnej kultury ukraińskiej i struktury życia społecznego. Zniszczenie tej kultury, przede wszystkim wiejskiej, chłopskiej, na Ukrainie miało miejsce w latach 20. i 30. Wychowało się potem kilka pokoleń Ukraińców, którzy nie pamiętają i nie znają tamtej tradycyjnej kultury. A była ona nie tylko chłopska, miała także wiele elementów, które wiązały Ukrainę z Europą. Podczas lektury wspomnień ludzi, którzy przeżyli Wielki Głód, zwróciłem uwagę m.in. na wypowiedź kobiety, która mówiła o tym, że w jej wsi był ratusz. Dla mnie to bardzo ważny symbol – obecności na części ukraińskich ziem prawa magdeburskiego. Często było tak, że miasteczka traciły swój status miasta i stawały się wsiami, ale pozostawały, w praktyce, pewne elementy miejskiego zarządzania, jakie w Rosji carskiej było prawie nieznane. Niestety w ukraińskiej pamięci zbiorowej od dawna nie istnieje już świadomość tego typu zjawisk, które uległy zniszczeniu przez komunizm.

Zniszczenie tradycyjnej chłopskiej kultury przyniosło także wymordowanie chłopów-gospodarzy z inicjatywą. Ich zniszczono przede wszystkim. Oni byli dla bolszewików największymi wrogami, ponieważ dbali o swoje gospodarstwa, rodziny, wieś, mieli swoją chłopską godność. Nie bali się, kiedy trzeba, mogli chwycić za broń i bronić się, powiedzieć, co myślą, mieli swoje tradycyjne wartości, punkty odniesienia, były to: dom, cerkiew, rodzina. To wszystko zostało zniszczone, a to stanowi bardzo głęboką zmianę, tym bardziej że razem z tym zniszczeniu uległa także ważna warstwa pamięci narodowej.

Ma to tym większe znaczenie, że na wschodniej Ukrainie nie tylko komunizm trwał dłużej, tam również okupacja niemiecka miała inny charakter niż na zachodniej Ukrainie. Dla mieszkańców wschodniej Ukrainy Hitler stał się symbolem znacznie większego strachu i terroru niż Stalin. Gdyby Hitler zwyciężył Sowietów, Ukraińcy mieli zostać w większości wymordowani albo zamienieni w niewolniczą siłę roboczą, pozbawioną jakichkolwiek praw. Cała Ukraina miała być niemieckim terytorium. Dlatego w odczuciu ludzi, którzy przeżyli II wojnę światową na tych terenach, komunizm stał się wybawieniem od większego zagrożenia, niemieckiego. Z drugiej strony, wiadomo, że w 1941 r. Ukraińcy na wschodzie kraju wcale tak silnie nie wspierali Stalina, byli gotowi wspierać Hitlera. Historyk Władysław Hrynewycz w swoich opracowaniach pokazuje, że w pierwszych miesiącach wojny 1941 r. Ukraina sowiecka właściwie wypowiedziała posłuszeństwo Stalinowi[171]. Jeśli nawet nie cała ludność zaczęła wspierać armię Hitlera, to prawie wszyscy ucieszyli się z klęski Stalina i odejścia Sowietów. Nastroje antysowieckie rosły w miarę militarnych porażek ponoszonych przez Armię Czerwoną. Ta postawa była charakterystyczna i dla mieszkańców centralnej, i wschodniej Ukrainy. Ukraina bowiem w tym początkowym okresie odetchnęła z ulgą, ciesząc się z polepszenia sytuacji po okresie terroru lat 30. Ale późniejsze zachowanie Niemców, ich polityka zniszczenia i terroru, przekreśliły te nastroje z lata 1941 r. I tak historia kolejny raz wpłynęła na sposób myślenia Ukraińców i sposób kształtowania ich ocen. W odczuciu wielu osób, symbolicznie, te zagrożenia przychodziły z Zachodu. Dlatego dzisiaj tak łatwo przekonać część Ukraińców, że przystąpienie do NATO grozi wplątaniem Ukrainy w konflikty zewnętrzne.

Galicja natomiast, zarówno w latach 1939–1941 jak i po 1944 r., zaznała represji sowieckich, które co prawda nie miały takiej skali jak te w latach 30. na ziemiach ukraińskich włączonych do Związku Sowieckiego po rewolucji październikowej, ale były zjawiskiem nowym. Tego typu tragicznych doświadczeń Galicja wcześniej nie miała. To wtedy główną wartością stało się bezpieczeństwo, własne i rodziny, jak w popularnym ukraińskim powiedzeniu: *„moja chata skraj"*.

---

[171] Patrz rozdział w II tomie monografii przygotowanej przez grupę kijowskich historyków zatytułowanej: *Ukrajina i Rosja w istorycznij perspektywi*, Kyjiv 2004.

Pamięć o represjach sowieckich pozostaje znacznie bardziej żywa na zachodzie kraju niż na wschodzie. Poza tym, dla osób w średnim i starszym wieku punktem odniesienia pozostają lata 60. i 70., a są to „najlepsze" lata systemu sowieckiego. W odbiorze przeciętnych ludzi były to czasy relatywnego spokoju, relatywnego bezpieczeństwa i relatywnego dobrobytu; małej stabilizacji, oczywiście, na sowiecki sposób.

Po II wojnie światowej dorosło pierwsze pokolenie Ukraińców, które nie znało już Wielkiego Głodu, represji lat 30. i 40. ani nie pamiętało II wojny światowej, biedy pierwszych powojennych lat. Wówczas, w latach 60., po raz pierwszy w historii ZSRR, znaczna część społeczeństwa, w tym i Ukraińcy, mieli wrażenie, że żyje im się materialnie lepiej. To wpływało na kształtowanie innego obrazu systemu komunistycznego, zaczęto utożsamiać Związek Sowiecki z krajem, który gwarantuje system opieki socjalnej, edukację, emerytury, jakąś przyszłość zawodową oraz niewysoki, ale pewny poziom życia. Oczywiście dotyczyło to tylko tych, którzy w żaden sposób nie sprzeciwiali się systemowi. Poza tym Związek Sowiecki z jednej strony karał, a z drugiej nakazywał konformizm. Dla wielu ludzi – szczególnie dla tych, którym system sowiecki odebrał poczucie godności, konformizm stanowił swego rodzaju idealną postawę, ale także najbezpieczniejszą dla nich. A ponieważ część starszych osób zachowało w pamięci fakt, że istniała taka relatywna stabilizacja w latach 60. i 70., dlatego wolą nie pamiętać o zbrodniczym charakterze komunizmu, o prześladowaniach, o tragicznych losach dysydentów. Gdyby byli starsi, gdyby pamiętali lata 30. i 40., odnosiliby się do tych spraw inaczej. Kiedy mówimy o zbiorowej amnezji, pamiętajmy, że w Związku Sowieckim istniał absolutny zakaz podawania informacji na temat Wielkiego Głodu i jego ofiar. To tak, jakby Żydom zabronić mówienia o Holokauście.

Ale lata 60. i 70. są także okresem największego rozwoju ruchu dysydenckiego w Związku Sowieckim i na Ukrainie. Ponadto w tym czasie każda forma sprzeciwu wobec systemu w tych latach, jak mówisz „małej stabilizacji", kończyła się, zwłaszcza na Ukrainie, bardzo ciężkimi represjami[172]. Jak pogodzić te dwie wizje Ukrainy lat 60. i 70.?

Zjawisko ruchu dysydenckiego wpisuje się w fenomen europejskiego tzw. zjawiska *sixties*, lat 60., w zachodnim świecie łączonego z pojawieniem się rocka, kontrkultury, undergroundu. W Związku Sowieckim przybrało ono inną formę, ale samo zjawisko było możliwe właśnie dlatego, że pojawiło się pokolenie, które wychowało się w czasach tej sowieckiej małej stabilizacji ekonomicznej. W Związku Sowieckim oczywiście nie było dobrobytu w rozumieniu zachodnich standardów, ale w porównaniu z sytuacją wszystkich poprzednich lat odczuwano różnicę. Pamiętajmy, że represje tamtych lat nie były represjami o takim samym nasileniu jak te z okresu terroru lat 30. i 40. Wiadomo z historii, że tendencje rewolucyjne pojawiają się nie wtedy, kiedy jest najgorzej, a kiedy zaczyna być trochę lepiej. Ludzie chcą wówczas, aby im było jeszcze lepiej.

Wszystkie te aspekty, w tym szczególnie odmienne doświadczenie historyczne różnych części Ukrainy, wpływają na fakt, że stosunek do komunizmu jest tu inny niż np. w Polsce. Hryhorij Hrabowycz, literaturoznawca pochodzący z diaspory, założyciel kijowskiego miesięcznika „Krytyka", pierwszy zwrócił uwagę na to, że różnice w podejściu do komunizmu w Polsce i na Ukrainie bardzo dobrze

---

[172] Patrz więcej w: Bogumiła Berdychowska, Ola Hnatiuk, *Bunt pokolenia. Rozmowy z intelektualistami ukraińskimi*, Lublin 2000; B. Berdychowska, *Ukraina. Ludzie i książki*, Wrocław 2006; B. Zacharow, *Narys dysydenckoho ruchu w Ukrajani. 1956–1987*, Charkiw 2003; H. Kasjanow, *Nezhodni, ukrajinśka inteligencja w Rusi oporu w 1960–80 latach*, Kyjiv 1995.

odzwierciedla takie kryterium, jak sposób, w jaki przekłada się na ukraiński polskie słowo „sowiecki". Dla większości Ukraińców oznacza ono „radziecki" (*radianśkyj*, od: *Soviety* = Rady), co nie ma pejoratywnego zabarwienia. Na Ukrainie nie ma w potocznym i naukowym rozumieniu takiego rozróżnienia jak w Polsce, na „radziecki" i „sowiecki". W Polsce po 1989 r. termin powszechnie używany za czasów PRL, „radziecki", prawie nie funkcjonuje, zaś „sowiecki" ma, w powszechnym odbiorze, konotację negatywną, obcego, narzuconego Polakom doświadczenia. Tymczasem na Ukrainie komunistyczne doświadczenie było i jest w znacznej mierze oceniane nie jako obce, a można by rzec, jako domowe, oswojone. Związek Sowiecki, którego częścią była Ukraińska Republika Radziecka, postrzegany był przez różne narodowości wchodzące w skład społeczeństwa sowieckiego jako wielkie mocarstwo. Wielu Ukraińcom dawał poczucie, że stanowią część światowej wspólnoty, w której ZSRR był uznawany za potęgę. W tym właśnie znaczeniu istnienie w obrębie Związku Sowieckiego nadało im „super" godność. Chociaż za sowieckich czasów Ukraińcom brakowało wielu dóbr materialnych i możliwości rozwoju życia narodowego, to jednak w zamian „dostali" poczucie przynależności do wielkiego państwa uznanego w świecie za superpotęgę. Chociaż w dzisiejszej ocenie takie spojrzenie może się wydawać wątpliwe czy naiwne, jednak u pewnej części ukraińskiego społeczeństwa istnieje do dziś taki właśnie zapis pamięci o niedawnej sowieckiej przeszłości. W tym kontekście rozpad Związku Sowieckiego oraz powstanie niezależnej Ukrainy dla tej części społeczeństwa oznaczały porażkę i utratę poczucia takiej supergodności. W czasach ZSRR nie byli traktowani jak „obywatele", ale byli przynajmniej „poddanymi" wielkiego państwa, teraz zaś są mieszkańcami kraju, który ma problemy i polityczne, i społeczne, i – na szczęście – mocarstwem nigdy nie będzie.

Biorąc pod uwagę skalę problemów z pamięcią historyczną na Ukrainie, istnieje duże prawdopodobieństwo, że jeszcze długo nie zostaną one rozwiązane. Może to oznaczać w przyszłości skazanie na kolejne spory wokół historii, na dalszą możliwość manipulowania nią. A to z kolei może wpływać w dalszym ciągu na osłabienie poczucia solidarności czy jedności w łonie ukraińskiego społeczeństwa. Jak widzisz te sprawy?

Sądzę, że problem historycznej pamięci, jak i parę innych problemów na Ukrainie, dotyczy przede wszystkim pokolenia 50–70-latków. Młodzi ludzie, kilkunasto- i dwudziestoletni, nie mają takich problemów, toteż dużo łatwiej akceptują złożoność ukraińskiej historii niż ich rodzice i dziadkowie. W związku z tym pozostaje pytanie, co robić z pamięcią historyczną przez najbliższe dwadzieścia lat, dopóki nie nastąpi zmiana pokolenia decydującego o Ukrainie i dopóki ono nie przejmie władzy.

Nie sądzę, aby można było w tej sytuacji zaproponować całkiem nowe rozwiązanie, lepiej byłoby wykorzystać istniejące już modele uporania się z pamięcią historyczną zastosowane w innych krajach. Odrzucam oczywiście model funkcjonujący w systemach autorytarnych, taki jaki był rozpowszechniony w Związku Sowieckim czy dzisiaj na Białorusi, a także w zasadzie w dzisiejszej Rosji, gdzie władza narzuca całemu społeczeństwu taki model pamięci zbiorowej, który jest dla niej wygodny. Jest raczej mało prawdopodobne, aby udało się wprowadzić tego typu model na Ukrainie, gdyż nie ma jednej silnego ośrodka władzy. Próbował, jak mówiłem, robić to Leonid Kuczma, ale mu się nie powiodło. Do sytuacji na Ukrainie lepiej pasują modele tych krajów, które przeszły od totalitaryzmu nie do systemu autokracji, ale do demokracji. Dlatego sądzę, że warto byłoby na Ukrainie przyjrzeć się, w tym kontekście, doświadczeniu Hiszpanii po upadku reżimu gen. Franco czy doświadczeniu powojennych Niemiec.

W Hiszpanii, po śmierci gen. Franco, został ustanowiony pakt o amnezji, co oznaczało, że główne siły polityczne dobrowolnie zrezygnowały z instrumentalnego używania historii do walki politycznej. W pierwszym rzędzie pakt o amnezji miał dotyczyć okresu wojny domowej końca lat 30., kiedy w Hiszpanii istniał ostry podział na wrogie sobie obozy, zwolenników i przeciwników gen. Franco. Ta polityka amnezji przyniosła w ciągu tych trzydziestu lat transformacji demokratycznej w Hiszpanii po upadku reżimu Franco pozytywne rezultaty. Teraz, kiedy w Hiszpanii pada pytanie, co jest tam przedmiotem największej dumy z jej historii, większość społeczeństwa odpowiada, że właśnie pokojowe i zakończone sukcesem przejście od totalitaryzmu do demokracji i dobrobytu.

Choć dla Ukrainy taki pakt byłby zbawienny, to niestety trudno sobie wyobrazić, aby ukraińskie partie polityczne były w stanie nie tylko wypracować taki kompromis wokół pamięci zbiorowej, podpisać go, ale przede wszystkim później go dotrzymać. Co więcej, na Ukrainie nie ma ani postaci, ani instytucji, która byłaby ponad wszystkimi kłótniami i cieszyła się autorytetem u zdecydowanej większości Ukraińców, tak aby mogła pełnić rolę bezstronnego arbitra, jaką w wypadku Hiszpanii pełnił król. Model niemiecki opierał się na radykalnej rewizji historii. Niemcy przeżyli w okresie powojennym wielką dyskusję na temat historii, *Historikerstreit*, której rezultatem było bezkompromisowe potępienie nazistowskiego dziedzictwa. Inicjatorami i uczestnikami tej dyskusji było pierwsze powojenne pokolenie Niemców, umownie mówiąc, pokolenie 1968 r., to ono potępiło czyny swoich rodziców.

Ale na Ukrainie nie ma odpowiednika niemieckiego pokolenia 1968 r., młodsze pokolenie Ukraińców jak na razie raczej nie jest zainteresowane radykalną rewizją historii swego narodu. Ukraińcy raczej nie będą w stanie w prosty sposób uporać się z własną historią. Sądzę też, że w przypadku Ukrainy sama rewizja historii nie rozwiązałaby problemu, dekonstrukcja bez zaproponowania nowej konstrukcji graniczyłaby z brakiem odpowiedzialności. Ludzie potrzebują identyfikować się z historią własnego narodu, ponadto w sytuacji braku zbiorowej pamięci tracą podstawy swojej tożsamości. Dlatego z historią należy obchodzić się bardzo ostrożnie i odpowiedzialnie. Moim zdaniem, nie jest wielką tragedią, jeśli elektorat różnych partii politycznych, czy też różne regiony na Ukrainie, powołują się na odmienne symbole historyczne. Wielkim problemem jest jednak to, że te różne regiony i elektoraty odnoszą się do własnej historii bez poczucia jakiejkolwiek odpowiedzialności. Jedni są gotowi szczycić się postacią Lenina, drudzy Bandery, bez refleksji, bez gotowości do niesienia moralnej odpowiedzialności za te zbrodnie, jakie są związane z komunizmem, czy niektóre, niechlubne, działania ukraińskich nacjonalistów.

Mogę jedynie powtórzyć za Iwanem Łysiakiem-Rudnyćkym[173]: Ukraińcy potrzebują takiego typu pamięci historycznej, jaka Anglikom pozwala w Londynie stawiać pomniki i monarsze Karolowi I, i Cromwellowi, który był odpowiedzialny za jego śmierć.

4. PROBLEMY Z JĘZYKIEM

Innym istotnym problemem Ukrainy jest sprawa języka. Patrząc na sytuację na Ukrainie, można odnieść wrażenie, że jest to sytuacja patowa, tak wiele aspektów wpływa na jej złożoność. Jak oceniasz możliwości rozwiązania problemów z językiem na Ukrainie?

Myślę, że aby odpowiedzieć na twoje pytanie, trzeba zacząć od wyjaśnień. Po pierwsze, nie ma obiektywnych kryteriów, które

---

[173] Iwan Łysiak-Rudnyćkyj, *Istoryczni ese...*, s. 93.

pozwoliłyby stanowczo określić, co jest dialektem, a co językiem. Te kryteria, które są w powszechnym użyciu, są subiektywne i tak naprawdę językiem jest dialekt wzmocniony przez armię, siłę państwową. Po drugie, nie można z wyprzedzeniem określić, który dialekt czy grupa dialektów stanie się uznanym językiem. Np. nigdzie nie zostało z góry ustalone, że dialekty, którymi posługiwano się na Zakarpaciu czy Charkowszczyźnie, wejdą w przyszłości w skład jednego i tego samego języka. Można założyć teoretycznie, że zakarpacki dialekt mógł stać się osobnym językiem, jednak Zakarpacie nie posiadało własnej armii ani państwa, aby z dialektu uczynić język państwowy. Istnieje schemat, który dość dobrze wyjaśnia sposób tworzenia się języków w Europie Wschodniej. Jeden człowiek, który znałby choć jeden miejscowy dialekt, mógłby dość łatwo porozumieć się z mieszkańcami różnych części tego regionu. Dialekty, mimo oczywistych różnic, byłyby dla ludzi zamieszkujących to wielkie terytorium zrozumiałe, z jednym zastrzeżeniem: byłyby bardziej zrozumiałe dla tych, którzy sąsiadują ze sobą najbliżej, i mniej zrozumiałe dla tych, których dzieli większa przestrzeń. I tak naprawdę to, które dialekty przetworzą się na język, zależało przede wszystkim od wysiłków i działań sił politycznych, działaczy czy intelektualistów zamieszkujących wielkie centra miejskie: Moskwę, Kijów, Warszawę, Wilno czy Lwów. Tylko dzięki tym działaniom udało się „wykroić" z całego wielkiego obszaru wschodniej Europy własne terytoria narodowe i wykształcić języki. I tak, w XIV–XVI w. lokalny język ukraiński znajdował się pod tak silnymi wpływami zachodnimi, że istniało wielkie prawdopodobieństwo, iż będzie on bardziej podobny do języka polskiego czy czeskiego niż do rosyjskiego lub białoruskiego.

Z drugiej strony, w XIX w. rosyjska władza zrobiła wszystko, aby dialekty używane na ziemiach etnicznie ukraińskich uznano za część języka rosyjskiego. Te działania doprowadziły do oficjalnego zakazu używania języka ukraińskiego i zahamowały jego rozwój. Język, który współcześnie uznajemy za ukraiński, powstał, o czym mówiliśmy wcześniej, w wyniku pewnego historycznego kompromisu zawartego między ukraińskimi patriotami pochodzącymi z Austro-Węgier i z imperium rosyjskiego.

Sowiecka władza nigdy nie uznała języka ukraińskiego za oficjalny, wspierała go w pewnych, wygodnych dla siebie, okresach, w innych – prześladowała. Władza ta robiła wszystko, co było możliwe, aby usunąć z języka ukraińskiego te rysy, które potwierdzały jego odmienność od języka rosyjskiego, zabroniono nawet używania litery „г" z ukraińskiego alfabetu, gdyż nie ma jej w rosyjskim.

Wreszcie, tak naprawdę nie istnieje jednoznaczny związek między językiem a narodowością. Są takie narody jak Polacy, którzy używają jednego tylko języka, ale są też narody używające kilku języków, jak Szwajcaria czy Belgia, albo Ameryka i Kanada. Ale są też języki, które przynależą do kilku narodów, jak np. język angielski. Bernard Shaw żartował, że językiem tym dzielą się dwa narody, angielski i amerykański.

Jednak sytuacja na Ukrainie, jeśli chodzi o język, mocno różni się od sytuacji w tych krajach, które wymieniłeś, jest znacznie bardziej złożona...

Z wielu przyczyn, o których mówiliśmy wcześniej, z tych różnych projektów językowych, dialektów, w XIX w. rozwinął się język ukraiński jako język odmienny od języka polskiego oraz języka rosyjskiego. Co więcej, ukraiński naród tworzył się wówczas jako naród ukraińskojęzyczny. Ponadto, związek między językiem a narodem stał się nie tylko normą, stał się świętością, swego rodzaju *sacrum*. Związek między językiem a narodem nie rodził wielu problemów, dopóki nie było ukraińskiego państwa. Ale kategoria „narodu" jest w pierwszym rzędzie kategorią polityczną, a nie kulturową. Toteż kiedy tylko naród „odnalazł" swoje państwo, ten związek okazał się konfliktogenny. Nie dlatego, że na niezależnej Ukrainie mieszkają przedstawiciele wielu różnych mniejszości narodowych i etnicznych, ale dlatego że wielu Ukraińców nie mówiło wcześniej po ukraińsku.

Wśród niektórych przedstawicieli ukraińskich elit istnieje odczucie, że norma została naruszona. Uważają oni, że aby ukraińskie państwo było takie jak „u innych", przy czym pod pojęciem „u innych" ma się na myśli nie np. Szwajcarię, ale – sąsiadujące z Ukrainą – Polskę czy Rosję, trzeba rosyjskojęzyczną część Ukraińców „przywrócić" do ukraińskiego języka. Tym bardziej że w przekonaniu tej części ukraińskich elit byłoby to przywrócenie historycznej sprawiedliwości, bo zarówno ukraiński język jak i sami Ukraińcy byli poddani przez dziesiątki lat represjom i silnej asymilacji rosyjskiej. Może nas to irytować, ale część Ukraińców, dodajmy: znaczna, nie chce dobrowolnie poddać się takiej „reasymilacji" językowej. Co więcej, pewna ich część sprzeciwia się takiej, w ich rozumieniu, przymusowej ukrainizacji językowej. Ten sprzeciw doprowadził w 1994 r. do przyspieszonych wyborów parlamentarnych i prezydenckich. Ale co ciekawe i ważne o ile zdarza się, że ukraińskojęzyczni Ukraińcy są postrzegani, jako uosobienie ukraińskiego nacjonalizmu, ponieważ propagują język ukraiński, o tyle rosyjskojęzyczni nie są w większości uosobieniem rosyjskiego nacjonalizmu i nie są w stanie tego języka propagować. Można więc uznać, że „norma" dla związku pomiędzy językiem a narodem jest w ukraińskim kontekście spełniona w połowie.

Jeśli patrzeć na ukraińskojęzycznych czy rosyjskojęzycznych intelektualistów na Ukrainie, mimo wszystkich różnic między nimi, a także mimo że się nie lubią, w ich dyskursie istnieje podobna argumentacja. Jedni i drudzy mówią o tym, że oba języki są zagrożone i zanikają, jedni i drudzy ostrzegają, że te języki potrzebują wsparcia państwa, a język rosyjski oficjalnego statusu drugiego języka państwowego, grożą, że jeśli się tak nie stanie, za kilka pokoleń oba te języki znikną.

Jedni i drudzy przesadzają, ponieważ, moim zdaniem, tak się nie stanie. Nie zniknie ani język ukraiński, ani rosyjski. W pewnych proporcjach będą istnieć obok siebie przez wiele lat, może zawsze. Rok czy dwa lata temu Instytut Języka Rosyjskiego w Moskwie przeprowadził badania socjologiczne, które pokazują, że po upadku Związku Sowieckiego utrzymuje się silna tendencja do zmniejszania populacji używającej języka rosyjskiego. Co oznacza, że za kilka lat język rosyjski przestanie znajdować się na liście języków najbardziej rozpowszechnionych na świecie. Co ciekawe, znika on nie tylko z takich terytoriów jak kraje bałtyckie czy Kazachstan, ale zmniejsza się także jego użycie na Ukrainie. Zasięg języka rosyjskiego kurczy się. Ale to znowu dość względny problem na Ukrainie, gdyż ukraińskojęzyczność i rosyjskojęzyczność może mieć kilka znaczeń.

Jeśli ktoś mówi, że ukraiński jest jego macierzystym językiem, niekoniecznie oznacza to, że na co dzień w tym języku rozmawia. Może oznaczać, że używał tego języka kiedyś, albo rozmawiali tak jego rodzice, albo mówi w domu, a nie mówi w pracy itd., tych wariantów jest sporo.

Znam młodą dziennikarkę z Chersońszczyzny, która pochodzi z rodziny rosyjskojęzycznej, a ukraińskiego nauczyła się w szkole. Jej mama nie mówi po ukraińsku, ale ona podaje w dokumentach język ukraiński jako macierzysty, bo uważa, że świadoma Ukrainka tak powinna zrobić...

Ale to także oznacza, że granica pomiędzy używaniem języka ukraińskiego i rosyjskiego jest bardzo płynna, często ta granica jest rezultatem subiektywnego wyboru. Nie mam tu na myśli takiego zjawiska, jak posługiwanie się tzw. surżykiem (rodzaj „nowomowy" jako rezultatu sowietyzmu, mieszanka języka sowieckiego, rosyjskiego i ukraińskiego), jakim posługuje się większość populacji na południu i wschodzie Ukrainy oraz w Kijowie, niektórzy nawet mówią, że surżyk jest odrębnym językiem. Dla lepszego zrozumienia sytuacji z językiem na Ukrainie można się odwołać do pojęcia *dyglossia*. *Dyglossia* po grecku oznacza dwujęzyczność, tyle że dwujęzyczność nie oznacza w tym wypadku tyle co bilingwizm, a więc swobodne posługiwanie się dwoma językami. *Dyglossia* oznacza w tym kontekście, że używa się jednego z dwóch powszechnie używanych języków, w zależności od sytuacji. Jednym językiem posługuje się w domu, a innym w życiu publicznym, jednego języka używa się dla wysokiej kultury, a drugiego w codziennych, życiowych sytuacjach.

Przypomnijmy, dlaczego kwestia języka na Ukrainie stała się tak drażliwa. Przede wszystkim dlatego, że języki ukraiński i rosyjski, po powstaniu niezależnej Ukrainy, zamieniły się miejscami. W ciągu tych kilkunastu lat istnienia państwa ukraińskiego język ukraiński stał się językiem polityki, nie tylko Kuczma, ale także Tymoszenko i Janukowycz musieli się go nauczyć. Staje się on również coraz bardziej językiem wysokiej kultury, ale także – i popkultury. Poczytność takich pisarzy ukraińskojęzycznych jak Jurij Andruchowycz czy Oksana Zabużko, czy sukces zespołów, które śpiewają po ukraińsku, jak WeWe, Okean Elzy, Mandry, mówią same za siebie.

Język ukraiński nabywa teraz takiego statusu, jakiego wcześniej nie miał, zaczął funkcjonować w tych sferach, z których kiedyś został wyparty. Język rosyjski nadal pozostaje popularny i nadal dominuje, zwłaszcza w sferze życia prywatnego. Ale jego wypieranie z publicznej sfery dla wielu osób rosyjskojęzycznych oznacza traumę, gdyż uważają, że stają się poprzez to obywatelami drugiej kategorii. Próbują wyartykułować swoje niezadowolenie wobec zaistniałej sytuacji, powołując się na hasła walki o równość, sprawiedliwość i demokrację, jako swoistego rodzaju sprzeciwu wobec, w ich mniemaniu, ukraińskiego nacjonalizmu. Ale to, do czego w znacznej większości się nie przyznają, to pogarda, z jaką odnoszą się do języka ukraińskiego, bo jest to według nich „język wsi, ludu". Innymi słowy, mamy do czynienia z patową sytuacją, każda ze stron trzyma się swoich racji i nie zamierza ustąpić.

Bardzo ważne jest w takiej sytuacji zachowanie równowagi między oboma językami. Widziałbym dość proste rozwiązanie tego problemu, ale niestety jest ono nie do przyjęcia przez elity polityczne, a także przez część elit intelektualnych. Byłoby to bowiem rozwiązanie o charakterze racjonalnym, a sprawa języka jest problemem o charakterze emocjonalnym. Rozwiązanie tego problemu mogłoby polegać na oficjalnym uznaniu obu języków jako państwowych. Gdyby Ukraina była krajem dwujęzycznym, oznaczałoby to, że ukraiński i rosyjski słychać jednakowo na różnych terytoriach, w różnych regionach. Dla mnie w tym kontekście Kijów, a nawet Lwów są bardziej dwujęzyczne niż Donieck czy Dniepropietrowsk, gdyż tam mamy do czynienia z jednojęzycznością – słychać tylko język rosyjski. Patrząc na tę sytuację obiektywnie, można sądzić, że przy wprowadzaniu oficjalnej dwujęzyczności prawdopodobnie wygrałby język ukraiński, ponieważ zmieniłby się jego status, stawałby się coraz bardziej językiem wielkiego miasta.

Są ludzie, którzy wierzą w rozwiązania siłowe w tej sprawie, myśląc, że problem zostanie załatwiony przez wydawanie dekretów, wywieranie nacisków, ale w rzeczywistości historia języka ukraińskiego pokazuje inny fenomen – mimo wielu zakazów, represji, niszczenia, ten język przetrwał żywy.

Wydaje się, że na Ukrainie nie tyle jest potrzebna polityka nakazów i zakazów, ile polityka dowartościowania języka ukraińskiego...
Masz na myśli tzw. *affirmative action*, politykę państwa mądrze wspierającą rozwój języka ukraińskiego. Mykoła Riabczuk właśnie taką politykę proponuje. Popieram ten sposób myślenia, ale z pewnym zastrzeżeniem. Ta polityka *affirmative action* powinna być prowadzona nie siłą, nie dlatego że przyszła do władzy grupa polityków, która wprowadza ją za pomocą odgórnych dekretów. Ten typ polityki powinien być rezultatem strategicznego kompromisu społecznego, w imię zasady „coś za coś".
Otóż np.: niech Ukraina będzie dwujęzyczna, jesteśmy gotowi podarować rosyjskiemu status drugiego oficjalnego języka, ale pod warunkiem, że wszystkie partie będą razem konsekwentnie działać na rzecz wejścia Ukrainy do NATO, czy na rzecz integracji europejskiej. Chodzi tu o dobrowolny kompromis, gdyż obie strony powinny rozumieć, że „oddają coś", składają w ofierze, w imię zdobycia innych ważnych celów, jakim jest ukraińska racja stanu.
Oczywiście ten sposób myślenia nie istnieje dziś na Ukrainie, gdyż obie grupy: obóz pomarańczowych i partie do nich opozycyjne, myślą, że uda im się przeprowadzić własną politykę, także w odniesieniu do języka, kiedy będą lub są u władzy. W praktyce realia polityczne na Ukrainie pokazują, że do władzy żadna siła nie przychodzi na długo, a kiedy nawet jest u władzy, działa niekonsekwentnie. Tak że Ukraina stale znajduje się w sytuacji bez wyjścia. Aby Ukraina mogła iść

dalej, a nie tkwić w obecnej inercji, są potrzebne te strategiczne kompromisy. Kraj, w którym stale mówi się o problemach języka, historii, pamięci, nie ma szans na zrobienie wielkiego kroku naprzód.

Z drugiej jednak strony taki kraj jak Ukraina musi przejść przez dyskusje poświęcone tym sprawom, w przeciwnym wypadku ukraińskie społeczeństwo także nie będzie mogło się rozwijać...
Zgadzam się. Ukraina nabrałaby większej dynamiki, gdyby była mniejsza, umownie mówiąc, gdyby jej terytorium mieściło się na obszarze od Lwowa do Kijowa. Z takim terytorium, na którym byłaby zgodność co do podstawowych spraw, można by osiągnąć rozwój w wielu dziedzinach, nie tracąc znacznej części energii na kłótnie o sposób rozwiązania problemów dotyczących tożsamości narodowej. Takiej Ukrainie, o mniejszym terytorium, byłoby łatwiej, szybciej szłaby do przodu, gdyby nie było w niej Donbasu czy Krymu. Ale bądźmy realistami: tylko wielki kryzys geopolityczny, wojna, rewolucja, mogłyby do tego doprowadzić. Nikt z nas tego nie chce. Kilka lat temu na łamach internetowej poczytnej gazety „Ukraińska Prawda" toczyła się dyskusja na ten temat. Okazało się, że większość jej uczestników, tak ukraińskojęzycznych, jak i rosyjskojęzycznych, stanowczo opowiedziało się przeciw podziałowi Ukrainy.
Ukraina jest i wszystko wskazuje na to, że nadal będzie, krajem o wielkim terytorium i jednocześnie złożonej historii, dlatego jest „skazana" na podejmowanie prób rozwiązywania problemów dotyczących tożsamości, dyskusje o własnej historii, zbiorowej pamięci języka, itd.
Podstawowe pytanie, przed jakim stoimy, to: ile czasu potrzeba, aby uporządkować te wszystkie sprawy.

5. ELITY

W tym kontekście ważną rolę mogłyby odegrać elity polityczne i intelektualne. Społeczeństwo ukraińskie, a także większość ukraińskich komentatorów, poddaje elity polityczne silnej krytyce, głos intelektualistów nie przebija się poza wąskie grono osób. Jak te zjawiska wyglądają w twojej ocenie?

Niezależnie od słusznych słów krytyki pod adresem elit politycznych na Ukrainie trzeba przyznać, że podjęły one w okresie po 1991 r. kilka ważnych i prawidłowych decyzji. Za jedną z ważniejszych uważam tę, w wyniku której Ukraina wyszła ze składu Związku Sowieckiego jako całość, nie stawiając problemu języka czy narodowości ukraińskiej w centrum. Ukraińskie elity wybrały w 1991 r. polityczną, a nie etniczną, koncepcję państwa, która nie nadaje się dla kraju o takiej specyfice jak Ukraina, a lepiej pasuje do Polski, Węgier czy Czech.

To był jeden z tych nielicznych przypadków, kiedy elita polityczna wsłuchuje się w głos elit intelektualnych. W 1991 r. bardzo ważna okazała się wypowiedź jednego z czołowych ukraińskich dysydentów, Mychajło Horynia. Życzył on wówczas Ukrainie, aby Rosjanom na Ukrainie żyło się lepiej niż Ukraińcom w Rosji, a Żydom lepiej niż w Izraelu. Pozornie ta wypowiedź brzmi naiwnie i utopijnie, ale pozwoliła ona, w istotnym dla przyszłości Ukrainy momencie, przekazać bardzo ważne przesłanie. Istnienie Ukrainy jest możliwe tylko wtedy, kiedy powszechnie uznana jest koncepcja narodu politycznego, a nie etnicznego. Ta koncepcja nie była nowa, nie pojawiła się w 1991 r. Dyskusje na ten temat trwały wśród członków ukraińskiego ruchu dysydenckiego od początku lat 60. aż do końca lat 80. Ukraińscy dysydenci mają w tej dziedzinie ogromny wkład, ich rola jest nie do przecenienia. Dzięki nim dokonała się rewolucja w sposobie myślenia o Ukrainie i Ukraińcach. Ruch dysydencki zajmował jasne stanowisko w kwestiach związanych z mniejszościami narodowymi, występował także w obronie praw Tatarów krymskich czy Żydów. Zasługa dysydentów polega m.in. na tym, że dostrzegli oni wagę tych spraw, ale jednocześnie nawiązywali do pewnej, istniejącej już wśród ukraińskiej inteligencji i działaczy ruchu narodowego, tradycji w myśleniu, jeszcze z początków XX w. Wcześniej rozmawialiśmy o koncepcji Wiaczesława Łypyńskiego oraz jego następców, a także na temat ewolucji, jaką przeszedł w tym zakresie ruch ukraińskich nacjonalistów, OUN. W dużej mierze ruch dysydencki nawiązywał do tamtych dyskusji i sporów.

Ważne jest, że ten typ myślenia był potem, po 1945 r., obecny w dyskursie i działaniach ukraińskich dysydentów, dzięki czemu mógł wygrać w momencie upadku komunizmu i tworzenia niezależnej Ukrainy. Widzę tu odmienność od polskiego przykładu, polska tradycja myślenia o narodzie w wiekach wcześniejszych była oparta na koncepcji narodu politycznego. Dopiero w XIX w., przede wszystkim dzięki Romanowi Dmowskiemu, stała się koncepcją narodu etnicznego. Natomiast ukraińska koncepcja rozpoczynała się jako etniczna, a zakończyła jako polityczna. Dlatego też Polakom czasami trudno zrozumieć Ukraińców i na odwrót, właśnie dlatego, że nasze kraje przeszły ewolucję w odwrotnych kierunkach.

Uważam, że w 1991 r. wygrana tej koncepcji państwowej na Ukrainie była tym większa, iż biorąc pod uwagę historię Ukrainy, łatwiej było pójść inną drogą. Skupić się na heroizmie, ofiarach, stratach – słowem, wybrać etniczną koncepcję państwa. Dzięki Bogu, tak się nie stało.

Inną pozytywną cechą elit politycznych jest pewna zdolność do kompromisów, co prawda ograniczona i ujawnia się ona jedynie w czasie bardzo istotnych dla kraju zagrożeń. Na Ukrainie trzeba wciąż uzgadniać interesy różnych sił i grup politycznych, które w rzeczywistości bardzo się od siebie różnią, mają inne wyobrażenia co do historii, są zorientowane na różne języki, a nawet na odmienną kulturę. Tak silne różnice pomiędzy różnymi grupami politycznymi oznaczają istnienie stałego zagrożenia konfliktami. Kompromisy są potrzebne, aby zachować spójność organizmu państwowego. Być może dlatego, kiedy dochodzi do naprawdę poważnych kryzysów politycznych – a kilka tego typu zagrożeń miało po 1991 r. miejsce, jedno z największych podczas pomarańczowej rewolucji – w tych skrajnych wypadkach ukraińskie elity polityczne są w stanie siąść za stołem i prowadzić ze sobą rozmowy. Poziom tych dyskusji i zachowań nie jest najwyższy, ale w ich rezultacie dochodzi do jakichś kompromisów. Natomiast żadne kompromisy nie udają się w Rosji. Tam chodzi nie tyle o pogodzenie interesów różnych grup politycznych, ile o przyduszenie opozycji. Pewna, ograniczona i słaba, ale jednak – skłonność do politycznych kompromisów dowodzi, że Ukraina jest krajem, któremu udało się mimo wszystko rozwinąć, w pewnym zakresie, system demokratyczny. Stanowi to również ważne osiągnięcie ukraińskich elit politycznych.

Największe słowa krytyki należą się elitom politycznym za to, że te wszystkie kompromisy, o jakich mówię, są kompromisami doraźnymi, taktycznymi, a nie strategicznymi. Wygląda na to, że ukraińskie elity polityczne nie są w stanie myśleć i działać w perspektywie długoterminowej, mając na względzie strategie dla Ukrainy, jej przyszłość.

Dominuje postrzeganie ukraińskich problemów wyłącznie jako ukraińskich, a nie jako ważnego elementu całości – Europy, świata. Nie ma żadnej wizji, jakie miejsce ma Ukraina zajmować w polityce międzynarodowej, jaka ma być jej rola w świecie.

To, co mówisz, bardzo mi przypomina krytyczne słowa Jerzego Giedroycia, które przez wiele lat po 1989 r. Redaktor

kierował pod adresem polskich elit politycznych, zarzucając im właśnie brak wizji...

Ukraińskie elity polityczne są bardzo zapatrzone w siebie, zajęte walką polityczną. Państwo nie jest stabilne, władza wciąga, przedstawiciele elity politycznej koncentrują się na walce między sobą, gdyż chodzi głównie o załatwianie własnych interesów, także o wykorzystanie władzy dla wzbogacenia się. Taka sytuacja prowadzi do tego, że ukraińska polityka jest bardzo prowincjonalna. Gdy wciąż toczy się coś w rodzaju „wojny domowej" o władzę, nie ma miejsca na myślenie o przeprowadzeniu głębszych zmian i reform potrzebnych krajowi.

Jeśli nie można całkiem zlikwidować tej prowincjonalności ukraińskiej polityki, należałoby ją przynajmniej zminimalizować, aby dać krajowi pewną stabilność polityczną. Tu właśnie widziałbym ważną rolę dla elit intelektualnych, one mogłyby nadrabiać tam, gdzie elitom politycznym brak rozumu i umiejętności. Nadzieja w tym, że są przykłady narodów, którym tego typu kompromisy się udały. Takim przykładem jest także Polska. Nie mówię tego, aby was pochwalić, ale przywołałaś postać Jerzego Giedroycia. Jeden człowiek, intelektualista, wizjoner, umiał zmienić mentalnie mapę całej wschodniej Europy, zaproponować bardzo istotne rozwiązania polityczne, które później, już w innych warunkach, stały się jedynym możliwym wyborem. Dlatego wciąż powtarzam, że musimy dać sobie szansę na to, aby taki ukraiński Giedroyc mógł pojawić się u nas, przemyśleć sytuację Ukrainy w podobny sposób, jak zrobił to swego czasu Jerzy Giedroyc w polskim kontekście.

Czy widzisz kogoś, kto mógłby dziś pełnić rolę ukraińskiego Giedroycia, na czym jeszcze mogłaby polegać jego rola?

Dla mnie największym żyjącym autorytetem wśród intelektualistów na Ukrainie jest Iwan Dziuba, niestety jest on bardzo zmarginalizowany. Iwan Dziuba mógłby pełnić rolę Giedroycia przede wszystkim w ukraińsko-ukraińskim pojednaniu. Pochodzi ze wschodniej Ukrainy, z Donbasu. Jest przykładem intelektualisty najwyższej klasy, przedstawicielem otwartego, uczciwego typu ukraiństwa. Weźmy projekt Wielkich Ukraińców. Podczas emisji tego projektu w telewizji Inter, w trakcie dyskusji na temat kryteriów, kogo uznać za wielkiego Ukraińca, przyjęto rozwiązanie zgodne z tym, jakie zaproponowałby Iwan Dziuba. Przyjęto bowiem szeroką definicję „Ukraińca", w której język nie miał największego znaczenia, podobnie miejsce urodzenia i czynnik krwi. Uznano, że ukraińskość jest kwestią świadomego wyboru, pewnych zobowiązań wobec narodu, moralnych i duchowych wartości, a nie tzw. obiektywnych uwarunkowań typu: wiara, krew, język czy pochodzenie. Dlatego sądzę, że choć ukraińskiemu Giedroyciowi pozostawałoby duże pole do działania, to, niestety, nie ma wielkiej szansy, aby był on wysłuchany. Chociażby dlatego, że w ukraińskim kontekście zawsze istnieje podejrzenie, że poglądy tych, którzy publicznie je głoszą, nie są uczciwe i zgodne z ich sumieniem, a raczej służą pewnym partykularnym interesom.

Ukraina w porównaniu z Polską cierpi na brak debat publicznych na temat istotnych dla społeczeństwa spraw. Nie ma także uznanych przez większość społeczeństwa autorytetów. Głos intelektualistów i byłych dysydentów jest obecny, ale mało słyszalny...
Taka sytuacja ma podłoże historyczne, na które składa się kilka przyczyn. W pewnej mierze sytuacja ta jest rezultatem wyboru dokonanego w XIX w., o którego konsekwencjach już wcześniej rozmawialiśmy, budowania nowoczesnej ukraińskiej tożsamości narodowej w oparciu o kulturę i język chłopski. Ponadto zabra-

kło, poza Galicją, tradycji wolności myśli. Większość Ukraińców była poddanymi w imperium rosyjskim, państwie wyjątkowo niełaskawym dla intelektualnej wolności, które nie tolerowało ani intelektualistów, ani wolności słowa. To doprowadziło do sytuacji, w której prawie cała inteligencja była nastawiona rewolucyjnie, trudno wyobrazić sobie inne państwo, które by tak masowo produkowało swoich wrogów jak Rosja, m.in. przez to, że nastawiała inteligencję przeciw sobie. Sprawy komplikował dodatkowo fakt, że władze rosyjskie były negatywnie nastawione do ukraińskiego ruchu narodowego i prowadziły wobec niego politykę restrykcyjną. Te wszystkie rysy systemu z czasów imperium rosyjskiego przejął Związek Sowiecki. W rezultacie takiej destrukcyjnej dla „ukraińskości" polityki, trwającej jednak prawie dwieście lat, oraz niszczenia w tym okresie jej najbardziej świadomej inteligencji, każde nowe pokolenie Ukraińców musiało zaczynać wszystko od nowa, gdyż każde poprzednie doznawało albo porażki, albo było całkowicie zniszczone. Nie wytworzyła się ani ciągłość pokoleń inteligencji, ani potrzeba autorytetów w społeczeństwie.

Jedną z konsekwencji tej sytuacji jest to, że w końcu XX w. ukraińska kultura miała taką samą strukturę jak pod koniec XIX w. Iwan Dziuba, w jednym z artykułów, zatytułowanym: *Czy istnieje ukraińska kultura jako całość?*[174], napisał, że jeśli spojrzeć na stan ukraińskiej kultury w latach 80. XX w., prawie niemożliwe było znalezienie ludzi kultury i nauki, którzy traktowaliby kulturę jako całość. Każdy z nich znał jedynie swoją dziedzinę, pisarze orientowali się jedynie w zjawiskach ważnych dla literatury, malarze – dla sztuk pięknych, naukowcy – dla świata nauki. Nie było

---

[174] Iwan Dziuba, *Czy uswidomlujemo nacjonalnu kulturu jak cilist*, [w:] *Nauka i kultura. Ukrajina*, „Szczoricznyk", 22, Kyjiv 1988. Na temat tego artykułu patrz: *Bunt pokolenia...*, s. 132.

wspólnego pola, które by te wszystkie dziedziny spajało. Właśnie dlatego, że ciągłość została porwana, strukturalnie nie stanowi całości, nie istnieje infrastruktura, która by pozwoliła Ukraińcom ujrzeć całość zjawisk kulturalnych w szerokim planie.

Taka sytuacja stwarza także poważne problemy innego rodzaju. Każda ukraińska dyskusja staje się marginalna. Bardzo często, kiedy piszę jakiś artykuł czy książkę, mam poczucie, że to wpada w głęboką studnię. Nigdy nie wiem, czy wywołam dyskusję, czy też nie. Jeśli nawet toczą się dyskusje, to o małym zasięgu. Większość z nas, piszących, ma wrażenie, że jesteśmy obecni o wiele bardziej za granicą niż na Ukrainie. Niestety, taki jest dzisiejszy stan ukraińskiej kultury, to w dużej mierze rezultat, dziedzictwa historycznego.

Nawet teraz, kiedy mówię te słowa, myślę bardziej w kategoriach XIX w., kiedy ważne były książki, gazety. Dzisiaj w dobie mediów elektronicznych, nowych technologii, informacja atakuje zewsząd i w wielkiej ilości. Obecnie intelektualista nie ma szans przebić się ze swoim głosem, jeśli nie jest obecny w mediach. Oczywiście jest to zjawisko powszechne, obecne na całym świecie. Intelektualista jako taki umiera w świecie wszechobecnych mediów. Kiedyś mądrze napisał na ten temat Jürgen Habermas[175], że w takiej sytuacji jedyne, co pozostaje intelektualiście, to zabranie głosu w awangardzie, jak najwcześniejsze sygnalizowanie problemów i zjawisk. Intelektualista ma reagować jako pierwszy. Może te zjawiska nazwać czy zdiagnozować, nie najzręczniej, ale to on pierwszy ma problem dostrzec i zdefiniować. Dzisiaj to główne zadanie intelektualisty.

---

[175] Jürgen Habermas użył tych słów w tekście, który wygłosił w marcu 2006 r., podczas wręczania mu nagrody im. Bruno Krajskiego; przedruk ukraiński w „JJ", 45/2006, s. 23–29.

Skazani na powolność?

Jeśli podsumować zjawiska, o których mówimy, i dodać do tego, że ukraińska inteligencja jest dosyć słaba, mało liczna, dyskusje są rzadkie, w większości zmarginalizowane, godne podziwu jest to, że dyskusje w ogóle mają miejsce, a niektóre z nich przynoszą nawet pewne rezultaty. Widzimy, że w krytycznych momentach ten głos intelektualistów, naukowców jednak się odzywa. W 2004 r., podczas pomarańczowej rewolucji, głos inteligencji dźwięczał bardzo silnie.

Może upraszczam, sądzę jednak, że ocena ukraińskiej sytuacji nie powinna być ani zbyt pesymistyczna, ani zbyt optymistyczna. Nawet w sytuacji marginalizacji intelektualistów na Ukrainie tkwią pewne pozytywy. Najgorzej, kiedy intelektualiści są jak „tłuste koty", sycą się łaską, jaką daje władza, czy dobra materialne, które nadają im status „wybrańców losu". Dla intelektualisty bycie na marginesie powinno być tak samo normalnym stanem, jak dla sportowca być w dobrej formie. Marginalizacja zapewnia intelektualiście dobrą, „sportową" formę. Intelektualista musi wówczas więcej pracować, być bardziej aktywny, aby się przebić ze swoim głosem. W marginalizacji trzeba też dostrzegać pewną szansę.

Intelektualista musi jednak reagować, proponować różne rozwiązania. Bez tych propozycji nie odnajdziemy się w społeczeństwie. Często powtarzam, że pewna przewaga Ukrainy może polegać na tym, że ukraińskie problemy są nie tylko ukraińskie. Ukraina odzwierciedla wiele światowych problemów.

Jeśli chodzi o nauki humanistyczne, najciekawsze idee rodzą się obecnie nie w wielkich centrach, a właśnie na peryferiach, terytoriach wcześniej marginalizowanych. Wyjaśnienie tego zjawiska jest dość proste. Peryferia wcześniej nie uczestniczyły w intelektualnych debatach, te odbywały się bez ich udziału. Dlatego też dyskusje bazowały na ograniczonym materiale, czerpanego jedynie z doświadczeń Europy Zachodniej i Ameryki Północnej. Trudno było je jednak odnieść do, na przykład, Nowej Zelandii, Chin czy Ukrainy. Ale poczynając od lat 70. i 80. coraz częściej słychać głosy oraz ciekawe, oryginalne myśli z tych, ignorowanych wcześniej, postkolonialnych regionów. Tam panuje lepsze zrozumienie tego, że stare teorie i rozwiązania są już nieprzydatne światu, dlatego że ponoszą klęskę na terenach, które mają inne doświadczenie kulturowe i historyczne. W tym sensie Ukraina też może mieć swoją szansę. Jeśli świat do tej pory pisał historię bez Ukrainy, którą zamieszkuje jedna z najliczniejszych populacji w Europie, teraz Ukraina, wpisując siebie w ten europejski świat, stoi przed szansą napisania na nowo historii Europy, a może i świata.

6. WYZWANIA DLA UKRAINY

W ukraińskich komentarzach powraca od czasu do czasu taka myśl, że skoro poprzednie próby uzyskania niezależności oraz jej utrzymania nie powiodły się, to i teraz Ukraina np. pójdzie w kierunku pewnego rodzaju uzależnienia od Rosji. Co myślisz na ten temat?

Istnieje duża różnica pomiędzy sytuacją Ukrainy dzisiaj a sytuacją w poprzednich okresach historycznych, kiedy próbowano wybić się na jakąś formę niezależności, jak za czasów Chmielnickiego czy w 1918 r. Wówczas Ukraina nie była nikomu potrzebna, była wielkim politycznym niebytem, ofiarą w rękach różnych graczy, Polski, Rosji, Europy. Dziś Ukraina w końcu sama stała się, nawet jeśli niezbyt silnym, to jednak graczem. Również Unia Europejska, granicząca bezpośrednio z Ukrainą, dyktuje nam pewne reguły, których elita polityczna nie może całkowicie ignorować, zwłaszcza po 2004 r. Formuła ukraińskiej historii, która może nam nie odpowiadać, jest następująca: przez swoją historię i wielkość geograficzną Ukraina skazana jest na powolność. Ukraina przypomina ślimaka, powolne stworzenie, które ledwie pełznie, ale jednak pełznie do przodu. Ta powolność nas irytuje, chcielibyśmy iść szybciej.

Na jakim etapie historycznym, według ciebie, znajduje się obecnie Ukraina?
Jeśli nie byłbym historykiem i nie pracował nad przygotowaniem „Historii Ukrainy", która obejmuje perspektywę ostatnich kilkuset lat, może odpowiedziałbym inaczej na to pytanie. Mając jednak w głowie tę historyczną pespektywę, uważam, że Ukraina do dzisiaj pozostaje w Europie najbardziej na wschód wysuniętym regionem, w jakim procesy okcydentalizacji zaszły najdalej. Ukraina, najsilniej spośród wszystkich krajów, które należały do kręgu cywilizacji wschodniochrześcijańskiej, przejęła zachodnią kulturę polityczną i intelektualną. I ta „uzachodniona" kultura nie jest jedynie kulturą elit, a kulturą przyswojoną przez szersze warstwy społeczeństwa. Jeszcze cztery, pięć lat temu, istniały głębokie wątpliwości co do tego, jaką drogą pójdzie Ukraina. Wydawało się, że ulegnie rusyfikacji, jeśli nie językowej, to politycznej. Zdawało się, że pojawi się ukraiński Putin, który zaprowadzi rządy silnej ręki, że Ukraina będzie miała silną władzę polityczną, ale słabe społeczeństwo, demokratyczną retorykę, ale niedemokratyczną praktykę działania. To, co się stało w 2004 r., podczas pomarańczowej rewolucji, było rzeczywiście testem dla Ukrainy, który pokazał, że należy ona do zachodniego świata nie tylko retorycznie, ale realnie. W 2004 r., zrozumieliśmy, że ten ukraiński projekt, który rozpoczął się 500 lat temu, powiódł się. Oczywiście powiódł się nie do końca, ale i sam europejski projekt, o czym mówiliśmy wcześniej, także nie jest zakończony.

Po drugie, bardzo rzadko zdarza się taki akres historyczny, w jakim żyjemy. Te zjawiska i prądy, wszystkie te -izmy, o jakich wcześniej mówiliśmy, przeżyły po kolei kryzys w XX wieku, niektóre z nich skompromitowały się, inne przyniosły wiele rozczarowań. Pozostała ideologia liberalizmu, choć i ona także wywołuje wątpliwości, widzimy, jak obecnie i liberalizm, i demokracja przeżywają dość duży kryzys, wszędzie, w swojej starej ojczyźnie – w Europie, i w świecie. Ważną rolę odegrał upadek komunizmu, nie tyle jako systemu, ile jako ważnego bieguna władzy. W znacznej mierze historię można traktować jak walkę o władzę. W przypadku upadku komunizmu mamy do czynienia ze zniknięciem, przy końcu XX w., ostatniego silnego ośrodka władzy w Europie, powstaje pytanie, co w tym miejscu powstanie. To pytanie dotyczy nie tylko tego, co będzie po komunizmie na tej przestrzeni, ale jest to też pytanie adresowane do starej Europy. Można zapytać, co stanie się ze starą Europą. Wielu ekspertów prognozuje, że ten okres wielkiego wyniesienia Europy, którego punkt kulminacyjny przypadł na drugą połowę XX w., też zaczyna się już wyczerpywać. Pojawiają się inne, bardzo dynamiczne społeczeństwa poza Europą, Indie, Chiny, Brazylia, dzisiejsza Rosja, stają się one wielkim wyzwaniem dla europejskiej cywilizacji. I tu pojawia się pytanie, co jest normą, a co odchyleniem od niej. Wcześniej uważało się, że normę ustanawia standard europejski, gdyż odniósł największy sukces w zbudowaniu współczesnej cywilizacji, w stworzeniu pojednania między rynkiem a demokracją, modernizacją ekonomiczną a modernizacją polityczną. Albo, jak to powiedział Huntington, żeby mieć „Big Mac-a", trzeba mieć „Big Mag-a" – Magna Charta, tzn. swobody polityczne. Pojawia się pytanie, czy i na ile ta formuła może być zastosowana globalnie, nawet w tych krajach, które nigdy nie miały w swej tradycji historycznej czegoś podobnego do Magna Charta. Wygląda na to, że zarówno imperium rosyjskie, jak Związek Sowiecki załamały się właśnie dlatego, że próbowano tam przeprowadzić procesy modernizacyjne obejmujące jedynie gospodarkę, nie dbając o przeprowadzenie modernizacji politycznej. Obecnie taką drogą idą ponownie Rosja i Chiny, które zniszczyły u siebie opozycję. Czy im się uda? Nie wiem, wątpię – chociaż wielu prognozuje im status supermocarstw w XXI w. Nie mamy odpowiedzi na to pytanie, bo obecna sytuacja jest bardzo skomplikowana. Nasza cywilizacja, w tym stanie, w jakim jest, rozwija się tak szybko, że równie szybko wyczerpuje swoje zasoby. Jeśli w najbliższym czasie nie dokonają się istotne zmiany co do sposobu wykorzystania tych zasobów, prawdopodobnie za kilka pokoleń może nastąpić ich całkowite wyczerpanie.

W tej sytuacji naprawdę trudno coś prognozować. Ukraina w XXI w. przestała znajdować się w centrum walki geopolitycznej, jak to było w wieku XX. Była w centrum wówczas, gdy będzie drugim biegunem władzy na kontynencie europejskim. Ta walka toczyła się, w znacznej mierze, między Rosją a Niemcami. Niemcy przegrały tę walkę wraz z klęską II wojny światowej, Rosja – Związek Sowiecki – wraz z upadkiem komunizmu, po upadku muru berlińskiego. Ukraina traci obecnie swoje główne karty, które miała wcześniej, m.in. dlatego, że przestaje być głównym źródłem zasobów naturalnych, którymi wcześniej dysponowała. Ukraina przez wieki była wielkim spichlerzem Europy, mówiono o niej: „żywicielka Europy", dziś już nią nie jest. Przeżyła w XIX i XX w. kilka demograficznych wybuchów, dzięki którym może być jeszcze przez jakiś czas źródłem siły roboczej dla Europy, ale ten atut także się niebawem wyczerpie. Na Ukrainie obecnie występuje kryzys demograficzny, ma miejsce zjawisko starzenia się społeczeństwa, duża śmiertelność w połączeniu z małym przyrostem naturalnym. Ukraina miała kiedyś bogate źródła nafty, jeszcze w początkach XX w. wydobycie galicyjskiej nafty było jednym z największych w świecie, ale dzisiaj one też się już wyczerpały. Ukraina dzisiaj nie ma ani wielkich złóż węgla, ani gazu, co więcej, staje się coraz bardziej uzależniona od innych, jeśli chodzi o zasoby energetyczne, podobnie zresztą jak cała Europa. Powstaje pytanie o energetyczne bezpieczeństwo Ukrainy, które staje się tożsame z pytaniem o jej przyszłość. I w tych sprawach także trudno coś prognozować.

Najważniejsze w tym kontekście jest to, że po 11 września 2001 r. mamy do czynienia z całkiem inną sytuacją na świecie. Dziś trudno sobie wyobrazić optymistyczny scenariusz dla świata, współczesny świat jest dość bezlitosny, dominuje w nim silna konkurencja, militarne konflikty będą trwały nadal. Niełatwo wyobrazić sobie, na czym Ukraina mogłaby budować obecnie swój *image* w otaczającym ją świecie.

Twoja wizja jest dość pesymistyczna...
Scenariusz dalszego rozwoju wydarzeń może być bardzo pesymistyczny. Może mieć miejsce emigracja młodzieży i tej części społeczeństwa, która jest najbardziej produktywna i dynamiczna. Będą istniały problemy społeczne powiązane ze starzeniem się mieszkańców Ukrainy. Dość trudno przewidzieć, co może przyczynić się do wzrostu ekonomicznego, z wyjątkiem tego, że Ukraina będzie kraść rosyjską naftę i gaz lub spekulować w oparciu o swoją pozycję geopolityczną.

Jedyne w tej sytuacji, co nastraja optymistycznie, to właśnie to, że ta dramatyczna sytuacja może ją popchnąć do radykalnych zmian. Przed Ukrainą jest jeden tylko wybór: albo modernizacja, albo pozostanie trzeciorzędnym, prowincjonalnym krajem.

Dlatego ukraińskie elity polityczne powinny tworzyć podziały według zasady: zwolennicy silnej liberalizacji przeciw populistom posługującym się hasłami walki o prawa socjalne. Dopóki linia podziału przebiega między Wschodem a Zachodem, Ukraina nie ma szansy na wprowadzenie prawdziwej modernizacji.

Drugi element, który pozwala na optymizm, wynika ze świadomości, że problemy Ukrainy nie są jedynie problemami Ukraińców, a całego świata. W sytuacji, w której dochodzi do poważnego kryzysu, musi pojawić się rozwiązanie, gdyż kryzys przyspiesza jego znalezienie. Taka jest zasada. Tym bardziej że w Europie do tej pory zawsze znajdowano rozwiązania na kryzysy, i to rozwiązania pozytywne, dynamiczne. Dlatego twierdzę, że Ukraina powinna znajdować się w systemie poszukiwań wspólnych europejskich rozwiązań, gdyż w strefie rosyjskich rozwiązań już była, z wiadomym, katastrofalnym, skutkiem.

Wracam do sprawy nadziei, jaka tkwi w proeuropejskim wyborze, którego musi dokonać sama Ukraina, ale także Europa, akceptując Ukrainę w swoim gronie, gdyż Ukraina jest nieodrodną córką Europy, na dobre i na złe.

Czy mógłbyś w tej sytuacji wymienić listę najważniejszych twoim zdaniem spraw do uregulowania dla Ukrainy na dzisiaj?
Sądzę, że europejski wybór Ukrainy jest sprawą priorytetową, zarazem wyzwaniem i ogromną dla niej szansą. Ukraina przestaje wreszcie być krajem izolowanym, otwiera się na świat. Co więcej, granice europejskie są również granicami Ukrainy, czego wcześniej nie było, w tym tkwi wielka szansa. Trzeba przekonać dwie strony, Europę i Ukrainę, że mogą tylko wygrać na wspólnym zbliżeniu.

Drugie ważne wyzwanie, jak najszybsza modernizacja kraju, w pierwszej kolejności technologiczna. Ukraina otrzymała w spadku po Związku Sowieckim stan zasobów i poziom rozwoju technologicznego tak słabe i niedostosowane do współczesnego świata, że już dłużej nie można funkcjonować w oparciu o nie. W latach 90. ukraińscy oligarchowie mogli zarobić na nich miliony. Teraz, kiedy nasze przestarzałe fabryki mają takie wysokie zużycie gazu, Ukraina nie ma szans stać się konkurencyjna, musi bardzo szybko wprowadzać nowe technologie. Aby tak się stało, nie może zostać sama, musi być częścią większej całości, gdyż potrzebny jest jej wielki kapitał, inwestycje, a one muszą przyjść z zewnątrz. Wielki kapitał światowy nie przyjdzie jednak na Ukrainę, dopóki nie stworzy ona stabilności politycznej. Tylko elity polityczne mogą doprowadzić do tej stabilności, co stanowi istotne wyzwanie dla Ukrainy, gdzie stale brak politycznej woli do strategicznych kompromisów.

Wiele zależy od woli ukraińskiego społeczeństwa, choć państwo obecnie nie sprzyja temu, aby tego typu mechanizmy społeczne kształtować. Ponadto nie ma większego znaczenia, kto sprawuje władzę, czy obóz pomarańczowych, czy Partii Regionów. Żadna z tych partii tego nie chce. Samo społeczeństwo musiałoby, poprzez różnorodne mechanizmy, narzucać swoją wolę elicie politycznej.

Jednym słowem, Ukraina musiałaby się mocno zmienić, tak jak zmienia się świat wokół niej. Główne pytanie, jakie się rodzi, to czy Ukraina jest zdolna do przeprowadzenia tak wielkich zmian. Ważne jest, aby wykorzystać dobrze to, co udało jej się w 1991 r., kiedy zdobyła niezależność. Teraz należałoby pokazać, na ile i w jaki sposób, w ramach projektu europejskiego, umie niezależność i wolność przetworzyć w europejskie standardy życia.

Lwów-Kijów-Syniak-Warszawa
październik 2007 – wrzesień 2008

KRYTYKA POLITYCZNA

„Krytyka Polityczna" powstała z ambicją ożywienia tradycji polskiej inteligencji zaangażowanej. Naszą działalność rozwijamy w trzech głównych sferach: nauki, kultury i polityki, starając się jednocześnie eliminować sztuczne podziały między nimi. Wierzymy, że naukę, sztukę i politykę dzielą jedynie środki wyrazu, łączy zaś wpływ na kształt życia społecznego.

Naszym podstawowym celem jest wprowadzenie i umocnienie w sferze publicznej lewicowego projektu walki z ekonomicznym i kulturowym wykluczeniem. Wychodzimy z przekonania, że nie będzie szans dla lewicowej polityki bez stworzenia wcześniej w sferze publicznej miejsca na lewicowy dyskurs i projekt społeczny. Dlatego obok pracy czysto akademickiej (tłumaczenie, wydawanie książek i opracowań, dyskusje, seminaria i warsztaty) angażujemy się w debatę publiczną, a także aktywnie działamy na polu literatury, teatru i sztuk wizualnych, pojawiamy się w mediach głównego nurtu, publikujemy w dziennikach i tygodnikach opinii. Budujemy kolejne instytucje (wydawnictwo, instytut naukowy), współpracujemy z najpoważniejszymi ośrodkami kulturalnymi i badawczymi w Polsce i zagranicą. Środowisko „Krytyki Politycznej" tworzą dziś młodzi naukowcy, działacze społeczni, publicyści, ale także pisarze, krytycy literatury i sztuki, dramaturgowie, filmoznawcy i artyści.

Stworzyliśmy Wydawnictwo Krytyki Politycznej. Naszym celem jest wprowadzenie w polski obieg idei najważniejszych prac z filozofii i socjologii politycznej, teorii kultury i sztuki. Publikujemy przekłady, prace polskich autorów i ważne wznowienia. Do końca czerwca 2009 ukazały się 42 tytuły w sześciu seriach wydawniczych (Przewodniki Krytyki Politycznej, Seria Idee, Seria Kanon, Seria Publicystyczna, Seria Literacka, Pisma Jacka Kuronia) oraz poza seriami. Już wkrótce Seria Ekonomiczna.

W latach 2006-2009 w centrum Warszawy prowadziliśmy otwartą REDakcję – ośrodek wymiany myśli, dyskusji, prezentacji prac artystycznych, projektów społecznych i politycznych. Miejsce stało się punktem codziennych spotkań środowiskowych i bazą dla organizowanych na zewnątrz akcji społecznych. REDakcja na trwałe wpisała się w mapę kulturalną stolicy. W styczniu 2008 roku REDakcja otrzymała nagrodę kulturalną „Wdechy 2007" w kategorii Miejsce Roku przyznaną przez warszawski dodatek „Gazety Wyborczej". Przez trzy lata w świetlicy odbyło się kilkaset spotkań otwartych – dyskusji literackich, warsztatów, seminariów, pokazów filmowych. Gościliśmy ważnych aktorów sceny społecznej, politycznej, literackiej i artystycznej, wśród nich wielu gości zagranicznych. W REDakcji realizowaliśmy jeden z najważniejszych ideowych celów środowiska Krytyki Politycznej, czyli zniesienie granic między polem nauki, sztuki i polityki.

6 listopada 2009 w centrum Warszawy otworzyliśmy interdyscyplinarne Centrum Kultury „Nowy Wspaniały Świat" – miejsce spotkań artystycznych i naukowych, pokazów filmowych, przestrzeń wystawienniczą i kawiarnię kulturalną. Na parterze Centrum Kultury powstała księgarnia, salonik prasowy i główne miejsce wydarzeń artystycznych: premier książkowych, debat, slamów poetyckich, festiwali filmowych, koncertów. Na piętrze – Otwarty Uniwersytet Obywatelski z zajęciami wybitnych polskich i zagranicznych intelektualistów. Projekt realizowany jest we współpracy m.in. z Instytutem Teatralnym, Fundacją Galerii Foksal, Nowym Teatrem, Muzeum

Sztuki Nowoczesnej, Instytutem Kultury Polskiej UW, Instytutem Nauk o Człowieku.

Nie ograniczamy się tylko do Warszawy, dzięki działaniom naszych sympatyków i współpracowników w innych miastach Polski powstały Kluby Krytyki Politycznej. Do tej pory powstały 21 lokalne ośrodki w Białymstoku, Bydgoszczy, Gdańsku, Głogowie, Gnieźnie, Jeleniej Górze, Kaliszu, Kielcach, Krakowie, Lesznie, Lublinie, Łodzi, Pile, Poznaniu, Rzeszowie, Siedlcach, Szczecinie, Tarnobrzegu, Toruniu, Włocławku, Wrocławiu, Zielonej Górze i na Śląsku.

Wszystko to robimy po to, by stworzyć fundament dla uczciwej i nowoczesnej lewicy, która odwołując się do najnowszych osiągnięć filozofii politycznej i świetnych tradycji polskiej myśli politycznej, znajdzie adekwatną odpowiedź na wyzwania czekające Polskę, ale też Europę i świat.

O naszych działaniach i wydarzeniach informujemy na bieżąco na stronie: www.krytykapolityczna.pl.

Zespół „Krytyki Politycznej": Agata Araszkiewicz, Michał Bilewicz, Zygmunt Borawski, Michał Borucki, Jakub Bożek, Anna Delick (Sztokholm), Paweł Demirski, Karol Domański, Kinga Dunin, Joanna Erbel, Bartosz Frąckowiak, Maciej Gdula, Dorota Głażewska, Agnieszka Graff, Agnieszka Grzybek, Krzysztof Iszkowski, Adam Jelonek, Tomek Kitliński, Małgorzata Kowalska, Karolina Krasuska, Maciej Kropiwnicki, Roman Kurkiewicz, Julian Kutyła, Adam Leszczyński, Jarosław Lipszyc, Jakub Majmurek, Piotr Marecki, Adam Mazur, Kuba Mikurda, Bartek Modzelewski, Paweł Mościcki, Maciej Nowak, Adam Ostolski, Joanna Ostrowska, Janusz Ostrowski, Jakub Pawlak, Konrad Pustoła, Magda Raczyńska (Londyn), Joanna Rajkowska, Przemysław Sadura, Sławomir Sierakowski (redaktor naczelny), Jan Smoleński, Andreas Stadler (Nowy Jork), Kinga Stańczuk, Beata Stępień, Igor Stokfiszewski, Michał Sutowski (sekretarz redakcji pisma), Agata Szczęśniak (wicenaczelna pisma), Kazimiera Szczuka, Barbara Szelewa, Jakub Szestowicki, Eliza Szybowicz, Magdalena

Środa, Olga Tokarczuk, Joanna Tokarz, Krzysztof Tomasik, Justyna Turkowska, Karolina Walęcik, Błażej Warkocki, Agnieszka Wiśniewska, Katarzyna Wojciechowska, Wawrzyniec Zakrzewski, Wojtek Zrałek-Kossakowski, Artur Żmijewski (redaktor artystyczny pisma).

Lokalni koordynatorzy klubów KP: Białystok: Łukasz Kuźma, Bydgoszcz: Emilia Walczak, Maciej Twardowski, Gdańsk: Katarzyna Fidos, Piotr Kozak, Gniezno: Paweł Bartkowiak, Jelenia Góra: Wojciech Wojciechowski, Kalisz: Mikołaj Pancewicz, Kielce: Łukasz Kozera, Kraków: Sebastian Liszka, Lublin: Jakub Szafrański, Łódź: Wiktor Marzec, Opole: Borys Cymbrowski, Piła: Łukasz Dymek, Poznań: Maciej Szlinder, Rzeszów: Michał Golemo, Siedlce: Andrzej Sędek, Śląsk: Stanisław Ruksza, Szczecin: Joanna Giza-Stępień, Tarnobrzeg: Michał Majka, Toruń: Marta Buraczyńska, Włocławek: Katarzyna Pietrucha, Damian Przekwas, Wrocław: Łukasz Andrzejewski, Michał Syska.

Wydawca: Stowarzyszenie im. Stanisława Brzozowskiego.

Zarząd: Sławomir Sierakowski (prezes), Maciej Gdula, Dorota Głażewska (dyrektor finansowy), Agata Szczęśniak.

Kontakt:
REDakcja „Krytyki Politycznej"
e-mail:
redakcja@krytykapolityczna.pl
www.krytykapolityczna.pl

SERIA PRZEWODNIKI KRYTYKI POLITYCZNEJ

Reader (przewodnik) to popularna formuła używana na całym świecie w odniesieniu do ważnych obszarów humanistyki. Przewodniki poświęcamy filozofom, artystom oraz złożonym problemom społecznym i politycznym. Książki zawierają wybór najistotniejszych tekstów polskich i zagranicznych poświęconych interesującym nas tematom i osobom, a także wywiady, przegląd prac autorskich, słowniki ważnych pojęć. Celem każdego Przewodnika jest nie tylko przekrojowe przedstawienie danego problemu, ale też umieszczenie go w nowym kontekście, wolnym od zniekształceń instytucji rynku, akademii i mediów masowych.

W serii ukazały się:
Krytyki Politycznej przewodnik lewicy
Sasnal. Przewodnik Krytyki Politycznej
Slavoj Žižek, *Lacan. Przewodnik Krytyki Politycznej*
Chantal Mouffe, *Polityczność. Przewodnik Krytyki Politycznej*
Piotr Kletowski, Piotr Marecki, *Żuławski. Przewodnik Krytyki Politycznej*
Maciej Pisuk, *Paktofonika. Przewodnik Krytyki Politycznej*
Polityka narkotykowa. Przewodnik Krytyki Politycznej
Kryzys. Przewodnik Krytyki Politycznej
Žižek. Przewodnik Krytyki Politycznej
Sławomir Masłoń, *Coetzee. Przewodnik Krytyki Politycznej*
Piotr Marecki, *Barański. Przewodnik Krytyki Politycznej*
Alain Badiou, *Etyka. Przewodnik Krytyki Politycznej*
Agnieszka Berlińska, Tomasz Plata, *Komuna Otwock. Przewodnik Krytyki Politycznej*
Jarosław Hrycak, Iza Chruślińska, *Ukraina. Przewodnik Krytyki Politycznej*

W przygotowaniu:
Ekologia. Przewodnik Krytyki Politycznej
Uniwersytet zaangażowany. Przewodnik Krytyki Politycznej
Rajkowska. Przewodnik Krytyki Politycznej
Żmijewski. Przewodnik Krytyki Politycznej
Agamben. Przewodnik Krytyki Politycznej
Szwecja. Przewodnik Krytyki Politycznej

Ukraina. Przewodnik Krytyki Politycznej
Gdańsk-Warszawa 2009

© Copyright by Iza Chruślińska and Jarosław Hrycak, 2009
© Copyright for the foreword by Adam Michnik, 2009
© Copyright for this edition by Wydawnictwo Krytyki Politycznej, 2009

Wydanie I
Printed in Poland
ISBN 978-83-61006-72-5

Seria Przewodniki Krytyki Politycznej, tom XV

Projekt okładki: Twożywo
Projekt graficzny: Twożywo / rzeczyobrazkowe.pl
Łamanie: rzeczyobrazkowe.pl

Redakcja: Maciej Kropiwnicki
Korekta: Anna Sidorek

Druk i oprawa: www.opolgraf.com.pl

Wydrukowano na papierze ekologicznym.

 Publikację zrealizowano we współpracy
ze Związkiem Ukraińców w Polsce.

 Książka ukazuje się przy wsparciu
Urzędu Miejskiego w Gdańsku.

Wydawnictwo Krytyki Politycznej
ul. Nowy Świat 63
00-042 Warszawa
redakcja@krytykapolityczna.pl
www.krytykapolityczna.pl